(In)visíveis globais

Patricia Villen

(In)visíveis globais

imigração e trabalho no Brasil

alameda

Grafia atualizada segundo o Acordo Ortográfico da Língua Portuguesa de 1990, que entrou em vigor no Brasil em 2009.

Edição: Haroldo Ceravolo Sereza
Editora assistente: Danielly de Jesus Teles
Projeto gráfico e diagramação: Emerson Dylan
Capa: Danielly de Jesus Teles
Assistente acadêmica: Bruna Marques
Revisão: Alexandra Colontini
Imagens da capa: Fotografia de Patricia Villen

CIP-BRASIL. CATALOGAÇÃO NA PUBLICAÇÃO
SINDICATO NACIONAL DOS EDITORES DE LIVROS, RJ

V781i

VILLEN, Patricia
(In)visíveis globais : imigração e trabalho no Brasil / Patricia Villen. - 1. ed. - São Paulo : Alameda, 2018.
21 cm.

Inclui bibliografia

1. Emigração e imigração - Brasil. 2. Imigrantes - Brasil. 3. Geografia humana. I. Título.

18-49133 CDD: 325
CDU: 327

ALAMEDA CASA EDITORIAL
Rua 13 de Maio, 353 – Bela Vista
CEP 01327-000 – São Paulo, SP
Tel. (11) 3012-2403
www.alamedaeditorial.com.br

Para Bruno

Agradecimentos

Gostaria de agradecer, primeiramente, aos Professores do Programa de Pós-Graduação do Departamento de Sociologia do Instituto de Filosofia e Ciências Humanas da Unicamp, que, pela concessão do Prêmio Fernando Lourenço, tornaram possível esta publicação.

Aos Professores, colegas e funcionários desse Instituto, que direta ou indiretamente colaboraram para o desenvolvimento da pesquisa de Doutorado – viabilizada por uma bolsa de Estudos da Capes – que resultou no presente livro.

Deixo um especial agradecimento ao Prof. Ricardo Antunes pela preciosa orientação, os conselhos para a preparação do texto, os ensinamentos essenciais que me permitiram percorrer uma formação muito rica. A oportunidade de acompanhar um grande professor e intelectual também significa encontrar pessoas especiais que ele agrega. Aos colegas de seu grupo de pesquisa *Metamorfoses do Trabalho*, agradeço pelo acolhimento, pelas críticas, pela experiência e pelo conhecimento compartilhados, que considero parte importante e constitutiva deste livro.

Ao Prof. Pietro Basso, por ter me acolhido no momento em que fui uma estudante-imigrante na Itália e por ter despertado minha curiosidade para o estudo das migrações, incentivando-me sempre a continuá-lo. Também pela base de formação única, que me acompanha e é o alicerce desta pesquisa. Sua leitura, esclarecedora e indispensável, e suas críticas apontaram muitos dos caminhos deste estudo.

Ao Prof. Fernando Lourenço, pelos seus ricos ensinamentos e pelo incentivo para realizar este estudo. Aos Profs. Michel Nicolau, Mário Medeiros e Mariana Chaguri pelo apoio para essa publicação. À Profª Rosana Baeninger, por proporcionar uma importante base de interlocução com os estudos realizados pelo Observatório das Migrações em São Paulo.

A todo(a)s o(a)s imigrantes e as pessoas entrevistadas, que me concederam parte preciosa de seu tempo e de sua atenção, contribuindo de forma significativa à construção deste estudo.

À equipe de funcionários da Editora Alameda que trabalhou para essa publicação.

Às pessoas tão essenciais em minha vida que não posso nominá-las, mas são igualmente parte presente deste livro, com laços que me deram muita força nessa longa caminhada acadêmica, em particular à minha família, natural e alargada.

A Bruno dedico este livro, pelo nosso enraizamento.

Sumário

Prefácio

*Pietro Basso**

O OBJETO ESPECÍFICO DESTE importante estudo – as imigrações recentes para o Brasil – é, aparentemente, bastante circunscrito. No entanto, uma vez mais as aparências enganam. Afinal, o fenômeno das migrações internacionais está destinado a se ampliar muito nas próximas décadas – inclusive no Brasil – devido a fatores potentes e concomitantes, em grande parte independentes da vontade de cada Estado e de cada indivíduo. Adicionalmente, a economia brasileira, com o fim de manter e reforçar a própria posição na divisão internacional do trabalho, não poderá deixar de aproveitar, de forma crescente, o trabalho dos e das imigrantes da América Latina e de outras regiões.

Stephen Castles e Mark J. Miller definiram as últimas décadas como a "era das migrações", e justificaram essa feliz expressão destacando sobretudo o caráter global das migrações internacionais em curso, diferentemente – por exemplo – daquelas do período de 1850-1914, que foram essencialmente transoceânicas e com epicentro na Europa. Para esses autores, as migrações internacionais chegam a ser consideradas, até mesmo, como "a verdadeira força motriz da globalização". Nesse ponto, eles exa-

* Tradução de Patricia Villen.

geram, pois a força motriz mais importante desse processo é, sem dúvida, o capital financeiro. É incontestável, entretanto, que o atual movimento migratório – tanto o internacional, quanto o interno, notadamente nos países do Sul do mundo – tem uma importância fundamental no contexto da economia mundial e, igualmente, das questões sociais e políticas contemporâneas. E essa importância será ainda maior no futuro. Trata-se, na verdade, de um fenômeno estrutural, antigo e de crescente amplitude – uma confiável pesquisa de 2009 estimou em 740 milhões as pessoas dispostas (no mundo) a emigrar dos próprios países de origem para melhorar suas vidas. Trata-se, ademais, de um fenômeno que está longe de ser emergencial, embora seja muitas vezes enquadrado exatamente nessa falsa categoria de análise, qual seja, a emergência, que oculta suas causas de fundo permanentemente em ação. Permito-me lembrá-las aqui, de forma muito sintética, tendo em vista que até mesmo na literatura especializada sobre as migrações e, sobretudo, na enxurrada de informações (ou desinformações) cotidianas fornecidas sobre o tema, o discurso sobre essas causas é quase sempre muito rápido e esquivo, se não elusivo.

A primeira – e mais antiga – dessas causas vive na infraestrutura subterrânea e profunda do mercado mundial e da divisão internacional do trabalho, sendo o legado do colonialismo histórico, que nos deixou um mundo de fato unificado, mas com desigualdades de desenvolvimento entre o Norte e o Sul do mundo, entre o centro e as "periferias" ou (semi-periferias). Um legado que foi retomado e reestruturado pelo neocolonialismo financeiro, sobretudo por meio dos mecanismos de endividamento externo. Como resultado desse longo percurso histórico, passado e presente, os países colonizados foram acorrentados a um papel de dependência, como fornecedores "naturais" de força de trabalho a baixo custo para os países dominantes e para seus negócios. Inserem-se nesse legado até mesmo alguns processos econômico-sociais mais recentes, que têm um impacto poderoso sobre os deslocamentos das populações trabalhadoras. A começar pelas cada vez mais aceleradas transformações capitalistas do meio rural dos continentes "não-brancos", que todos os anos expulsam, por meio de múltiplas formas de coação, dezenas de milhões de camponeses e de trabalhadores agrícolas, catapultando-os de seus contextos locais para os mercados de trabalho nacionais e internacionais. E continuando pela interminável sequência das chamadas "guerras locais" – denominação equivocada se pensamos no Iraque, no Afeganistão, na Iugoslávia, no Congo, etc. –, e pela nova praga das migrações produzidas por desastres ecológicos que, segundo a ONU, poderá envolver – e pertubar –, até a metade do século, a vida de 200 a 250 milhões de pessoas.

Um impulso não menos enérgico aos movimentos migratórios contemporâneos vem da forte demanda proveniente dos Estados Unidos, da Europa ocidental, das monarquias petrolíferas e do Japão. As empresas e as instituições públicas desses países têm uma necessidade inesgotável de trabalhadores e trabalhadoras imigrantes. Isso ocorre por razões demográficas e, sobretudo, por razões ligadas à competitividade de suas economias, inclusive a possibilidade de amortizar a desestruturação do "velho" welfare state e gerir o envelhecimento de suas populações de forma privada e o menos custosa possível (em termos monetários). A retórica oficial que impregna a atualidade, particularmente na Europa ocidental, é aquela do combate à imigração. Para os engenheiros das mentes e das almas, que forjam de modo privado e para fins privados a assim chamada "opinião pública", os imigrantes são elementos indesejáveis. "Que fiquem em suas casas, estamos fartos deles, da sua incultura, das suas culturas, das suas religiões, da sua violência, da sua criminalidade, da sua falta de respeito pela democracia e pelas mulheres, do seu terrorismo, das suas pretensões". Debaixo da crescente dureza da linguagem de Estado com claro fundo racista, por meio de políticas migratórias cada vez mais repressivas, restritivas e seletivas, com a construção de uma cadeia de muros legais/físicos e de campos de concentração na África e nas fronteiras sul-orientais da Europa, materializa-se, no entanto, não a recusa da imigração, mas a tentativa de ter à disposição milhões de *gastarbeiter* sem famílias, sem raízes, sem nenhuma perspectiva de estabilização e de enraizamento e – um fato essencial – sem direitos. Milhões e milhões de migrantes (esta é a nova palavra-chave da língua de Estado desde o início dos anos 2000), dispostos a vir para a "nossa casa", os países de "acolhimento", e a ir embora sob ordens, de acordo com as mutáveis – e volúveis –, exigências do casal soberano: mercado/Estado. É o sonho (e o pesadelo para os diretamente envolvidos) de uma *circular migration* generalizada, de um *bracero program* universalizado, para que não existam mais os emigrantes-imigrantes de antigamente, inclinados a tornarem-se cidadãos dos países de imigração, mas apenas trabalhadores hiper-flexíveis, protótipos da hiperflexibilidade, forçados a um ir e vir entre o país de origem e o país de acolhimento provisório – mais do que isso: desejosos de fazê-lo. Um sonho acariciado indistintamente por todos os Estados ricos e potentes que, de forma uníssona, crescentemente requerem dos países pobres emigrantes mais qualificados ou altamente qualificados, os únicos, talvez, que merecem algo a mais do que a massa de imigrantes. No entanto, sem exageros. Mesmo os imigrantes mais qualificados devem, na verdade, demonstrar com os fatos que merecem o privilégio de serem acolhidos e reconhecidos no "mundo civil", mesmo que sejam prófugos ou solicitantes de refúgio. Na Itália, por exemplo, "pede-se", de modo brusco, que eles forneçam trabalho gratuito útil aos municípios: arrumação dos jardins públicos, limpeza das ruas, recolhimento dos dejetos dos cavalos durante uma procissão a caráter... verdadeiras *corvée* servis de antigamente.

Entre as causas de fundo mais poderosas das migrações internacionais estão – por último, mas não menos importantes – as expectativas de resgate pessoal, familiar, coletivo, nacional das populações do Sul do mundo. E de forma muito particular, as expectativas das mulheres do Sul do mundo que, por vezes, abrem o processo migratório de todo um grupo familiar, de um povoado inteiro, ou emigram sozinhas pela incomprimível aspiração de "viver melhor", de conquistar por si só um trabalho e uma existência dignos. Se essa aspiração não pode ser realizada no país de nascimento, será realizada em outro lugar. Afinal de contas, o mundo se tornou pequeno, o espaço-tempo (externo e interno) das transferências se encurtou. A despeito de muros, controles, polícias e máfias que se interpõem à conquista dos objetivos; a despeito dos custos e perigos, até mesmo mortais, que devem ser suportados; o desafio – como comprova a realidade – é aceito com coragem por multidões de homens e mulheres, cada vez mais jovens.

Dado esse sistema de causas interconectadas e com ação concomitante, objetivas e subjetivas, não é de se admirar que o fenômeno migratório interno e internacional esteja em forte expansão. É curioso, entretanto, que um país como o Brasil, cada vez mais intensamente inserido no mercado mundial – e que vivenciou uma ascensão tão marcante que lhe conferiu uma posição no pequeno grupo dos BRICS – tenha, até recentemente, permanecido quase excluído desse enorme movimento de povos e de indivíduos. É curioso, seja pela sua história antiga de "uma sociedade para todos os efeitos formada pela imigração", seja pela sua história mais recente, que mostra uma multiplicação de suas relações econômicas e culturais em distintas direções. Essa anomalia, no entanto, está acabando, ou já acabou, como demostra esse estudo penetrante de Patricia Villen.

Na verdade, o Brasil também está crescentemente envolvido no processo global que mencionamos. Isso é comprovado sobretudo pela proveniência global de seus novos imigrantes, e pela dinâmica de crescimento das imigrações, mesmo que elas sejam oficialmente subestimadas, por serem em grande parte indocumentadas. Não se deve pensar que a crise complexa em que o país mergulhou nesses últimos anos anulará essa tendência. Afinal, se o conjunto das empresas brasileiras quer voltar a crescer e reforçar sua competitividade, será vital o recurso ao emprego e à exploração diferencial da força de trabalho imigrante, tanto aquela de baixa, quanto aquela de maior – ou alta – qualificação, demandada por setores de ponta. Todos os *competitors* diretos do Brasil utilizam esse recurso, em função das múltiplas vantagens que essa força de trabalho proporciona: ela é adquirida já formada, permitindo assim uma economia com os custos de formação e de escolarização; é possível discriminá-la com métodos institucionais bem conhecidos (sobretudo os múltiplos e diferenciados vistos com duração determinada); pode-se pagá-la menos, fazê-la trabalhar mais e mais intensamente e, conforme for, mandá-la de volta "para casa" ou ameaçá-la disso; é possível – e útil – fazer dessa força de trabalho imigrante o bode expiatório das mazelas sociais sofridas por uma parte significativa da população autóctone. O que há de melhor?

Seria muito ingênuo pensar que tudo no mercado mundial girará, nos próximos anos, em torno da indústria 4.0, da robótica e da informática de última geração. Nos tempos em que os processos de acumulação são desacelerados e instáveis, a compressão do valor da força de trabalho – se possível abaixo do seu nível médio de mercado – permanece um *atout* fundamental, por mais liofilizado, como diz Ricardo Antunes, que esteja o trabalho vivo dentro dos processos produtivos. Esse processo é particularmente fundamental para aqueles países, como o Brasil, que não conseguem conquistar primados significativos na descoberta de novos dispositivos tecnológicos, mas se candidatam a aplicá-los eficientemente na produção de grande escala – entendendo por eficiente não apenas fazer bem, mas fazer a baixo custo. A chamada "modernização" da legislação trabalhista, patrocinada com agressividade pelas grandes empresas brasileiras e que prevê a possibilidade de normalizar a jornada laboral de 12 horas, a semana laboral de 48 horas e uma jornada de trabalho mensal de 220 horas, vai exatamente nessa direção. E na sua implementação, o recurso à força de trabalho imigrante é uma arma a ser utilizada, pelo menos até quando os trabalhadores imigrantes não se colocarem em condições de virar a mesa, organizando-se.

Além disso, o Brasil continua sendo o país mais dinâmico e potente de um continente no qual a expulsão dos camponeses e dos trabalhadores agrícolas, pela mão do superpoder dos capitais do agronegócio, está assumindo uma velocidade surpreendente, apesar da resistência dos Sem-Terra e dos povos indígenas. Assim, havendo ou não um desejo institucional, o Brasil será o destino "natural" de uma parcela crescente dessa massa de desenraizados da terra. É também muito provável que o processo de privatização dos serviços públicos – que está longe de acabado – recorra à força de trabalho imigrante, como ocorreu, atendendo a uma vontade institucional, nos Estados Unidos e na Europa.

Por fim, se é verdade que no Brasil o fenômeno das imigrações internacionais no período recente ainda tem uma consistência numérica limitada, ocorrendo por assim dizer em ondas, os procedimentos públicos, estatais e da mídia de massa com os quais são enquadrados e gerenciados, parecem bastante maduros. Essa maturidade vem, em parte da sua história nacional, e em parte das políticas hoje em vigor nos Estados Unidos e na Europa. Na forma de representação pública, institucional, os novos imigrantes – e, sobretudo, as novas imigrantes – não têm nada a ver com os brancos "braços civilizatórios" de origem europeia do passado, mesmo quando se trata de médicos, portanto de pessoal, por definição, de alta qualificação (no entanto, cubanos; logo, negros...). E, ainda mais, quando se trata de operárias têxteis bolivianas ou de forçados do mar filipinos.Vamos deixar claro: esses imigrantes servem! Eles servem à produção de bens e à de serviços, mas é melhor que permaneçam na sombra, o menos visível possível, em uma condição de perene transitoriedade, melhor ainda se à espera de documentos, suspensos entre o ser e o não ser.

A autora não trata as coisas de forma simplista. Aplicando um modelo de análise elaborado por Saskia Sassen, descreve de modo pontual a atual "configuração polarizada da imigração" para o Brasil, caracterizada por posições muito diversificadas. Mas mostra como essas posições bastante diversificadas dessa nova imigração estão ligadas pelo traço da quase generalizada inferiorização social e simbólica do(a)s novo(a)s imigrantes. Além disso, coloca em evidência como essa novidade se imbrica com uma consolidada estratificação social que, no Brasil, tem uma herança de cor, de "raça" e de classe, segundo os ensinamentos de Florestan Fernandes. Em suma, a imigração recente no Brasil é aqui examinada como um caso de estudo particular, porém inseparável da história desse país e da atuação da divisão internacional do trabalho e da classe trabalhadora global.

Patricia Villen concentra sua pesquisa sobre um período limitado de anos, próximos a nossos dias, mas tem indiscutivelmente o mérito de não fazer essa análise do período recente surgir do nada. Chega ao momento atual atravessando com passos calmos e seguros um longo encadeamento de acontecimentos, locais e internacionais, mantendo em suas mãos, do início ao fim, o fio da centralidade do trabalho: por um lado, sua centralidade para a economia e a acumulação de capitais; por outro lado, para a vida dos assalariados e assalariadas. Sua atenção à totalidade dos processos investigados é especial. Ao falar de totalidade, não me refiro simplesmente ao fenômeno migratório considerado como uma totalidade – como um "fato social total", segundo Sayad –, mas também ao conjunto de nexos que se vinculam com as mais gerais e sedimentadas determinações da economia e da luta entre as classes. Essa jovem pesquisadora olha e sabe olhar para os elementos singulares e os momentos particulares sem nunca perder de vista o conjunto do qual são uma parte integrante e dinâmica. Tendo estudado muito nos livros e em suas pesquisas de campo (e que campo de pesquisa é São Paulo!), tendo aprendido muito com suas experiências internacionais, ela já pode nos ensinar. Ao campo da sociologia do trabalho, mas também de outras áreas.

Veneza, 1 setembro de 2017

Introdução*

O INÍCIO DO SÉCULO XXI é caracterizado por um cenário mundial inteiramente tocado pelos movimentos migratórios internacionais. No ano de 2016, as estimativas da Organização das Nações Unidas indicavam a presença de 244 milhões de migrantes internacionais no mundo (cerca de 3,3% da população mundial), dos quais 48,2% eram mulheres e 75% estavam em idade ativa (20-64 anos).[1] Mais da metade (58% do total) desses migrantes – o que corresponde a cerca de 136 milhões – vivia nos países do Norte global. A população de refugiados também compõe esse quadro, com 22 milhões de pessoas,

---

* Este livro é uma versão atualizada da pesquisa de Doutorado, orientada pelo Prof. Dr. Ricardo Antunes, e realizada no Instituto de Filosofia e Ciências Humanas da Unicamp, com o apoio de uma bolsa de estudos da Capes.

1 Esses fluxos são compostos por movimentos Sul – Norte (predominantemente), Sul – Sul e Leste – Oeste (em particular na Europa), e estão igualmente circunscritos ao Oriente, ou seja, Leste-Leste. Há também fluxos internos ao Norte, hoje bastante vivos no contexto europeu. Os fluxos Sul-Sul atualmente não têm o peso daqueles Sul-Norte, porém estão em contínuo crescimento, em particular para a população de refugiados e deslocados forçados. Muitos desses fluxos, na verdade, têm o Sul como destino em razão da proximidade geográfica ou mesmo como alternativa de passagem para eventualmente realizar a meta mais almejada de um dia poder entrar no Norte.

mas com uma especificidade: ao contrário dos demais migrantes internacionais, 84% dos refugiados se encontravam em países periféricos. Quanto aos deslocados forçados, essa mesma entidade estima que 67,8 milhões de pessoas (incluindo os refugiados) estão deslocadas devido a perseguições, conflitos, violência e violação de direitos humanos (United Nations, 2016 e 2017).

De fato, esses fluxos iluminam o fato de que as populações, principalmente as dos países periféricos, mais do que nunca, são forçadas a emigrar pelas diferentes *relações de força* e espécies de mazelas que, conforme explica o sociólogo italiano Pietro Basso (2003), um dos principais expoentes de uma visão crítica sobre esse tema na contemporaneidade, são criadas e recriadas pelo funcionamento do sistema capitalista e se acirram na atual fase da mundialização financeira. Por esse motivo, segundo o autor, esses movimentos populacionais refletem seus *sintomas sociológicos*, bem como uma forma de *reação* (coletiva) a eles.

A dimensão assumida por esses fluxos impossibilita, no contexto atual, seu tão comum silenciamento, sobretudo, depois da repercussão mundial provocada pela trágica "emergência" imigratória na Europa em 2015, ficará mais difícil esconder o que significa para um contingente sempre maior de pessoas migrar internacionalmente. As imagens fornecidas pela grande mídia são bastante claras no explicitar a massa indissociável de refugiados e migrantes internacionais – homens, mulheres, crianças e até bebês – disputando um espaço flutuante no que há tempos pode ser considerado, a todos os efeitos, o "cemitério geral do Mediterrâneo",[2] embora para muitos represente

2 A expressão "Cemitério Geral" é de João Cabral de Melo Neto, com a qual descreve o drama dos migrantes nordestinos no Brasil, sendo muito apropriada para explicar o que está ocorrendo, principalmente durante as estações com clima mais ameno na Europa, quando reemerge o cenário, já antigo na Sicília – uma das principais portas de entrada de imigrantes e refugiados no continente europeu –, de mortes, de uma só vez, de centenas (ou mesmo milhares) de atravessadores do mar.

melhor a esperança de vida do que poderia ser a permanência em seus próprios países.

Aos "retirantes do mediterrâneo" se somaram as massas determinadas a entrar no Norte caminhando pelo Leste, enfrentando a violência das fronteiras, as naturais e as artificiais, altamente vigiadas e controladas, que separam o continente europeu de todas as periferias do sistema. E sabemos que casos similares, não menos trágicos, estão vivos em muitos lugares do mundo, inclusive nos países pobres do Sul global.

Esse quadro, é claro, está em relação direta com o funcionamento burocrático e altamente seletivo das fronteiras nacionais. São fronteiras que hoje só se abrem de forma bem restrita e, geralmente temporária, a uma imigração considerada "bem-vinda" – também analisada neste livro – por ser dirigida a setores considerados estratégicos ou interligados a investimentos de capitais. Todavia, como já explicitado, não obstante todas as leis restritivas e barreiras à imigração vigentes, esses deslocamentos hoje atingem números recordes e tendem a se intensificar no futuro.

Como o Brasil se comunica com esses movimentos migratórios internacionais, em grande parte forçadamente indocumentados? O que aproxima o trágico contexto europeu do modo como massa de haitianos – agora também de venezuelanos – é obrigada a entrar no país? Ou da forma como tantos outros fluxos principalmente provenientes do continente africano atravessam, na atualidade, as fronteiras brasileiras com a esperança de encontrar uma melhor estruturação de vida? Falar desses fluxos remete a algo novo no contexto brasileiro? Afinal, o que significa ser um "periférico na periferia"?[3]

---

3 A expressão visa refletir sobre como esses imigrantes e refugiados deixam seus países, como entram no Brasil e o choque de se sentirem, de novo, trabalhando e vivendo em uma periferia do capitalismo. São os traços da condição socioeconômica vulnerável de um imigrante proveniente de países periféricos, muitas vezes indocumentado, que explicam sua particularidade, traduzida na necessidade imediata e ininterrupta de trabalhar, portanto também em uma maior exposição à exploração no trabalho e na vida social. Essa questão coloca uma vasta agenda de pesquisas com o fim de desvendar os processos e dinâmicas socioeconômicos, culturais e linguísticos envolvidos.

Mais do que a reprodução do sensacionalismo midiático que apresenta o aumento dos movimentos migratórios internacionais como algo novo – quando se trata, na verdade, de um problema antigo e com raízes na própria formação e no desenvolvimento do mercado mundial e do mercado de trabalho (Basso, 2003) –, as imagens são aqui evocadas por tornarem mais concreta a fisionomia nitidamente não branca ocidental desses fluxos na atualidade.

Como mostra claramente o estudo acima citado do sociólogo italiano Pietro Basso, depois da segunda metade do século XX, em particular no contexto neoliberal, falar de imigração e refúgio, hoje mais do que nunca fenômenos imbricados, significa falar de massas de pessoas, em grande parte não brancas, com alto percentual de mulheres, não mais provenientes do continente europeu, mas de países periféricos, que se deslocam principalmente para os países ricos. Em menor escala, porém, esses movimentos destinam-se também para territórios que, a despeito de ocuparem uma posição subordinada no mercado mundial, se encontram em uma situação um pouco menos dramática (se é possível dizer assim), como é o caso do Brasil.

O aprendizado do arcabouço teórico, empírico e metodológico voltado à compreensão desse fenômeno é, portanto, de extrema relevância para a compreensão das transformações no funcionamento das economias, dos Estados-Nação e das sociedades, em particular no que concerne à intensificação dos processos de globalização – em suas diferentes dimensões: socioeconômica, cultural e tecnológica – e da consequente (re)produção de desigualdades sociais (Basso, 2003).

Por esse motivo, esse tema se apresenta, hoje, como um objeto de pesquisa que ganha espaço crescente nas diferentes disciplinas acadêmicas, em todo o mundo. A análise do fenômeno das migrações interancionais é considerada por diversos estudiosos um elemento central para a compreensão crítica do mundo contemporâneo, das estruturas de poder (econômico-políticas e socioculturais), das relações sistêmicas e das contradições que as compõem; e, igualmente, das novidades e transformações ligadas à atuação, às lutas e aos meios diversificados de questionamento dessas relações por parte dos próprios imigrantes/refugiados e das dinâmicas intrínsecas a este processo vivo de deslocamento de povos e culturas.

Além disso, esse estudo adquire uma enorme importância neste momento caracterizado pela "agudização do racismo" (Basso, 2010) e pelo uso da imigração, da sua instrumentalização e manipulação, em particular pelos partidos conservadores. Tal uso tende a fixar fronteiras culturais e religiosas entre os povos, muitas vezes por meio de imagens inferiorizantes da figura do imigrante e espetacularizantes do fenômeno imigratório. Os desdobramentos negativos, na esfera social, dessas representações da imigração como um "problema" são inúmeros, uma vez que produzem e reproduzem resultados práticos no mundo real, contribuindo ao movimento de restrição de direitos, ao aumento do racismo, à formação de um espaço público diferenciado em função das culturas e religiões, e à consequente (re)produção de exclusões e desigualdades.

No Norte global, a ideia da "convivência forçada" e do "choque de civilizações" (Basso, 2010) vem delimitando o tratamento do fenômeno, sobretudo em decorrência do aumento dos deslocamentos de populações em um momento de crise, desemprego, flexibilização das relações trabalhistas e declínio das políticas de *Welfare State* (Antunes, 2013). Muitos estudos vêm mostrando como esse contexto contribui para justificar, ali, o tratamento político da imigração como uma questão quase que exclusivamente de segurança pública.[4]

Contudo, a política de restrição à migração internacional, de construção de barreiras legais e de força policial para a proteção das "Fortalezas" convive "contraditoriamente" com a função primordial

4 Há inúmeros exemplos atuais sobre essa questão: Trump nos Estados Unidos, Marine Le Pen na França, o Brexit no Reino Unido, além de outros partidos conservadores da Hungria, Holanda.

que o trabalho imigrante exerce nessas economias, com seu papel na divisão social do trabalho, com a contínua demanda de força de trabalho a baixo custo, flexível e indocumentada, além dos mecanismos de abusos, exploração humana no trabalho e na vida social e tráfico de humanos – elementos problemáticos que acabam sendo fomentados pelas políticas restritivas em vigor.

Se nos transportamos para o contexto brasileiro, percebemos que, nas últimas décadas, o Brasil foi estudado principalmente como um país produtor de emigrantes.[5] Como é sabido, o fenômeno da emigração de brasileiros começou a despontar no contexto da ditadura militar e ganhou força nas chamadas décadas perdidas (1980-1990).[6] E não há dúvida de que as "lógicas de expulsão" (Sassen, 2014), que são acentuadas

5 No Brasil, o tema da imigração internacional não recebeu a merecida atenção de pesquisas científicas nas mais diferentes áreas, tendo sido priorizadas investigações sobre as migrações internas. São várias as lacunas teóricas, empíricas e metodológicas (tanto do passado, quanto do presente) identificadas pelo projeto temático *Observatório das Migrações em São Paulo* (Nepo-Unicamp). Muitas dessas pesquisas estão sendo empreendidas pelo referido núcleo (Baeninger, 2013). No final dos anos 1990, foi se consolidando um campo de pesquisas, em particular no ramo da demografia, voltado à análise, descrição e mapeamento do fenômeno da imigração internacional, com particular atenção ao contexto da cidade São Paulo que, junto às regiões fronteiriças, mais concentrava esses fluxos. É possível notar, depois de 2010, um aumento sintomático dessas pesquisas – devido à crise internacional e ao volume dos fluxos de entrada de haitianos – abrangendo diferentes Estados no Brasil e um leque mais diversificado em relação às nacionalidades de imigrantes e de solicitantes de refúgio, notadamente da América Latina, África e Ásia. Não seria possível citar aqui todos os estudos sobre o tema no contexto brasileiro. Esses estudos abrangem variados campos disciplinares e tratamentos teóricos distintos, envolvendo questões como o mapeamento demográfico, o refúgio, a identidade, as políticas migratórias, o trabalho imigrante, etc. Não poderíamos, também, deixar de mencionar um rico campo de estudos sobre as migrações internas ao Brasil, que certamente representa uma importante base analítica de interlocução.

6 Esse período inaugura uma nova dinâmica populacional em relação aos fluxos internacionais de entrada e saída de pessoas no país. Nesse contexto, o Brasil foi marcado profundamente pelas migrações internas campo-cidade e, pela primeira vez na sua história com tradição de imigração, passou a produzir mais emigrantes em relação aos imigrantes que recebia. Esses emigrantes tinham como destino principalmente os países centrais, com destaque para os Estados Unidos, Europa Ocidental e Japão.

nos contextos de crise, também estão plenamente ativas hoje no país. A emigração em massa de brasileiros é um dos sintomas da crise corrente que não deve ser desprezado, pois sinaliza o aumento exponencial do desemprego, da violência, o rebaixamento de salários e de direitos, a degradação das condições de vida. O Brasil, agora, se recoloca potencialmente mais como um país emissor desses fluxos que, sem dúvida, serão ainda mais violentos do que nas décadas anteriores.

O que acontecerá para os jovens brasileiros recém-formados que enfrentam um cenário que oferece poucas perspectivas de melhora em curto prazo? Qual será a alternativa para a classe trabalhadora e também para a fração mais favorecida dos estratos médios para superar as altas taxas de desemprego e um mercado de trabalho estagnado nos setores público e privado? Como poderão lidar com o enxugamento dos serviços públicos, que se tornarão ainda mais escassos e de pior qualidade? E qual será a atitude diante do aumento rápido da criminalidade produzida pela própria crise e pobreza?

Como será discutido a partir de entrevistas realizadas com imigrantes e refugiados que vivem no Brasil, o imperativo da mobilidade internacional hoje também se coloca para jovens recém-formados, bem como para adultos em idade avançada, que não obstante possuírem um nível alto de qualificação muitos são pós-graduados – e experiências às vezes de anos de trabalho, são obrigados a fugirem do desemprego ou da flexibilidade, que geram inseguraça e sobretudo a dificuldade extrema de fazer qualquer planejamento e estruturar a vida futura. Essa mobilidade também atinge famílias de classe média que se achavam protegidas e, ao sentirem suas condições de vida se rebaixando cada vez mais, buscam a emigração. Na verdade, a "brutalidade da economia global" (Sassen, 2015) não poupa nem as crianças,[7] forçando-as a migrar internacionalmente.

---

7 Segundo dados da Unicef, referente ao ano de 2015, a estimativa da composição de crianças (menores de 18 anos) é de 31 milhões entre os imigrantes internacionais, 10 milhões entre os refugiados e 17 milhões entre os deslocados forçados.

O olhar para o contexto contemporâneo da imigração no Brasil certamente ajuda a entender como o sonho de deixar o país para os brasileiros implica muitos condicionantes e custos (materiais e psicológicos) para ser realizado na prática, principalmente quando está relacionado com a necessidade de conseguir uma renda ou de trabalhar lá fora. Embora com importantes particularidades, buscou-se dicutir neste livro como Brasil não está separado desse contexto de imigração em escala global.

Como o leitor poderá verificar, o quadro da imigração contemporânea no país retrata bem como, apesar do número de entradas de imigrantes e refugiados ser percentualmente pequeno em relação a outros territórios do Norte Global e regiões como o Oriente Médio ou mesmo alguns países do Oriente, as barreiras burocráticas, policiais, culturais e principalmente socioeconômicas que se colocam a esse grupo social para a estruturação de vida no país não são desprezíveis. Lamentavelmente, ganham cada vez mais destaque também aqui, no país da "democracia racial", as atuais manifestações de violência, racismo, xenofobia que têm como alvo os imigrantes e refugiados.

A pergunta de fundo que orientou o presente estudo para ajudar na compreensão dessas questões é como compreendê-las sem relacioná-las com as dinâmicas de funcionamento do mercado de trabalho em escala global. Longe de considerar o trabalho uma categoria que encerra todas as dimensões e a heterogeneidade intrínseca ao fenômeno imigratório, parte-se aqui do pressuposto teórico que identifica o trabalho, ao contrário, como uma célula analítica essencialmente dinâmica para a explicação de múltiplos processos sociais (Antunes, 2009).

Além dessa dimensão, considera-se importante o enfoque analítico de Basso que, - inspirando-se nos ensinamentos de Sayad e sem renunciar ao entendimento das transformações importantes que advêm das ações dos próprios imigrantes e refugiados -, coloca no centro de sua teoria as relações hierárquicas entre Estados para o entendimento das dinâmicas do fenômeno da migração internacional. Assim, o autor olha para o peso das desigualdades produzidas historicamente pelas relações entre países no mercado mundial, seus desdobramentos nas relações entre povos, etnias e culturas (Basso, 2000 e 2010).

Seguindo essa linha de interpretação, o presente livro problematiza como, embora, no Brasil, a presença da população estrangeira não seja proporcionalmente tão expressiva, esse "baixo percentual" não justifica a marginalização do tema ou o seu tratamento excessivamente particularizado e fragmentado do conjunto da sociedade brasileira. É preciso ter cautela para não cair nas armadilhas dos números oficias da imigração, em particular daqueles referentes à inserção dos imigrantes no mercado de trabalho, que subestimam ou deixam na penumbra parte significativa de sua realidade social. Ao contrário, a utilização do prisma analítico do trabalho, aqui priorizado, olha para as contradições que transparecem nas dinâmicas desses movimentos populacionais, transcende o campo de visão institucional e chama atenção à abrangência e às tendências que esses "baixos" números deixam entrever.

Dentre elas, o aumento crescente na atualidade da *situação indocumentada* e das *modalidades de imigração temporária*, ambas muito difíceis de serem captadas, por estarem ligadas a formas de contratação laborais por curto período e a práticas impostas aos próprios imigrantes para conseguirem contornar a rigidez das leis imigratórias "proibitivas" do trabalho e da permanência em solo estrangeiro.

A partir da incursão do tema no horizonte temporal mais longínquo das raízes históricas do fenômeno no Brasil e das suas conexões com a conjuntura internacional – o que evita uma interpretação conjuntural e fragmentada de suas dinâmicas na atualidade –, procurou-se dicutir neste livro como, atrás do silenciamneto em relação ao contexto atual da imigração no país, certamente há questões históricas, do passado e do presente, mais profundas envolvidas, que foram aqui tratadas pela problematização do campo de visão geralmente associado à imigração, que deturpa e ofusca a "nova" base sócio-histórica do fenômeno, e tem efeitos não só na construção do conhecimento, mas também nas mentalidades e práticas com relação à imigração.

Por motivos que se procurou explorar neste estudo, vivemos em uma sociedade a todos os efeitos formada pela imigração, porém, que ainda vê sua composição proveniente de países periféricos como um *acaso emergencial* dessa história.

Não há dúvida de que parte dessa história planejada e divulgada oficialmente pelo Estado brasileiro – que, em geral, ainda habita o imaginário de sua sociedade – associa a ideia de imigração àquela do imigrante branco europeu e, de forma mais ampla, ao que Florestan Fernades chama de "modernização dependente". Se no século XIX e início do XX os parâmetros da escolha e do tratamento do "imigrante vetor do desenvolvimento" eram mais explícitos na definição de quem poderia entrar e permanecer no país, hoje essa questão assume uma roupagem pretensamente mais neutra, nas dimensões como etnia, classe, gênero, nacionalidade. Como se mostrará neste estudo, os critérios seletivos de imigrantes bem-vindos são bastante claros; porém, essas mesmas políticas imigratórias deixam a parte mais significativa do fenômeno invisibilizada, como se realmente não existisse no país, a não ser, é claro, como um *acaso emergencial.*

A perspectiva analítica aqui utilizada, ao contrário, convida o leito a entender como a imigração no Brasil é muito mais presente e abrangente do que se costuma pensar, tendo em vista que o trabalho imigrante, em nenhum momento da história moderna do país, deixou de ser estratégico e estrutural. Para demonstrar essa assertativa, assalariado(a)s de empresas transnacionais; professore(a)s; médico(a)s; trabalhadores marítimos "forçados do mar" (Zanin, 2007), estudantes-imigrantes, domésticas e cuidadoras de famílias, costureiro(a)s, dentre tantas outras faces do trabalho imigrante no Brasil serão aqui analisadas em conjunto, por revelarem uma condição comum.

Assim, a perspectiva deste estudo lança luz sobre os espaços subterrâneos e invisibilizados do trabalho imigrante no Brasil – ou mesmo longínquos, sobre as águas do mar – simultaneamente apontando as contradições inerentes àqueles eleitos para aparecerem como uma imigração escolhida.

***

Além desta Introdução e das Considerações Finais, o livro se estrutura em cinco capítulos. O *capítulo I* expõe apontamentos teórico-analíticos dedicados à compreensão crítica do fenômeno das migrações, debatendo os problemas de fundo que se impõem à reflexão sociológica sobre o tema. A exposição do arcabouço teórico de Florestan Fernandes sobre a modernização dependente contempla essa orientação, por elucidar as raízes do fenômeno no Brasil, dialogando com o modo de operar do capitalismo periférico e a formação socioeconômica brasileira de base escravista. Do mesmo modo, esse conceito serve de fio condutor para iluminar os condicionantes internos que especificaram as fases da imigração no país.

Por meio de uma leitura da voz abolicionista e imigrantista de Joaquim Nabuco, chama-se atenção à ordem cultural implícita nesses primórdios, que, ao remeter à ideia da assimilação da modernização pelo trabalho livre, não abdica de parâmetros seletivos declaradamente racistas do imigrante eleito como vetor do progresso econômico e de uma civilização mais "avançada". Seu repúdio (mesmo se em regime temporário) à importação de trabalhadores asiáticos, os *coolies*, representa um prova explícita da posição atribuída por essa ordem aos "braços civilizatórios", com desdobramentos sociais que não podem ser ignorados para se compreender a particularidade da força de trabalho do imigrante nesse período histórico.

Para entendê-la, recorre-se à dialética do negro e do branco-imigrante sugerida na obra de Florestan Fernandes para iluminar o lugar privilegiado que o imigrante branco europeu ocupava na disputa e no acesso às posições mais valorizadas do mercado de trabalho brasileiro. Todavia, essa constatação exigiu um aprofundamento, buscado a partir das memórias de imigrantes assalariados rurais e proletários, bem como de fontes historiográficas pontuais para se entender que, se o patamar do trabalho assalariado era baixíssimo para os negros e outros grupos nacionais vítimas do racismo, a exploração (direta das condições de trabalho e indireta das condições de vida) também atingia sobremaneira os imigrantes. Reforça essa questão o tratamento do cenário combativo e diversificado das suas lutas na esfera do trabalho, que passaram a incomodar não só o patronato (fazendeiros e empresariado), mas também o Estado, em particular quando se comunicavam mais diretamente com a classe trabalhadora brasileira.

O *capítulo II* retoma essa questão, dentre outras relativas à conjuntura interna e internacional da década de 1930, como crucial para se entender um divisor de águas das diretrizes político-ideológicas sobre o papel da imigração no país. Os fatores determinantes da emergência do binômio trabalhador nacional-estrangeiro elucidam que o trabalho do imigrante continuará sendo almejado, porém de forma ainda mais seletiva. Esse binômio ajuda o entendimento de que, no contexto do Segundo Pós Guerra e mais tarde na era neoliberal, o imigrante que conseguirá permissão formal para trabalhar será somente aquele que, comprovadamente, não "ameace" o trabalhador nacional, ou seja, possua um diferencial não encontrado no país – é claro, para responder aos parâmetros da modernização dependente. Procura-se evidenciar como, gradualmente, o par perfeito, pretensamente neutro, da qualificação-especialização vai sendo colocado como centro gravitacional das leis imigratórias, o que se explica pela imbricação com a divisão internacional do trabalho e as dinâmicas da acumulação flexível imperantes. Essa pontuação permite discutir a contrapartida indocumentada da imigração, que começa a ganhar corpo sociológico a partir da década de 1970, no contexto brasileiro e mais extensivamente no cenário internacional, deixando entrever a manifestação da configuração polarizada do fenômeno da imigração.

Essa digressão facilita enxergar com mais clareza as novas bases históricas para o enfrentamento do tema da imigração no contexto privilegiado neste estudo (2007-2014). Optou-se por iniciar esse percurso analítico, no *capítulo III,* por algumas considerações sobre a noção de qualificação e especialização, bem como sobre o significado histórico que assume no contexto atual, em particular no brasileiro, com o fim de se evitar uma ideia incorreta da impostação dada à configuração polarizada da imigração e possíveis preconceitos. Em seguida, são situados fatores do contexto nacional e internacional – notadamente com relação ao funcionamento do mercado de trabalho e a utilização da força de trabalho do imigrante na atualidade –, que auxiliam a entender em que medida o Brasil pode ser considerado um destino desses fluxos na atualidade. Com esse fim, discute-se os efeitos da crise econômica nos países centrais e o recrudescimento das políticas de imigração, com repercussão direta para a precarização das condições de trabalho (e de vida) dos imigrantes e solicitantes de refúgio nesses países, bem como para o redirecionamento (parcial) dos fluxos migratórios internacionais. Depois de delimitar os principais fluxos de entrada aqui considerados, importantes para se analisar a relação imigração e trabalho no Brasil no referido período, é dada uma atenção especial à especificidade da imigração de mulheres, tendo em vista o déficit no país, de pesquisa e de fontes, sobre o tema.

A partir dessas considerações, propõe-se, nos *capítulos IV* e *V*, um quadro interpretativo da configuração polarizada do fenômeno no Brasil, construído a partir das principais tendências reveladas nos dois polos, da qualificação-especialização produtiva e dos periféricos na periferia, dentro do circuito legalizado e indocumentado da imigração. Apresenta-se uma sistematização das diferentes modalidades de imigração implicadas e, conjuntamente, uma caracterização, dentro dos limites essenciais, desse desenho da imigração, possível de ser colhido a partir ótica do trabalho. Destaca-se o ideário correspondente a esses dois polos e as principais problemáticas envolvidas, tais como o tratamento legal diferenciado, as características das relações de assalariamento, os dados estatísticos, o peso da indocumentação, os fatores indicativos da exploração da força de trabalho do imigrante, a relação entre divisão sexual do trabalho e imigração, dentre outros.

Campinas, agosto de 2017

I. "Braços civilizatórios" na modernização dependente do mercado de trabalho

> De um lado, um manifesto empenho modernizador, de outro, a prerrogativa de poder dispor do direito de vida ou de morte dos subalternos.
>
> Fernando Lourenço, *Agricultura ilustrada: Liberalismo e escravismo nas origens da questão agrária brasileira*

> "Quem não estiver satisfeito que vá buscar melhor sorte em sua pátria", dizem-nos; mas nós respondemos que a nossa pátria é o mundo, os nossos compatriotas são hoje os operários em geral e que os estrangeiros são, para nós, todos os capitalistas. O mundo é o grande laboratório de nossas energias, e, portanto, onde quer que estejamos, estamos em nossa pátria e temos o dever – ou a necessidade – de lutar pela nossa emancipação.
>
> *Jornal A terra livre*, 5.2.1907

Trabalho livre e a divisão internacional do trabalho

O percurso expositivo apresentado nos capítulos deste livro se apoia em instrumentos de análise históricos para identificar os problemas que se impõem à reflexão sociológica sobre a manifestação e o desenvolvimento do fenômeno da migração internacional no Brasil, buscando situar a origem de suas questões a partir da importância teórico-analítica e do significado político da *categoria trabalho livre.*[1]

De certo, a migração internacional (seja de curta ou longa duração) - onde estão implicadas relações culturais, linguísticas, a dimensão política, sociológica e psicológica - oferece um substrato de pesquisa com questões complexas, que vão além da dimensão do trabalho. Nesse sentido, de forma alguma entende-se que as particularidades dos contextos, de emigração e imigração, em conjunto com a própria complexidade das questões envolvidas no fenômeno - de natureza objetiva e subjetiva - excluam a necessidade de múltiplos ângulos, descritivos e interpretativos, de suas dinâmicas.

Mais especificamente, considera-se importante a crítica do sociólogo Pietro Basso[2] no que se refere a interpretações do fenômeno migratório internacional na atualidade que não se questionam sobre o que chama de "nexo causa-efeito". Disso decorre, em sua opinião, desde teorias até a visão de instituições sobre o tema, nas quais as diversas manifestações dos movimentos internacionais de populações aparecem como "causas sem causa", como se existissem "em si", de forma "desligada" entre si e, principalmente, "separada" da relação com o funcionamento do mercado mundial na era da mundialização financeira. Em suas palavras,

> [ao] identificar as causas desses imponentes movimentos migratórios, os documentos da ONU elencam de modo confuso e desordenado a pobreza, os desastres ecológicos, os conflitos armados, o racismo, as perseguições políticas ou religiosas, quase como se fossem *causas sem causa,* sem nenhuma ligação, entre elas, e com o sistema da economia mundial. Por esse motivo, é importante precisar que as guerras e as ações de guerra

1 "Trabalhadores livres em dois sentidos, porque não são parte direta dos meios de produção, como escravos e servos, e porque não são donos dos meios de produção, como o camponês autônomo" (Marx, [1890] 1968, p. 830).

2 Basso, 2003.

> empreendidas por países dominantes contra certos países dominados [...]; as catástrofes ecológicas provocadas pelo homem, vale dizer pela caça ao lucro [...]; e as chamadas "guerras inter-étnicas", nas quais é fácil entrever as mãos das velhas (e novas) potências coloniais e dos velhos (e novos) abusos coloniais [...] não são fenômenos que existem em si, em um universo ecológico, político e militar totalmente separado e independente da mundialização. Ao contrário, retratam de forma crescente as dramáticas implicações ecológicas, políticas e militares da mundialização das relações sociais capitalistas, que está ocorrendo sob a égide dos mercados financeiros.[3]

Além disso, há um equívoco muito presente na atualidade dos estudos sobre migração de considerar a perspectiva que ilumina sua ligação com o funcionamento do mercado de trabalho *como excludente* da *dimensão subjetiva* e dos *fatores de transformação* inerentes à ação dos próprios imigrantes. Em sentido oposto, este item inicial do presente livro problematiza, conforme sugerido por Basso nesse ensaio, a questão de que, sem se considerar as relações hierárquicas entre países, bem como as dinâmicas de funcionamento do mercado mundial e do mercado de trabalho, corre-se o risco de cair nas *armadilhas* e nos *limites* de teorias que partem ou acabam, inevitavelmente, assumindo o *indivíduo*[4] como categoria explicativa das causas das migrações, consequentemente do *potencial de transformação* a elas inerente. Segundo esclarece o autor,

> [ver] as determinações objetivas dos movimentos migratórios significa, contemporaneamente, poder enxergar também as determinações objetivas da *subjeti-*

3 Basso, 2003, p. 97-98. Aqui e em todas as citações de textos em língua estrangeira, foi feita uma tradução livre pela própria autora.

4 "Uns, notadamente da corrente neoclássica, entendem as migrações como fenômenos próprios de decisões individuais, de acordo com as características dos migrantes (sexo, idade, nível educacional, raça, etc.). Outros reconhecem parcialmente o papel desempenhado pelas condições econômicas sobre os movimentos populacionais, mas o incorporam igualmente no âmbito das decisões dos migrantes. Ambos os grupos privilegiam as decisões individuais como 'causas' das migrações, enquanto decisões 'soberanas, conscientes e livres'" (Peliano, 1990, p. 10).

> *vidade* dos imigrantes; sobre as quais, não por acaso, se fala sempre no plural para evidenciar que o imigrante "singular" está, no fundo, numa situação não completamente singular, mas sim *social*. Essa situação social (*coletiva*, um coletivo que envolve por completo o conjunto dos imigrantes e também os nacionais) é por consequência a *única verdadeira possibilidade* de se resgatar por inteiro de uma condição, a qual as "relações de força" existentes entre o centro e a periferia do mercado mundial "querem" como uma condição *social* de inferioridade. Logo, se não se recorre firmemente a essa visão "de sistema" dos movimentos migratórios, fica fácil escorregar numa representação das migrações centrada na figura ideal-típica do "migrante global" (*no singular*), construída sociologicamente - por uma sociologia com limites evidentes -, com base em abstrações vazias da economia política ultraindividualista em moda atualmente.[5]

A interpretação de Singer também afasta o "indivíduo" ou "a família" como "unidade do movimento", ao lembrar "a importância de se considerar o fluxo migratório como um todo que explica, mas não é explicado pelos movimentos que o compõem".[6] Sua análise está situada nos anos 1960, momento de intensos fluxos migratórios internamente ao contexto brasileiro e da América Latina, e opõe-se igualmente a "análises fragmentadas" produzidas na época. Nas palavras do autor:

> Convém sempre distinguir os motivos (individuais) para migrar das causas (estruturais) da migração. Os motivos se manifestam no quadro geral de condições socioeconômicas que induzem a migrar. É óbvio que os motivos, embora subjetivos em parte, correspondem a características do indivíduo, jovens podem ser mais propensos a emigrar que os velhos [...], solteiros que os casados e assim por diante [...], o que importa é não esquecer que a primeira determinação de quem vai e de quem fica é social ou, se quiser, de classe. Dadas determinadas circunstâncias, uma classe social é posta em movimento. Num segundo

5 Basso, 2003, p. 96.

6 Singer, 1973, p. 54.

> momento, condições objetivas e subjetivas determinam que membros desta classe migrarão antes e quais ficarão para trás.[7]

Logo, tal perspectiva analítica não ignora a *reação* da parte daqueles que migram. Basso[8] esclarece que os determinantes do funcionamento do mercado mundial não devem ser considerados fatores que "anulam" as iniciativas, as escolhas individuais e coletivas dos próprios imigrantes: "[prefiro falar] de ação e reação dos imigrantes porque a experiência demonstra que esses são sujeitos da vida social e das sociedades de destino, e não simplesmente objetos". O autor ainda esclarece que "[o] seu ambiente [de transformação] é, sobretudo, o ambiente de trabalho, mas é também a inteira vida social, pois as migrações tocam a totalidade das relações sociais".[9] Nesse sentido, chama atenção às "contradições sociais" e aos "conflitos sociais" que, além de tensões, também sinalizam "transformações importantes". Em particular, o que denomina de dimensão multinacional e multirracial, que é um dado de fato inerente ao fenômeno, age, em sua opinião, como um "elemento político dinâmico", que contém em si "instâncias de mudança e de *mútua transformação*" de enorme importância, em diferentes âmbitos organizativos da sociedade e mesmo de sua "*vida cotidiana*".[10]

Considerando todas essas premissas, optou-se por iniciar este livro por indicações teórico-metodológicas apontadas por estudiosos que se dedicaram à compreensão crítica do fenômeno das migrações a partir das pistas analíticas deixadas por Marx.

Segundo Peliano,[11] o tratamento indireto – erroneamente acusado de marginal –[12] do tema das migrações na obra *O Capital* decorre

---

7 *Idem*, p. 52.

8 Basso, 2003, p.109.

9 *Idem*, p.110.

10 *Idem*, p.111 e ss.

11 Peliano, 1990, p. 125.

12 "Marx não se detém na questão da migração *per se*, pois à exceção de comentá-

da constatação de que os deslocamentos de população em escala doméstica ou internacional *não possuem uma dinâmica própria*. Desse modo, sua compreensão é inseparável das diferentes dinâmicas da acumulação do capital.[13] Para o autor,

> [se] bem as migrações sejam expressas por deslocamentos de população, o espectro de sua distribuição (ou sua dinâmica) não pode ser entendido por si, ou melhor, não se explica e nem existe por si só, pois que existiram forças que o produziram e o caracterizaram. Essas forças aglutinam-se no campo de ação do capital na medida em que este se manifesta por sua mobilidade contínua e progressiva através de seus processos de expansão e valorização crescentes. Logo, deve-se levar em conta a acumulação de trabalho e a mobilidade do capital para que seja reconstituída e apreendida a dinâmica geral e específica dos deslocamentos de população no espaço econômico das sociedades.[14]

Peliano afasta o conceito de *mobilidade do trabalho* e sugere a diferenciação entre *trabalho* e *força de trabalho* como passo investigativo crucial para se entender que é o capital, não o trabalho,[15] o elemento

---

rios eventuais e localizados, somente se refere a ela de forma explícita quando trata da superpopulação relativa e do exército industrial de reserva no Livro I, capítulo XXIII, ao elaborar a Lei Geral da Acumulação Capitalista"; "a questão do trabalho, enquanto produtor de riquezas, recebeu atenção bem maior que a questão migratória, enquanto distribuição territorial dos produtores de riqueza. Em Marx, entretanto, as duas questões são desenvolvidas e analisadas, lógica e historicamente, em profundidade e de forma exaustiva" (Peliano, 1990, p. 113).

13 "[As] migrações, portanto, constituem-se em precondições da acumulação espacial (extensiva) e temporal (intensiva) de trabalho, enquanto momentos específicos da mobilidade da força de trabalho e organismos vivos da mobilidade do capital (processo de valorização do valor)"; "[assim] as migrações são produtos do capitalismo enquanto representem deslocamentos de trabalhadores necessários à absorção produtiva pelo sistema, ou enquanto representem deslocamentos de trabalhadores excedentes (absorção improdutiva) a engrossarem a superpopulação relativa (excedente às condições do capital no processo imediato de produção)" (Peliano, 1990, p. 122 e 125).

14 Peliano, 1990, p. 112.

15 Para entender a distinção sugerida por Marx do momento do trabalho concreto (como ato consciente) e abstrato (como alienado), ver o ensaio *A dialética do trabalho*: "Se podemos considerar o trabalho um momento fundante da so-

móvel no sistema de produção capitalista.[16] Assim, a "metamorfose do trabalho em força de trabalho" constitui a "antítese fundamental para análise do processo migratório"[17] e tal constatação remete à categoria *trabalho livre*, tendo em vista que, no raciocínio de Marx,

> pressupõe e significa nada mais nada menos que a transformação do trabalho em força de trabalho e, por consequência, a mobilização do trabalho para expansão do capital. Em outras palavras, tanto a migração em particular quanto a mobilidade da força de trabalho em geral estão referenciadas na categoria 'trabalhador livre' porque integrantes e imanentes à sua formulação.[18]

É igualmente por esse motivo que o sociólogo Basso[19] situa a migração internacional como *fenômeno* que expressa uma estrutura muito mais profunda ao manifestar-se na "longa história de formação e unificação do

---

ciabilidade humana, como ponto de partida de seu processo de humanização, também é verdade que na sociedade capitalista o trabalho se torna assalariado, assumindo a forma de trabalho alienado. Aquilo que era a finalidade básica do ser social – a busca de sua realização produtiva e reprodutiva no e pelo trabalho – transfigura-se e se transforma. O processo de trabalho se converte em meio de subsistência e a força de trabalho se torna, como tudo, uma mercadoria especial, cuja finalidade vem a ser a criação de novas mercadorias objetivando a valorização do capital" (Antunes, 2005, p. 69).

16 O autor se opõe à teoria de Gaudemar, 1973, o qual considera que "Marx funda o conceito de mobilidade do trabalho, restituindo os seus processos de elaboraçao, consegue assim formulá-lo explicitamente, situá-lo no campo da teoria econômica". Ao contrário, em sua opinião: "[falar] em mobilidade da força de trabalho, ou pior, em 'mobilidade do trabalho', como categoria importante e fundamental para a análise do trabalho na sociedade capitalista de produção de mercadorias, é negar a lei do valor, enquanto lei do movimento do capital, na medida em que a autovalorização do capital é o meio e o fim sempre em expansão desta sociedade. É a mobilidade do capital sua característica basilar e dominante e, portanto, a mobilidade da força de trabalho se converte, pois que é subsumida (absorvida) por sua antítese, na mobilidade do capital. É por esta razão que não se encontra nas obras de Marx um tratamento privilegiado sobre a questão da migração e da mobilidade da força de trabalho, pois que estas são expressão da mobilidade do capital, suas encarnações, enquanto manifestações sociais subordinadas do trabalho" (Peliano, 1990, p. 109 e 111).

17 Peliano, 1990, p. 142.

18 *Idem*, p. 110.

19 Basso, 2003, p. 86.

mercado mundial que é conjuntamente a história do mercado de trabalho e das migrações internacionais". Para o autor, situar a relação do "nexo causa-efeito" dos movimentos migratórios em seu "caráter objetivamente determinado" dentro do sistema de produção capitalista é uma premissa imprescindível aos estudos que se dediquem ao tema.[20] Conforme explica,

> [a] partir do processo histórico de formação do mercado mundial e especificamente do mercado de trabalho, fica evidente, portanto, como sua estrutura e seu funcionamento atuais são incompreensíveis sem se levar em consideração as grandes migrações internacionais e como estas são incompreensíveis fora da (desigual) divisão internacional do trabalho criada e consolidada dentro do capitalismo mundial.[21]

No seu ensaio, *Desenvolvimento desigual, migrações, políticas migratórias,* o autor sugere um referencial explicativo de grande valor para a compreensão global dos fatores estruturalmente determinantes (no sentido dialético) das migrações internacionais. Sua atenção investigativa é dirigida às dinâmicas relacionadas com o problema de fundo das "relações de força" e dos "mecanismos de produçãoe reprodução das desigualdades" no desenvolvimento socioeconômico, internamente e entre Estados-Nação.[22] Desigualdades que, segundo Basso, estão implicadas na relação capital-trabalho e naquelas entre os Estados-Nação: "o mercado é certamente um mecanismo unitário, mas *desigual* e *produtor de desigualdades* não só no que se refere à 'livre troca' entre capital-trabalho, mas também às relações entre países".[23]

20 *Idem*, p. 95.

21 *Idem*, p. 85.

22 Conforme explica Basso, essa história, além de ter se manifestado com violência redobrada nos territórios submetidos ao sistema de colonização pelo recrutamento de índios e a migração forçada de negros escravizados da África e de asiáticos (*coolies*), também não poupou a classe de trabalhadores livres dentro da própria Europa, dos quais os intensos movimentos migratórios, principalmente nas zonas periféricas dessas economias nacionais, são exemplos.

23 Basso, 2003, p. 82.

Ao levantar a questão de quem emigra, de onde e para onde imigra, o sociólogo sugere o tratamento das migrações internacionais a partir da articulação desses *dois níveis analíticos*, elucidativos das raízes desses movimentos na história, suas causas e seus efeitos na atualidade.

O primeiro nível analítico responde à questão do porquê, se considerados diferentes períodos e contextos na modernidade, a componente social mais significativa desses movimentos espelha uma *condição de classe* específica. Com esse fim, o autor lembra que a explicação dessa característica *objetivamente determinada* dos movimentos migratórios passa pelo entendimento do processo histórico analisado por Marx no capítulo referente à *Chamada Acumulação Primitiva.*[24]

É válida, portanto, a revisitação dessa teoria sobre o processo de desintegração das estruturas socioeconômicas tradicionais do mundo rural feudal da Europa Ocidental[25] e sua incorporação no regime de assalariamento, por oferecer um quadro explicativo da inseparabilidade das dinâmicas migratórias na modernidade com a *categoria trabalho livre* e, contemporaneamente, esclarecer a essência da *condição social* vivida por aqueles que migram, ou seja, o traço da "dependência absoluta"[26] da venda da própria força de trabalho. O interesse analítico está também em situar as "relações de força"[27] como a questão-chave da origem e da

24 Por acumulação primitiva Marx ([1890] 1968, p. 828 e 831) entende o "ponto de partida do capital", "a pré-história do capital e do modo de produção capitalista". Para o entendimento da inferiorização das mulheres e a exploração do seu trabalho nesse processo histórico, ver Federici (2010), Basso (2000b) e Meillassoux (1975).

25 O terreno histórico escolhido é a Inglaterra do século XVI, ou seja, o epicentro do desenvolvimento do sistema industrial e o país hegemônico à época no mercado mundial: "[embora] os prenúncios da produção capitalista já apareçam, nos séculos XIV e XV, em algumas cidades mediterrâneas, a era capitalista data do século XVI" (Marx, [1890] 1968, p. 831). O cenário social descrito por Marx é caracterizado pela marca da pobreza da vida rural e daquela urbana, que começava a florescer na Europa, pelos êxodos rurais e o correlacionado adensamento do proletariado nas cidades, inicialmente absorvido nas manufaturas de lã e depois na indústria.

26 Marx, [1890] 1968, p. 888.

27 Esses movimentos foram situados como uma manifestação das consequências

multiplicação dos "deslocamentos de massa humana",[28] destacando a transversalidade do processo sistêmico de fundo envolvido, funcional à *produção*, *estruturação* e *organização* da classe de trabalhadores livres.

Para Marx, os diferentes "métodos da acumulação primitiva"[29] tinham relação direta com a *expropriação*[30] de pequenos camponeses e a conversão de seus meios de produção e de subsistência em capital. Dessas relações de força deriva o despovoamento do campo e a formação de uma classe de trabalhadores livres, desprovida de seus meios de produção e instrumentais de trabalho, continuamente empobrecida e privada de suas liberdades.[31] Em função desses mesmos motivos, é *forçada a migrar* e a *trocar sua força de trabalho pelo salário*, que passa a ser seu único meio de continuar a produção e a reprodução da vida.

O próprio vocabulário que o autor utiliza para descrever esses movimentos remete à violência das relações de força implicadas, ou seja, o "pecado original da economia",[32] afastando uma interpretação desses movimentos (em particular se consideradas as dimensões sociais assumidas pelo fenômeno a partir de então) como decorrentes da livre disposição de "uma vontade naturalmente humana" de migrar. Nesse sentido, Marx aponta uma premissa metodológica de grande atualidade para o entendimento de que os deslocamentos de popula-

sociais geradas pelo "terrorismo" que estava na origem das transformações da propriedade privada no regime feudal pela desapropriação dos agricultores e a correlacionada subsunção do seu trabalho ao capital (a partir desse período, não mais exclusivamente formal) expressa inicialmente por meio da separação forçada dos camponeses de seus meios de produção e de seu instrumental de trabalho, a terra (Marx, [1890] 1968, p. 850).

28 *Idem*, p. 831.

29 *Idem*, p. 829.

30 "O modo capitalista de produção e de acumulação e, portanto, a propriedade privada capitalista exigem, como condição existencial, o aniquilamento da propriedade privada baseada no trabalho próprio, isto é, a expropriação do trabalhador" (*Idem*, p. 894).

31 Para o tratamento da dimensão subjetiva implicada nessa questão ver Antunes, 2004a e Antunes, 2009.

32 Marx, [1890] 1968, p. 829.

ções *em massa*, tal como passam a ocorrer na modernidade, não têm nada de natural ou puramente psicológico. Nas suas palavras,

> [marcam] época, na história da acumulação primitiva, todas as transformações [no modo de produção feudal] que servem de alavanca à classe capitalista em formação, sobretudo aqueles *deslocamentos de grandes massas humanas, súbita e violentamente privadas de seus meios de subsistência e lançadas no mercado de trabalho como levas de proletários destituídos de direitos*. A expropriação do produtor rural, do camponês, que fica assim privado de suas terras, constitui a base de todo processo. A história dessa expropriação assume coloridos diversos nos diferentes países, percorre várias fases em sequência diversa e em épocas históricas diferentes. Encontramos sua forma clássica na Inglaterra.[33]

Para os propósitos analíticos aqui privilegiados, o fundamental a reter sobre esse processo é justamente sua premissa histórica estrutural, imanente e transversal ao funcionamento do capitalismo,[34] de criar e manter *a oferta de força de trabalho* sempre em patamares mais altos do que a procura.[35] A manutenção dos salários no "mínimo aceitável pelo sistema" é uma das suas principais funções, mas não a única. Segundo Marx, esse processo de formação de uma classe obrigada e disposta a vender seu próprio trabalho tem efei-

33 Marx, [1890] 1968, p. 831, grifo nosso.

34 Para uma síntese dos autores contemporâneos que consideram essa transversalidade dos "métodos de acumulação primitiva", ver Pradella, 2010. Sassen, 2014, embora em nenhum momento cite Marx, extrai a ideia do que chama de "lógicas de expulsão" do mesmo prisma analítico das "relações de força", dos "métodos de expropriação" e do "processo de empobrecimento" tratados no capítulo *A Chamada Acumulação Primitiva*. A autora oferece um panorama histórico bastante completo dos principais *focos* das relaçoes de força na atualidade que têm por consequência o "deslocamento de grandes massas humanas", porém sua interpretação tem o limite claro de não necessariamente relacionar o que chama "complexidade que produz brutalidade" com a estrutura de funcionamento do mercado de trabalho.

35 Para aprofundar a questão, ver as análises de Marx, 1890, sobre a *Produção progressiva de uma superpopulação relativa ou de um exército industrial de reserva*, onde mostra sua função nos movimentos gerais dos salários e na psicologia dos trabalhadores.

tos mais amplos, pois permite a realização de um modo específico de *estruturar* o trabalho e de *organizar* o seu funcionamento para a acumulação de capital.

Não basta que essa classe exista e que seu trabalho esteja disponível como uma mercadoria especial, ela também precisa "trabalhar ativamente" e há inúmeros "meios coercitivos"[36] (materiais e subjetivos) inerentes ao próprio funcionamento do sistema que a levam a isso, principalmente a incorporação do "sentimento de dependência" e a objetiva "dependência absoluta"[37] do trabalhador em relação à classe capitalista. De fato, Marx indica a manutenção "do próprio trabalhador num grau adequado de dependência" como "fator fundamental da chamada acumulação primitiva".[38] No mesmo sentido, aponta seu mecanismo de produção da oferta necessária do "proletariado sem direitos".[39] Essa "destituição de direitos" é crucial para o entendimento da condição dos imigrantes internacionais em relação às diferentes dinâmicas do modo de organizar seu trabalho. Segundo Marx,

> [a] grande beleza da produção capitalista reside não só em reproduzir constantemente o assalariado como assalariado, mas também em produzir uma superpopulação relativa de assalariados, isto é, em relação à acumulação de capital. Assim, a lei da oferta e da procura de trabalho fica mantida nos trilhos certos, a oscilação salarial confinada dentro dos limites convenientes à exploração capitalista, e, finalmente, garantida a imprescindível dependência social do trabalhador para com o capitalista, *uma relação de dependência absoluta.*[40]

36 Marx explica que são meios variados e facilitados pela ação do Estado, principalmente no que se refere à manutenção do salário em seu mínimo necessário e as jornadas de trabalho em seus limites máximos para garantir a acumulação do capital. A produção da "pobreza em larga escala" é, segundo Marx, o principal meio coercitivo para tal fim. Ver Pradella, 2010.

37 Marx, [1890] 1968, p. 889 e 890.

38 *Idem*, p. 855.

39 *Idem*, p. 850.

40 *Idem*, p. 888.

Esse momento analítico "originário" da *A chamada acumulação primitiva* é, portanto, imanente ao modo de produção capitalista e, por esse motivo, está na base das diferentes dinâmicas de funcionamento do mercado de trabalho pelo apoio em sua condição de existência, os *trabalhadores livres*. Tanto aqueles que estão "dentro", como aqueles que estão "fora" do mercado de trabalho, ou seja, os desempregados ou simplesmente os renegados de uma "integração", são *migrantes em potencial* – no sentido de que a "busca da recomposição de condições de trabalho"[41] se coloca como uma certeza histórica objetiva para essa classe.[42]

A digressão elucidativa do primeiro nível analítico obrigatório para se pensar o tema das migrações – o trabalho livre – possibilita entrar no segundo, relativo à *divisão internacional do trabalho*,[43] assim entendida:

> [o]mecanismo da *divisão internacional do trabalho*, que é constituída sobre a base de uma autêntica espoliação ("originária") das áreas colonizadas pelos países colonizadores, posteriormente definida como subdivisão do mundo em uma imensa área rural fornecedora de bens agrícolas e de matérias primas para as metrópoles monopolizadoras da indústria; para, enfim, assumir hoje uma fisionomia muito mais complicada – tendo em vista que um bom número de países dominados são

41 Peliano, 1990, p. 124. Segundo o autor: "[As] migrações passam a refletir não somente o rompimento e tentativa de recomposição de condições efetivas de trabalho, mas singularmente a acumulação de trabalhadores, parte localizada dentro do processo imediato de produção (forma produtiva) e a grande maioria localizada em esferas de trabalho fora do processo imediato de produção (forma improdutiva), embora a ele estruturalmente subordinada" (*Idem*, p. 123).

42 Em particular nos tempos atuais de "acentuação do desemprego estrutural" e de "tendências de precarização" na "nova morfologia do trabalho" (Antunes, 2013). Segundo destacado por Braga (2012, p. 19), o *precariado*, em particular aquele que vive "em condições sociais capitalistas periféricas", encontra-se "em permanente trânsito entre a possibilidade da exclusão socioeconômica e o aprofundamento da exploração econômica". Também deve ser levada em consideração a população mundial que ainda se encontra no campo – segundo os dados do Banco Mundial (2013), correspondente ao percentual de aproximadamente 47% – e está exposta ao processo de expropriação.

43 Para o equacionamento teórico desse conceito em Marx, ver Pradella, 2015. Para análises históricas envolvidas nessa questão ver Stannard, 2001; Ferro, 2003; Galeano ([1976] 2005); Said, 1998.

> produtores de bens industriais. Contudo, não deixa de ser acentuada [a divisão internacional do trabalho] por uma *nítida linhade demarcação* entre países (e Estados) que estão "por cima" e dão ordens, e aqueles que estão "por baixo", e devem obedecer; entre países (e Estados) que expropriam excedentes de todos os lugares e aqueles obrigados a ceder às forças 'externas' uma quota-parte, mais ou menos significativa, segundo cada caso, dos excedentes produzidos no interior do próprio território.[44]

A partir desse prisma analítico, Basso olha para o peso da produção das desigualdades provocadas historicamente pelas relações hierárquicas entre países no mercado mundial, seus desdobramentos nas relações entre povos, raças e culturas,[45] em particular no que se refere à "gênese e direcionamento dos movimentos migratórios internacionais contemporâneos e futuros".[46] Ao levar em consideração os *elos* entre contextos periféricos e centrais – do passado e do presente –, dá destaque ao fato de que a posição de um país na divisão internacional do trabalho influencia diretamente as caraterísticas dos movimentos migratórios que produz e/ou recebe.[47] Chama atenção, portanto, à "unidade desigual"[48] mundialmente organizada pelo sistema de colonização e pela divisão internacional do trabalho que *une* também diferenciadas formas de exploração do trabalho, interrelacionadas e combinadas pelo movimento global de acumulação do Capital.[49]

---

44 Basso, 2003, p. 84.

45 Um de seus desdobramentos intrínsecos é a eleição do racismo como base de sustenção dessas relações Basso, 2000 e Basso, 2010.

46 Basso, 2003, p. 85.

47 Esse prisma analítico é parte integrante das teorias de Sayad, 1999, pois este autor considera a Argélia como "o caso exemplar" para analisar os reflexos da divisão internacional do trabalho e das decorrentes relações de dominação entre países na imigração internacional, também no que se refere à dimensão subjetiva do imigrante e simbólica da imigração.

48 Basso, 2003, p. 84.

49 O caso emblemático invocado por Marx da posição subordinada de um país na divisão internacional do trabalho em relação aos movimentos migratórios é o da Irlanda, "o distrito agrícola da Inglaterra" (Marx, [1890] 1968, p. 817). Sem

Para Basso, novamente recuperando Marx, o atual estágio de expansão do sistema capitalista coincide com uma "*superpopulação relativa, o exército proletário de reserva mais amplo da história do capitalismo*", sendo que uma parte dele "está *destinada* às migrações, internas e internacionais".[50] Isso porque, conforme explica, não deixa de se tratar, até hoje, de uma

> superpopulação diferenciada, indispensável para a acumulação mundial enquanto fator objetivo de rebaixamento *geral* do valor da força de trabalho e instrumento de erosão das "garantias" do *welfare state*; também útil para a estabilidade social dos países ocidentais, somente, é claro, na medida em que os trabalhadores imigrantes aceitem passivamente o papel (que generosamente lhes é reservado) de bodes expiatórios para o crescente mal-estar social vivido pelas populações nacionais [dos países centrais].[51]

indústria, os camponeses dali expulsos não eram absorvidos por esse setor. Por esse motivo aponta que "a transformação da lavoura em pastagens na Irlanda tem efeitos necessariamente mais graves que na Inglaterra" e está diretamente relacionada com a *emigração*, ou seja, um "processo sistemático cujos efeitos não são passageiros, retirando, todo ano, mais gente do que a natalidade pode compensar"; "[o] gênio irlandês inventou um novo método de transportar, como por encanto, um povo miserável a milhas de distância do cenário de sua miséria. Os emigrantes transplantados para os Estados Unidos enviam, todo ano, dinheiro para casa, a fim de financiar a viagem dos que ficaram na Irlanda. A multidão que emigra num ano leva outra multidão no ano seguinte" (Marx, 1980, p. 818 e 819). As mesmas contradições marcam o campo na Escócia, onde, "em 1860, pessoas violentamente expropriadas foram exportadas para o Canadá sob falsas promessas" (Marx, [1890] 1968, p. 846). Marx também menciona a exportação da superpopulação de trabalhadores europeus para a Austrália e a "importação dos pobres da Europa" pelos "senhores capitalistas" da América, "a terra prometida dos trabalhadores emigrantes" (Marx, [1890] 1968, p. 892).

50 Basso, 2003, p. 89. A propósito desse tema, conforme explica Peliano, "se o sistema capitalista, de um lado, se apossa generalizadamente das condições e dos produtos do trabalho, de outro não absorve totalmente o trabalho vivo disponível na sociedade. Com o desenvolvimento das forças produtivas, descarta progressivamente força de trabalho em ação gerando desemprego e migrações. Ocorre, entretanto, que, em fazendo isto, o sistema coloca à sua disposição quantidade considerável de trabalhadores que pode ser mobilizada (reabsorvida) quando melhor lhe aprouver, isto é, em situações nas quais o capital obtém perspectivas favoráveis de expansão e valorização. Gera-se, desta forma, a 'superpopulação relativa (população excedente supérflua' ou 'população excedente relativa'" (Peliano, 1990, p. 125).

51 Basso, 2003, p. 89.

Em suma, situar historicamente as raízes do fenômeno da migração doméstica e internacional nesse período de nascimento do capitalismo é também delimitar este objeto nas dinâmicas dentro das quais é alimentado estruturalmente pelas relações sistêmicas desse modo de produção.

A discussão proposta buscou mostrar que as migrações internacionais, na modernidade, remetem sempre a um processo anterior (originário) de estruturação da classe de trabalhadores livres e da organização de seu trabalho nesse sistema, sendo determinadas por relações de força, manifestadas principalmente em duas dimensões: o trabalho livre e a divisão internacional do trabalho. Nesse sentido, a articulação desses níveis analíticos coloca-se como uma premissa ainda imprescindível às pesquisas dedicadas ao tema da imigração internacional. E não há dúvida de que a história, passada e presente, da imigração no Brasil confirma essas constatações, como se procurará demostrar a partir de agora.

A modernização dependente do mercado de trabalho

A extinção do tráfico de escravos (1850)[52] é a causa imediata da desestruturação do regime escravista, bem como o principal elemento propulsor das migrações internacionais no Brasil, no que concerne à categoria trabalho livre. Não por acaso, como ressalva Caio Prado Jr.,[53] tal década inaugura um período da agenda política do Estado nacional, no qual o recrutamento de imigrantes passou a ocupar o primeiro plano.

O processo de implantação do regime de trabalho assalariado remete ao que Fernandes chamou de "modernização dependente" a partir do "progresso importado".[54] Essa ideia, desenvolvida nos estudos mais

52 A extinção do tráfico de escravos (1850) é a causa imediata da desestruturação do regime escravista, bem como o principal elemento propulsor das migrações internacionais no Brasil, no que concerne à categoria trabalho livre.

53 Prado Jr., 1976.

54 Fernandes, 1973, p. 87.

maduros do autor, foi utilizada como fio condutor do presente livro, com o propósito de se investigar o desenvolvimento da história da imigração no Brasil em sua interface com o funcionamento do mercado de trabalho na periferia do capitalismo. Sobretudo, ela chama atenção à máxima do funcionamento do capitalismo periférico de que os "dinamismos externos decidem as transformações [internas] decisivas".[55]

O processo de desagregação do sistema de produção escravista espelha mudanças de fundo[56] na formação econômica do país, também derivadas de uma *correlação de forças sociais*, na qual a luta dos próprios escravos e libertos teve papel determinante - pelas diversas formas de resistências nas senzalas, fugas das fazendas, auto-organização dos quilombos, mesmo sob o controle extremo do Senhor e do aparato repressivo do Estado.[57] A frase do historiador Moura é bastante elucidativa nesse sentido: "enquanto o escravismo brasileiro era uma instituição sólida e reconhecida, somente os escravos lutaram radicalmente para extingui-lo".[58]

---

55 *Idem*, p. 79.

56 Segundo Prado Jr., essas questões de fundo retratam um processo de transição que atravessa todo século XIX e tem seus primeiros delineamentos decisivos na inauguração da "Era do Liberalismo" (1808-1850), com a vinda da corte portuguesa para o país e a abertura dos Portos (1808). Conforme explica, esses fatos tiveram influência no processo político de independência (1822) e nas características da formação econômica do Brasil. Tratava-se da abertura ao mercado mundial que significou o fim do pacto colonial, ou seja, da exclusividade do domínio intermediário de Portugal sobre o mercado brasileiro: "no decreto de abertura dos portos fixara-se um direito geral de importação para todas nações de 24% *ad valorem*. As mercadorias portuguesas seriam beneficiadas depois com uma taxa reduzida de 16%, pelo tratado de 1810, a Inglaterra obteria uma tarifa preferencial de 15%, mais favorável portanto que a própria outorgada a Portugal" (Prado Jr, 1976, p. 128).

57 "Assim como a escravidão foi uma instituição nacional, a luta dos escravos contra ela também se espalhou por todo o nosso território. Do Rio Grande do Sul até o Amazonas, eles lutaram contra o instituto que os oprimia. Os quilombos, as insurreições, guerrilhas, assassinatos de feitores, de capitães do mato e de senhores, o bandoleirismo, incêndios de canaviais, roubos e colheitas e rapto de escravas, quando não o suicídio, tudo isto era um fenômeno sociologicamente normal porque correspondia à contrapartida de negação ao modo de produção escravista" (Moura, 2014, p. 55).

58 *Idem*, p. 56.

Deve-se também levar em consideração a investida neocolonialista para o acesso e a expansão dos mercados nas periferias, em particular por parte da Inglaterra,[59] país que mais exerceu pressão para o bloqueio da entrada de escravos no Brasil. Também teve peso nesse processo de transição a atuação de uma burguesia, analisada por Fernandes,[60] mais conectada ao comércio urbano e à incipiente produção manufatureira, que começava a disputar o poder ao lado da aristocracia agrária. Essa mesma burguesia fazia seu o interesse da expansão de mercados no país e se posicionava em prol da implantação do trabalho livre e da "modernização" econômica, ou seja, defendia a bandeira do abolicionismo vindo "do alto".[61]

Dessa correlação de forças resulta a importação de um modelo capitalista modernizado de organização do mercado de trabalho. O problema de quem comporia o trabalho "livre" foi resolvido a partir *de fora*, ou seja, pelas "políticas de substituição populacional ocorridas entre fins do século XIX e início do XX".[62] Para não permitir o colapso da produção agrícola, seria automático, a partir de então, o aumento

---

59 Como explica Prado Jr., a incompatibilidade do trabalho escravo para a expansão do capitalismo industrial foi percebida primeiramente pela classe capitalista inglesa, que, com seu papel hegemônico, a partir de 1807, assume a bandeira do abolicionismo, conferindo-lhe uma dimensão internacional: houve uma "brusca mudança de atitude de uma potência que chegou a se envolver em guerras para obter e conservar a prioridade sobre as demais nações no tráfico ultramarino de escravos e que ainda na metade do século XVIII realizava mais da metade de todo este comércio. O fato é que a Inglaterra, depois de abolir em 1807 o tráfico nas suas colônias, torna-se paladino internacional na luta contra ele" (Prado Jr., 1976, p. 145).

60 Fernandes, 2008c.

61 Para o estudo das bases ideológicas do discurso imperialista pró-abolição da escravidão, consultar Vergès, 2001. Pela análise do discurso abolicionista francês, a historiadora demonstra como a abolição não vinha tratada no seu aspecto material, mas como uma *questão humanitária,* portanto de ordem moral. Tratava-se fundamentalmente de "combater a barbárie em favor da civilização" e foi justamente o abolicionismo a levantar essa "bandeira humanitária", escondendo o objetivo da expansão de mercados nos territórios coloniais ou neocoloniais (Vergès, 2001, p. 34).

62 Fernandes, 2008b, p. 136.

da entrada subvencionada (pelo Estado ou particulares) e espontânea de imigrantes no país. Gradualmente e por meio diversas manobras,[63] caminhava-se em direção à abolição pela Lei do Ventre Livre (1870) até sua extinção formal com a Lei Áurea (1888).

O substrato histórico utilizado por Fernandes para explicar o conceito de modernização dependente são as transformações que considera cruciais no modo de operar do capitalismo, interna e externamente ao Brasil, no "último quartel do século XIX até a primeira Guerra Mundial".[64] Do padrão colonial de uma economia quase estática em suas funções, passava-se à consolidação da "prática de um capitalismo competitivo na periferia".[65] Do ponto de vista da inserção do Brasil no mercado mundial, o autor identifica alguns aspectos com importância analítica para o entendimento da configuração de novos tipos de "relações de satelitização econômica e cultural"e de uma "mudança do padrão de relação dos capitais internacionais com a organização da economia interna".[66]

---

63 O recrutamento de escravos para lutar na guerra do Paraguai (1865), justificado pela promessa do Estado brasileiro da concessão da liberdade para os alistados, compõe esse cenário gradual e contraditório da abolição no país.

64 Fernandes, 2008c, p. 279. Na sua proposta explicativa, esse período apresenta relevantes diferenciações em relação ao antigo regime. Depois da proclamação da independência (1822) e da cessação do pacto colonial, a nação se constituíra formalmente, porém continuava modelada substancialmente – em sua formação econômica, social e política – por um mercado funcional aos limites fechados de uma colônia de exploração e do regime escravista, ou seja, circunscrito ao sistema de exportação da produção agrícola e de matérias primas, dirigido por uma oligarquia agrária articulada ao mercado mundial. Na prática, há uma "continuidade pura e simples dos padrões coloniais da 'grande lavoura', com todo o séquito de condições que a tornavam tão imprópria à integração nacional – a escravidão, o latifúndio, a monocultura extensiva, a especialização na produção e exportação de certos 'produtos tropicais', a extrema concentração social da renda, a exiguidade e a descontinuidade do mercado interno, a dependência das importanções, o crescimento econômico descontínuo" (Fernandes, 1975, p. 96 e 97).

65 Fernandes, 2008c, p. 279.

66 Fernandes, 2008c, p. 48 e 274. Para a análise do papel específico de atuação do capital financeiro no Brasil no final do século XIX, de sua influência política e comercial para dinamização da economia interna (pelo financiamento da pro-

> [O] neocolonialismo erigiu-se em fator de modernização econômica real, engendrando várias transformações simultâneas da ordem econômica interna e de suas articulações aos centros econômicos hegemônicos do exterior. O principal aspecto da modernização econômica prendia-se, naturalmente, ao aparelhamento do país para montar e expandir uma economia capitalista dependente, sob os quadros de um Estado nacional controlado, administrativa e politicamente, por "elites nativas" [...]. De início, deu-se mais importância à transferência de firmas ou de filiais de firmas em pequena escala, o que fez com que o processo se realizasse em torno da transplantação de unidades econômicas completas, que se especializavam em transações comerciais (de exportação e de importação) e em operações bancárias. Com elas, processava-se a transferência de tecnologia, de capitais e de agentes econômicos, com as instituições sociais que podiam organizar suas atividades ou funções no "setor novo" da economia brasileira.[67]

Esse novo tipo de "satelitização" denota para o autor um "neocolonialismo que presidiria e orientaria, daí por diante, a incorporação e a subordinação das economias periféricas das 'nações emergentes' às economias centrais das 'nações dominantes'".[68] Conforme observa, tal processo implica também uma dimensão cultural: "[os] ideais absorvidos gravitavam em torno da reprodução interna da ordem econômica das 'nações avançadas', que exerciam hegemonia econômica, cultural, política e diplomática sobre o país".[69]

Sua análise explicita, portanto, que a abertura estratégica de espaço ao *desenvolvimento induzido* pelo "progresso importado" só aparentemente se deu *pelo interno* e *para* os interesses internos da economia e da sociedade brasileira. Não se tratava de uma ruptura

---

dução para exportação, de empreendimentos industriais e de infraestrutura) e para drenagem, por meio de diversos mecanismos, da acumulação interna, consultar Prado Jr., 1976.

67 Fernandes, 2008c, p. 117.

68 *Idem*, p. 95.

69 *Idem*, p. 105.

com a satelitização, ou seja, com os mecanismos de expropriação dos excedentes econômicos nacionais, articulados interna e externamente: "dependência e subdesenvolvimento são um bom negócio para os dois lados".[70] Passava-se tão somente à *incorporação de dinamismos* nas forças internas, produtivas e do comércio, funcionais ao "máximo de eficácia ao padrão dependente de modernização".[71]

> O *desenvolvimento induzido* somente *selecionava e transferia dinamismos* que aceleravam transformações capitalistas mais ou menos necessárias ao processo de incorporação em curso; eles eram insuficientes ou neutros para transformações capitalistas mais complexas e, de qualquer modo, não poderiam gerar, por si mesmos, um desenvolvimento capitalista autônomo e autossustentado, análogo ao das economias centrais e hegemônicas. Portanto, o *desenvolvimento induzido estava calibrado por suas funções.* Ele provocava uma revolução econômica autêntica. Contudo, projetando-a no âmago de relações de dependência constantes.[72]

Logo a *modernização dependente* indica o "subdesenvolvimento [que] converte-se em estado normal do sistema" pela "persistência de estruturas socioeconômicas herdadas do passado com a formação de estruturas socioeconômicas novas", ou seja, a imbricação entre "a arcaização do moderno e a modernização do arcaico".[73] Dessa constatação deriva, além da reprodução da estratificação racial, da concentração de renda e riqueza típica da estrutura da sociedade colonial, também "*um complexo padrão de mercantilização do trabalho*".[74]

A imigração compôs, não marginalmente, esse cenário de transformações, enquanto elemento basilar para a expansão das novas bases de funcionamento do sistema capitalista no Brasil, com peso igual-

---

70 Fernandes, 1973, p. 26.

71 Fernandes, 1973, p. 75.

72 Fernandes, 2008c, p. 277, grifo nosso.

73 Fernandes, 1973, p. 36 e 61.

74 *Idem*, p. 81, grifo nosso.

mente significativo na sua formação social. Vale lembrar que o Estado brasileiro, nesse período, ocupa um lugar de destaque na gestão da importação do trabalho imigrante.

Fernandes chama atenção ao fato de que nesse período havia também um tipo de imigração relacionada à "transplantação de negócios", dentro do processo de "internalização de atividades e operações econômicas que antes eram realizadas inteiramente de fora".[75] O autor referia-se a imigrantes que "dispunham de bastante capital comercial ou financeiro para se inserirem diretamente (como 'negociantes' ou 'capitalistas'), nos processos de comercialização inerentes às economias exportadora e importadora".[76] Todavia, em termos numéricos, conforme evidência, esses fluxos sempre foram pouco representativos, embora tivessem um papel econômico de importância vital para "amalgamar interesses estrangeiros e nacionais" na expansão do capitalismo dependente. É interessante notar que, em sua opinião, a *internacionalização produtiva* de setores econômicos em expansão, que não o agrícola, não demandava impreterivelmente "a presença física de agentes econômicos (estrangeiros)":

> Excetuando-se algumas áreas do comércio a varejo e da produção artesanal, o motor do processo de modernização econômica não repousava na presença física de grandes números de agentes econômicos [estrangeiros]. Ao contrário do que sucedera com o tacanho comércio da colônia, todo ele baseado em controles pessoais diretos, as atividades econômicas decorrentes dos "negócios de exportação" e do "alto comércio" importador podiam ser controlados à distância [...]. A transplantação de unidades econômicas completas visava antes à formação de condições para manifestação eficiente daqueles mecanismos de controle que à transferência de numerosos agentes econômicos estrangeiros. Esse fato contém enorme significação analítica. A ele se prende a tendência de associação de brasileiros às firmas estrangeiras e, em

75 Fernandes, 2008c, p. 118.

76 Fernandes, 2008c, p. 157.

> particular, a extrema amalgamação de interesses "estrangeiros" e "nacionais" nesse setor.[77]

Tal observação também ilumina o principal elemento constitutivo da história da imigração no Brasil, ou seja, as "grandes levas anônimas"[78] de imigrantes, em particular europeus, também chineses e japoneses. Na tabela 1.1, pode-se conferir a dimensão adquirida por esse fenômeno no período com maior intensidade de entradas no país (1872-1929), ao passo que a população escrava diminuía, passando de 1.663.110 em 1854 a 723.418 em 1887, respectivamente 21,7% e 5,2% da população total.[79]

Tabela 1.1 Imigração Internacional no Brasil, 1872-1929

Período	Portugueses	Italianos	Espanhóis	Alemães	Japoneses	Outros	Total
1872-1879	55.027	45.467	3.392	14.325	-	58.126	176.337
1880-1889	104.690	277.124	30.066	18.901	-	17.841	448.622
1890-1899	219.353	690.365	164.296	17.084	-	107.232	1.198.327
1900-1909	195.586	221.394	113.232	13.848	861	77.486	622.407
1910-1919	318.481	138.168	181.651	25.902	27.432	123.819	815.453
1920-1929	301.915	106.835	81.931	75.801	58.284	221.881	846.647
Total	1.195.052	1.479.353	574.568	165.861	86.577	606.385	4.107.793

Fonte: Baeninger (2013a), com dados do IBGE, Censo Demográfico de 1940.

Como bem destacou Fernandes, "atrás da relação entre o 'imigrante' e o escravo (ou, mais tarde o 'liberto') estava a própria questão do destino que se pretendia dar à ordem social competitiva e à sociedade de classes no Brasil".[80] Esse destino foi delineado com bastante nitidez no debate político e no ideário oficial em defesa da imigração naquele período. No intuito de entender essa ordem cultural, que par-

77 Fernandes, 2008c, p. 121-122.

78 Fernandes, 2008c, p. 157.

79 Baeninger, 2013a, p. 13.

80 Fernandes, 2008a, p. 51.

te da imigração para indicar os contornos do futuro desejado à nação, é válido revisitar o pensamento de Joaquim Nabuco,[81] um abolicionista e "imigrantista" declarado.

Imigração, trabalho livre e futuro da nação

O discurso de Joaquim Nabuco ilustra a inseparabilidade da ordem cultural declaradamente racista que justificava a modernização dependente do mercado de trabalho brasileiro com a defesa do recrutamento em massa de imigrantes europeus no final do século XIX. Nabuco, também chamado de o "estadista do futuro", foi uma importante figura política do Partido Liberal, representativa da posição em *defesa da atração de imigrantes.*

Seu livro *O Abolicionismo* (1875) foi escrito logo após a promulgação da *Lei do Ventre Livre* (1871), num período marcado pela convivência da gestão dos "últimos escravos" com a passagem ao regime de trabalho livre, dentro de um quadro até então único na história do país de recrutamento, incentivo e financiamento pelo governo brasileiro da imigração em massa.

Ao contrário da abertura irrestrita das fronteiras, nas diretrizes de seu discurso fica bastante nítido como, desde sempre, foi aplicado um parâmetro "qualitativo" pelas políticas imigratórias para selecionar o imigrante ideal. Mesmo nesse período, quando a falta de "braços"[82] aparecia como sendo um dado incontestável[83] da economia nacional, selecionava-se o imigrante responsável pela construção do futuro da nação. De fato, *seu ideário pró atração de imigrante segue uma lógica*

81 Nabuco foi deputado pelo Partido Liberal e também o principal teórico e publicista da causa abolicionista no Brasil. Para uma análise sistemática do pensamento de Nabuco e sua atuação política, consultar Nogueira,1984.

82 "Termo habitualmente empregado pelos fazendeiros para se referir aos trabalhadores rurais" (Azevedo, 2012, p. 42).

83 Para a problematização do ideário que associa a importação de força de trabalho imigrante à escassez daquela interna, ver Hall (1969).

declaradamente seletiva. Azevedo explica que, durante a segunda metade do século XIX, havia um debate muito vivo entre "intelectuais, fazendeiros e políticos", no qual "as elites políticas não só puderam discutir o tipo de imigrante ideal ao país, como também o fizeram já informadas pelas teorias raciais científicas cada vez mais em voga em meados do século XIX".[84]

O estudo do sociólogo Fernando Lourenço expôs criticamente o "reformismo liberal" composto pelo que definiu como "temas recorrentes aos projetos de modernização agrícola que se autojustificam como expansão do processo civilizador".[85] Conforme destaca, na época, a ideia de modernização se comunicava, sobretudo, com a realidade material do trabalho no campo, ou seja, tinha suas raízes na questão agrária do país e escondia "ambivalências"[86] refletidas na profundidade de uma "questão social" colocada para as populações pobres, em particular os escravos. Logo, "aperfeiçoar a agricultura" assumia a conotação de "desafricanizar a nação", valendo-se, para isso, de "novos e melhores braços para os campos".[87] O autor ainda destaca que

> [noções] como "modernização sem mudança", "modernização pelo alto" condensam a ambivalência de nossos intentos civilizadores. [...] [Esta] recorrente ambivalência tem sua origem numa secular privação dos direitos das classes pobres.[88]

84 Azevedo, 2012, p. 13 e 24.

85 Lourenço, 2001, p.14.

86 "A ambivalência dos projetos de modernização, que propõem a emancipação, mas repõem a sujeição, não é específica do reformismo agrícola, tendo sua origem própria na tradição liberal, ou mais precisamente na sociedade fundada no capital" (Lourenço, 2001, p. 31).

87 Lourenço, 2001, p. 136 e 146.

88 Lourenço, 2001, p. 29.

O estudo de Jair Ramos[89] também parte do "projeto civilizatório" apoiado na "fantasia assimilacionista" de importação do imigrante ideal para demonstrar como se deu a gênese e o desenvolvimento das políticas imigratórias no Brasil. Seu trabalho é elucidativo do que chama de *caráter ativo* de uma empresa política do Estado brasileiro de "atração" e "gestão" de imigrantes "escolhidos" para o povoamento do território nacional.

Para o autor, o consenso que predominava na mentalidade das classes dominantes brasileiras era o de que o país não só necessitava da imigração, mas de uma determinada "qualidade" de imigração. Tratava-se, segundo ele, de uma série de "cálculos e suportes múltiplos" à "atração", "condução", "indução" dos imigrantes na ocupação do solo nacional que revela o caráter essencialmente intervencionista do Estado brasileiro nessa primeira fase histórica da imigração de trabalhadores livres ao Brasil. Segundo explica, a classificação dos imigrantes nos órgãos de administração, nas leis sobre imigração e nos discursos públicos separava a categoria dos "desejáveis" – referente à *atração* dos escolhidos (subdividida, por sua vez, em *espontâneos* e *subsidiados)* – dos "indesejáveis".

Sem dúvida, essa ideia assimilacionista guiava Nabuco, ao declarar que o movimento abolicionista abraçava duas funções no Brasil. Dentro do quadro de lentidão das medidas para a extinção do trabalho escravo, sua primeira função seria a de "advogar" pelos escravos, defendendo o que identifica como a "verdadeira causa" da abolição: a liberdade individual.[90] Além de lutar por essa causa, tendo em vista a exceção que o regime de escravidão ocupava na conjuntura mundial

89 Ramos, 2006.

90 Fernandes considera o abolicionismo "do alto" como uma "revolução social dos 'brancos' e para os 'brancos': combatia-se, assim, não a escravidão em si mesma, porém o que ela representava como anomalia, numa sociedade que extinguira o estatuto colonial, pretendia organizar-se como nação e procurava, por todos os meios, expandir internamente a economia de mercado" (Fernandes, 2008c, p. 36).

da época,[91] identifica uma segunda função de propósitos *mais amplos* e *duradouros* no tempo, relacionada, portanto, com o projeto do *futuro* da nação brasileira. Assim, defendia a necessidade de iniciativas políticas para tornar atrativa a vinda dos imigrantes europeus e construir esse futuro através de um "povo escolhido".[92] É possível notar como o abolicionismo de Nabuco avalia a demora para o fim da escravidão como uma enorme perda na atração de imigrantes:

> Até quando será esse o nosso renome, e teremos em nossos portos esse sinal da peste que afasta os imigrantes para os Estados que procuram competir conosco?[93]

Diante da necessidade de suprir o mercado de trabalho e da possibilidade de escolha do recrutamento dos *coolies* – trabalhadores chineses e indianos importados, principalmente durante o

---

91 Como explica Caio Prado, 1976, o trabalho livre se mostrava mais vantajoso para o sistema capitalista, pois, além de mais produtivo, gerava trabalho excedente sem adiantamento de capital ou risco. Conforme destacou Lourenço: "A exceção dos que possuíam escravos ocupados nas minas ou nos engenhos de açúcar, a posse de escravos representava uma forma 'enganosa' de riqueza, levando muitos agricultores à falência. Do ponto de vista contábil, a compra e manutenção de escravos significava um custo insuportável para uma economia tão pobre como a da capitania" (Lourenço, 2001, p. 126). É claro que essa razão econômica não secundariza o peso determinante da luta dos próprios escravos e de outras frações de classes sociais (média-urbana) contra as relações de produção escravistas (Saes, 1985; Moura, 2014). Quanto ao papel do Partido Liberal na luta política interna em prol do abolicionismo, o desafio colocado era abolir a propriedade de escravos sem perder o apoio da elite rural e sem causar prejuízos aos cofres públicos com indenizações aos proprietários. Dessa assertiva decorre a identificação do alvo principal da propaganda abolicionista "do alto", que não eram os próprios escravos, mas os setores com influência política e econômica que ainda se opunham à abolição: "Os problemas políticos que absorviam [os senhores] diziam respeito a indenizações e aos auxílios para amparar a 'crise na lavoura'. A posição do negro no sistema de trabalho e sua integração à ordem social deixam de ser matéria política" (Fernandes, 2008c, p. 30).

92 A expressão é de Vainer, 1996, p. 44, e é utilizada para expressar a razão racial, que resume a diretriz das políticas imigratórias de suprir uma necessidade "eugênica, isto é, de doses crescentes de sangue branco". Essa razão racial articula-va-se, segundo o autor, com a razão econômica e política.

93 Nabuco, [1875] 2003, p. 240.

século XIX , em diversos territórios dos Impérios coloniais e em países como os EUA, Canadá e Austrália dentro de um regime de trabalho semi-escravo sazonal[94] - ou até mesmo de africanos na condição de cidadãos, entra em cena neste período uma empreitada política destinada à defesa da necessidade da imigração propriamente europeia, na qual se insere e ganha protagonismo seu discurso abolicionista.

De fato, conforme explica Azevedo, o racismo dos "imigrantistas" explicita

> [uma] verdadeira escala de pesos etnográficos, aplicada à produção material, à constituição moral do povo e à própria construção da nacionalidade [...]. Em suma, nesta balança das cores o negro é avaliado como o menos, o pior, o elo inferior da grande cadeia das raças humanas; o amarelo é um pouco mais, o menos ruim, o elo intermediário e que só se compreende na transitoriedade de sua permanência no país; e o branco é o mais, o melhor, o ponto final e ideal da tão sonhada escalada do progresso".[95]

O cruzamento de *brancos* e *negros*, característico da formação populacional do Brasil - nação composta, em sua opinião, prevalentemente por um "povo europeu", porém obrigada a conviver com a "herança de berço" da escravidão - não significaria "o abastardamento da raça mais adiantada pela mais atrasada, mas a gradual elevação da última".[96] Já declarando o insucesso da ideia de branqueamento da população brasileira, tão defendida à época - "a imigração europeia não bastará para manter o predomínio perpétuo de uma espécie de homens à qual o sol e o clima são infensos"[97] –, Nabuco reconhece, no entanto, seu tão desejado poder de penetração na sociedade brasileira enquanto *fator de civilização.*

---

94 Potts, 1990.

95 Azevedo, 2012, p. 57.

96 Nabuco, [1875] 2003, p. 175.

97 *Idem*, p. 173.

No discurso do autor, o negro vem substituído como *fator de desenvolvimento econômico* do Império pelo *imigrante* como *fator de civilização* e *modernização* do futuro da nação. A figura do imigrante, ao contrário de ser *objeto* de *assimilação*, aparece como *vetor* e *instrumento* do progresso, do desenvolvimento, ou seja, o elemento que possibilita e dá credibilidade ao esforço assimilacionista da política brasileira de importar um modelo "superior" de civilização e de se desvincular dos vícios da ordem escravista. Quando expõe um balanço das principais causas que justificam a urgência da abolição, é possível verificar como a imigração é colocada em primeiro lugar:

> Porque a escravidão, assim como arruína economicamente o país, impossibilita o seu progresso material, corrompe-lhe o caráter, desmoraliza-lhe os elementos constitutivos, tira-lhe a energia e resolução, rebaixa a política; habitua-o ao servilismo, *impede a imigração* [...].[98]

O objetivo de Nabuco era agir para convencer a elite agrária e a opinião pública de que a extinção do tráfico não significava um "colapso produtivo" da grande lavoura. Os Estados Unidos, a Austrália, o Chile e a Argentina eram invocados por ele como países mais avançados que o Brasil, em função justamente dos êxitos com a imigração branca europeia. E o pilar desse sucesso teria sido, sem dúvida, a escola implícita ao sistema de *trabalho livre*,[99] mais produtivo, ético, moral; instrumento inclusive apto a acalmar os conflitos de raça de uma população não homogênea como a brasileira. É esse elemento "civilizador" o único a poder se contrapor aos vícios – tanto morais, quanto materiais – da escravidão.

> O trabalho livre, dissipando os últimos vestígios da escravidão, abrirá o nosso país à imigração Europeia; será o anúncio de uma transformação viril, e far-nos-á en-

98 *Idem*, p. 152, grifo nosso.

99 Como mostrou Azevedo, esse esforço para construção da subjetividade do trabalhador livre se manifestava no imaginário abolicionista do período (Azevedo, 1987).

> trar no caminho do crescimento orgânico e, portanto, homogêneo. O antagonismo latente das raças – a que a escravidão é uma provocação constante, e que ela não deixa morrer, por mais que isso lhe convenha –, desaparecerá de todo.[100]

E ainda:

> Não há dúvida de que o trabalho livre é mais econômico, mais inteligente, mais útil à terra, benéfico ao distrito onde ele está encravado, mais propício a gerar indústrias, civilizar o país, elevar o nível de todo o povo.[101]

O plano material e moral da imigração se entrelaçam no discurso de Nabuco para a construção da figura do imigrante ideal, responsável pelo futuro da nação. Resultado implícito da abolição – e de sua outra face, a imigração –, seria, portanto, a reversão de tudo que derivava da "negação absoluta" do "senso moral", característico da *relação servil* como valor organizacional da sociedade brasileira: "[a] escravidão atrofiou entre nós o espírito de iniciativa e a confiança em contratos de trabalho".[102]

Logo, fica bastante evidente como sua posição em defesa do projeto imigratório não se apresentava como uma simples empreitada de importação de "braços" para salvar a produção cafeeira no Brasil, mas também como instrumento privilegiado de incorporação de uma cultura mais "civilizada", em particular propulsora da ética do trabalho livre: "o principal dever para uma nação não é acumular sacas de café, mas levantar o nível moral das populações".[103]

O trabalho livre e seu agente, o imigrante, foram eleitos, portanto, para espelhar a imagem de um novo modelo de sociedade. Todavia, esse projeto imigratório não era aberto a qualquer tipo de imigrante, conforme será tratado a seguir.

---

100 Nabuco, [1875] 2003, p. 237.

101 *Idem*, p. 232.

102 *Idem*, p. 93.

103 Nabuco, [1879] 1950, p. 529.

A incompatibilidade do trabalho dos coolies

Se Nabuco, atuando como advogado do negro, era mais cauteloso na reprodução de estereótipos inferiorizantes desse grupo étnico, com os chineses não media palavras para manifestar sua opinião contrária *tout court* a essa imigração no país. Em relação a eles, diz.

> Se, porém, contra a expectativa se cruzasse com a nossa uma raça reconhecidamente desmoralizada e degenerada, que pátria legaríamos a nossos filhos?[104]

> Só nos restaria calcular o tempo em que a nossa civilização progressiva e ocidental teria que tornar-se uma civilização imóvel e asiática.[105]

Antes de tudo, é válido lembrar que o sistema de recrutamento dos *coolies* assumiu um papel importante, como fonte de força de trabalho a baixo custo, no funcionamento do capitalismo mundial durante o período de abolição do tráfico de escravos.[106] O recrutamento [forçado ou por meio do contrato de trabalho] de asiáticos nesse período foi estudado por Lydia Potts, que aponta sua dimensão, ou seja, o envolvimento de "12 milhões de asiáticos"[107] destinados a efetuar atividades de natureza braçal – nas plantações, minas, obras de infraestrutura – no período de auge da industrialização nos países centrais.

Segundo a autora, juridicamente, o estatuto dos *coolies* se situava numa posição *intermediária* entre o escravo a o trabalhador livre, condensando uma "mistura de diferentes sistemas de trabalho" (escravo, forçado, por dívida, livre), com pagamento vinculado à produção. Em sua opinião, na prática, as condições de trabalho eram "análogas

---

104 Nabuco, [1879] 1950, p. 146.

105 *Idem*, p. 175.

106 Segundo Azevedo (2012, p. 64 e 72) o recrutamento de *coolies* na América Latina envolveu, além do Brasil, México, Panamá, Costa Rica, Chile, Cuba. Ver também Potts, 1990.

107 Potts, 1990, p. 71.

à escravidão".[108] Os salários eram irrisórios e as condições de trabalho desumanas, os contratos de trabalho *temporários* previam o retorno do trabalhador ao país de origem por conta própria. Esse sistema de trabalho acabava por ser mais vantajoso, tendo em vista que os gastos com um *coolie* equivaliam à metade daqueles com um escravo.[109]

No Brasil, esse sistema de trabalho chegou a ser experimentado pela importação de cerca de 3.000 trabalhadores ao longo do século XIX.[110] Mesmo essa pequena parcela teria sido suficiente para gerar muitas ressalvas por parte dos políticos e também fazendeiros, conforme explica Azevedo: "[nenhum] outro personagem coletivo estrangeiro foi tão debatido no Brasil num curto período para ser *esquecido* logo em seguida, como foi o chinês".[111] O balanço dessas discussões é oferecido por Lourenço:

> Nos debates travados no Congresso dos agricultores sobre as vantagens e riscos da importação de novas "enxadas humanas" vindas da China e da Índia, os que argumentavam a seu favor manifestavam uma aparente tolerância racial, justificada em razão da ameaçadora falta de braços para a lavoura. Seria novamente um mal menor a ser suportado em nome do progresso da nação [...]. Outros ainda suportariam a importação de *coolies* em razão de uma transição necessária e obrigatória, mas que se esperava passageira. Outros sequer admitiam esta possibilidade, manifestando um incontido preconceito racial.[112]

Enfim, a qualidade seletiva dessas vozes dissonantes era aquela de importar "elos de transição",[113] ou seja, trabalhadores "menos livre

---

108 *Idem*, p. 65.

109 *Idem*, p. 216.

110 Consultar Lamounier, 1986.

111 Azevedo, 2012, p. 23-24. Esse esquecimento, segundo a autora, também marca a historiografia brasileira.

112 Lourenço, 2001, p. 179.

113 "Em meados da década de 1850, assim como em 1870, e depois em fins de 1880, vozes obstinadas defenderiam a opinião de que, dentre os estrangeiros, os chineses e indianos eram os únicos que se submeteriam às condições de trabalho exigidas numa 'transição do trabalho escravo ao trabalho livre'" (Lamounier, 1986, p. 127).

[que os europeus]",[114] aptos aos serviços manuais e acostumados com serviços pesados. Logo, seu acolhimento não poderia equivaler àquele oferecido a um "verdadeiro colono", prezando a permanência, pois este sim deveria fixar-se para compor um povo.

Desde a transferência da família real para o país (1808), o imigrante europeu foi beneficiário de políticas de concessão ou facilitação da aquisição de terras para o povoamento do território. A propriedade da terra era considerada oficialmente um fator que conferia "estabilidade à imigração", ou seja, uma fixação permanente. Essa política de promoção da colonização de estrangeiros estava explícita na primeira Lei de Terras (L. 601, de 18 de setembro de 1850), que restringiu a aquisição da propriedade de terras no país à compra, excluindo a posse pacífica. Seu alvo principal eram os escravos e libertos e, não por acaso, essa lei foi publicada 14 dias depois da extinção do tráfico (lei 581, de 4 de setembro de 1850). Todavia, no que se refere ao acesso à terra, conforme será problematizado no item 6 deste capítulo, a Lei de Terras também teve efeitos negativos para o imigrante branco europeu. Como uma de suas decorrências, segundo Prado Jr. (1976), o colonato não representou a regra do desenvolvimento da imigração no país.

De toda forma, deixava-se claro que os *coolies* eram apenas um "meio temporário" de extração de trabalho, pois eram forçados a deixar o país, uma vez cumpridos os severos contratos de trabalho. Segundo Lamounier, no Brasil, em regra, os contratos de trabalho com os *coolies* duravam de 5 a 6 anos e previam que,

> [o] número de horas de trabalho diário não excederia dez (podendo elevar a doze, mediante compensação), e os salários ficariam suspensos no caso de interromper-se o serviço por motivo independente da vontade do patrão. O trabalhador ficava obrigado a renunciar ao direito de reclamar contra o salário [...] e só podia rescindir o contrato mediante pagamento prévio de indenização ao patrão. *O trabalhador ficava obrigado a fazer*

114 *Idem*, p. 134.

> *novo contrato se quisesse permanecer no Império e, no caso contrário, a retirar-se à sua custa.* Os trabalhadores deviam ser robustos, com menos de 45 anos, e especialmente habituados ao serviço da lavoura.[115]

Por ser economicamente vantajoso e temporário, o sistema de importação dos *coolies* era utilizado à época por diversos países como alternativa para a substituição da força de trabalho escrava. No Brasil, podia servir também como alternativa às dificuldades encontradas na implantação do regime de parceria.[116] A despeito de tudo isso, foi afastado *a priori* por Nabuco, quando dizia:

> É o chim[117] preciso? Quem quer o chim?
> Pergunto em primeiro lugar se o chim é preciso, se é reclamado pela nossa lavoura, se é conveniente, se é um elemento de progresso, se é a solução que o nobre presidente do conselho queria achar para sua pergunta: qual o meio de substituir ou de preencher a falta de braços?[118]

A impossibilidade de competição com uma raça, utilizando suas próprias palavras, tão "atrasada no desenvolvimento", "intelectualmente inferior", "tão apta a se rebaixar", "propensa a dominar" e completamente "inassimilável" aos valores civilizatórios ocidentais, se prolonga, segundo Nabuco, ao *mercado de trabalho.*[119] Isso, devido a um suposto "monopólio" que seriam os chineses propensos a exercer em muitos "ofícios" em que trabalham, tendo em vista que "o salário com os quais se contentavam era manifestamente insuficiente para homens de outra

---

115 Lamounier, 1986, p. 138, grifo nosso.

116 Diversos estudos historiográficos citam a insubordinação e as recorrentes revoltas de colonos europeus no regime de parceria (incialmente utilizado para o emprego da força de trabalho de europeus) e seu fracasso produtivo Hall, 1969. A representação que colocava os *coolies* como menos rebeldes e mais disciplinados no trabalho foi utilizada como argumento em defesa da importação de trabalhadores chineses (Lamounier, 1986, p. 127), mas não é uma verdade histórica. A resistência dos chineses será abordada no item seis deste capítulo.

117 Termo pejorativo utilizado para se referir aos chineses.

118 Nabuco, [1879] 1950, p. 142-143.

119 *Idem*, p. 175.

educação [ou seja, os europeus]".[120] Definitivamente, a imigração dos ditos "chins" significava *passado*, prolongação da escravidão, não o *futuro*: "A China é uma nação velha, nós somos uma nação nova; ela tem um enorme passado, nós não temos senão um grande futuro".[121]

Nabuco já estava atualizado sobre as experiências de importação de *coolies* em outros territórios. Seu grande medo relacionava-se com os altos riscos do "não retorno" dos chineses, com a suposta tendência à "fixação" e à "multiplicação" dessa "raça incompatível".[122] Aqui se encontra, segundo o autor, o verdadeiro perigo para o futuro da nação brasileira: o alerta da "invasão mongólica"[123] estava ligado à constatação de que os "chins não voltam!" e, como raça "apta a dominar", tendem a predominar "fisicamente" e "moralmente".[124] Por esse motivo, ressalta como muito adequada e sábia a pejorativa analogia: "[é] uma pedra, que não se pode assimilar, no estômago de qualquer nação estrangeira".[125]

A imagem da pedra indigesta remete, portanto, a um tipo de imigrante que afasta qualquer possibilidade de assimilação aos valores "civilizatórios". Segundo Azevedo,[126] a imigração dos chineses foi proibida no Brasil em 1890, seguindo o exemplo dos Estados Unidos.[127] Ao invocar *a inexpressividade* ou *nulidade da cultura africana* e a *incompatibilidade absoluta* daquela chinesa, Nabuco acaba sempre por revelar a lógica de fundo preconceituoso para construção do imigrante ideal. Uma coisa é falar do "influxo benéfico de uma civilização já

120 *Idem*, p. 149.

121 *Idem*, p.142.

122 *Idem*, p.155.

123 *Idem*, p.160.

124 *Idem*, p.176.

125 *Idem*, p.155.

126 Azevedo, 2012, p. 12.

127 Nos Estados Unidos, a década 1880 demarca a promulgação de leis impedindo a imigração de chineses e asiáticos. O mesmo ocorreu, em 1901, na Austrália (*White Australia Policy*) e posteriormente no Canadá (Castles e Miller, 1993).

adiantada", outra coisa de "máquinas animais em vez de cidadãos".[128]

Nessa época representativa do auge das imigrações internacionais, não importava se o imigrante fosse da classe trabalhadora ou analfabeto, desde que fosse vetor da "civilização", da raça branca "mais avançada", da ética do trabalho livre, da modernização, do progresso. O futuro da nação não necessitava de quaisquer "braços", mas sim de um determinado tipo, que, por todos os motivos explicitados, podem ser chamados "civilizatórios".

Essa posição atribuída aos "braços civilizatórios" tem desdobramentos sociais que não podem ser desprezados para se compreender mais aprofundadamente a particularidade do trabalho imigrante na história da imigração no Brasil. A colocação desse problema é o propósito da discussão a seguir.

A dialética do negro e do branco-imigrante

Diferentemente dos diagnósticos socioeconômicos que associam automaticamente o imigrante como a categoria social que por excelência *começa por baixo* num mercado de trabalho estranho ao da sua própria nação, a interpretação sociológica de Florestan Fernandes sobre o lugar do negro no mercado de trabalho assalariado (pós-abolição) faz um convite à reflexão crítica de que essa fórmula não é inteiramente válida para um contexto localizado na periferia do capitalismo e ainda marcado pela herança viva da escravidão.

Sua teoria não nega que a inserção dos imigrantes brancos no mercado de trabalho brasileiro tenha significado um *começo por baixo*. No entanto, traz em discussão elementos históricos para o entendimento de como, para contingentes nacionais não brancos, principalmente para o negro e o mulato – e, em geral, toda população rural pobre de migrantes internos –, a construção da vida a partir da venda "livre" do próprio tra-

128 Nabuco, [1875] 2003, p. 145.

balho implicava um *começo bem por baixo*, ou seja, em posições muito precárias do mercado de trabalho. Segundo Fernandes,

> enquanto o branco da camada dominante conseguia proteger e até melhorar sua posição na estrutura de poder econômico, social e político da cidade e, enquanto o imigrante trocava sucessivamente de ocupações, de áreas de especialização econômica e de posições estratégicas para a conquista de riquezas, de prestígio social e poder, o negro e o mulato tinham de disputar eternamente oportunidades residuais com os componentes marginais de sistema - com "os que não serviam para outra coisa" ou com "os que estavam começando bem por baixo"[129].

Como mostrou Brasil Jr. (2010), ao tratar da obra *A integração do negro na sociedade de classes* (1964),[130] o "imigrante de Ultramar" é o elemento que *ilumina* tal contradição, permitindo enxergar "as desvantagens de integração" de outros "grupos sociais" no funcionamento do capitalismo periférico. O "lugar" e o "papel privilegiado" que o imigrante ocupou nessa ordem e sua "integração bem-sucedida nos setores mais dinâmicos"[131] espelham o "fator de integração limi-

129 Fernandes, 2008a, p. 42.

130 Conforme ressalta Brasil Jr., 2010, p. 178 e 179, nos anos 1950, o debate da sociologia brasileira sobre a questão nacional "se polarizou em torno da 'questão racial'", sendo essa obra de Fernandes, junto a *Brancos e negros em São Paulo* (1955) - realizada em parceria com Roger Bastide -, fundamentadas em pesquisas empíricas em diversificados segmentos de classe da população negra durante as décadas de 1950-60 - realizadas pelos autores e uma equipe de pesquisadores no projeto de investigação sobre a questão racial no Brasil, *O preconceito Racial em São Paulo* (1951), patrocinado pela Unesco. Essa questão racial ganha peso durante esse mesmo período também no cenário internacional, por estar ligada ao conflito ideológico suscitado após o regime nazista e ao desenvolvimento dos movimentos de libertação nacional no contexto africano e asiático, que denunciavam a opressão racial secular na qual vivia a população desses territórios. Ver Villen, 2013a.

131 Brasil Jr., 2010, p. 194 e 189, também discute o diagnóstico muito similar feito por Gino Germani quanto à posição ocupada pelos nacionais e imigrantes europeus no mercado de trabalho em Buenos Aires - no final do século XIX e na primeira metade do século XX: "É possível aproximar, tal como aparece nos argumentos dos autores [Fernandes e Germani], a ação do imigrante de ultramar nos dois contextos em virtude da posição que eles ocuparam no processo de

tada ou precária" dos contingentes nacionais "subalternos".[132] Do ponto de vista sociológico, essa questão permite enxergar a continuidade da estruturação da sociedade brasileira na "discriminação racial" e na reprodução de "desigualdades sociais".[133] De fato, para Fernandes, a sociedade brasileira preserva um intacto "paralelismo entre raça e posição social ínfima", ou seja, entre "estratificação racial e social".[134]

Essa função epistemológica da "evidência" é muito distinta daquela de fundamentar o diagnóstico social acima referido na imigração, como se a presença dos imigrantes europeus fosse a *causa* do racismo imperante na sociedade brasileira. De fato, essa causa não se encontra na relação branco-imigrante e negro, quando ambos são parte da classe trabalhadora, mas naquela capital e trabalho dentro do sistema capitalista, pois esta última representa, conforme destaca Basso,[135] o "núcleo das relações sociais racistas". E igualmente Fernandes não faz uma interpretação separada da imigração "em si". Ao contrário, situa analítica e historicamente esse fenômeno no Brasil em sua interrelação com o *racismo* e o *funcionamento do capitalismo periférico,* mais especificamente com as seculares raízes coloniais do regime de escravidão.

Para o entendimento mais aprofundado dessa questão, é necessário dialogar com o pano de fundo das considerações já expostas sobre o processo de "modernização dependente". Aqui, será tão somente focalizada a análise de Fernandes sobre o lugar da imigração no movimento de modernização dependente do mercado de trabalho brasileiro a partir do "progresso importado", que remete à pe-

---

modernização". Conforme destaca, segundo os referidos estudos de Germani, na capital argentina os imigrantes europeus também compuseram majoritariamente os "estratos da classe média em expansão (ligados ao comércio)" e do "novo proletariado urbano industrial".

132 Brasil Jr., 2010, p. 177.

133 *Idem*, p. 184.

134 Fernandes, 2008a, p. 335 e 594.

135 Basso, 2000, p. 18.

dra angular da desagregação do sistema de produção escravista e à implantação do mercado de trabalho assalariado no país, dentro do regime republicano.

A fotografia social fornecida na sua obra sobre a situação do negro e do mulato no momento sucessivo à abolição ilustra o quanto a liberdade significou socialmente para eles um "segundo momento" da "espoliação racial secular".[136] Ao "cativeiro de quatro séculos que produziu riqueza pública e individual" se seguiria uma "espoliação racial abolicionista" sem nenhuma "redenção" ao negro, bem como ao seu trabalho.[137] Isso, porque sua "liberdade e igualdade [formal de direitos]" continuariam modeladas e bloqueadas pela "concentração racial da renda, do prestígio social e do poder", ou seja, impedidas de serem "fruídas socialmente".[138]

O autor cita inúmeros manifestos dos movimentos negros no Brasil denunciando "a mentira do 13 de maio [abolição], que deixou o negro no mais completo abandono para servir a causa da arianização".[139] Esses manifestos acusam como o negro se transformou, diante do imigrante, num "exótico na sua própria terra"[140] e continuou ocupando o papel de "simples coisa na sua sociedade".[141] A ordem democrática não modificou esse panorama, ao contrário, serviu para "solapar a importância da cor como ponto de referência" nas lutas sociais.[142]

136 Fernandes, 2008b, p. 11.

137 *Idem*, p. 47.

138 *Idem*, p. 118 e 140.

139 Fernandes, 2008a, p. 117.

140 A comparação com o imigrante em termos psicobiológicos era colocada nesses termos preconceituosos criticados por Moura, 2014, p. 37: "ele [o negro] era colocado como um ser de pura natureza, ser rítmico, dionisíaco, sexual, em comunhão apenas com as forças elementares do mundo, enquanto o branco era o racionalismo, o progresso, a civilização. Daí a tendência cultural do negro para ser jogador de futebol, sambista e malandro, e a mulata símbolo do sexo extraconjugal".

141 Fernandes, 2008b, p. 115.

142 Fernandes, [1964] 2008b, p. 408. Fernandes dá destaque à importante função desses movimentos para a conscientização e autoafirmação do negro (enquanto uma coletividade), em relação aos inúmeros mecanismos (econômicos e culturais) de dominação da ordem social capitalista branca, permitindo desmascarar a construção

Suas análises invocam a centralidade do entendimento das dinâmicas de *renovação* de um sistema de *hierarquização* social com base no que denomina categorias histórico-sociais de *cor* e de *classe*, consideradas como um "todo operativo" do convívio esteriotipado pelo preconceito de cor. Com essa preocupação, explica que o "sistema de referência" herdado do "padrão assimétrico e tradicionalista de relação racial" da sociedade colonial se renovou, sob novas bases, no período pós-Abolição. De um padrão de "segregação sistemática",[143] na ordem democrática passa-se àquele de "isolamento difuso", que ainda serve para tolher "a evolução das tensões raciais".[144] O preconceito de cor é a alma desse sistema, enquanto "fator de desigualdade racial" que "fornece a justificação emocional, moral e racional da discriminação".[145]

Se no regime de trabalho escravo era a *cor da pele* o determinante explícito da posição do negro, como escravo, ao lado do branco, como senhor; naquele assalariado surgem outros mecanismos (não somente de natureza econômica), que o sociólogo explicita minuciosamente, demonstrando o quanto atuam de *forma dissimulada*, mas não por isso menos eficazes, para a exploração do trabalho negro e a criação de "linhas não expressas da especialização racial",[146] colocando o negro nas piores posições do mercado de trabalho.

Já na década de 1840, quando eram feitas as primeiras experiências de convivência do trabalho escravo com o "livre" nas fazendas onde fora implantado o regime de parceria, já se operava uma divisão

---

ideológica da "fatalidade psicobiológica" do destino do negro (Fernandes, 2008b, p. 46). Para o autor, mesmo se o horizonte de transformação desses movimentos em geral se identificasse com uma "revolução dentro da ordem" (Fernandes, 2008b, p. 10), ou seja, fosse limitado à assimilação dos valores da ordem capitalista branca, teve relevante função para a organização da ação política e a transformação da identidade do negro numa "coletividade" consciente de sua realidade histórica.

143 Fernandes, 2008b, p. 67.

144 *Idem*, p. 87.

145 *Idem*, p. 45.

146 *Idem*, p. 253.

tanto do "espaço social do escravo"[147] quanto da técnica do trabalho.[148] E essa divisão perdura mesmo após a Abolição, como expõe Fernandes, por meio da *dialética* do negro e do branco (imigrante e nacional) no mercado de trabalho assalariado,[149] ou seja, respectivamente entre o que a ordem imperante considerava o "agente econômico deformado" e o "agente histórico socialmente significativo".[150]

Essa dialética se coloca como um *instrumento analítico* para mostrar como o mercado de trabalho "une" o imigrante e o negro, ao mesmo tempo em que os "separa".[151] E essa relação se traduz essencialmente na posição que ocupam na competição e no acesso, modelados pelo *preconceito de cor*, ao trabalho assalariado.

O movimento dessa dialética começa pelas desvantagens encontradas pelo negro no "ponto de partida" para sua inserção no mercado de trabalho. Ao passo que o negro perdia "sua importância privilegiada como mão-de-obra exclusiva", o "regime de trabalho livre se consolidava em São Paulo sob monopólio de todas as posições básicas [do

---

147 Moura, 2014, p. 48.

148 Lamounier, 1986, p. 24.

149 Essa dialética foi colhida pelo estudo da situação histórica do negro na cidade de São Paulo, dentro do contexto de industrialização, crescimento econômico e demográfico da cidade (em particular devido aos fluxos imigratórios internacionais), no período compreendido entre o final do século XIX e os anos 1960. São Paulo era considerada pelo autor "a comunidade burguesa mais representativa do capitalismo e da civilização industrial no Brasil" (Fernandes, 2008b, p. 538), onde se exprimia claramente a "associação entre urbanização e europeização, nova morfologia da cidade e das relações de trabalhos" (Fernandes, 2008a, p. 35). A cidade que com a chegada em massa de imigrantes no final do século XIX foi "branqueada". Em 1893, 54% de sua população era estrangeira (Fernandes, 2008a, p. 36). Segundo explica, esse panorama só foi modificado a partir de 1935, com a retração dos fluxos internacionais, concomitante ao aumento da migração interna e ao crescimento natural da população negra.

150 Fernandes, 2008a, p. 35 e 51.

151 "Negros, brancos e mulatos interagiam entre si como se fossem separados e unidos pela antiga etiqueta racial"; "onde havia a concentração de estrangeiros era mínima a de negros" (Fernandes, 2008a, p. 338 e 40).

mercado de trabalho] pelos brancos".[152] Se no meio rural o imigrante deveria substituir o negro no trabalho das lavouras, nas cidades era considerado o trabalhador mais adaptado à incipiente indústria.

Por um lado, a posição simbólica atribuída ao imigrante era legitimada pela cultura hegemônica branca: "o agente natural do trabalho livre", "a grande esperança nacional de progresso por saltos", "o fator humano da modernização da ordem social competitiva".[153] Por outro lado, o negro era encarcerado nos estereótipos raciais que compunham a cultura e a mentalidade da sociedade colonial.

Contrastando com os atributos considerados necessários ao trabalho assalariado, esses estereótipos acentuavam no negro "falta de qualificação mínima", "preguiça", "vagabundagem", "displicência", "despreparo", "falta de inteligência e de técnica", "incapacidade de se adaptar à tecnologia moderna". Enfim, uma miríade de avaliações apresentadas como características "psicobiológicas", funcionais à legitimação dos privilégios dos brancos e à manutenção do "negro na sua posição na 'cozinha da nação'".[154]

Os resultados de suas pesquisas empíricas comprovaram como essas representações interagiam com a realidade prática do mercado de trabalho.[155] O sociólogo usa a imagem da "diluição" do negro "na massa de assalariados" para descrever a disputa por trabalho a partir da sua situação histórica de "nítida desvantagem no sistema": aquela de enfrentar duas barreiras, "as que nascem das classes e as que se polarizam em torno da cor".[156]

---

152 Fernandes, 2008b, p.165.

153 Fernandes, 2008a, p. 42, 43, 337.

154 Fernandes, 2008b, p. 166.

155 Segundo Fernandes, é possível identificar uma "diferença de grau" na integração (social e econômica) do negro no período posterior à abolição 1900-1936, se comparada com a década de 1940 até 1961 (Fernandes, 2008a, p. 237). Como destacou Brasil Jr., 2010, p. 197, diversos fatores explicavam essa diferença: o papel desempenhado pela organização política dos movimentos negros; a diminuição na entrada dos fluxos imigratórios provenientes da Europa, a geração de empregos decorrentes do ciclo de industrialização nesse período.

156 Fernandes, 2008b, p. 138, 144, 498.

O lugar escolhido para o negro no mercado de trabalho era aquele do "isolamento disfarçado", no "limiar da proletarização", na "escória do operariado urbano".[157] Quando não era sinônimo de uma "desocupação involuntária", significava um "emprego (parcial ou total) de baixíssima remuneração", em ocupações "infimamente retribuídas", limitadas ao "ganhar o próprio sustento", ao "viver entre a fronteira da penúria e da miséria".[158]

Sua especialização era em ocupações convencionalmente classificadas como "serviço de preto", ou seja, empregos de caráter "serviçal", "braçal, "sem qualificação ou semiqualificado":[159] domésticos (criadas, cozinheiras, mordomos), capangas, seguranças, lixeiros, auxiliares, aprendizes.[160] Enfim, o espaço das "tarefas brutas e degradantes, consideradas acessórias",[161] dentro de uma economia que passava a ter a indústria como centro dinâmico.

A segurança de um contrato de trabalho estável não existia, tendo em vista que a *provisoriedade* se impunha pelas "ocupações flutuantes, descontínuas", acompanhando um modo de "viver de expediente", de "borboletear de serviço em serviço". Não era possível "ganhar a vida de maneira segura, compensadora e constante" pela venda "livre"[162] de seu próprio trabalho.

Todos esses fatores foram identificados como a "raiz dos males da população negra"[163] na nova ordem competitiva democrática. Mesmo com raras exceções de uma "elite negra"[164] ou da parcela mínima

157 Fernandes, 2008a, p. 44.

158 *Idem*, p. 195, 189, 270, 170.

159 Fernandes, 2008b, p. 137.

160 Fernandes, 2008a, p. 167.

161 Fernandes, 2008b, p. 41.

162 Fernandes, 2008a, p. 270, 168, 170, 166.

163 *Idem*, p. 166.

164 "A riqueza e a posição social não corrigem por si mesmas, e para todos os efeitos, as limitações resultantes da condição racial"; a"ascensão social cria um drama para o negro" (Fernandes, 2008b, p. 312). Ao mesmo tempo em que não é aceito plenamente na classe dominante dos brancos, "nega", "rejeita", "subestima" os

integrada ao proletariado em postos mais privilegiados da economia urbana "modernizada", a regra era o *bloqueio racial* de acesso a um trabalho como "fonte de classificação socioeconômica e de mobilidade vertical". Logo, a posição do negro no mercado de trabalho assalariado representava nada mais do que um "drama ocupacional".[165]

Todos esses fatores acusam o *monopólio racial* das "tendências à profissionalização abertas pela industrialização, pela expansão dos serviços administrativos e pelo crescimento do comércio".[166] Em particular, aos imigrantes brancos eram oferecidas as ocupações melhor remuneradas por serem "estratégicas", ou seja, "profissões que dinamizavam o progresso econômico: engenheiro, arquiteto, professores, pessoal das indústrias".[167] Em suas palavras:

> Na indústria, particularmente, diz-se que certos tipos de trabalho especializados têm que ser confiados aos estrangeiros ou aos seus filhos nascidos no Brasil, em virtude de não se encontrarem brasileiros com o necessário conhecimento e prática para o desempenho dessas funções.[168]

A mesma sociedade da "democracia racial" padecia do "preconceito de não ter preconceito", criando sem pudor o "consenso de que certas posições pertencem ao branco".[169] E não é por acaso que para os brancos, nacionais e imigrantes, a ascensão social não era um horizonte interditado. Embora o sociólogo não deixe de lembrar que o branco da classe trabalhadora também "compartilhava da igual miséria" da periferia do capitalismo, constata que, para estes, as portas do mercado de trabalho eram menos rigidamente fechadas e ofereciam minimamente a possibilidade de "se diferenciar por todos os níveis da estratificação eco-

---

negros da classe trabalhadora (*Idem*, p. 329).

165 Fernandes, 2008b, p. 145 e 159.

166 *Idem*, p. 158.

167 Fernandes, 2008a, p. 43.

168 *Idem*, p. 164.

169 Fernandes, 2008b, p. 437 e 309.

nômica e da hierarquia social".[170] Prova disso é a emergência, no início do século XX, de uma "burguesia estrangeira",[171] principalmente industrial, que começa a despontar nos altos estratos sociais. O autor afasta a ideia da "auréola de pioneiro do capitalismo industrial" que geralmente é colocada no imigrante em estudos sobre o tema, por tal interpretação subestimar a "participação do homem de negócio brasileiro". Somente situa o imigrante como um "tipo humano" que trouxe "influências dinâmicas", por sua vez, centrais para compreensão de mudanças de diferentes naturezas na sociedade e economia brasileiras.[172]

Se, por um lado, o trabalho para o imigrante era um meio "para iniciar a vida nova na pátria nova", por outro, o negro enfrenta o "desajustamento do trabalho" enquanto "realidade permanente".[173] Se havia, mesmo com inúmeras ressalvas, a possibilidade de melhoramento de vida para o primeiro, o segundo continuava vivendo a espoliação extrema pelo trabalho, traduzida "nem na profissionalização", "nem na proletarização", "nem na acumulação capitalista".[174]

A dialética do negro e do branco-imigrante na modernização dependente *espelha*, portanto, a estrutura racializada do funcionamento do mercado de trabalho brasileiro nos tempos de "democracia racial". Essa ferramenta analítica mostra como há sempre um movimento de "rebaixamento" e de "exploração" no trabalho para o grupo social que é a principal vítima do racismo. No contexto analisado por Fernandes, os imigrantes não eram seu alvo privilegiado.

---

170 Fernandes, 2008a, p. 241.

171 "A maior parte da indústria brasileira encontrou-se logo nas mãos de adventícios [imigrantes estrangeiros] de recente data ou de seus sucessores imediatos – Matarazzo, Jaffet, Pereira Ignácio" (Prado Jr., 1976, p. 265).

172 "[O] imigrante seria o nosso tipo humano que encarnaria de modo mais completo a concretização interna da mentalidade capitalista[de acumulação, poupança, consumo] e iria desempenhar os principais papéis econômicos que estruturaram e dinamizaram a evolução do capitalismo no Brasil" (Fernandes, 2008c, p. 168).

173 Fernandes, 2008b, p. 45 e 172.

174 *Idem*, p. 150.

Resta averiguar, entretanto, o que tampouco pode ser ocultado dentro dos propósitos dessa discussão: as contradições, de fato diferenciadas, porém igualmente imperantes, para os imigrantes da classe trabalhadora.

Assalariados rurais, proletários e suas resistências

Com já demonstraram estudos historiográficos e memórias,[175] o tipo ideal de imigrante, "modernizante", "civilizatório", "branco", mesmo se desejado, iria se confrontar com duras relações de trabalho no Brasil, marcadas pela materialidade e mentalidade do regime de produção escravista. Já vítima dos fatores de expulsão da industrialização e urbanização na Europa, em grande parte iletrado e marcado pela pobreza, esse imigrante, que sonhava com um pedaço de terra para cultivar autonomamente, iria preencher o lugar de um trabalho "braçal" e superexplorado nas lavouras de café para alimentar o mercado internacional e, mais tarde, nas atividades industriais.

"Em conjunto, a 'imigração' (no sentido restrito dado à palavra) superará sempre de muito a colonização".[176] Com essa assertiva, Caio Prado Jr. comunica, baseando-se em dados históricos objetivos, que a passagem para a condição de pequeno proprietário independente não representava a regra na história da imigração no Brasil.

O estudo sociológico realizado por Martins[177] sobre os núcleos de propriedade rural de imigrantes em São Paulo (século XIX e início do XX) levanta questões de fundo que devem ser destacadas para se compreender com maior nitidez esse resultado histórico anunciado por Prado Jr. Segundo Martins, para reverter a crise vivida pela grande propriedade agrícola na segunda metade do século XIX (ligada ao fim do tráfico de escravos), antes de um campesinato, precisava-se pura e simplesmente de uma força de trabalho, e ainda, que se mostrasse tan-

175 Consultar Hall, 1969; Davatz, [1858] 1972; Carneiro *et al.*, 2010.

176 Prado Jr., 1976, p. 190.

177 Martins, 1973.

to produtiva quanto disciplinada. Esse determinante permite ao autor argumentar que a "ascensão do trabalhador (assalariado ou semi-assalariado) à condição de proprietário de terra" se revelava uma ideologia funcional ao mascaramento do que estava realmente em jogo para as políticas de incentivo à imigração: fornecer "condições e possibilidades de efetivação do capitalismo no Brasil".[178] Segundo destaca,

> [o] colono passou de camponês a membro de exército de reserva. Daí a inversão do sentido da categorização racial para ele; de coroamento da ideologia do trabalho, ela se mostrou como efetivamente era: apenas a esteriotipação que individualizava e mobilizava as pessoas no mercado de trabalho.[179]

O autor colocou em evidência a funcionalidade da já referida Lei de Terras (1850) para vincular a entrada de imigrantes à venda de sua força de trabalho. Problematizou, igualmente, os desdobramentos dessa questão para a permanência da concentração de terras no país e do regime de produção agrícola em larga escala para exportação.

> [Essa] lei alterava fundamentalmente as funções da imigração [...] o imigrante deveria ser previamente trabalhador da grande fazenda e a possibilidade de transformar-se em proprietário dependeria dos ganhos que assim obtivesse [pelo regime de parceria controlado pelo fazendeiro]. O imigrante pobre teria que entrar no país com um destino predeterminado: força de trabalho para a grande lavoura.[180]

De fato, ao analisar fontes historiográficas sobre o sistema de produção nos núcleos de propriedade rural em São Paulo nesse período, Martins mostra que o imigrante, mesmo quando conquistava a posição de pequeno proprietário, ficava condicionado às determinações e flutuações da economia periférica da grande lavoura, que o empur-

---

178 *Idem*, p. 16 e 17.

179 *Idem*, p. 203.

180 *Idem*, p. 52.

ravam com mais frequência histórica em direção ao seu empobrecimento, de sua família e de sua comunidade nacional: "A existência dos núcleos coloniais foi assentada em função da economia de exportação, embora aparentemente constituídos como se tivessem surgido as condições para um economia de subsistência de base mercantil".[181] Seu estudo expõe como a venda da força de trabalho, em regra, representava uma etapa preliminar e inescapável para a realização de uma poupança que permitiria a eventual aquisição da terra, porém com nítidos limites. Para o autor,

> [por] força da estruturação do próprio capitalismo dependente, a migração [internacional] reinseria o camponês [imigrante] numa condição contraditória e crítica, que o situava objetivamente como proletário potencial, isto é, como personagem destinado a viver diretamente a pauperização fundada na crise do Brasil agrário.[182]

Esses limites se colocavam igualmente para o proletariado imigrante nas atividades industriais urbanas. A expansão desse setor e a gradual implantação do modelo de produção fordista no Brasil, como em diversos países (EUA, Austrália, Canadá, Argentina), também apoiaram-se largamente no trabalho imigrante.[183] O quadro sociológico da inserção laboral dos imigrantes na indústria, no mesmo sentido, confronta distorções perceptivas e cognitivas construídas em torno da mobilidade vertical automática do imigrante.[184]

---

181 *Idem*, p. 202.

182 *Idem*, p. 26.

183 "Para começar, o estado das relações de classe no mundo capitalista dificilmente era propício à fácil aceitação de um sistema de produção que se apoiava tanto na familiarização do trabalhador com longas horas de trabalho puramente rotinizado, exigindo pouco das habilidades manuais tradicionais e concedendo um controle quase inexistente ao trabalhador sobre o projeto, o ritmo e a organização do processo produtivo. Ford usara quase exclusivamente a mão de obra imigrante no seu sistema de produção" (Harvey, 1992, p. 123).

184 Carneiro *et al.*, 2010.

Mesmo Fernandes, que justamente apontou a particularidade periférica permissiva de um favorecimento do "ponto de partida" (quanto ao acesso a empregos e tipos de ocupação que o imigrante ocuparia no mercado de trabalho brasileiro), não deixa de lembrar que tal constatação está muito distante de significar, histórica e socialmente, a automática formação de uma burguesia. É claro que essa classe também foi composta por imigrantes, porém enquanto uma exceção à regra na história da imigração: "Apesar de todas as lendas que circulam a respeito, a maioria dos imigrantes não alcançava o referido patamar, vendo-se condenada, contra vontade, ao colonato permanente ou à proletarização como destino social".[185] Conforme explica, o "imigrante das grandes levas anônimas", mesmo nos casos em que era portador do domínio de determinadas tecnologias, tinha tão somente a venda do "trabalho próprio" como única fonte de renda.

De fato, a história das lutas da classe trabalhadora imigrante no meio rural e urbano remete à reflexão de que, se o patamar do trabalho assalariado era baixíssimo para os negros e outros grupos nacionais, a exploração (direta das condições de trabalho e indireta das condições de vida) atingia também o imigrante. No colonato, no regime de parceria,[186] na alocação temporária do trabalho dos *coolies*

---

185 Fernandes, 2008c, p. 159.

186 A parceria constitui um sistema de trabalho com salário vinculado à produção, não isento de inúmeros abusos. Segundo Prado Jr., 1976, p. 18, esse regime ganha espaço na década de 1850, quando surge o problema premente da falta de força de trabalho. Segundo Holanda, a parceria foi experimentada pela primeira vez nos anos 1840, na Colônia Senador Vergueiro (Ibicaba - São Paulo), e logo se disseminou por se mostrar um sistema vantajoso para atração de imigrantes nesse período de transição ao regime de trabalho livre, uma vez que não estava vinculado a um salário fixo nem à concessão de um título de propriedade da terra. A contratação previa "adiantamentos feitos para o transporte e sustento dos colonos [a serem] pagos dentro de certo prazo e com juros de 6% ao ano. A cada família cabe o número de cafeeiros que possa cultivar, colher e beneficiar, além da roça para o plantio de mantimentos. O produto da venda do café é repartido entre colono e fazendeiro, devendo prevalecer o mesmo princípio para sobra de mantimentos" (Holanda, 1972, p. XXVI).

até o assalariamento puro, não deixaram de ser transversais as dificuldades na estruturação da vida em terras brasileiras, os abusos e, antes de tudo, a exploração do trabalho que o imigrante enfrentaria. E não deixariam de ser transversais também as reações desses imigrantes – europeus, chineses,[187] japoneses[188] – por meio de diferenciadas formas de reivindicação e organização política.

Como ressaltado por Ianni, a importação de imigrantes por parte do projeto econômico-político de modernização também trouxe consequências inesperadas. O Brasil, segundo o autor,

> recebeu, inclusive, o que não imaginava, em termos de ideias sociais, propostas sindicalistas, anarquistas, socialistas e outras. Houve uma ampla fermentação de ideias e movimentos sociais, principalmente nos centros urbanos maiores e nas zonas agrícolas mais amplamente articuladas com os mercados externos.[189]

Não se tratava de uma simples transplantação de orientações políticas, como ressaltou Fernandes, mas de uma "reelaboração", prática e teórica, a partir da atuação na nova realidade sócio-histórica com a qual os imigrantes se confrontavam e vivenciavam no Brasil. Segundo o autor,

> anarquistas, socialistas e (mais tarde) comunistas, eles [imigrantes operários politizados] não se iludiram quanto ao tipo de dominação burguesa com que

187 Azevedo, 2012, p. 68, destaca: "[além] dos relatos das revoltas de imigrantes chineses em diversas localidades brasileiras, circulavam também notícias internacionais de revoltas violentas de emigrantes chineses em navios da França, Inglaterra, Espanha, Itália, Peru e Estados Unidos, entre outras nacionalidades, as quais resultaram na morte de comandantes, marinheiros e passageiros, entre as décadas de 1840 e 1870". Ver também Zanin, 2007.

188 A chegada no Brasil das primeiras famílias de camponeses japoneses (junho/1908) acompanhou logo em seguida, no mês de julho do mesmo ano, uma reação desses imigrantes: "colonos japoneses iniciam o êxodo das fazendas de café, recusando-se a trabalhar como assalariados. O fato deu-se em Ribeirão Preto. As autoridades tomam providências repressoras contra os colonos" (Dias, 1962, p. 269).

189 Ianni, 2004, p. 21.

> se defrontavam. Pintaram-na como ela realmente era, elaborando uma verdadeira contra-ideologia (e não, apenas, recompondo ideologias revolucionárias, transplantadas prontas e acabadas de fora, como se interpreta correntemente entre os sociólogos.[190]

Dessa atuação política reelaborada ou até mesmo incipiente,[191] formam-se os diversos espaços coletivos de socialização, apoio, resistência e de organização das Ligas Operárias, Uniões Profissionais, Associações, Sindicatos, Sociedades de Socorro Mútuo, Organizações Anarquistas, Socialistas.[192]

Os movimentos de reação da classe trabalhadora imigrante às duras condições de trabalho e à situação comum de fundo da não correspondência dos salários com os altos custos de vida no Brasil começam fundamentalmente no campo, com as revoltas,[193] fugas em massa das fazendas (similares às já realizadas por escravos), os confrontos diretos com os "empresários fazendeiros" contra os abusos de autoridade e de não cumprimento dos contratos, em relação aos salários e aos benefícios prometidos.

190 Fernandes, 2008c, p. 248.

191 "Para muitos trabalhadores italianos, a construção da própria identidade de classe e política foi uma experiência vivida fora da Itália" (Biondi, 2010, p. 34).

192 Consultar Dias, 1962; Biondi, 2009; Carneiro *et al.*, 2010.

193 Das quais são exemplos citados por Dias, 1962, p. 270, 271 e 282, dentre muitos outros, alguns relatos relativos a julho e agosto (1911) e maio (1913): "declaram-se em greve os colonos de diversas fazendas do município de Bragança (São Paulo). O secretario da Liga Operária local, Benedito Cardoso, é preso e espancado, considerado o orientador do movimento"; "declaram-se em greve os colonos das fazendas Chapadão, Tapera e Araci, em Campinas (São Paulo). Pedem aumento de 500 para 700 réis o alqueire (50 litros) de café colhido"; "os colonos da Fazenda Cunha Bueno, em Ilha Grande (São Paulo), declaram-se em greve, reclamando melhoria de habitação e preço mais conforme por alqueire de café colhido. A greve termina por acordo"; "declaram-se em greve os colonos de diversas fazendas do município de Ribeirão Preto. A polícia comete violências de toda ordem, prendendo e espancando os trabalhadores rurais. Os fazendeiros, por sua vez, com o auxílio da polícia, ameaçam os colonos com o despejo sumário caso persistam em manter suas reivindicações".

A memória escrita por Davatz, publicada em 1858 na Suíça (Chur) e nos anos 1940 no Brasil, fornece um quadro geral da dimensão concreta e real das condições de trabalho dos imigrantes no campo e das reivindicações que comporiam diversos conflitos com os fazendeiros ao longo da segunda metade do século XIX e no início do XX. O texto foi concebido com a intenção de contrastar a atuação dos "agentes irresponsáveis"[194] do comércio da imigração da Europa para o Brasil, bem como as falsas promessas e propagandas das "oportunidades" de ascensão de vida no país. Segundo o autor, um imaginário falso era construído, penetrando nas mentes das classes pobres europeias como uma "doença", mais especificamente uma "febre", que provocava o "delírio da emigração".[195] Essa questão lembra o que, depois de mais de um século, Sayad chamaria de "obsessão migratória" para explicar o processo psicológico anterior ao ato de emigrar dos fluxos inversos da população nativa das ex-colônias europeias em direção às metrópoles. Nesse sentido, as memórias de Davatz mostram como os europeus já foram igualmente vítimas dessa mesma *obsessão* e da desilusão, ao chegar no Brasil e ter contato com a realidade do trabalho aqui.

Embora a rebelião por ele liderada não reivindicasse nenhuma mudança estrutural no regime de produção, ao disponibilizar no seu país de origem as memórias de sua experiência de imigração no Brasil, pretendia poupar o sofrimento, a desilusão e principalmente evitar que novos imigrantes fossem vítimas de diversificadas formas de espoliação, por ele denominadas "comércio de escravos brancos" e "nova escravidão".[196] Nesse sentido, descreve minuciosamente os mecanismos forçados de endividamento do imigrante, o não cumprimento das cláusulas dos contratos de trabalho (geralmente assinados antes da partida, na terra de origem), as duras condições de vida, os meios

194 Davatz, [1858] 1972, p. 172.

195 *Idem*, p. 1 e 189.

196 *Idem*, p. 181 e 183.

diretos e indiretos de exploração pelos fazendeiros (juros extorsivos, monopólio dos altos preços dos alimentos nas "vendas" de propriedade do próprio fazendeiro, dos aluguéis, utensílios para o trabalho, vestuários e assistência médica), o controle extremo da vida dos colonos, acentuado pelo isolamento nas fazendas, dentre outros fatores.

A rebelião por ele liderada repercutiu na reação dos governos de países europeus (a Alemanha, por exemplo, proibiu a emigração para o Brasil em 1859) e do próprio governo imperial brasileiro que se empenhava, a partir de então, em modificar a legislação imigratória e em aplicar medidas de proteção ao imigrante com o fim de relançar os fluxos imigratórios no país e impedir o colapso da produção agrícola. Contudo, como mostrou Lamounier,[197] a regulação das relações trabalhistas implementadas na segunda metade do século XIX não necessariamente significava proteção dos imigrantes, uma vez que também tinha a função de controle e, principalmente, disciplinamento produtivo.

A mesma preocupação de fundo revelada no referido livro de Davatz encontra-se no trecho da imprensa operária[198] do início do século XX, atenta ao trabalho na indústria das cidades:

> Não é verdade que aqui há trabalho para todos.
> Não é verdade que aqui o operário é bem remunerado.
> Não é verdade que aqui são dadas garantias aos estrangeiros.
> Não é verdade que aqui o operário pode fazer fortuna.
> Tudo isso são verdadeiras mentiras inventadas por jornalistas e agentes da emigração regiamente pagos pelo governo e grandes proprietários do Brasil, com o único fim de fazer chegar aqui uma superabundância de

197 Lamounier, 1986.

198 "Ressalto sempre que dificilmente um historiador poderá analisar a luta de emancipação do operário no Brasil se desconsiderar a tríade *imprensa, sindicato* e *partido político*. E, como pano de fundo, deve avaliar a substituição do trabalhador escravo pelo trabalhador livre, a política imigratória seletiva, a persistência da censura, a legitimação do aparato repressor, o controle dos sindicatos por parte do Estado e as leis de expulsão" (Carneiro, 2010).

> trabalhadores braçais, de modo a poder negociá-los ao mais baixo preço possível.[199]

Como ressaltou Antunes, dentro das particularidades do processo de industrialização tardio[200] do país onde predominou, desde o início, a "grande indústria", no sentido das plantas com maquinário, a presença de imigrantes internacionais, em conjunto com os migrantes internos de origem rural (fluxos que predominaram após os anos 1930), representava um "traço da especificidade do proletariado brasileiro".[201] Uma extensa historiografia se dedicou a documentar o papel central desses imigrantes na organização e atuação política dos movimentos operários urbanos.[202]

As motivações que impulsionavam esses movimentos sociais urbanos podem ser encontradas no "diário de lutas", semelhante às memórias de Davatz, do jornalista da imprensa operária, Everardo Dias, imigrante de origem espanhola. Seu livro fornece uma visão a partir de dentro dessas lutas e uma fotografia da resistência dos imigrantes nas primeiras décadas do século XX. No mesmo sentido, suas palavras são claras ao explicitar as duras condições de vida dos operários na indústria urbana, o controle e a opressão a que estavam submetidos:

> [o] surto industrial veio mais tarde, já na década de 1901 a 1910, com a instalação dos primeiros grupos de geradores de eletricidade, energia fácil e barata, e

199 Trabalhadores da Europa, não venham para o Brasil, *La battaglia*, São Paulo, 11.9.1904 *apud* Carone, 1979, p. 121.

200 Conforme assinalado por Antunes, 1982, p. 57 e 58, embora o processo de industrialização tenha se dado tardiamente em relação aos países centrais, foi caracterizado, desde o início e de forma predominante, pela "grande indústria", espaço no qual a "mecanização e divisão do trabalho apresentavam-se de forma plena".

201 Antunes,1982, p. 57 e 60.

202 Segundo (Dias, 1962, p. 219), o ano 1903 representa a "estaca zero da organização sindical [...], pois foi desse ano em diante que se iniciaram no país as primeiras greves com caráter reivindicatório". Para consultar a alta participação da nacionalidade italiana na força de trabalho urbana do Estado de São Paulo e sua ação política, ver Biondi, 2010.

> daí a decorrência de numeroso proletariado, em grande maioria imigrante, proletariado mal pago, com salários baixos, horário excessivo, tratamento grosseiro, trabalhando em edificações e locais impróprios e insalubres, maquinaria obsoleta ou de emergência que provocava acidentes constantes.[203]

É claro que, como já sinalizaram estudos historiográficos e sociológicos como o de Antunes, ao longo das três décadas de início do século XX, esse cenário urbano diversificado de lutas da classe operária, composto não somente por imigrantes,[204] embora tenha sido intensamente combativo – por meio em particular das greves para reivindicações de direitos e conquistas "econômicas mais imediatas" –, comportava "limitações",[205] principalmente se considerado o horizonte assumido por esses movimentos, bem como o plano de atuação política. Com base em estudos historiográficos, o autor esclarece:

> A predominância de uma pauta dominantemente economicista explicava-se pela hegemonia anarquista e anarco-sindicalista no seio da classe operária. Esta orientação ideológica negligenciava o momento explicitamente político de luta pelo poder estatal e ao fazer isso drenava todo seu potencial numa luta imediata e não direcionada para efetiva superação do capitalismo. Mais ainda, o movimento operário anarquista no Brasil, tal qual nos países de origem do anarquismo, desconsiderava ou, mais ainda, não admitia na sua doutrina a criação da organização político-partidária das classes subalternas e, decorrentemente, além de isolar-se do cenário político, não permitia a formação de um bloco hegemônico de classes subalternas, pois não buscava, concretamente, a necessária política de

203 Dias, 1962, p. 324.

204 Ver Vianna, 1976.

205 "Não me parece justo imputar ao movimento operário deste período o caráter de 'revolucionário', apesar do relativo grau de mobilização operária. O fato de se utilizar a greve geral como instrumento privilegiado, de se limitar ao conflito intrafabril através da ação direta, não permite a caracterização feita por algumas interpretações" (Antunes, 1982, p. 64).

> aliança com os demais setores dominados, especialmente o campesinato.[206]

Também é certo que esses movimentos não eram isentos de contradições presentes mesmo internamente aos imigrantes da classe trabalhadora,[207] de ordem ideológica, de reprodução de nacionalismos em relação à pátria de origem ou mesmo do eurocentrismo[208] (principalmente se considerados os estratos mais altos da classe operária que ocupavam os cargos técnicos melhor remunerados da indústria).

Mas é certo também que existia uma solidariedade de classes para além da nacionalidade e da cor de pele, que se concretizava, na prática, nas contínuas lutas que os imigrantes realizaram, junto aos nacionais, para melhoria das condições de trabalho e de vida no país, como demonstra claramente essa mensagem da imprensa operária em resposta à aplicação de leis de expulsão de estrangeiros no início do século XX:

> Não sabem que assim como a classe capitalista tem necessidade de internacionalizar-se para desenvolver os seus capitais, a classe operária, em consequência da sua situação econômica e de crises de trabalho, vê-se obrigada a transportar-se de um país para o outro onde haja probabilidade de alugar seus braços. E que havendo em toda parte a mesma luta, a mesma divergência de

---

206 Antunes, 1982, p. 64.

207 Hall, 2010.

208 O nacionalismo se manifestava, segundo Dias, 1962, p. 40 e 41, por parte dos imigrantes e também dos brasileiros. Dentre os imigrantes, expressava-se num "pensamento [que] estava voltado para suas terras de origem, com ideias arraigadas de nacionalismo [...] deprimindo o próprio país [Brasil] e sua gente, onde vinha viver e ganhar a vida, apontando como estigma as doenças tropicais, as pragas, os insetos, a insegurança pessoal; exprimindo-se mal e olhando com desprezo para os habitantes considerados tipos inferiores (negros, mulatos, caboclos) vadios, indolentes, dados à embriaguez, mal vestidos, mal alimentados, sem moral". Dentre os nacionais, segundo o autor, havia igualmente um estranhamento fundamentado no preconceito de classe ou no desconhecimento da cultura de origem dos imigrantes europeus. "Quanto ao elemento nacional, dava-se caso idêntico: predominava o desinteresse por ideias exóticas, transplantadas de terras distantes, onde havia fome, falta de emprego. O Brasil era terra de fartura, de abundância, onde ninguém passava fome".

> interesses entre as duas classes e identidade de interesses entre trabalhadores de todas as nacionalidades, de qualquer raça ou cor, e tendo estes de recorrer à solidariedade entre si para sustentar a luta contra a classe possuidora, que tem o governo, os exércitos e toda a força da riqueza de seu lado, é claro que, aqui, esses operários que vêm de outras partes do globo e os que deste país nasceram se unam para essa luta necessária.[209]

Mesmo com seus limites, a projeção desses movimentos, desde o início, incomodou não só o patronato (fazendeiros e empresariado), mas também o Estado. Se durante o período da necessidade patente de força de trabalho, a resposta aos motins contestadores da ordem vigente se dava de forma pontual e isolada - mediante inúmeras intervenções de controle, prisão, expulsão e deportação dos imigrantes[210] -, a partir do momento que esses movimentos passaram a ganhar força, mais precisamente, ao se comunicarem e se solidarizarem com a classe trabalhadora nacional, começam a aparecer legislações repressivas especificamente voltadas contra o imigrante.[211]

De fato, a fase de amplo incentivo à imigração regulada, e muitas vezes subvencionada pelo Estado, não seria ilimitada no Brasil. Essa mudança tem seu principal símbolo na Lei Adolfo Gordo (1907), que previa em seu artigo primeiro a expulsão de estrangeiros que "comprometam a segurança nacional e tranquilidade pública", bem como o controle das entradas com base nesse mesmo princípio de "segurança". À medida que a organização política na esfera do trabalho dos imigrantes e nacionais ganhava força - principalmente por meio das greves - aumentavam a violência e as arbitrariedades exercidas contra a classe trabalhadora em sua totalidade.[212] No caso dos imigrantes, a

---

209 *A terra livre*, São Paulo, 5.2.1907 *apud* Carone, 1979, p. 121.

210 O estudo de Carneiro (2010) fornece dados precisos desse aparato de repressão contra os imigrantes.

211 Dias, 1920.

212 "Estamos convencidos de que o operariado no Brasil está fora da Lei, que para ele não há garantias, que sobre a sua cabeça pende o estado de sítio e o chanfalho

principal arma utilizada pelo Estado era a deportação (depois de um período às vezes longo de prisão), mesmo daqueles com residência há décadas no país.[213] Essas medidas repressivas são claras nas palavras utilizadas pela imprensa operária da época:

> Em toda parte dizem que os perturbadores são estrangeiros: na França são os agentes da Alemanha, na Alemanha os franceses; na Itália os austríacos, na Áustria os italianos e no Brasil são os miseráveis estrangeiros que se esquecem que aqui vêm matar a fome".[214]

Caminhava-se em direção a um novo período na história das políticas imigratórias no Brasil, marcado por mudanças de ordem política e econômica na conjuntura nacional e internacional, quando a preocupação com a "nacionalização" começava a se impor no tratamento oficial da imigração e na legislação competente. Nesse contexto, predominava a figura do "estrangeiro nocivo" à "segurança nacional", com "ideias subversivas", "injuriador do poder público", enfim, todo o universo simbólico do imigrante como "potencial inimigo" da nação.

Essa fase política é retratada na medida do Governo Federal (colocada em vigor, não por acaso, em 1917)[215] de requerimento da "relação de todos os estrangeiros que optaram por manter a nacionalidade [de origem]".[216] No mesmo sentido, a frase do Presidente da República Artur Bernardes (1922-26) ilustra claramente essa mudança de

---

policial" (*O Debate*, Rio, 27.10.1917 *apud* Carone, 1979, p. 113).

213 Como ocorreria na greve geral de 1917, quando nove operários estrangeiros foram deportados, apesar de terem "de 10 a 28 anos de residência no país, tendo aqui constituído família, trabalhando sempre, derramando gota a gota, o seu suor para ganhar o pão (*O Debate*, Rio, 27.10.1917 *apud* Carone,1979, p. 113).

214 *A terra livre*, São Paulo, 5.2.1907, *apud* Carone, 1979, p. 117.

215 Ano da Revolução Bolchevique e da greve geral no Brasil que "irrompeu no desespero em que se encontrava o operariado paulistano, sujeito a salários de fome, a um trabalho exaustivo" (Dias, 1920, p. 224).

216 Bastos, 1926, p. 18.

valoração da figura do imigrante, já não mais considerado elemento incontestavelmente indispensável ao futuro da nação:

> A liberdade nas naturalizações no nosso país está, sem dúvida, reclamando uma medida cerceadora, em especial, quanto ao prejuízo que pode provir para a ordem pública de elementos indesejáveis. É medida urgente a restrição lembrada.[217]

Para se compreender tal mudança, além de considerar os processos de organização política dos imigrantes, é imprescindível também olhar a conjuntura externa ao país. Nesse período, em tantos outros países que contribuíram como receptores "das grandes migrações" – causadas por fatores de expulsão do processo de industrialização nos países europeus –, o deslocamento de imigrantes que buscavam trabalho entre os Estados-nação, em particular de determinadas nacionalidades, foi brecado por meio de medidas restritivas e de controle das fronteiras. Essa restrição da mobilidade internacional de trabalhadores predominará durante o contexto mundial de recessão econômica (após 1929), conflitos nacionais e emergência dos regimes totalitários, conforme diversos estudos da área de migração internacional comprovam.[218]

De forma semelhante, não deixaram de se fazer presentes nos países centrais as "leis de exceção", aplicadas contra a classe trabalhadora em geral, porém com violência, arbitrariedade e abuso redobrados contra os "estrangeiros" contestadores da ordem vigente, que tiravam da própria experiência imigratória e de trabalho (no país de origem e naquele de imigração) uma forma de organização política e de luta. O caso emblemático da condenação à morte (1927) dos operários anarquistas de origem italiana, Sacco e Vanzetti, foi um exemplo propositadamente utilizado de advertência ao mundo sobre os perigos decorrentes da presença em solo nacional de imigrantes líderes de

217 *apud* Bastos, 1926, p. 16.

218 Ver Castles e Miller, 1993.

movimentos operários, que já tinham sofrido as mazelas da industrialização no seu país de origem e percebido quão certa era a repetição geográfica de suas contradições para a classe trabalhadora, mesmo num país com grau avançado de desenvolvimento das forças produtivas como os Estados Unidos, o berço do fordismo.

Para frear os movimentos imigratórios, o critério de seleção utilizado pelos principais países alvo de imigração era simultaneamente econômico, político e ideológico – para afastar os "dissidentes subversivos" e selecionar com base na classe, raça e até mesmo numa pretendida "inteligência cientificamente mensurada" para impedir a entrada de deficientes mentais ou físicos, bem como de analfabetos, como ocorreu nos EUA pela utilização do *Literacy Test*.[219] Esse teste foi largamente utilizado para a seleção do acesso à cidadania pelos negros nesse país e também aplicado para o controle da imigração. A opulenta "América", principal receptor de imigrantes durante o século XIX e primeira metade do XX, implantou em 1920 um sistema de cotas que só permitia a entrada de europeus nórdicos; com a crise em 1929, "fechou" suas fronteiras.[220] O sistema de cotas para a entrada de imigrantes passou a ser aplicado em diversos países nesse mesmo período. Seguindo essa mesma tendência, no Brasil, a figura do imigrante como indispensável à "família brasileira"[221] passou a ser alvo de medidas de seleção ainda mais "qualitativas", conforme se verá no próximo capítulo.

---

219 Castles e Miller, 1993, destacam a funcionalidade dessa prova para a seleção de imigrantes nos EUA.

220 Ver Castles e Miller, 1993.

221 Refere-se à "grande naturalização", medida aplicada em 1889, também denominada "naturalização tácita" por considerar brasileiros todos os estrangeiros residentes no Brasil no dia 15 de novembro do mesmo ano – data da Proclamação da República –, salvo declaração em contrário. Tal medida, segundo Bastos, 1926, em seu livro que analisa o regime de naturalização de estrangeiros no país, foi objeto inclusive de protestos por violação pelo governo brasileiro do direito à "liberdade individual" dos imigrantes (aqui residentes) para escolher a própria cidadania. Em 1890, a Constituição da República regulamentou a questão, abrindo a possibilidade a todo estrangeiro residente no país, sem nenhuma restrição, de requerer a cidadania brasileira.

Há uma diferença significativa da lógica das políticas imigratórias no início da história da imigração de trabalhadores livres no país em relação àquelas restritivas, que começavam a se delinear no Brasil na década de 1930, se manifestando com ainda mais força após a era inaugurada pela crise mundial em 1970, coincidente com o contexto de ditadura militar no país. Para o entendimento do movimento histórico implicado, é útil passar por esse primeiro divisor de águas das políticas imigratórias brasileiras, quando se anunciava o "fechamento" das fronteiras nos anos 1930, justificado pela emergência do binômio trabalhador-nacional e estrangeiro, não mais exclusivamente pelo critério racial-nacional.

Para o entendimento mais profundo dessas mudanças é indispensável não perder de vista as raízes do fenômeno imigratório no Brasil, suas conexões com o contexto internacional, bem como as particularidades para se pensar a relação entre imigração e trabalho no país, questões que se procurou analisar neste capítulo inicial, junto à discussão das premissas analíticas para a compreensão dos movimentos migratórios internacionais em sua ligação com o funcionamento do mercado de trabalho.

II. A manifestação dos circuitos documentado e indocumentado

> Desde a metade dos anos 1980, quando a Europa assinou os acordos "anti-imigração" de Schengen, o número de imigrantes cresceu mais do que nos vinte anos anteriores. Com efeito, esses acordos não são "anti-imigração", mas "anti-imigrantes", porque nem a Europa e muito menos a Itália estão saturadas de imigrantes. Ao contrário, eles são cobiçados em grande quantidade. Só que os países europeus preferem submetê-los ao jugo de uma severíssima legislação restritiva, repressiva, seletiva, para que moderem suas expectativas e "pretensões", desde o momento que partem de seu país de origem. A passagem semiobrigatória pela "clandestinidade" que a legislação e a práxis anti-imigrantes acabam por provocar funciona, portanto, como uma escola de submissão.
>
> Pietro Basso, *Imigração na Europa*

A emergência do binômio trabalhador nacional-estrangeiro na Era Vargas

A década de 1930 faz transparecer uma importante virada no tratamento ideológico e político da imigração no Brasil. De certa forma, concretizava-se oficialmente um movimento de controle e planejamento dos fluxos de entradas,[1] que já estava sendo sinalizado no cenário internacional, desde a década anterior, e foi se acirrando no contexto de crise econômica, conflitos nacionais, emergência dos regimes totalitários e vivacidade das lutas sociais desse período. No Brasil, essa tendência foi operacionalizada com base em um elemento novo, que vale a pena ser destacado, pois até então não aparecia nos parâmetros das políticas imigratórias.

A *categoria do trabalhador nacional*, com sua identidade definida em oposição àquela do *trabalhador estrangeiro*, emerge propriamente nesse período da campanha de nacionalização. Se antes a imigração era considerada uma necessidade *a priori* para o funcionamento do mercado de trabalho assalariado, a partir desse momento, pode-se afirmar que, em termos formais, o trabalhador nacional aparece como *condicionante da possibilidade* de sua efetivação no país. Sendo assim, a imigração poderia existir, desde que não se verificasse a presença de um trabalhador brasileiro apto a desenvolver a tarefa para a qual era destinada. Tal mudança enseja desdobramentos decisivos para a análise da relação entre imigração e trabalho no Brasil durante o restante do século XX e início do XXI.

Pela primeira vez, num país com herança escravista, essa categoria seria elevada, formalmente, ao primeiro plano, situando-se *ao lado, não abaixo*, daquele *imigrante*. Este último continuará sendo almejado, porém de forma ainda mais seletiva para responder aos parâmetros da modernização dependente. Embora não abandonasse sua função de força de trabalho nas colônias rurais, seria mais direcionado à indústria nos centros urbanos.[2]

---

1 O Estado brasileiro se espelhou nos critérios seletivos estadunidenses, adotados nas primeiras décadas do século XX. Segundo Geraldo, 2007, p. 9, esse modelo pautou os debates e os projetos de lei sobre imigração nos anos 1920 e consubstanciou-se, nos anos 1930, numa política rígida de controle das entradas, bem como da permanência dos imigrantes no país: "a restrição e o controle de estrangeiros alcançaram tamanha notoriedade e gravidade em um período de baixíssimos índices imigratórios".

2 Depois da Primeira Guerra, intensificaram-se os fluxos de entrada de japoneses e de nacionais do Leste europeu: "Mais de 150 mil japoneses entraram no Brasil nas décadas de 1920 e 1930. Entre 1924 e 1934, o número de europeus do leste

Essa mudança na valoração da figura do imigrante está retratada de forma bastante explícita nos preâmbulos da primeira medida legislativa em matéria de imigração do governo de Getúlio Vargas, conforme é possível verificar:

> Considerando que a situação econômica e a desorganização do trabalho reclamam a intervenção do Estado em favor dos trabalhadores; considerando que uma das mais prementes preocupações da sociedade é a situação de desemprego forçado de muito trabalhadores, que, em grande número, afluíram para a Capital da República e para outras cidades principais, no anseio de obter ocupação, criando sérios embaraços à pública administração, que não tem meios prontos de acudir tamanhas necessidades; considerando que somente a assistência pelo trabalho é recomendada para situações dessa natureza [...]; considerando, também, que uma das *causas do desemprego se encontra na entrada desordenada de estrangeiros*, que nem sempre trazem o concurso útil de quaisquer capacidades, mas frequentemente contribuem para o *aumento da desordem econômica* e da *insegurança social.*[3]

Vê-se como a correlação entre trabalhador estrangeiro-nacional emerge como princípio guia do "fechamento" seletivo das fronteiras aplicado nesse período. Mais especificamente, a imigração foi colocada como uma das *causas*, ou seja, o "bode expiatório"[4] para amenizar as pressões dos conflitos de classe no país. De fato, como será aprofundado, a seleção das entradas era bastante focada no critério político de prevenção de imigrantes contestadores da ordem vigente.

---

aumentou em quase dez vezes, chegando a mais de 93 mil pessoas. Deste último grupo, cerca de 45% a 50% eram judeus" (Geraldo, 2007, p. 16).

3 Decreto 19.482/1930, grifo nosso.

4 O discurso do então Ministro do Trabalho, Lindolfo Collor, colocado em evidência por Geraldo (2007), ilustra claramente essa associação. Segundo ele, "um dos fatores mais condenáveis da exploração do operário brasileiro e das injustiças contra ele cometidas é o operariado estrangeiro" (*O Estado de São Paulo*, 25 de janeiro de 1931 *apud* Geraldo, 2007, p. 65).

Essa questão foi colocada por Geraldo, ao destacar que, embora o *racismo* ainda estivesse fortemente presente nas discussões parlamentares e no debate público sobre a imigração, já não bastava enquanto *artifício em si* para balizar os parâmetros das entradas de imigrantes no país.[5] Como destacado em seu estudo, a seleção de imigrantes e refugiados passaria a gravitar em torno da questão da "proteção ao desemprego" e da "concorrência com o trabalhador nacional". Para a autora,

> [o] forte apelo do discurso nacionalista do governo Vargas, de sedução da classe trabalhadora, utilizou a imagem de que o trabalhador estrangeiro era "concorrente" em potencial do trabalhador nacional, retirando do foco os conflitos de classe.[6]

No ambiente especificamente varguista, foi construída uma cultura oficial do Estado – baseada num debate intelectual bastante vivo no período, do qual a teoria de Gilberto Freyre é exemplo significativo – que age no sentido de transformar a categoria do mestiço naquela que melhor poderia assimilar a identidade nacional brasileira, ou seja, melhor responder à exigência de sua *unidade*.[7] Trata-se do momento em que ganha força a "ideologia da mestiçagem cultural" e da "harmonia racial" que dela deveria derivar, dentro da proclamada "democracia racial". A análise de Florestan Fernandes, já exposta anteriormente, esclarece qual era o alvo privilegiado desse antigo processo de construção do mito da democracia racial no Brasil que, na verdade, colocou-se funcional-

---

5 Geraldo, 2007, p. 24. A partir da investigação dos debates de políticos e intelectuais, a autora aponta diversos fatores que permitem identificar a retomada de critérios raciais na seleção de imigrantes, tema que ganharia na época a dimensão de "um debate público nacional" (Geraldo, 2007, p. 216). Dentro do clima hostil construído contra a presença do "alienígena", mais especificamente contra o imigrante da classe trabalhadora (principalmente aquele contestador da ordem vigente), a idealização da "ascendência europeia" (Vainer, 1996, p. 48) não deixaria de ter eco. Para o entendimento do panorama de discussões da sociologia da imigração do período em torno da questão da "assimilação" cultural dos imigrantes, ver Nucci, 2010 e Seyferth, 1997.

6 Geraldo, 2007, p. 5.

7 Consultar Ortiz, 2006 e Bastos, 2006.

mente, como necessidade ideológica, no período anterior ao próprio governo Vargas, ou seja, exatamente quando foi instituída a igualdade jurídica do negro pelo regime republicano (1889) e pela instituição do trabalho assalariado. Na década de 1930, não obstante o negro passasse a incorporar o mestiço, continuou a representar o grupo social que sofria com mais agudez os "modos dissimulados" de preconceito racial derivados dessa crença no mito da democracia racial.[8]

A Tabela 2.1 mostra como, de fato, esse período representa um marco da diminuição da participação dos imigrantes na composição populacional, ligada à política interna de restrição das entradas de estrangeiros e aos fatores já destacados sobre o contexto externo, que corroboram para o quadro mais amplo de diminuição dos movimentos migratórios em escala internacional.

Tabela 2.1: População brasileira e estrangeira no Brasil, 1920-1950

Anos	População brasileira	População de estrangeiros	População total	Proporção população estrangeira no total (%)
1920	29.069.644	1.565.961	30.635.605	5,11
1940	39.752.979	1.406.342	41.159.321	3,42
1950	50.730.213	1.214.184	51.944.397	2,34

Fonte: Baeninger, 2013a, com dados de Levy, 1974; IBGE Censos Demográficos de 1920, 1940 e 1950; Bassanezi, 1995. A ausência de dados para o ano de 1930 explica-se pela não realização do Censo Demográfico.

8 Geraldo, 2007, p. 5, expôs a complexa trama de "gradações qualitativas" para selecionar as nacionalidades bem-vindas, legitimadas principalmente a partir do ideal "científico" da eugenia, que colocava o negro na "escala inferior" das raças, seguido pelos japoneses e judeus: "[ao] longo do governo de Vargas, apesar das campanhas antinipônicas e antissemitas, estes estrangeiros não foram classificados na mesma escala racial que a população negra. E estes grupos também não foram considerados equivalentes entre si".

A Tabela 2.2, relativa ao fluxo de imigrantes internacionais, também mostra que essa entrada foi bastante reduzida na década de 1940, voltando a se elevar apenas nos anos 1950.

Tabela 2.2: Entrada de imigrantes internacionais no Brasil, 1930-1959

Período	Total	Portugueses	Japoneses	Italianos	Alemães	Espanhóis	Outros
1930-39	332.768	102.743	99.222	22.170	27.497	12.746	68.390
1940-49	114.085	45.604	2.828	15.819	6.807	4.702	38.325
1950-59	583.587	241.579	33.593	91.931	16.643	94.693	104.629
Total	1.030.440	389.926	135.643	129.920	50.947	112.141	211.344

Fonte: Baeninger, 2013a, com dados de Levy, 1974; IBGE Censos Demográficos de 1920, 1940 e 1950; Bassanezi, 1995.

O novo cenário da Era Vargas foi sedimentado num contexto de depressão econômica, que internamente resultou no "fim da hegemonia agrário-exportadora",[9] sendo que a resposta política do governo priorizou a construção gradativa das "bases para a acumulação capitalista industrial no Brasil" pela "intensificação da industrialização a partir da intervenção estatal".[10]

Um importante fator que dá particularidade a esse contexto refere-se ao excedente de força de trabalho que passou a ser aproveitado internamente no país, deixando mais explícito o processo de convivência dos fluxos internacionais e internos (campo-cidade). Essa mudança, além do crescimento vegetativo da população, tem ligação direta com as desigualdades regionais do país e com a aplicação do referido plano de desenvolvimento das forças produtivas da indústria concentrado nas cidades, em particular do Sudeste do país.

9 "É necessário lembrar que este trânsito se seguiu de forma lenta, conciliadora, hipertardia, conciliando o velho com o novo, 'pelo alto', na conformidade da via colonial" (Antunes, 1982, p. 57).

10 Antunes, 1982, p. 57.

De fato, o êxodo rural se tornaria o componente decisivo na estruturação do mercado de trabalho assalariado no meio urbano. Embora já estivesse em movimento o processo interno de despovoamento do campo, o ciclo de industrialização do país conferiu rapidez[11] e proporções massivas a esse fenômeno. A título de ilustração, a Tabela 2.3 mostra os enormes contingentes populacionais que se deslocaram internamente ao país. Vale sempre destacar que a população de migrantes, principalmente a nordestina, mesmo quando branca, não foi poupada da atuação do racismo na exploração do trabalho ou na sua exclusão pelo desemprego.[12]

11 A consequência inevitável seria uma urbanização mais acelerada do que a observada nos países desenvolvidos e que se produziria antes da industrialização, trazendo como uma de suas consequências uma sobreterciarização da economia. Neste sentido, as migrações internas, das quais a rural-urbana é considerada a mais significativa, acarretariam consequências desastrosas no âmbito da sociedade urbana, tais como a marginalização de alguns contingentes da população ou a inchação de alguns ramos de setor terciário de baixa produtividade (biscates, serviços domésticos, etc) que se traduzem exatamente no fenômeno assinalado de sobreterciarização" (Suarez, 1977, p. 67).

12 A exploração calcada no racismo dos trabalhadores nordestinos tem raízes históricas antigas e se inicia com as correntes migratórias para a Amazônia no final do século XIX: "A situação do nordestino na Amazônia era bem diversa [daquela do imigrante europeu subsidiado]: começava sempre a trabalhar endividado, pois via de regra obrigavam-no a reembolsar gastos com a totalidade ou parte da viagem, com os instrumentos de trabalho e outras despesas de instalação. Para alimentar-se dependia do suprimento que, em regime estrito de monopólio, realizava o mesmo empresário com o qual estava endividado e que lhe comprava o produto. As grandes distâncias e a precariedade de sua situação financeira reduziam-no a um regime de servidão. Entre as longas caminhadas na floresta e a solidão das cabanas rudimentares onde habitava, esgotava-se sua vida, num isolamento que talvez nenhum outro sistema econômico haja imposto ao homem. Ademais, os perigos da floresta e a insalubridade do meio encurtavam sua vida de trabalho (Furtado, [1959] 2000, p. 139-140). Para consultar os desdobramentos dessa questão no trabalho análogo à escravidão de migrantes internos no meio rural na contemporaneidade, ver Figueira, 2004. Para uma análise do reflexo desse racismo na história do pensamento sociológico referente ao proletariado composto por migrantes internos inseridos na indústria, ver Braga, 2012.

Tabela 2.3: Saldo da migração interna, Brasil, 1940-1980

Ano	Saldo da migração interna (milhões de pessoas)
1940-1950	3,0
1950-1960	10,8
1960-1970	11,5
1970-1980	14,4
Total	39,7

Fonte: Baeninger, 2013a. A ausência de dados para o ano de 1930 explica-se pela não realização do Censo Demográfico.

Para o entendimento do sentido mais amplo que assumem as medidas restritivas impostas à entrada de imigrantes internacionais, além das mudanças socioeconômicas já citadas, é fundamental compreender a questão de fundo colocada em evidência pelo estudo de Antunes. O autor chama atenção para o significado da "realização do industrialismo" e mostra como esse projeto era finalizado, antes de tudo, à "garantia" e "preservação da expansão capitalista no Brasil", de forma que sua aplicação não poderia abdicar de uma "estratégia clara de desmobilização do operariado", ou seja, "seu caráter desmobilizador também se expressava nas restrições impostas à atuação de estrangeiros, que constituíam a parcela politicamente mais avançada dentre os operários".[13] Ao analisar a resistência dos movimentos e das lutas operárias à cooptação da tutela Estatal, o autor mostra também como, embora com limitações, já tinham atingido um grau não desprezível de organização política nesse período.

Por esse mesmo motivo, foram frequentes as manobras que compõem o caráter conservador do que o autor chama de "reformismo pelo alto" da campanha de nacionalização de 1930, quando medidas de "amparo ao trabalhador nacional urbano" caminharam em para-

13 Antunes, 1982, p. 65, 72 e 77.

lelo àquelas que impunham o "espírito de colaboração de classe e de subserviência ao Estado".[14] Tratava-se, segundo Antunes, da aplicação da arte até então inédita no país, enquanto método de governo, de "conciliar o inconciliável".[15] Essa engenharia modelou plenamente as políticas voltadas ao trabalho e, não sem resistência, também a própria estrutura sindical brasileira. De fato, para se efetivar, recorreria a diversificadas medidas de controle e forte repressão policial dos movimentos operários, com particular atenção aos operários estrangeiros politizados e contestadores da ordem vigente.[16]

Também por esse motivo, *o recorte de classe* do fechamento das fronteiras estava *explícito em lei*, já que o "estrangeiro" impedido de entrar no país era aquele que vinha porque precisava trabalhar, aquele que viajava na terceira classe dos navios, não aquele que podia comprovar posses ou renda.[17] O artigo primeiro do decreto 19.482/1930 explicita o fim de limitar "a entrada, no território nacional, de *passa-*

14 *Idem*, p. 75.

15 Segundo Antunes, a perfeição dessa arte só teria aplicação similar na história com o governo Lula (2003-2010).

16 "Além da repressão, aplicava-se indiretamente uma política sindical coibidora, controladora e que visou sujeitar politicamente a classe operaria à dominação do capital, através da dissolução de suas organizações independentes"; "a sub missão da classe operária ao Estado varguista deu-se muito mais em função das razões acima apontadas, ou seja, na necessidade de reprimir e controlar os subalternos, do que nas antigas teorias do 'atraso', explicadas através da 'origem rural' [do operariado]" (Antunes, 1982, p. 73). Para o aprofundamento das medidas repressivas voltadas especificamente contra os estrangeiros, consultar Carneiro *et al.*, 2010. Entre 1930-1940, segundo dados fornecidos pela autora com base nos arquivos da Deops-SP, a polícia política do Estado de São Paulo (1924-1938), houve 778 deportações de estrangeiros.

17 Logo, a partir de 1930, só poderiam entrar imigrantes com recursos financeiros suficientes para se sustentarem no país e os "chamados" por parente. A única exceção para a entrada de trabalhadores imigrantes foi feita de forma restrita para o setor agrícola: "As medidas não visavam, portanto, os trabalhadores chamados pelos serviços de agricultura dos Estados, pelos proprietários de terras ou de empresas de colonização. A lavoura, a pecuária e a indústria extrativa estariam isentas da exigência de dois terços de brasileiros, assim como os imigrantes com destino assegurado como agricultores" (Geraldo, 2007, p. 67).

geiros estrangeiros de terceira classe". E também instituía as cotas de 2/3 de brasileiros natos nos empregos públicos e privados, que se aplicava igualmente na composição mínima de membros associados para a *abertura de sindicatos.*[18] Além disso, havia a proibição de "estrangeiros" com menos de 20 anos de residência no país de comporem cargos de direção e *representação sindical.* Nessas medidas fica explícito, portanto, o propósito de afastar os estrangeiros da organização política sindical, em particular de evitar seu contato com os trabalhadores brasileiros.

O *sistema de cotas* nos postos de trabalho do setor público e privado foi transformando em lei constitucional no ano de 1934.[19] A utilização das cotas era justificada, sobretudo, para o fim da "proteção" ao trabalhador nacional, mas também para prevenir a concentração populacional das nacionalidades estrangeiras consideradas "ameaçadoras",[20] para frear a entrada dos "indesejados" e proibir a daqueles que eram im-

18 A lei dos 2/3 foi instituída pelo Decreto 19.482/1930, art. 3°: "todos os indivíduos, empresas, associações e firmas comerciais, que explorem, ou não, concessões do Governo Federal ou dos Governos Estaduais e municipais, ou que, com esses Governos contratem quaisquer fornecimentos, serviços ou obras, ficam obrigadas a demonstrar perante o Ministério do Trabalho, Indústria e Comércio, dentro do prazo de noventa dias, contados da data de publicação do presente decreto, que ocupam, entre os seus empregados, de todas as categorias, dois terços, pelo menos, de brasileiros natos. *Parágrafo único.* Somente na falta de brasileiros natos e para serviços rigorosamente técnicos, a juízo do Ministério do Trabalho, Indústria e Comércio, poderá ser alterada aquela proporção, admitindo-se, neste caso, brasileiros naturalizados, em primeiro lugar, e, depois, os estrangeiros". É válido lembrar o que Geraldo, 2007, p. 68, destacou: "[a] lei dos dois terços encontrou, no entanto, uma série de obstáculos a partir de sua promulgação. Logo que anunciada, a lei enfrentou a oposição tanto dos trabalhadores quanto das entidades patronais".

19 Constituição de 1934, artigo 121, §6°: "A entrada de imigrantes no território nacional sofrerá as restrições necessárias à garantia da integração étnica e capacidade física e civil do imigrante, não podendo, porém, a corrente imigratória de cada país exceder, anualmente, o limite de dois por cento sobre o número total dos respectivos nacionais fixados no Brasil durante os últimos cinquenta anos".

20 Constituição de 1934, artigo 121, §7°: "É vedada a concentração de imigrantes em qualquer ponto do território da União, devendo a lei regular a seleção, localização e assimilação do alienígena". Conforme destacado por Geraldo, 2007, os japoneses, judeus e alemães eram os principais alvos dessa medida de controle dos chamados "quistos raciais". Ver Seyferth, 1997.

pedidos *a priori*, como os negros africanos, além, é claro, dos imigrantes com uma cultura contestadora da ordem política e econômica vigente.

É interessante notar que a fiscalização da lei dos 2/3, conforme destacado por Geraldo, foi colocada a cargo dos próprios empregadores, pelo envio ao Estado de relatórios da composição da nacionalidade dos seus empregados, contando com a "parceria" dos sindicatos.[21] Isso indica que, dentro dessa técnica específica de governo, os sindicatos foram considerados órgãos estratégicos para demarcar uma fragmentação, baseada no reforço da componente da nacionalidade, da classe trabalhadora brasileira.

Todos esses elementos expostos ajudam a entender por que, desde então, o *binômio do trabalhador nacional-estrangeiro* tornou-se onipresente nas diretrizes político-ideológicas que determinavam o papel da imigração internacional para o país, mais especificamente, o lugar do trabalho imigrante. No contexto do Pós Segunda Guerra e, mais tarde, na era neoliberal, o imigrante que conseguirá permissão formal para trabalhar será somente aquele que, comprovadamente, não "ameace" o trabalhador nacional, ou seja, possua um diferencial não encontrado no país, é claro, condizente aos novos parâmetros da modernização dependente.

O próximo item dará prosseguimento a análises sobre a imigração e as políticas imigratórias no Brasil na segunda metade do século XX, trazendo em discussão fatores históricos elucidativos de que, embora nesse período os fluxos de entrada tenham diminuído, ao passo

---

21 "Vargas reafirmou o projeto de nacionalização do trabalho, com o objetivo de amparar o trabalhador nos grandes núcleos urbanos. Insistia que o trabalhador nacional encontrava-se, antes da vigência dessa lei, em condições de inferioridade no meio operário por parte 'de empresas e companhias estrangeiras, onde os alienígenas o preteriam frequentemente, não obstante militarem a favor daquele, condições especiais de serviço'. A fiscalização estaria então sendo realizada pelo Departamento Nacional do Trabalho, por meio da exigência de que os empregadores declarassem o número e a nacionalidade de seus empregados, 'no que é auxiliado pelos sindicatos empenhados em remover casos de preterição ou de injustiça'" (Geraldo, 2007, p. 68).

que aqueles de saída estavam aumentando progressivamente, o movimento dos polos da imigração começava a se manifestar no país.

Novos parâmetros seletivos de imigrantes, abertura para capitais e empresas transnacionais

As políticas restritivas à entrada de imigrantes, predominantes durante 1930-1945 no Brasil, foram reavaliadas em decorrência da pressão econômica, especialmente por parte do empresariado industrial paulista. Depois da Segunda Guerra, defendia-se uma parcial abertura, que continuou atrelada a princípios seletivos da "proteção ao trabalhador nacional", do "respeito à ascendência eleita [europeia]" para a população brasileira e da imigração dirigida por políticas estatais para servir ao "progresso do país". Esses critérios estão explícitos no decreto 7.967/45, o qual determina:

> atender-se-á, na admissão dos migrantes, à necessidade de preservar e desenvolver, na composição étnica da população, as características mais convenientes de sua ascendência europeia, assim como a defesa do trabalhador nacional.

Gradativamente, vai se delineando uma representação e critérios oficiais novos para a seleção dos imigrantes bem-vindos ao país. Em relação às décadas precedentes, há uma *diferença nos próprios termos de discussão dos critérios seletivos*, que aparentemente começam a adquirir uma nova "qualidade". É o que comunicam as conclusões do *Congresso Brasileiro de Indústria* (1945): "foram citadas as questões de que enquanto não houvesse trabalhadores nacionais com qualificação, deveria haver facilidade de contratação de estrangeiros".[22] No mesmo sentido, o vocabulário específico para se referir à imigração – tal como "elementos profissionalmente qualificados" e "especialistas"[23] – emerge

22 Geraldo, 2007, p. 54.

23 *Idem*, p. 55.

nas resoluções da Federação da Indústria e Comércio do Estado de São Paulo. Conforme Salles *et al.*,

> [a] grande justificativa para a retomada da imigração no pós-guerra para os defensores dessa ideia era a crescente necessidade de braços qualificados para uma lavoura que se modernizava e para a indústria em expansão no Estado e na cidade de São Paulo.[24]

No final da década 1950, com o novo ciclo de industrialização direcionado à expansão da indústria pesada[25] e a aplicação do plano de desenvolvimento a partir da substituição das importações,[26] esse parâmetro da qualificação é reafirmado, segundo ressaltam os autores:

> [do] ponto de vista da política imigratória do Pós-Segunda Guerra, esta caracterizou-se pela inserção de trabalhadores com perfil majoritariamente voltado para as atividades urbanas e industriais e, em São Paulo, pela modernização do parque industrial, tanto na capital como em diversas regiões do estado. Evidenciam esse processo o crescimento de novos ramos da indústria automobilística, eletroeletrônica, química, farmacêutica, etc, além de investimentos em projetos agrícolas.[27]

24 Salles *et al.*, 2013, p. 15.

25 Conforme explica Krein, 2013, o período de 1960-1980 foi caracterizado pela expansão do assalariamento formal em segmentos organizados da indústria. Na década de 1990, começaria o movimento de aumento da participação de empregos no setor de serviços em detrimento da indústria. Para entender as respostas dos próprios trabalhadores brasileiros ao ciclo de industrialização nas décadas de 1960-80 ver, Antunes, 1992, e Santana, 2012. Para a compreensão das características do "fordismo periférico" no Brasil, após 1945, e de um panorama dos estudos referentes ao trabalho e às lutas operárias, em particular da "sociologia da inquietação operária", ver Braga, 2012.

26 "As políticas de substituição de importações em muitos países do Terceiro Mundo (da América Latina em particular), associadas ao primeiro movimento das multinacionais na direção da manufatura no estrangeiro (no Sudeste Asiático em especial), geraram uma onda de industrialização fordista competitiva em ambientes inteiramente novos, nos quais o contrato social com o trabalho era fracamente respeitado ou inexistente. Daí por diante, a competição internacional se intensificou" (Harvey, 2013, p. 135).

27 Salles *et al.*, 2013, p. 12.

Ainda segundo os autores, nesse período vigorava o sistema de cotas na seleção das entradas de imigrantes no país. O Estado de São Paulo aparecia como o principal destino dos fluxos, em razão da concentração da indústria nessa região.[28] Segundo destacam, além de refugiados do Pós-Segunda Guerra,[29] predominam três tipos de fluxos dirigidos tanto para a "colonização" rural quanto para "profissões urbanas", principalmente aquelas ligadas à indústria:

> [uma imigração] espontânea, que se dá através das "cartas de chamada" de parentes e de ofertas de empregos; outra que se caracteriza por grupos e cooperativas com vistas, sobretudo, à colonização agrícola; e a imigração dirigida orientada pelos convênios entre governo brasileiro e os organismos internacionais. A partir dos anos de 1960, viu-se declinar novamente o movimento imigratório que se limitou a técnicos e profissionais especializados.[30]

Em relação ao passado migratório do final do século XIX e da primeira metade do XX, haveria uma diminuição significativa nas entradas de imigrantes dentro do *circuito legalizado*. Essa tendência se acentuaria depois do golpe militar (1964), num momento em que mais do que nunca essa questão era associada a uma ameaça à segurança nacional.

Na Tabela 2.4, é possível verificar como a população estrangeira decresce rapidamente no Segundo Pós Guerra, atingindo sua participação mais baixa no ano de 1980.

28 "A razão do maior número de entradas em São Paulo encontra-se justamente nas ofertas de emprego em função das carências de mão de obra qualificada provocadas pelo crescimento de seu parque industrial nos anos 1940 e dos acordos firmados entre as empresas e o governo do Estado para colocação dos imigrantes" (Salles *et al.*, 2013, p. 7).

29 Ver Moreira, 2012.

30 Salles *et al.*, 2013, p. 11.

Tabela 2.4: População brasileira e estrangeira, Censos 1872-1980

Censos	Pop. Bras.	Pop. Estr.	% Pop. Estr.	Total
1872	9.723.602	388.459	3,84	10.112.061
1890	13.982.370	351.545	2,45	14.333.915
1900	16.361.923	1.074.511	6,16	17.439.434
1920	29.069.644	1.565.961	5,11	30.635.605
1940	39.752.979	1.406.342	3,42	41.159.321
1950	50.730.213	1.214.184	2,34	51.944.397
1970	91.909.909	1.229.128	1,32	93.139.037
1980	118.089.858	912.848	0,77	119.002.706

Fonte: Bassanezzi, 1996, com dados dos Censos Demográficos de 1872, 1890, 1900, 1920, 1940, 1950, 1970 e 1980.

O decreto lei 941/69 passou a definir a situação jurídica do estrangeiro durante o regime ditatorial. A semântica do controle político se impõe nos termos contidos nessa lei, como *clandestinos, estrangeiros em situação irregular.* Também era bastante explícito o peso dado às medidas de deportação, às infrações e penalidades cometidas por imigrantes e solicitantes de refúgio. A diretriz adotada era a automática criminalização da imigração que não se enquadrasse nos parâmetros legais das entradas. O Estado era o protagonista desse princípio e tinha o poder discricionário para detectar "indícios sérios de periculosidade ou indesejabilidade" dos "estrangeiros".

Quanto ao regime de trabalho, a regra geral era a *interdição do exercício pelo imigrante de qualquer atividade remunerada.* Sua única exceção dizia respeito aos casos da imigração dirigida pelo governo para atuar em setores estratégicos. Em 1980, com a lei 6.815/1980[31] a *equação*

31 O recorte de classe e da qualificação profissional do imigrante também determinava os critérios para a naturalização de estrangeiros após 1945. Segundo Bueno, 2011, p. 168, na legislação do período há a construção da "imagem de um imigrante de alto nível (educacional, profissional ou financeiro) que o país aceita para se tornar brasileiro e viver definitivamente no país".

imigração/qualificação-especialização vem inaugurada como princípio diretivo para regular a entrada e a permanência dos imigrantes.[32] Essa diretriz está explícita no § único do artigo 16 dessa lei, o qual declara:

> A imigração objetivará, primordialmente, propiciar mão-de-obra especializada aos vários setores da economia nacional, visando à Política Nacional de Desenvolvimento em todos os aspectos e, em especial, ao aumento da produtividade, à assimilação de tecnologia e à captação de recursos para setores específicos".

A cadeia de fatores explicativa do desenho institucional da imigração está contida no movimento da modernização dependente ditada pelo desenvolvimento induzido, aprofundado no primeiro capítulo. Em vários aspectos, no Segundo Pós Guerra, esse movimento seria sinônimo de liberalização e abertura econômica para obedecer ao "império econômico das grandes corporações" e do capital financeiro, ou seja, aos "requisitos estruturais e dinâmicos do capitalismo monopolista".[33]

Para Fernandes,[34] o continente latino-americano sofria nesse período dos efeitos de uma corrida imperialista equivalente a do final do século XIX. Por esse motivo, o autor utiliza a expressão *segunda partilha do mundo* para elucidar a expansão do capital e as características da "luta do capitalismo pela sua sobrevivência, lá onde não existem as revoluções socialistas vitoriosas [União Soviética, Cuba e alguns países da África e Ásia]". Em sua opinião, além da gravidade

---

32 Esse mesmo desenho também teve seu contorno estabelecido durante a ditadura na Argentina, embora nesse país o critério étnico e nacional ainda estivesse explícito na lei geral de imigração conhecida como Lei Videla (*Ley General de Migraciones y Fomento de la Inmigración,* 1981). Conforme explica Domenech, 2011, p. 56, "a legislação especificava quem seriam os estrangeiros desejáveis, limitando a concepção de residência no país ao estrangeiro que representasse mão de obra qualificada, contasse com um capital que permitia desenvolver atividades econômicas geralmente valorizadas pelos governos nos planos de desenvolvimento ou tivesse particular interesse para o Estado argentino, [...] não estariam contemplados os trabalhadores de países limítrofes [Bolívia e Paraguai]".

33 Fernandes, 1973, p. 296 e 305.

34 *Idem*, p. 296.

implicada nas formas ditatoriais de governo, sucessivas aos golpes de Estado generalizados nesse continente, as características das desigualdades socioeconômicas produzidas se mostrariam ainda mais nocivas em relação ao passado: "sob o capitalismo monopolista o desenvolvimento desigual se torna mais perverso e envenenado".[35]

Não é um acaso histórico que, nessa segunda metade do século XX, a América Latina fosse marcada profundamente pelas já mencionadas *migrações internas* campo-cidade e pelo fenômeno da *emigração,* que buscava saídas tanto interregionalmente, quanto nos países centrais, em particular nos EUA, na Europa ocidental e no Japão.[36]

Esses elementos de fundo ajudam a entender por que a tendência ao "fechamento" das fronteiras para os fluxos de entrada mais expressivos desde então – notadamente de imigrantes que buscavam trabalhofora dos parâmetros "qualitativos" vigentes – era a outra face do que Campos[37] colocou em evidência: a *crescente abertura das fronteiras ao capital estrangeiro* que, segundo o autor, valeu-se nesse período de ampla e crescente liberdade para entrar e sair do país conforme seus próprios interesses e caprichos.

Seu estudo explica o processo de internacionalização da indústria brasileira entre 1955 e 1992, de onde deriva, em sua opinião, a consolidação de um modelo de desenvolvimento econômico dependente de Investimento Estrangeiro Direto (IED), ou seja, o livre movimento de capitais não era barrado por nenhuma lei "xenófoba" no Brasil, mesmo quando só trazia efeitos nocivos, a ponto de "desarticular" o mínimo de autonomia do principal pilar no qual se apoiava a economia nacional do período: a indústria. O autor demostra com dados objetivos o fato de que ser vítima dos regimes ditatoriais também significaria para a América Latina, em particular para o Brasil, tornar-se

35 *Idem*, p. 304 e 318.

36 Roncato, 2013.

37 Campos, 2009.

o alvo privilegiado de IED,[38] dentro do que denominou "saga internacionalizante", por ter colocado o país no "lugar de uma economia das mais internacionalizadas e subordinadas"[39] do mundo.

Se os efeitos avassaladores das fronteiras abertas ao capital não eram tão nítidos na época em que esses investimentos externos mantinham uma maior ligação com a esfera produtiva,[40] em sua opinião, a partir dos anos 1980-1990, as consequências negativas da natureza volátil e especulativa desses capitais ficariam mais evidentes para a desarticulação da economia nacional, o endividamento, a imposição da crise[41] e da instabilidade acentuada.[42]

Mas o mesmo tratamento permissivo das entradas de capitais se manifestava de forma semelhante, na *progressiva permeabilidade das*

38 Conforme explica, nesse período, os IEDs eram provenientes principalmente dos Estados Unidos, da Europa (notadamente do Reino Unido e da Alemanha) e do Japão (Campos, 2009, p. 196).

39 Campos, 2009, p. 197.

40 O período de 1955-1973 retrata uma fase de internacionalização ligada à indústria pesada: "de encadeamentos e adensamentos produtivos complexos – e impondo-se como parte mais dinâmica dessas economias, capaz de alavancar em companhia das empresas estatais todos os outros ramos de atividades econômicas". Em contrapartida, no período de 1973-1992, com a "crise de acumulação abriu-se uma nova fase de internacionalização cujo processo de valorização não passa mais por um tipo de industrialização que buscava o adensamento de cadeias produtivas" (Campos, 2009, p. 5 e 22).

41 Trata-se de uma história que coincide, segundo Campos, 2009, p. 179, com o "processo de conquista do capital internacional", explicativo das raízes econômicas da recessão e da crise que serão vivenciadas pelo país (em conjunto com a América Latina e em geral os demais países da periferia do capitalismo), que teve seu auge no endividamento e na subordinação aos planos estruturais impostos pelo Fundo Monetário Internacional (FMI) e pelo Banco Mundial nos anos 1980-90.

42 "Expõe um tipo de capital que busca maior mobilidade, por isso sua presença em determinado espaço nacional é volátil e sua expectativa de rentabilidade sempre está balizada por uma previsão de retornos rápidos. Seu alto poder especulativo e sua maior capacidade de gerar instabilidades também são fatores que trazem consigo um afastamento muito maior com relação à continuidade na implantação das estruturas produtivas internas" (Campos, 2009, p. 180).

fronteiras nacionais para a "*migração de filiais estrangeiras*"[43] em "*regiões com elevados potenciais de formação de valor*"[44] e fontes de matérias primas.[45] A "migração" de indústrias, reflexo da reorganização das cadeias produtivas globais, encontrou, portanto, incentivos sem precedentes no Brasil após o golpe de 1964.[46] De fato, no final da década de 1960, essas empresas estrangeiras teriam presença em "176 dos 302 setores industriais"[47] no Brasil.

O autor também coloca em evidência como a atuação dessas empresas transnacionais nos países periféricos, após a década de 1970, se identificaria, cada vez mais, com a *externalização* e a *terceirização* de ramos que deveriam produzir "o bruto", enquanto as matrizes se concentravam na dimensão financeira e no controle das "etapas mais no-

43 Para o aprofundamento dos estudos sobre os efeitos da penetração das transnacionais nas políticas econômicas dos países onde se encontram as filiais e o reflexo na divisão internacional do trabalho, ver Chesnais, 2005. Para as implicações dessa questão no Brasil, ver Cataia, 2001. Com relação ao ciclo de privatizações de empresas públicas brasileiras ver Pochmann *et al.*, 2009. Para o entendimento dos reflexos das reformas neoliberais no trabalho, ver Antunes, 2004b, e Krein, 2013a.

44 Campos, 2009, p. 22, grifo nosso.

45 Como explica, quatro razões básicas, além da conquista da esfera de poder geopolítico, explicam a migração dessas empresas: 1) força de trabalho barata; 2) matérias primas; 3) incentivos fiscais; 4) facilidades financeiras (Campos, 2009, p. 84). E complementa explicitando a usual contrapartida exigida pelas matrizes para a "permanência do ingresso de IED": "um território de destino financeiramente e comercialmente desregulado em suas fronteiras, em que a base produtiva de geração de lucros das filiais não se restringiria a um complexo industrial definido nacionalmente (*Idem*, p. 37).

46 "Com a ditadura militar, as filiais estrangeiras, além de contarem com incentivos e subsídios para sua inserção comercial, e com um mercado consumidor fortalecido pela expansão creditícia aprofundando uma distribuição de renda a favor dos abastados, tiveram todos os privilégios estatais para exercerem estreita integração no mercado financeiro internacional" (Campos, 2009, p. 55); "[a] partir desse desenvolvimento capitalista sacramentado pela ditadura militar – mesmo que contraditoriamente tenha se estabelecido um marco institucional protecionista, sobretudo setorial, em favor da indústria pesada – o complexo multinacional pressionou por um processo de crescente liberalização, em consonância com as próprias vicissitudes do novo estágio de acumulação do capital, que ia se constituindo por meio da mundialização financeira" (*Idem*, p. 8).

47 *Idem*, p. 74.

bres que lhe garantiam maior controle e rentabilidade (possibilitado por inovações da microeletrônica e da telemática)".[48] Para manter os patamares necessários das remessas de lucros, nas décadas de recessão (1980) e de crise (1990), o enxugamento de postos de trabalho seria um dos principais recursos utilizados.[49]

Logo, nessa divisão internacional do trabalho inerente ao funcionamento das cadeias produtivas globais da indústria também está implicada a questão do emprego de tecnologias pelas filiais. Segundo Campos,[50] ao contrário da promessa da *modernização tecnológica* que deveria acompanhar essa migração de empresas, "não houve na América Latina uma internacionalização de parte da revolução técnico-produtiva que estava ocorrendo nas economias centrais". Embora migrassem para outros territórios, as matrizes não cederam, portanto, o controle das tecnologias e das pesquisas estratégicas.[51]

No que se refere ao período 1993-2000, o estudo de Baeninger e Leonncy[52] sobre as *tendências* e o *perfil* da imigração – a partir das autorizações de trabalho concedidas pelo órgão institucional brasileiro competente na matéria, o Ministério do Trabalho e Emprego – confirma o destino dos fluxos para a indústria (em particular transnacio-

---

48 Campos, 2009, p. 16.

49 "As corporações viram-se com muita capacidade excedente inutilizável (principalmente fábricas e equipamentos ociosos) em condições de intensificação da competição. Isso as obrigou a entrar num período de racionalização, reestruturação e intensificação do controle do trabalho (caso pudessem superar ou cooptar o poder sindical). A mudança tecnológica, a automação, a busca de novas linhas de produto e nichos de mercado, a dispersão geográfica para zonas de trabalho mais fácil, as fusões e medidas para acelerar o tempo de giro do capital passaram a primeiro plano das estratégias corporativas" (Harvey, 2013, p. 140).

50 Campos, 2009, p. 29.

51 "Mesmo ocorrendo nos anos 70 certa transferência das filiais estrangeiras aos produtores locais, esta foi feita em sistema fechado e introduzida via importações de bens de capital financiados com recursos externos, muitas vezes de suas próprias matrizes, exigindo contratos de assistência técnica que poderiam funcionar também como transferência ilegal de lucros" (Campos, 2009, p. 118).

52 Baeninger e Leonncy, 2001.

nais) e para os polos tecnológicos do país, bem como sua relação com os investimentos de capital estrangeiro no Brasil. Segundo as autoras, além de um relativo aumento das autorizações de trabalho, predominantemente *temporárias* ao longo do período analisado, com baixa representatividade feminina, os fluxos continuaram a direcionar-se principalmente aos territórios de concentração da indústria e da alta tecnologia, São Paulo e Rio de Janeiro.

Desse modo, é possível entender que a abertura para imigração por motivo de trabalho dentro do *circuito legalizado*, no período posterior a 1945, estava estreitamente ligada à crescente abertura das fronteiras ao capital estrangeiro e à migração de empresas transnacionais para o país.[53] Nos anos 1990, o setor público ainda não aparece como destino importante de inserção dessa força de trabalho e há sinais ainda tímidos da ampliação da entrada de outras categorias de imigrantes com perfil qualificado ou especializado.

A contrapartida indocumentada

É bastante provável que a situação indocumentada de imigrantes já tivesse precedentes na história da imigração no Brasil – uma vez que leis restritivas sempre acompanham sua contrapartida –, porém suas *dimensões* seriam outras na década de 1970 e nas seguintes. Mais

53 Além do circuito restrito de autorizações de trabalho (conforme será explicado no capítulo IV), o desenho institucional do perfil demográfico das entradas de imigrantes, relativas às décadas de 1980 a 2000, foi fornecido pelo estudo da Organização Internacional para Migrações (OIM, 2010, p.18), o qual indica fluxos compostos principalmente por imigrantes de retorno, jovens e adultos em idade produtiva, a maioria homens com o nível de ensino médio: "No recorte temporal 1986-1991, a distribuição relativa dos imigrantes denota que os procedentes da Europa (23%), da América Latina e Caribe, excluídos o Paraguai e Argentina (21,4%), do Paraguai (16,2%) e dos Estados Unidos (13,9%) respondiam pelos maiores percentuais. A primeira posição ocupada pelos países da Europa passava a ser ocupada, no quinquênio 1995-2000, pelo Paraguai: 29% do fluxo imigratório eram constituídos de pessoas que residiam em terras paraguaias, 19% em território europeu, 17% dos demais países da América Latina, 14% do Japão e 11,6% dos Estados Unidos".

precisamente, o seu *significado histórico* seria outro, pois sinalizaria a experimentação de um método de exploração do trabalho imigrante proveniente de países periféricos em situação socioeconômica vulnerável e indocumentada que, como será explicitado no próximo item, começou a se alastrar nesse período específico.

Conforme explica Basso, as políticas imigratórias e seu substrato legislativo são sempre uma "variável dependente" de processos mais amplos e profundos do funcionamento do mercado mundial, em particular do mercado de trabalho. Logo, as leis restritivas da imigração, seja em regime de ditadura, seja de democracia, podem apresentar graus diferenciados de violência, mas não agem isoladamente para propagar e consolidar as dinâmicas laborais vigentes. Em suas palavras,

> [falar] de variável dependente não equivale a negar a 'dialética' entre mercado e Estado, mas denota somente que, em sua navegação, as políticas se servem de uma bússola, cujo ponteiro é fixamente magnetizado em direção dos interesses *gerais* do *sistema* da economia de mercado (do sistema das empresas), mesmo quando isso não aparece na superfície.[54]

A mesma crítica ao silêncio dos dados oficiais que pretendem apagar da história do Brasil a questão nebulosa da *emigração*[55] também se aplica aos fluxos indocumentados de imigrantes coreanos, bolivianos e de outras nacionalidades, principalmente latino-americanas, que estão presentes há muito tempo no país. Isso, não obstante a existência de uma *reserva expressiva de força de trabalho* que caracterizou as referidas décadas de recessão e crise.

---

54 Basso, 2003, p. 105.

55 Estudos demográficos constataram o saldo migratório negativo na década de 1990, ou seja, o fato de que o país "perdeu população" (Carvalho, 1996). Pela primeira vez em sua história, mesmo se em proporções bastante pequenas em relação à sua população total, o Brasil passou a ocupar o lugar de país de *emigração*. Em realidade, esse movimento de emigração em massa de brasileiros tem início na década de 1980, acentua-se nos anos 1990 e continua ativo no presente.

Essa modalidade de imigração, embora também muito necessária à economia nacional, teria que arcar com os riscos de entrar de forma invisibilizada e silenciada pelas fronteiras do país. Segundo Galetti, as nacionalidades sul-coreana e boliviana eram as mais representativas dessa modalidade de imigração fora dos circuitos legalizados em grande parte direcionadas à cidade de São Paulo.[56] Conforme explica,

> [nem] as medidas restritivas impostas pelo governo brasileiro em 1972, nem as barreiras levantadas pela Coréia do Sul à emigração para a América Latina a partir de 1977, conseguiram interromper o fluxo de coreanos [...]. A grande maioria permaneceu na clandestinidade até a primeira anistia em 1980. Foi nesse período, também, que cresceu a participação dos coreanos no ramo de confecções, crescimento provocado, principalmente, pela exploração da mão de obra dos conterrâneos ilegais. Na década de 80, explode o número de coreanos clandestinos e a nova anistia é decretada em 1988.

Com relação aos bolivianos, destaca que

> [o fluxo do perfil indocumentado de imigrantes] engrossou na década de 70, com as promessas de trabalho geradas pelas grandes obras do regime militar. Mas foi nos anos 80 que se registrou o pico dos movimentos migratórios no centro de São Paulo.[57]

A resposta burocrática do Estado brasileiro a esses fluxos específicos representa mais um caso na históriada *criminalização da imigração* que, por se tratar de um contexto de regime ditatorial, estava explicitamente estampada nas leis. O já citado decreto lei 941/1969 ilustra a violência dessa *resposta* – que não deixa também de ser um *anúncio* – à presença concreta dessa modalidade de imigração, seja de imigrantes provenientes de países periféricos, seja de solicitantes

56 Conforme explica Silva, 2012, p. 79, "[a] cidade de São Paulo comanda grande parte dos fluxos materiais e imateriais do território nacional e também apresenta as materialidades necessárias para conectar as etapas dos diversos circuitos espaciais de produção ao mundo".

57 Galetti, 1996, p. 136.

de refúgio. Não por acaso, conforme destaca as citações acima, as primeiras *anistias* para imigrantes irregulares foram decretadas nos anos de 1980 e 1988 no Brasil. Essa medida legislativa constitui uma prova institucional de que outra modalidade de imigração começava a se "impor" pelas"porosidades das fronteiras"[58] e passava também a compor a manifestação do fenômeno imigratório no país. Com o fim de destacar essas medidas restritivas, vale explicitar os próprios artigos da referida legislação, os quais explicitam:

> Art. 104: Nos casos de *entrada irregular* de estrangeiro, se este não se retirar voluntariamente do território brasileiro no prazo determinado, a autoridade policial promoverá sua *imediata deportação.*
>
> Art. 110: O estrangeiro, enquanto não se efetivar a deportação, poderá ser recolhido à *prisão* por ordem do Ministério da Justiça.
>
> Art. 112: Enquanto não caracterizadas as condições que justifiquem a *concessão de asilo* [refúgio], o estrangeiro poderá ser mantido em *prisão especial* [...] §único: Se as condições alegadas para o *asilo* [refúgio]não ficarem caracterizadas, o estrangeiro será considerado *clandestino* [...].[59]

Nessa lei, estavam explícitos igualmente a dimensão do controle policial da imigração, a ênfase nas medidas de expulsão e deportação, os métodos de vigilância – dirigidos aos imigrantes, bem como às empresas de transporte e aos empregadores de "clandestinos". Com o mesmo propósito de explicitar a semântica legislativa de punição da irregularidade de documentação, é válido ler os seguintes artigos:

> Art. 151: *Introduzir estrangeiro clandestinamente* ou ocultar *clandestino*: Pena: 1 (um) a 3 (três) anos de detenção.
>
> Art. 142: Demorar-se no território nacional após esgotado o prazo legal: Pena: multa de 3% (três por cento) do maior salário mínimo vigente no Brasil por dia de excesso, e deportação caso não se retire no prazo.

58 Basso, 2013a.

59 Decreto lei 941/1969, grifo nosso.

> Art. 147: Transportar para o Brasil estrangeiros que estejam sem documentação em ordem: Pena: multa de 5 (cinco) vezes o maior salário-mínimo vigente no Brasil, por estrangeiro.
>
> Art. 148: *Empregar ou manter a teu serviço estrangeiro em situação irregular*. Pena: multa de 2 (duas) a 5 (cinco) vezes o maior salário-mínimo vigente no Brasil.[60]

Um quadro bastante parecido se verificava na Argentina, país que ao lado do Brasil sempre ocupou o lugar de principal alvo de imigração na América do Sul. Segundo Domenech,[61] o sentido da *ilegalidade* começa a adquirir um peso diferente nesse país a partir dos anos 1940, por causa da imigração de países limítrofes (Bolívia e Paraguai), destinada principalmente ao "mercado de trabalho negro" na agricultura. O autor destaca que a década de 1960 representa um marco do aumento da presença de imigrantes limítrofes e da consequente reposta ditatorial,[62] que colocou a *ilegalidade* no centro das diretrizes das políticas imigratórias.

Como indicado anteriormente, no Brasil dos anos 1970 e 1980, os fluxos mais significativos provêm de dois países periféricos (Coréia do Sul e Bolívia)[63] sem tradição de imigração no país. Essa modalidade de imigração encontraria o polo têxtil[64] de São Paulo como o principal setor de inserção laboral.

60 *Idem*.

61 Domenech, 2011, p. 45 e 47.

62 O golpe militar na Argentina ocorre em 1962.

63 O fluxo de coreanos nesse período deriva inicialmente de tratados bilaterais entre os governos brasileiro e sul-coreano, depois se propaga de forma indocumentada. Sobre os processos político-econômicos que ligavam o Brasil com a Coréia do Sul e a Bolívia nessas décadas, com influência para direcionar os fluxos migratórios desses países, ver Tavares (2009).

64 Conforme já documentado por muitos estudos (e.g. Lima, 1999), a indústria têxtil é um exemplo emblemático da restruturação produtiva no Brasil (operada principalmente nos anos 1990), que acompanha mudanças na organização do trabalho e no sistema produtivo, em particular uma precarização intensa das relações laborais (extensão e intensidade das jornadas, baixos salários, fatores da divisão sexual do trabalho, entre outros).

Na cidade de São Paulo, segundo Freire da Silva,[65] a sobrevivência econômica desse setor nas décadas de recessão e crise (1980 e 1990) se deve justamente ao apoio no trabalho imigrante, proveniente de países periféricos e em grande parte indocumentado. Esse fator é o principal meio utilizado por essa indústria para diminuir os custos de produção. Isso porque, conforme destaca Silvana C. Silva,[66] a despeito da modernização tecnológica e organizativa empreendida pela reestruturação do setor a partir dos anos 1980, essa indústria não conseguiu eliminar sua alta demanda pelo trabalho intensivo da costura.

Nos anos 1970, a imigração coreana era a mais representativa do padrão de inserção precária nessa indústria em São Paulo.[67] Segundo pesquisas realizadas sobre o tema, houve uma mobilidade da maior parte desse grupo nacional para posições de empreendedores, que foi permitida principalmente pelo emprego do trabalho de bolivianos.[68] Nos anos 1980, a imigração boliviana passa a ocupar esse lugar precário de inserção nesse setor, ao lado de outras nacionalidades latino-americanas, como a paraguaia e a peruana.

Logo, em São Paulo, os imigrantes passaram a representar a *peça fundamental* e *indispensável* dessa indústria, ou seja, as costureiras e os costureiros. As dinâmicas discriminatórias ligadas à nacionalidade,

65 Freire da Silva, 2008.

66 Silva, 2012, p. 42.

67 Tavares, 2009.

68 "A relação com o país de origem e o sistema de organização da imigração coreana permitiram um bom know-how para os coreanos que aqui foram se estabelecendo. Os coreanos beneficiavam-se dos avanços técnicos da indústria têxtil coreana, uma vez que contam com facilidades de relacionamento com o bloco asiático, passando também a atuar como fornecedores de tecidos e máquinas importadas da Coréia. Além disso, o *kye*[método de financiamento de crédito interno à comunidade nacional] teve um papel relevante no fortalecimento e crescimento do grupo [...] promoveu o estabelecimento de um enorme número de coreanos, sobretudo os que não eram legalizados e não podiam acessar o crédito bancário [...]. A anistia aos migrantes em 1980 permitiu a documentação da maior parte dos coreanos [...]. Na década de 1980 [...] os bolivianos passariam a ser no Brás e no Bom Retiro 'os miseráveis do sistema'" (Silva, 2012, p. 27).

cor da pele, sexo e suas culturas não são um mero detalhe da sobrevida dessa indústria. Em particular, a *situação indocumentada* emerge nesses anos como uma importante base de apoio da edificação e do fortalecimento crescente dessa cadeia produtiva.

Se durante essas décadas, nos países centrais receptores de imigrantes, esse trabalho imigrante passou a simbolizar, conforme será mostrado no item seguinte, os *focos de informalidade* e de condições precárias de trabalho, no Brasil esses fatores já eram disseminados entre os próprios trabalhadores nacionais. Nesse período, a *informalidade* caracterizava o trabalho dos migrantes internos no meio urbano. Do mesmo modo, o *trabalho forçado*, conforme documentou o rigoroso estudo de Figueira (2004), marcava o trabalho rural em determinadas regiões do país.

Essa migração produzida em regiões muito pobres (notadamente do Nordeste e de Minas Gerais) passou a compor majoritariamente a classe trabalhadora nos centros urbanos (São Paulo em particular), sem que a indústria conseguisse absorver totalmente essa força de trabalho, dentro de um quadro de recessão econômica, crise e significativo crescimento demográfico. O termo *trabalhador clandestino*,[69] por exemplo, era utilizado na década de 1970 para descrever a *informalidade* que marcava o processo de proletarização dos migrantes internos nordestinos nos centros urbanos.

Esses migrantes também foram alvo histórico de preconceito e de discriminação com base na "origem regional e rural". Com relação ao Segundo Pós Guerra, o estudo de Braga fornece uma visão ampla das problemáticas tratadas pela sociologia do trabalho ao considerar

69 "Após a legislação trabalhista no campo, e a posterior perda dos direitos trabalhistas pelo trabalhador rural, o termo foi sendo substituído, especialmente nos locais onde houve um processo mais intenso de sindicalização rural, pelo de '*trabalhador clandestino*', ou seja, aquele que além da condição de cassaco [trabalhador dos engenhos de cana de açúcar] (desprovido da lavoura de subsistência na propriedade), passa a trabalhar sem vínculo empregatício direto com a propriedade e portanto sem carteira assinada, sendo comumente contratado através da intermediação do empreiteiro" (Suarez, 1977, p. 18, grifo nosso).

a inserção desses migrantes nas indústrias do Sudeste. Conforme esclarece, nem o saber sociológico sobre o tema era isento de preconceito para explicar as diferentes dimensões, em particular a política, da passagem de "lavradores rurais nordestinos" a "trabalhadores fordistas não qualificados".[70]

Essa complexidade característica do mercado de trabalho na periferia deve, portanto, ser considerada para se entender a particularidade da inserção do imigrante internacional. Pelo momento, importa ressaltar a manifestação de uma mudança significativa na relação entre imigração e trabalho a partir de 1970. É nesse período que começa a se manifestar a *divisão do trabalho* sustentada em grupos específicos de imigrantes provenientes de países periféricos, espelhando como tendência as mesmas "linhas não expressas da especialização racial", explicadas por Florestan Fernandes para comprovar a atuação do racismo no mercado de trabalho assalariado brasileiro (ao descrever o movimento de rebaixamento ao qual estavam submetidos os negros).

Se utilizada essa noção de racismo para analisar algumas tendências, é possível afirmar que, a partir dessas décadas de 1970 e 1980, o movimento de rebaixamento e de exploração no mercado de trabalho

70 Braga, 2012, p. 67. A partir da análise das pesquisas empíricas de estudos focalizados na caracterização da nova identidade da condição operária nas indústrias da cidade de São Paulo, Braga mostra que a construção do saber sociológico sobre o operariado migrante se fundamentava na ideia do peso excessivo do "arcaico" em relação ao que era considerado "moderno", desembocando na concepção de que "os laços tradicionais, e não os impulsos classistas prevaleciam no interior do país". Segundo argumenta, essa ideia constrói a falsa imagem de migrantes despolitizados, sem nenhuma visão de organização política, quanto menos de consciência de classe, logo, que podiam ser direcionados por interesses alheios, seja dos sindicatos desvinculados da base, seja por um líder político carismático. O autor chama atenção às diferentes mensagens implicadas nessa interpretação, desde aquela explicativa do apoio por parte desses migrantes a um modelo político populista – porque traria "reminiscências de um paternalismo tardio no âmbito das relações de produção" – àquela do "bloqueio da consciência de classe e do atraso da ação sindical" (*Idem*, p. 72 e 59). Não há dúvida de que o eco desse preconceito está ativo até hoje na sociedade brasileira. Para uma análise etnográfica da ação dos migrantes nordestinos e sua abrangência política durante essas primeiras décadas de migração interna, ver Fontes, 2008.

brasileiro, além do negro e do migrante interno, também incorpora a realidade social "periférica" da imigração internacional. A partir desse período, esse movimento de rebaixamento começa a se manifestar, agora em desfavor da parcela mais significativa da imigração, embora continuasse a favor da modernização dependente e subordinada.

Todavia, esse padrão bifurcado da imigração que se manifesta, conforme demonstrado, principalmente após a década de 1970, não representa uma particularidade brasileira, mas tem um significado mais geral. Com o fim de fornecer o entendimento dessa assertiva, será necessário considerar as transformações em curso nos países centrais após o Segundo Pós Guerra, em particular as características assumidas pelas políticas imigratórias no contexto neoliberal.

O padrão neoliberal da imigração e sua dimensão internacional

Durante a segunda metade do século XX, em particular depois dos anos 1970, a base social da imigração muda em escala mundial. Os motivos dessa transformação são muito bem explicados por Basso, ao expor a relação da histórica divisão internacional do trabalho no capitalismo, dos condicionantes do regime de acumulação flexível que começava a se delinear e da emergência dos países periféricos como principais produtores de emigrantes. Conforme explica o autor, o processo de expansão do capital – então apoiado no já indicado tipo de industrialização de parte dos países periféricos[71] – acompanha a pro-

71 Refere-se à divisão internacional do trabalho apoiada no deslocamento de empresas em direção ao exército de reserva das periferias e aos investimentos de capitais nessas localidades, processos característicos desse período que foram explicados no item anterior tomando como exemplo o caso brasileiro. Sassen, 1988, fez um estudo completo sobre essa questão, demonstrando que a política de levar o capital à força de trabalho, não o contrário, logo se revelaria contraditória, em razão da ligação intrínseca entre o *deslocamento de cadeias produtivas*, os *fluxos de investimentos de capitais* e a *indução de fluxos migratórios* para os países centrais nesse período. Conforme argumenta Dreher, 2007, p. 140, não é uma mera coincidência que os *braceros programs* (programas de contratação de trabalhadores mexicanos

dução e a reprodução da pobreza, com efeitos socioeconômicos perversos para as populações desses territórios, que recorrem de forma crescente, desde então, à migração internacional para fugir da "sina" imposta do empobrecimento, quando não das guerras, conflitos, catástrofes ecológicas, conforme esclarece, fenômenos não separados da "mundialização das relações sociais capitalistas".[72]

Como ocorrera no Brasil, ao lado de fluxos restritamente legalizados, aumentam os *movimentos forçados* de imigrantes e refugiados em busca de trabalho e melhores condições de vida, provenientes das periferias do capitalismo devastada pelo modelo de integração submissa no mercado mundial, quando não marcadas por regimes ditatoriais (Basso, 2003; Antunes, 2004b).

Os países centrais, notadamente a Europa e os Estados Unidos, ao lado de algumas regiões do Oriente Médio aparecem como principais alvos dos fluxos migratórios internacionais. Até 1970, parte significativa desses fluxos de entrada era recrutada pelos próprios Estados para suprir a demanda de força de trabalho no contexto de crescimento econômico e expansão do capitalismo europeu e estadunidense. A liberdade de movimento para imigrantes de países periféricos era então considerada saudável para as economias de ambas as partes: para os países centrais como fonte de força de trabalho e instrumento para evitar o aumento de salários; para os periféricos como meio para equilibrar o desemprego e contribuir ao desenvolvimento por meio das remessas.[73] De fato, nos países centrais, esse momento foi caracterizado por políticas relativamente abertas à imigração.

Com relação à conjuntura do continente Europeu, Basso explica que ocorreria uma "inversão" do que tradicionalmente representava

---

para a agricultura nos Estados Unidos) tenham diminuído após 1964, o mesmo período em que as *maquiladoras* são implantadas no México.

72 Basso, 2003, p. 98,

73 Dreher, 2007, p. 45.

como epicentro da revolução industrial, uma "terra de emigração".[74] Nas duas décadas que seguiram o período de reconstrução do continente (1945-1970), os movimentos migratórios internacionais se dariam principalmente da periferia interna do sul europeu aos países do Norte e também pelo recrutamento de imigrantes em territórios das ex-colônias africanas ou asiáticas.[75]

Os estudos de Sayad analisaram o terreno social dessas "levas" de imigrantes provenientes de territórios com herança colonial. Sua teoria é referência para o entendimento dos problemas materiais, simbólicos e psicológicos da "condição de imigrante" que prolonga a "condição de colonizado",[76] implicados no trabalho e na estruturação de sua vida na Europa.

O período era caracterizado por um mercado de trabalho aquecido e explicitamente dependente do trabalho imigrante, porém, já se fazia evidente a segmentação apoiada nesse trabalho de imigrantes periféricos. Castles e Kosack,[77] por exemplo, analisaram a estratificação da classe trabalhadora europeia em função dos níveis mais altos (relativos a salários e postos considerados mais qualificados) de empregos ocupados pelos nacionais, ao passo que aqueles mais baixos, ou seja, as atividades que os nacionais não queriam mais fazer, passavam a ser preenchidos por imigrantes de países periféricos. Segundo os autores, essa estratificação, além de estratégica para rebaixar salários e direitos, foi utilizada como

74 Basso, 2013, p. 29.

75 Morice, 2003, p. 359, resume o perfil sociológico da imigração nesse período: "[imigrante homem] empregado na indústria, geralmente num posto de trabalho de baixa qualificação, jovem, solteiro (ou pelo menos sem ser acompanhado da família), com baixa escolarização, em geral analfabeto ou incapaz de entender a língua [do país de destino]; alojado num *foyer* gerenciado por um organismo paraestatal ou, nas regiões onde reinam formas paternalistas de trabalho, gerenciado diretamente pelo patrão. Esperava-se dele não somente a aceitação de condições de trabalho desiguais, mas também a máxima disponibilidade nesse sentido". Para detalhes sobre as políticas imigratórias desse período, ver Castles e Miller, 1993.

76 Sayad, 1999.

77 Castles e Kosack, 1984, p. 526.

meio de pressão dos patrões para o controle e enfraquecimento da organização da classe trabalhadora europeia. Essa estratificação correspondia, em sua opinião, a uma fomentada "estratificação da consciência de classe dos trabalhadores nacionais", que assumiam uma atitude com viés colonialista, no sentido de considerar como natural o destino das tarefas mais servis para os imigrantes com *colonial background* (provenientes de países outrora colonizados), em particular os recém- chegados.[78]

Segundo Morice,[79] o caso francês mostra como, mesmo nesse período caracterizado por uma alta demanda de trabalho imigrante, o processo de produção de *sans-papiers*– imigrante sem documento oficial autorizando permanecer e trabalhar no território francês – já compunha a realidade do fenômeno nesse país, em função dos diversos métodos de restrição e controle da imigração. Conforme ressalta, a diferença estava no fato de que, até então, a *indocumentação* assumia um caráter *transitório*, pois não encontrava barreiras burocráticas para regularização naquele momento de aquecimento econômico.

Esse quadro de relativa abertura das fronteiras seria modificado com os efeitos da crise mundial na década de 1970. Com relação aos contextos europeu e estadunidense, há um consenso na literatura sobre o tema de que a aplicação de políticas econômicas neoliberais acompanha um marco restritivo das políticas imigratórias nesses territórios.

No entanto, é importante lembrar a observação de Basso sobre o funcionamento dessas políticas imigratórias. Segundo este autor, é verdade que, nesse período, são inauguradas diversas "políticas anti-imigrantes" nos países centrais que dali em diante, em sua opinião, só teriam "saltos de qualidade" no sentido da "agudização do racismo e da precarização das condições de trabalho dos imigrantes".[80] Mas também é verdade que essas políticas restritivas caminhavam lado a lado

78 *Idem*, p. 530.

79 Morice, 2003.

80 Basso, 2010.

do aumento progressivo da imigração proveniente de países periféricos. O olhar analítico do sociólogo problematiza, portanto, a ideia do *fechamento total* dessas fronteiras e chama atenção aos seus *poros sinalizadores* da "demanda inesgotável", de "caráter permanente",[81] pelo trabalho imigrante por parte dessas economias.

A década de 1970 é representativa de como países com longa tradição de imigração como Inglaterra, França, Bélgica e Alemanha, nos quais a presença do trabalho imigrante já atingia uma dimensão estrutural,[82] passaram da fase de recrutamento, principalmente nas ex-colônias, à aplicação de tais políticas restritivas da imigração. As possibilidades de entrada legalizada no continente se limitaram à reunificação familiar e ao sistema de cotas, dirigido pelos Estados. Predominava a ideia de que a Europa não precisava mais do trabalho imigrante, bastaria "integrar" os que já se encontravam no território ou recrutar, quando necessário, de acordo com as demandas sazonais de setores econômicos específicos pelo regime temporário de recrutamento do *gastarbeiter* (trabalhador hóspede) – utilizado pela Alemanha desde o final do século XIX[83] e também adotado por diversos outros países europeus.[84]

Há uma mudança significativa na atitude política com relação à imigração, retratada pelo caso francês e aplicável a muitos dos países centrais que continuavam na rota desses fluxos. Segundo Morice,[85] o Estado francês passou a apresentar "a imigração como problema" ao mesmo tempo em que a *situação indocumentada* do imigrante adquiria um papel-chave para a "*experimentação de novos métodos de gestão da força de trabalho*".

81 Basso, 2013, p. 32.

82 Segundo Dreher, 2007, p. 46, em 1975, os imigrantes representavam 7% da força de trabalho na Europa Ocidental e somavam 15 milhões de pessoas (documentadas). Para o caso europeu consultar Castles e Kosack, 1984.

83 Ver Kammerer, 1976.

84 Ver Sassen, 1999; Castles e Miller, 1993.

85 Morice, 2003, p. 361 e 363, grifo nosso.

Não é uma coincidência que autor tenha levantado a questão histórica de que, em 18 de março de 1996, com a ocupação da Igreja de Saint-Ambroise (Paris), o *fato da indocumentação* explodiu na França e passou a caracterizar uma identidade política – os imigrantes *sans-papiers* –, com um leque amplo de reivindicações em torno do "direito de existir enquanto pessoa". Os documentos (*papiers*) se tornaram o "emblema da condição de imigrante" nesse país, também para combater a imagem de *clandestinos* reproduzida por instituições, pela grande mídia e pela opinião comum.[86]

Essa questão evidencia como a esfera do trabalho informal de imigrantes em situação indocumentada começa a aparecer nesses anos na Europa e a contrastar, por sua vez, com a condição de imigrante das "levas" das duas décadas anteriores, caracterizadas pelo crescimento econômico e intenso processo de sindicalização dos trabalhadores. Embora nesse período os imigrantes sofressem fatores diferenciados de precarização do trabalho (em relação aos nacionais europeus), até então, conseguiam a inserção em empregos formais na indústria e podiam usufruir dos serviços do *Welfare*, aos quais colaboravam pela tributação de seus próprios trabalhos.

O estudo de Shierup é elucidativo para o entendimento de que essa condição de trabalho, já marcada pela referida segmentação em relação aos nacionais, sofreria uma mudança para pior dentro do funcionamento do mercado de trabalho ditado pelas exigências imperantes da reestruturação produtiva e do regime de acumulação flexível. Segundo o autor, embora com diferenças entre os países, em geral, os setores econômicos representativos *das piores condições de trabalho* passaram a absorver de forma disseminada o trabalho de imigrantes *indocumentados* como parte indispensável de seu sistema produtivo: "[esses setores] oferecem uma gama de conspícuos exemplos de feminização e racialização do mercado de trabalho que vai em paralelo com a degradação do trabalho no regime flexível pós-fordista".[87]

86 *Idem*, p. 349.

87 Shierup, 2007, p. 152.

Na Inglaterra e na Holanda, os *sweatshops*[88] são exemplos citados por esse autor como representativos dessa afirmação, ao passo que na Espanha, em Portugal, na Itália e na Grécia, são os setores doméstico, agrícola, da construção civil e do turismo.[89] O sistema hierárquico de subcontratação, a flexibilização e a informalização (que, até então, atingiam em menor grau os nacionais daqueles territórios) são indicados como elementos-chave para se entender as características do trabalho desses imigrantes indocumentados. Segundo o autor,

> [as] comunidades e famílias de alguns grupos étnicos se tornaram a fonte para organização de baixos salários na produção da nova economia escondida do *sweatshop*[...] e foi ao encontro da exigência da flexibilidade e redução de custos.[90]

Um quadro muito parecido se verificava nos Estados Unidos. Em 1965, foi promulgado o *ImmigrationandNaturalizationAct,* que declarava o "fechamento" das fronteiras e o retorno da política de abertura restritamente controlada por cotas. Conforme ressaltou Dreher,[91] nesse ano o país tinha quatro milhões de imigrantes vivendo em situação documentada e cerca de cinco milhões indocumentados. Já nos anos 1980, as estimativas de indocumentados nesse país variavam de três a doze milhões, com um aumento nítido no número de deportados, que atingiu a soma de 1.138.566 em 1984.[92]

88 Conforme explica o autor, trata-se de um sistema produtivo fragmentado em pequenas empresas de trabalho domiciliar, que alimentam grandes grupos econômicos e produzem bens industrializados como sapatos, vários tipos de roupas, produtos têxteis, eletrônicos, utensílios de escritórios, dentre outros.

89 Para o caso italiano, ver Perocco (2011). Para uma análise das características do padrão de imigração nos países mediterrâneos na Europa e sua forte composição feminina, consultar Campani (2002).

90 Shierup, 2007, p. 152.

91 Dreher, 2007, p. 46.

92 Dreher, 2007, p. 46. Conforme destaca Dreher, a detenção de imigrantes na fronteira com o México já ocorria nesse período, sendo a maior parte desses imigrantes homens, notadamente mexicanos, mas também caribenhos e provenientes de outros países latino-americanos. Segundo Sassen, 1988, p. 43, os

Segundo Sassen, a inserção dos imigrantes indocumentados no mercado de trabalho estadunidense abrangia diferentes ramos da estrutura produtiva, com maior concentração na agricultura[93] (no sul do país) e, nas grandes cidades, nos serviços e também na indústria, principalmente os já citados *sweatshops*. As "cidades globais" de Nova York e Los Angeles foram identificadas pela autora como espaços representativos da concentração dessa população proveniente de países periféricos da América Latina (em particular, México, Colômbia e República Dominicana) e da Ásia (notadamente Coréia do Sul, Filipinas e China).

Para entender a razão de ser dos imigrantes em situação indocumentada nesse país, que só cresceria em números nas décadas seguintes, basta olhar os *recordes dos salários mais baixos* demarcados por essa categoria de trabalhadores imigrantes *indocumentados* nesses anos. O estudo de Sassen mostra que

> [os] menores salários por hora registrados eram aqueles pagos aos trabalhadores rurais mexicanos nas proximidades da fronteira, US$ 1,74 [por hora], que estavam bem abaixo dos salários mínimos de 1975. Os trabalhadores indocumentados em postos não rurais atingiam a média de US$ 2,83 por hora. Quase 54% daqueles na indústria pesada ganhavam entre US$ 2,50 e US$ 4,49 por hora, comparados com 27% nos serviços e 30,2% no total de trabalhadores indocumentados. Há significativas diferenças por área e nacionalidade.[94]

Até mesmo o Japão que, segundo Roncato,[95] manteve um baixo percentual de imigrantes não abdicou dessa força de trabalho indocumentada: "[desde] 1940, houve sempre a presença de estrangeiros considerados 'ilegais', principalmente oriundos da Coréia, Taiwan e China".

imigrantes representavam 4,7% da população dos Estados Unidos em 1970 e 6,2% em 1980.

93 Segundo Dreher, 2007, na Califórnia dos anos 1990, 50% da força de trabalho de imigrantes das plantações era indocumentada.

94 Dreher, 2007, p. 46.

95 Roncato, 2013, p. 59.

Todos esses fatores confirmam teses de que a manifestação da presença de imigrantes indocumentados não é exclusiva de um território nacional específico, mas denota um modelo político e econômico neoliberal,[96] com consequências também sobre a liberdade de movimento de imigrantes.

Segundo Basso e Perocco, trata-se de uma "produção global da clandestinidade"' que "é tudo menos involuntária" por parte dos Estados e instituições (veja as leis restritivas e o controle das fronteiras). Ao contrário, a "clandestinidade" vem entendida como um "objetivo institucionalmente perseguido". Esta é "produzida e reproduzida" por políticas e leis imigratórias em escala mundial justamente por acompanhar uma funcionalidade à valorização do "capital global" – em particular nos tempos onde predominam "leis ultraliberais relativas às relações de trabalho".[97] Tal constatação desmente a forma pela qual é comumente apresentada a indocumentação, ou seja, como um produto da "tendência espontânea a infringir leis" por parte dos imigrantes.[98]

No mesmo sentido argumenta Dreher. A autora chama atenção ao fato de que a mobilidade de capital entre nações se intensifica a partir desse período, porém não se abdica da forma de organizar e controlar o trabalho em âmbito global pelas fronteiras nacionais. Nas suas palavras:

> Fronteiras abertas, mas sociedades fechadas são duas faces da mesma moeda no projeto neoliberal de construção do mercado global. Nós temos que ver isso como uma expressão do poder do capital móvel em âmbito global que, regulando de forma rígida o acesso aos mercados de trabalho nacionais, é capaz de regular as condições da oferta de trabalho global [...]. Nós

96 Entendido como um projeto de respostas econômicas, políticas, culturais na ordem internacional, manifestado nos anos 1970, que acompanha mudanças na estrutura de acumulação, em particular a intensificação da internacionalização produtiva e financeira, bem como o processo de flexibilização do trabalho (Harvey, 1992).

97 Basso e Perocco, 2003, p. 22 e 23

98 *Idem*, p.25.

> devemos, portanto, ver o controle da imigração como parte do controle do trabalho em geral.[99]

Além dos indocumentados e das cotas limitadas de refugiados, as fronteiras desses países deixavam passar, de forma igualmente controlada, porém com menos ressalvas, um outro perfil de imigrante (que será aprofundado no capítulo IV). Não por acaso, começa a se discutir nessas mesmas décadas (1960-1970) o que foi chamado de "fuga de cérebros",[100] fenômeno que não deixa igualmente de refletir desequilíbrios de desenvolvimento socioeconômico entre países e do funcionamento do mercado de trabalho, pois atinge particularmente as periferias do sistema.

O resultado desse desenho neoliberal e discricionário das políticas imigratórias já era bastante claro nos anos 1990. Nessa década, a ONU estimava a presença de 154 milhões de pessoas vivendo fora de seus países, das quais mais da metade na Europa, América do Norte e em alguns países do Oriente Médio, notadamente nos países exportadores de petróleo.[101] No que se refere aos imigrantes com visto de trabalho, segundo Dreher, no começo dessa década estimava-se a presença de "25-30 milhões de trabalhadores imigrantes documentados no mundo" e cerca de "20-40 milhões"[102] trabalhadores em situação indocumentada. A despeito das políticas restritivas, os fluxos de imi-

99 Dreher, 2007, p. 207.

100 Conforme explica Pizarro (2005, p. 8), "a expressão *brain drain* surgiu nos anos cinquenta para denominar a perda de médicos que experimentava o Reino Unido em favor dos Estados Unidos, posteriormente foi adotada para os países em desenvolvimento; de certo modo se popularizou nas ciências sociais".

101 Sassen, 1988, p. 47, apontou essa porcentagem populacional de imigrantes (restritas aos legalizados) nos países exportadores de petróleo do Oriente Médio: 39% em Bahrein, 70% no Kwait, 42% na Líbia, 81% no Qatar, 48% na Arábia Saudita e 85% nos Emirados Árabes.

102 Dreher, 2007, p. 46 e 47.

grantes e de refugiados[103] só *aumentariam*[104] desde então, segundo documentado por diversos estudos.[105]

Em suma, as décadas caracterizadas pelo início de aplicação das políticas neoliberais - quando as periferias do capitalismo passam a representar o principal espaço de produção de emigrantes - começam a delinear um novo padrão de imigração em escala internacional. Foram aqui problematizados os novos parâmetros seletivos de imigrantes em sua ligação com a divisão internacional do trabalho, as dinâmicas do regime de acumulação flexível e seus reflexos na organização do trabalho imperantes.

O caso do Brasil foi utilizado para evidenciar como, ao mesmo tempo em que as fronteiras do país se abrem (principalmente depois do golpe militar) para a entrada de fluxos de capitais e de empresas transnacionais, se fecham para imigração. Só se abririam, desde então, de forma bem restrita e geralmente temporária a um perfil de imigração, principalmente destinado a industrias transnacionais e a polo tecnológicos, fluxos interligados a investimentos capitais. Essa pontuação permitiu discutir a *contrapartida indocumentada* da imigração, também chamada clandestinidade, que começa a ganhar corpo sociológico a partir da década de 1970 em escala internacional e igualmente no contexto brasileiro (na época com os fluxos de bolivianos e coreanos).

Nos próximos capítulos, será possível verificar que essa configuração polarizada da imigração se consolida no Brasil e dela é possível extrair as principais tendências da manifestação do fenômeno no período focalizado por este estudo (2007-2014).

103 De 8 milhões de refugiados em 1980, passou-se a 27 milhões em 1995 (Dreher, 2007, p. 46). Para detalhes, ver também Moreira (2006).

104 O aumento dos fluxos é constatado mesmo levando em consideração o aumento da população mundial.

105 Ver Basso, 2003.

III. Primeiras considerações sobre a configuração polarizada da imigração

> A diferença entre trabalho superior e simples, entre trabalho qualificado e não qualificado decorre, em parte, de meras ilusões, ou pelo menos de distinções que cessaram de ser reais, mas sobrevivem convencionalmente, por tradição; em parte, se origina também da situação precária de certas camadas da classe trabalhadora, situação que as impede, mais que as outras, de reivindicarem e obterem o valor de sua força de trabalho.
>
> Karl Marx, *O Capital*

O par perfeito qualificação-especialização em tempos de flexibilidade

É necessário esclarecer, logo de início, que a diferenciação dos polos da qualificação-especialização produtiva e dos periféricos emergenciais (depreciativamente associados à ideia da "não/semi-qualificação") não pode ser entendida olhando exclusivamente para o nível de escolaridade ou a experiência profissional do imigrante, pois nem sempre há uma correspondência exata entre esse critério e o tipo de entrada (documentada e indocumentada) no país, bem como a inserção no mercado de trabalho (em estratos altos ou baixos, considerados qualificados ou de baixa-qualificação). Pelo contrário, nos países centrais, uma vasta literatura já foi produzida sobre esse tema, documentando como o nível de escolaridade do imigrante aumentou nas últimas décadas em relação aos fluxos do passado, porém isso não foi capaz de evitar seu rebaixamento no mercado de trabalho.

No Brasil, conforme se procurou evidenciar pela dialética do negro e do branco imigrante sugerida por Florestan Fernandes, a problemática da inserção dos imigrantes no mercado de trabalho assalariado se colocou historicamente de maneira diferenciada. O trabalho do imigrante, embora também sujeito a contradições, foi priorizado para ocupar os melhores postos em relação aos negros e nacionais, notadamente os migrantes internos. A partir de 1970, com a mudança nas dinâmicas do fenômeno, essa problemática da inserção dos imigrantes no mercado de trabalho se recolocou. Hoje, há muitos imigrantes e refugiados, principalmente provenientes de países periféricos, também com perfil considerado qualificado (em relação ao nível de escolaridade, competência técnica, experiência de trabalho, proficiência em línguas, etc) que, para conseguirem trabalhar no Brasil, inserem-se em postos que não exigem formação, ou seja, estão sujeitos ao mesmo movimento de rebaixamento no mercado de trabalho que marca o fenômeno da imigração nos países centrais.

Esse problema foi abordado com uma visão demasiadamente harmônica pelo primeiro estudo oficial do governo, destinado a analisar as tendências da inserção dos imigrantes no mercado de trabalho brasileiro nos últimos anos.[1] Nesse documento, a inserção polarizada dos imigrantes é assumida pelo Presidente do Conselho Nacional de Imigração, Paulo Sérgio de Almeida:

> [D]urante o período de 2011-2013, constata-se um aumento da presença de trabalhadores estrangeiros no país. Nesse curto, mas intenso período de chegada de

1 Cavalcanti *et al.*, 2014.

> imigrantes, o mercado de trabalho absorveu essa população, tanto nas atividades altamente qualificadas, quanto naquelas que exigem pouca qualificação.[2]

Tal estudo está claramente baseado na já referida ideia de "voltar a ser um país de imigração" e sugere, de forma bastante abstrata e acrítica, a tese da inserção dos imigrantes nos extremos do mercado de trabalho, como se tal desenho tivesse se manifestado justamente nesse momento de crise nos países centrais e de aquecimento do mercado de trabalho brasileiro, em particular depois dos fluxos de chegada dos haitianos no país – por sinal, os únicos de proveniência periférica que ganham uma visibilidade, mesmo se subestimada, um pouco mais realista (se comparada com as outras nacionalidades periféricas), porém tardiamente (só em 2014) nos dados do Ministério de Trabalho e Emprego sobre as autorizações de trabalho concedidas a estrangeiros.

Esse estudo, que provavelmente será considerado a "cartilha" oficial sobre a inserção dos imigrantes no mercado de trabalho brasileiro, assume a tese do rebaixamento para se referir a alguns imigrantes com perfil qualificado, porém coloca o problema como uma questão de "tempo de acomodação para recuperar a posição de partida [status social-profissional antes de emigrar]".[3] Essa interpretação trata o imigrante como uma categoria abstrata que se aplica em todos os lugares e em todas as temporalidades, mas também *suis generis*, separada do todo social, sugerindo um modelo analítico tirado do mundo produtivo, "a curva em U",[4] para dizer que a superação das barreiras encontradas no mercado de trabalho brasileiro, particularmente para o imigrante, se resume a uma questão de tempo de adaptação. Isto

---

2 *Idem*, 2014, p. 3.

3 *Idem*, p. 16.

4 A chamada "curva em U" é utilizada nesse estudo para referir-se à trajetória profissional de imigrantes que partem de uma posição no mercado de trabalho no país de origem, sofrendo um rebaixamento quando imigram e, depois de passado um tempo de adaptação, conseguem retomá-la.

é, trata-se de um problema sanável, desde que o próprio imigrante (pensado individualmente) se esforce e as políticas públicas o ajudem a subir nos degraus do mercado de trabalho brasileiro.[5]

Em realidade, a discussão é muito mais complexa e, infelizmente, nos tempos atuais, diferente do passado da imigração, não deixa espaço para muito otimismo, a não ser, é claro, em relação a casos individuais, que não representam a regra. Bastaria olhar para a própria sociedade brasileira para enxergar as condições de trabalho da maioria de sua população ou mesmo acompanhar os resultados oficiais sobre o desemprego no mundo para entender que, principalmente para novos ingressantes no mercado de trabalho, ao contrário da perspectiva de atingir um patamar ótimo, essa inserção tende a ser precária.

Nesse sentido, é válido inicialmente delimitar o terreno histórico que dá significado aos termos qualificação e especialização na atualidade. A discussão sobre como essa questão é delineada hoje, teórica e praticamente, só constitui objeto de investigação no presente estudo na medida em que suscita questões importantes para a análise das dinâmicas do fenômeno da imigração na atualidade.

Esse tema compõe um amplo debate que engloba uma antiga literatura do pensamento sociológico e hoje encontra expressão principalmente na Sociologia das Profissões.[6] Sem desprezar o campo diversificado das áreas de pesquisa e pontos de vista para se analisar

---

5 Por meio do aprendizado da língua, da obtenção dos documentos, do reconhecimento dos títulos universitários: "[o] fator tempo de residência, unido à consolidação das redes sociais; a aquisição de capital social e simbólico; a regularização das autorizações de residência; e, especialmente, as políticas públicas de inserção laboral dos imigrantes serão decisivas para que os imigrantes possam completar a curva em U" (Cavalcanti, 2014, p. 16).

6 Ao longo do século XX e início do XXI, essa discussão volta-se principalmente para a análise dos impactos dos modelos de produção taylorista, fordista e toyotista sobre o trabalho. Para uma síntese da discussão sobre os paradigmas da noção de qualificação na sociologia do trabalho, sobre os diferentes sentidos que o termo assume a partir de concepções ligadas a contextos específicos de organização e de relações de trabalho, bem como sua ação enquanto marca sexuada do funcionamento do mercado de trabalho, consultar Dubar, 1999, e Hirata, 2002.

o tema, serão delimitados, de forma pontual, alguns aspectos desse debate, necessários para evitar uma ideia incorreta da impostação dada à configuração polarizada da imigração no Brasil. Além disso, uma vez que as noções de qualificação e de especialização são hoje evocadas repetidamente para justificar um conjunto de práticas no funcionamento do mercado de trabalho, não podem ser assumidas como ponto pacífico, ou seja, continua muito válida a advertência diretriz dos estudos de Braverman: "[Os] conceitos de 'qualificação', 'instrução' e 'educação' são em si mesmos bastante vagos [...]. Só podemos enfrentar o problema tentando dar coerência ao que é essencialmente uma teoria impressionista, obviamente considerada tão evidente que dispensa demonstração".[7]

Com esse fim, será necessário expor brevemente alguns elementos analíticos importantes para evitar equívocos de interpretação que acabem por confirmar preconceitos. A frase de Marx da epígrafe foi propositalmente escolhida por sugerir dois ângulos para se tratar essa questão. Um deles chama atenção ao fetichismo implicado nos termos, o outro, expressa um sentido da realidade da divisão do trabalho no sistema capitalista. Essas duas dimensões estão interligadas e merecem cuidadosa atenção.

No que se refere ao segundo aspecto, para entender os elementos essenciais aos quais o termo qualificação remete, é preciso considerar as raízes do problema, ou seja, a natureza adquirida pelo trabalho no modo de produção capitalista. Para tanto, é imprescindível recorrer aos ensinamentos de Marx em suas análises sobre as mudanças qualitativas e quantitativas do trabalho nas diferentes fases históricas de organização da produção, da cooperação à manufatura e desta à indústria moderna.

Essa investigação, como se sabe, tem como pano de fundo o que o autor identifica como a transformação do trabalho numa mercadoria

7 Braverman, 1987, p. 359.

finalizada à produção do valor de troca, portanto reificado.[8] Ao analisar essas fases, Marx sinaliza diversos aspectos do movimento histórico-de expropriação e apropriação da força física e intelectual do trabalho humano no modo de produção capitalista. Segundo o autor, trata-se de um movimento imposto "artificialmente", que caminha sempre em direção a um "trabalho parcial" e "mais empobrecido", cujo produto é "alheio" ao próprio trabalhador, e sobre o qual não tem "poder de decisão e controle" quanto aos "objetivos e ao conteúdo".[9] Segundo Marx,

> [o] camponês e o artesão independentes desenvolvem, embora modestamente, os conhecimentos, a sagacidade e a vontade [...]. No período manufatureiro, essas faculdades passam a ser exigidas apenas pela oficina em seu conjunto. As forças intelectuais da produção só se desenvolvem num sentido, por ficarem inibidas em relação a tudo que não se enquadre em sua unilateralidade. O que perdem os trabalhadores parciais, concentra-se no capital que se confronta com eles. A divisão manufatureira do trabalho opõe-lhes as forças intelectuais do processo material de produção como propriedade de outrem e como poder que os domina. Esse processo de dissociação começa com a cooperação simples em que o capitalista representa diante do trabalhador isolado a unidade e a vontade do trabalhador coletivo. Esse processo desenvolve-se na manufatura, que mutila o trabalhador, reduzindo-o a uma fração de si mesmo, e completa-se na indústria moderna, que faz da ciência uma força produtiva independente do trabalho, recrutando para servir ao capital".[10]

Essa demarcação histórica é importante, pois revela como qualquer dimensão qualitativa do trabalho no sistema capitalista é submeti-

8 Para o aprofundamento da dimensão subjetiva envolvida nessa transformação, ver Antunes, 2009.

9 Marx, 1968, p. 412. Segundo Marx, 1968, p. 412, a manufatura "se apodera da força individual de trabalho em suas raízes. Deforma o trabalhador monstruosamente, levando-o artificialmente a desenvolver uma habilidade parcial, à custa da repressão de um mundo de instintos e capacidades produtivas"

10 Marx, 1968, p. 414.

da à finalidade da produção do valor de troca[11] e, desse modo, também às leis de funcionamento do sistema. No que se refere às técnicas de produção e à organização do trabalho, a "especialização sistemática",[12] apoiada na "automatização" pelo intermédio do desenvolvimento da maquinaria, não é o único meio, mas aparece como elemento-chave para a compreensão de alguns parâmetros, físicos e subjetivos, do empobrecimento do trabalho. Importa reter o que a citação abaixo elucida, ou seja, que a noção de "trabalho complexo ou superior"[13] no modo de produção capitalista está contida dentro desse referencial histórico e não pode ser separada da *especialização*. Para Marx,

> [as] diferentes funções do trabalhador coletivo são simples ou complexas, inferiores ou superiores, e seus órgãos, as forças individuais de trabalho, exigem diferentes graus de formação, possuindo por isso valores diversos. A manufatura desenvolve portanto uma hierarquia nas forças de trabalho, à qual corresponde uma escala de salários. O trabalhador individual pertence a uma função única, limitada, sendo anexado a ela por toda a vida, e as diferentes tarefas estabelecidas nessa hierarquia são adaptadas às habilidades naturais e adquiridas. Todo processo de produção, entretanto, exige certos manejos simples que qualquer ser humano

11 "A atividade neste processo [trabalho útil que produz valor de uso] é considerada qualitativamente, em sua espécie particular, segundo seu objetivo e conteúdo. Mas, quando se cogita da produção de valor, o mesmo processo de trabalho é considerado apenas sob o aspecto quantitativo. Só importa o tempo que o trabalhador leva para executar a operação ou o período durante o qual a força de trabalho é gasta utilmente. Também as mercadorias que entram no processo de trabalho não são mais vistas como elementos materiais da força de trabalho, adequados aos fins estabelecidos e com funções determinadas" (Marx, 1968, p. 220).

12 Marx, 1968, p. 390. Segundo Marx, a especialização sistemática "transforma o trabalho parcial em profissão eterna", implicando a perda "pouco a pouco com o costume de exercer seu antigo ofício em toda a extensão" (Marx, 1968, p. 387 e 390).

13 "Confrontando com o trabalho social médio, o trabalho que se considera superior, mais complexo, é dispêndio de força de trabalho formada com custos mais altos, que requer mais tempo de trabalho para ser produzida, tendo, por isso, valor mais elevado que a força de trabalho simples. Quando o valor da força de trabalho é mais elevado, emprega-se em trabalho superior e materializa-se, no mesmo espaço de tempo, em valores proporcionalmente mais elevados" (Marx, 1968, p. 222).

> é capaz de realizar. Eles são destacados de sua conexão dinâmica com as operações mais importantes e ossificados em funções exclusivas.[14]

Por sua vez, a especialização sistemática está contida dentro de uma "organização do trabalho social"[15] baseada na *hierarquia* da *divisão do trabalho*: "A manufatura propriamente dita não só submete ao comando e à disciplina do capital o trabalhador antes independente, mas também cria uma graduação hierárquica entre os próprios trabalhadores".[16] Trata-se do que chama de "subdivisão qualitativa e da proporcionalidade quantitativa dos processos sociais de produção",[17] que no capitalismo se diferencia de todas as épocas históricas anteriores. A teoria de Marx explica como na modernidade, o Capital, apoiado no pivô produtivo da indústria, é quem determina essas leis da divisão do trabalho. E mostra que a "lei técnica do processo de produção" na indústria - diminuição do tempo de trabalho (de seu custo) e o acréscimo da produtividade (intensidade do trabalho) - subjuga o trabalhador e a sociedade como um todo, sendo progressivamente exportada a todos os setores econômicos.[18]

No que se refere ao diferencial de "qualificação" dos trabalhadores na indústria, esse fator é explicado concretamente nos termos das funções ocupadas no processo produtivo: "simples ou complexas", "inferiores ou superiores" e também da *gerência* (responsável pelo controle do processo de trabalho e pela imposição da disciplina aos trabalhadores). Nesse sentido, conforme explica Marx,

14 Marx, 1968, p. 401.

15 Marx, 1968, p. 417.

16 *Idem*, p. 412.

17 *Idem, Ibidem.*

18 O estudo de Gramsci (2008) sobre o americanismo e o fordismo mostra como o sistema de fábrica se torna o modelo e o plano de funcionamento da sociedade como um todo, ou seja, o industrialismo acompanha uma nova maneira de viver em sociedade.

> [em] todo ofício de que se apossa, a manufatura cria uma classe de trabalhadores sem qualquer destreza especial [...]. Depois de desenvolver, até atingir a virtuosidade, uma única especialidade limitada, sacrificando a capacidade total de trabalho do ser humano, põe-se a manufatura a transformar numa especialidade a ausência de qualquer formação. Ao lado da *graduação hierárquica*, surge a classificação dos trabalhadores em hábeis e inábeis. Para os últimos não há custos de aprendizagem e, para os primeiros, esses custos se reduzem em relação às despesas necessárias para formar um artesão, pois a função deles foi simplificada. *Em ambos os casos cai o valor da força de trabalho.*[19]

Logo, a partir dessa citação, é também possível entender que a força de trabalho – desempenhando funções superiores ou inferiores na produção – não é autodeterminada e sofre o mesmo processo de exploração característico da relação entre capital e trabalho. Assim, tanto o trabalho nos estratos altos da hierarquia organizacional do processo produtivo (que hoje adquire o sentido geral de qualificado por demandar maior tempo de formação), delegado restritivamente a poucos, quanto nos baixos (por sua vez chamados não-qualificados ou semiqualificados), que é historicamente mais representativo da classe trabalhadora, são reificados e estão igualmente sujeitos ao *rebaixamento de salários e das condições laborais.*

Outro aspecto a ser afastado *a priori* para a compreensão do significado da configuração polarizada da imigração é a separação de atividades manuais e intelectuais como critério para definir sua substância. Apesar de no capitalismo o trabalho ser modelado para outros fins que não o valor de uso, é sempre composto, de forma inseparável, por uma dimensão física e intelectual. Conforme destaca Antunes, uma atividade manual contém em si uma dimensão intelectual, de forma que a separação dessas esferas será sempre arbitrária.[20]

---

19 Marx, 1968, p. 401, grifo nosso.

20 Ver Antunes, 2005. Como destaca Santos, 2003, p. 15, "na realidade concreta, não existem linhas rigorosas de demarcação que permitem a distinção completa entre traba-

As considerações do autor sobre a "dupla dimensão presente no mundo do trabalho"[21] ajudam a entender com mais clareza essa questão. Ao chamar atenção para a importância de se resgatar a concepção marxiana de trabalho como categoria ontológica,[22] ou seja, um "ato consciente"[23] – da produção e reprodução da vida (orientada pelo valor de uso) – que distingue o homem (dos animais) e sua humanidade (em relação a si mesmo e à sociedade à qual pertence), também esclarece a imanência nessa atividade de uma dimensão subjetiva de reflexão e idealização, finalizada a um objetivo e conteúdo específico.[24] Além disso, o autor também ressalta que essa dimensão genuinamente humana resguarda, apesar dos condicionamentos da "negação" do trabalho no modo de produção capitalista, sempre um potencial de "afirmação" dessa humanidade, sendo por isso necessário entender o que chama de "vários significados e sentidos do trabalho".[25]

Outro argumento destacado pelo autor para se entender essa questão na contemporaneidade, ou seja, a suposta separação entre trabalho manual e intelectual, refere-se à "imbricação"[26] das esferas produtivas no sistema capitalista. Embora seja possível distinguir atividades com um maior ou menor grau da dimensão imaterial do tra-

lho material e imaterial. No trabalho imaterial há fragmentos de trabalho material".

21 *Idem*, p. 75.

22 A expressão remete à interpretação de Lukács da teoria marxiana. Ver também Antunes, 2009, capítulo VIII, *A centralidade do trabalho na ontologia do ser social de Lukács.*

23 O trabalho também é considerado por Marx, 1968, p. 202, "sob forma exclusivamente humana". Essa discussão se encontra no capítulo V de *O Capital*, intitulado *Processo de trabalho e processo de produzir mais valia.* Para o entendimento da filiação hegeliana dessa concepção, ver Ranieri, 2001.

24 Antunes, 2005, p. 67. Para esclarecer esse elemento analítico, Antunes, 2004a, p. 7, usa a expressão de Lukács: "trabalho é um ato de pôr consciente e, portanto, pressupõe um conhecimento concreto".

25 Antunes, 2009.

26 Antunes, 2005, p. 96.

balho[27] - principalmente num contexto como o atual, onde crescem os números de pessoas no "trabalho virtual"[28] - é preciso ter a visão do conjunto e entender que fazem parte de um *sistema interligado*[29].

Essa discussão tangencia um debate hoje acirrado, que não poderia passar desapercebido, no que se refere à *transição* ou à *imbricação* do modelo de produção taylorista e fordista (predominante até o último quartel do século XX) àquele toyotista, baseado na acumulação flexível. Trata-se de entender até que ponto a organização da produção a partir de uma gerência - que controla a massa de trabalhadores, ao passo que esta executa uma tarefa parcelar, mecânica e predominantemente manual na produção, sem participar do processo de concepção e decisão - teria sido substituída por um modelo polivalente que, em teoria, valorizaria a participação do trabalhador no todo do processo de trabalho, dando maior peso à sua dimensão cognitiva.[30]

Essa interpretação foi refutada por Braverman, porém continuou se recolocando mais intensamente nas décadas posteriores. Conforme destaca Antunes, esse debate ganha espaço na década de 1990 e possui diferentes matrizes teóricas.[31] O autor identifica na sua base de fundo a falsa ideia de que o trabalho estaria se tornando mais "leve", "autônomo", "cognitivo", "multifuncional", portanto, também "qualificado", o que teria por consequência, em sua opinião, anunciar o "adeus" à

27 Para uma definição do termo trabalho imaterial, ver Santos, 2013, p. 15: "[t]odo trabalho humano cujo resultado útil seja predominantemente imaterial, mesmo quando há a necessidade de mediação de objetos materiais para que este trabalho imaterial seja efetivado enquanto utilidade".

28 Antunes e Braga, 2009.

29 "A imaterialidade é uma tendência, enquanto a materialidade é ainda largamente presente, especialmente quando se olha o capitalismo mundial" (Antunes, 2005, p. 96).

30 Para a confrontação dessa tese com base num estudo empírico da linha de produção da cadeia global de automóveis no Brasil, ver Pinto, 2011.

31 Antunes, 2008.

teoria do valor e a todas as mazelas do trabalho no sistema capitalista em seu pilar produtivo: a indústria moderna.[32]

Além disso, segundo destaca Head, a discussão sobre se o trabalho caminha em direção à sua qualificação na era de uma economia impulsionada pelas tecnologias informáticas e da telecomunicação não deve ser desprezada nem mesmo com relação aos seus *altos estratos*. Em sua opinião há uma "colonização" dos métodos de produção industrial nos serviços e, se o problema é colocado em termos de *qualificação* do trabalhador, é necessário confrontar em que medida os parâmetros da "*skill, profeciency e flexibility*" (habilidade, proficiência e flexibilidade), ditados pelo atual regime flexível de acumulação, não implicam, na verdade, uma *skill debilitation* (debilitação das habilidades):[33] "o novo industrialismo está invadindo o território dos trabalhadores qualificados, com a reengenharia tentando impor a disciplina de fábrica no trabalho, mesmo naqueles classificados pelos economistas como 'altamente qualificado'".[34]

O autor dialoga com esse ideário baseado na máxima de que a "flexibilidade da produção requer uma força de trabalho com alto nível de qualificação"[35] e desconstrói toda a linguagem do "*multiskilled*", "*flexible specialization*", "*worker empowerment*", "*worker autonomy*"[36] utilizada para demarcar uma suposta transição da natureza do trabalho na "nova economia". Seu estudo atualiza as teses de Braverman, mostrando como a utilização das novas tecnologias reforça a centralização do controle dos processos de trabalho por uma gerência científica, de certo agindo mais em desfavor dos trabalhadores que ocupam níveis médio e baixo nos es-

---

32 Antunes, 2009, p. 50. Segundo diversos estudos investigativos dos impactos das novas tecnologias aplicadas ao trabalho, em particular sobre sua concentração hoje no setor de serviços, é mais coerente falar de proletarização dos serviços, daí os termos: *cibertariado* (Huws, 2009); *infoproletariado* (Antunes e Braga, 2009).

33 Para o impacto diferenciado dessa questão para as mulheres, ver Hirata, 2002.

34 Head, 2005, p. 8.

35 *Idem*, p. 55.

36 Em tradução livre: habilidades múltiplas, especialização flexível, empoderamento do trabalhador, autonomia do trabalhador.

tratos do mercado de trabalho, porém, não deixando imunes nem mesmo aqueles "altamente qualificados", que também sofrem o movimento de simplificação das tarefas e desvalorização de sua força de trabalho.[37]

Segundo constata a partir de estudos empíricos nas grandes cadeias de produção da indústria e dos serviços, na verdade, na média, só uma pequena parcela dos trabalhadores (geralmente da reengenharia ou responsáveis pela gerência científica) conseguem se livrar das tarefas hiperespecializadas, rotinizadas, estandardizadas, milimetricamente controladas no tempo e nos movimentos. Por esse motivo, lembra que não é possível falar de uma ruptura, mas de fortes elementos de continuidade com a "antiga" economia assentada no modelo de produção do taylorismo/fordismo e sua acentuada hierarquia na organização trabalho.

Após essa digressão teórico-analítica, será possível esclarecer algumas particularidades do caso brasileiro, válidas de serem destacadas com o fim de se compreender com maior nitidez o terreno histórico no qual o par perfeito qualificação-especialização ganha significado, dentro da relação entre imigração e trabalho.

Além desse terreno histórico da transformação do trabalho no capitalismo, é válido lembrar que a própria estrutura da sociedade brasileira conserva os traços característicos de sua formação colonial, ou seja, continua *polarizada*.[38] Tal constatação dos estudos de Pochmann indica que a maior parte da população brasileira – em particular os negros e as mulheres, mas de modo geral a branca

37 Segundo o autor, a atividade de médicos e físicos nas grandes cadeias de serviços é um exemplo emblemático dessa afirmação no contexto estadunidense. No Brasil, o trabalho dos médicos foi modelado por esses parâmetros produtivos principalmente depois da implantação e disseminação das empresas de convênios médicos, ou seja, pelo processo de privatização desse serviço, sobretudo a partir da década de 1990. Atualmente, o trabalho de professores da rede pública de Educação Superior é emblemático dessa mudança produtiva, que tem como referência padrões de qualidade essencialmente quantitativos. Processo muito similar também ocorre no campo das profissões jurídicas.

38 Pochmann, 2012.

descendente de imigrantes –, não tem acesso a empregos "qualificados" com remunerações altas e condições mais favoráveis de trabalho. Além dos baixos salários, essa população foi historicamente – e continua sendo – afetada por essa estrutura polarizada no que se refere ao acesso ao ensino gratuito e de qualidade, principalmente o superior, ou seja, encontra barreiras para estudar, porque fundamentalmente continua relegada à posição de servir exclusivamente como fonte de força de trabalho.

De fato, esse problema histórico-estrutural, que tem um caráter mais acentuado em todas as sociedades vítimas do processo de colonização,[39] geralmente é apresentado, no Brasil, como uma questão neutra, oriunda da suposta "baixa-qualificação" de seu povo. Trata-se de um discurso que se reforça e se recicla nos tempos atuais da flexibilidade, porém *mutatis mutandis* não deixa de servir à naturalização de desigualdades sociais. O fetiche da qualificação, que hoje assume o sentido geral de "capital humano", apoiado na ideia do mérito individual, reina para apaziguar os conflitos e principalmente naturalizar os privilégios de poucos e os sacrifícios de muitos.

Do mesmo modo, é preciso pontuar que, no Brasil, a educação superior é também um negócio e, ainda, extremamente lucrativo. Não à toa, as Universidades privadas, muitas delas abertas para investimentos externos, se expandiram desmesuradamente nos últimos anos. E essas Universidades, como se sabe, absorvem principalmente os alunos da classe trabalhadora que, no Brasil, em geral são excluídos do ensino superior público gratuito.

Esses jovens brasileiros continuam ouvindo que, se conseguirem se "qualificar", terão acesso a um emprego melhor. Por isso, fazem inúmeros esforços para, na medida do possível, poderem se formar no

39 Veja-se, por exemplo, a análise de Amílcar Cabral sobre esse traço da polarização (em sua dimensão econômica e cultural) nas sociedades submetidas ao sistema colonial Villen, 2013a.

Ensino Superior ou em Institutos Técnicos, ao mesmo tempo tendo que trabalhar. Depois de destinarem, por anos, grande parte dos seus salários a essas entidades ou de se endividarem para se "qualificarem", vivem na pele o quanto um diploma que custa tão caro em dinheiro, tempo, dedicação e energia, gastos com muito suor, não encontra correspondente "valor agregado" na hora de vender a sua força de trabalho no mercado brasileiro. Até por isso, a falsa promessa da qualificação, que custa caro hoje, também compõe um estopim de revolta para os jovens da classe trabalhadora brasileira.[40] Essa questão ficou bastante evidente nas manifestações que eclodiram no país em junho de 2013, conforme destacou Antunes:

> Além da juventude mais politizada [...], partidária ou não, adentraram também massas de estudantes de faculdades privadas, sendo que a grande maioria desses estudantes são também assalariados urbanos, parte do novo proletariado de serviços, que estuda-e-trabalha, trabalha-e-estuda.[41]

De forma crescente – e à semelhança do que já está ocorrendo na Europa –, os jovens brasileiros com situação de renda familiar um pouco mais privilegiada começam a sentir *o espectro da qualificação sem trabalho*, percebendo que os parâmetros seletivos para se conseguir um trabalho não têm fim.

No fundo, o recado do atual funcionamento do mercado de trabalho para todos é que depois de uma formação, falta sempre outra.

---

40 Segundo destacou Braga, 2014a, p. 70 e 71, as manifestações que eclodiram em junho de 2013 no Brasil exprimem uma "crescente revolta da juventude", em particular, dos jovens componentes do que denomina "precariado dos serviços", os quais não estão desempregados, mas conseguem trabalhar restritivamente em empregos precários: "[afinal], nos últimos dez anos, milhões de jovens trabalhadores foram absorvidos pelo mercado formal de trabalho. E, de fato, mais de 60% dos empregos criados durante os governos de Lula da Silva e de Dilma Rousseff foram ocupados por jovens entre 18 e 24 anos. No entanto, 94% desses empregos pagam até R$ 1.000,00 (aproximadamente US$ 400,00)".

41 Antunes, 2014, p. 27.

E mesmo aqueles que conseguem passar pelo buraco da agulha para ocupar postos qualificados e melhor remunerados, quando envelhecem, não obstante os anos de experiência de trabalho, passam a representar o alvo principal das demissões.

Mas a qualificação continua sendo apresentada como a causa que justifica a exclusão ou a inclusão precária da maioria no mercado de trabalho. É como se a humanidade tivesse chegado ao seu mais alto grau de "civilização" e "organização", tão alto que a maioria da população não alcança seus benefícios. É preciso investir anos de estudo, formação, estágios não remunerados, ou ser beneficiado por bolsas de estudo altamente seletivas, antes de se sentir no páreo para se candidatar a uma vaga de trabalho considerada qualificada que, por sinal, provavelmente tem uma fila longa, com muitos querendo entrar.

Para pouquíssimos, esse percurso demorado, quase interminável, e antes de tudo caro, é acessível. Para outra parcela pequena, isso implica um trabalho que começa desde cedo e em ritmo constante para que eventualmente possa bancar parte mínima de todos esses investimentos, sem ter a segurança de algum retorno correspondente às expectativas que animam o longo percurso de formação. Mas, no Brasil, para a maioria essa *via crucis* continua inacessível, retratando bem a frase da epígrafe de Marx, que aponta para a estreita ligação entre a qualificação de poucos e a precarização de muitos.

A única solução para a maioria, até quando se oferecer (pois, como é evidente, o desemprego estrutural se manifesta com força na atual conjuntura mundial), é aceitar ficar nos estratos mais baixos do mercado de trabalho, ou seja, nos empregos menos remunerados e reconhecidos, mais cansativos e desgastantes, desprotegidos juridicamente, mais flexíveis. E não há nenhum fator que corrobore para a afirmação de que essa situação seria diferente para os imigrantes.

De fato, hoje essa discussão necessariamente implica considerar o funcionamento flexível do mercado de trabalho que, como explica

Gallino, penetra a totalidade das sociedades, assumindo muitas "faces", "nomes" e "números".[42] Os impactos do regime de acumulação flexível e da mundialização nas condições de trabalho, mesmo daqueles considerados qualificados, têm sido documentados por uma vasta literatura internacional. Sem deixar de pontuar que essa questão atualmente ocupa o centro das discussões da sociologia do trabalho brasileira, que se apoia igualmente em estudos já consolidados sobre o tema da flexibilização no funcionamento do mercado de trabalho brasileiro, em particular para a precarização das condições de trabalho.[43]

O autor esclarece que o "maior custo humano dos trabalhos flexíveis é resumido na ideia de precariedade". Esta "implica insegurança objetiva e subjetiva. Uma insegurança que, em se movendo das condições de trabalho se torna insegurança das condições de vida".[44] Para o autor, os jovens são hoje as principais vítimas desse novo modo de trabalho calcado na "incerteza como norma", aquela de ter que "achar outro trabalho, tendo em vista que, aquele em curso, terminará". Os "filhos da globalização", sinônimo de "filhos da precariedade", devem se adaptar à "marcada e prolongada insegurança" e, mais cedo ou mais tarde percebem seus efeitoscomo uma "ferida na existência".[45] Conforme esclarece,

42 Gallino, 2011. Para verificar as *formas da flexibilidade* no funcionamento do mercado de trabalho brasileiro, ver Krein, 2013a e Lima, 2013.

43 Para verificar as *formas da flexibilidade* no funcionamento do mercado de trabalho brasileiro, ver Krein, 2013a; Lima, 2013; Antunes, 2013; Braga, 2012; Tosta, 2008.

44 Gallino, 2011, p. 76.

45 *Idem*, p. 84 e 85. "A precariedade objetiva, subjetivamente experimentada, apresenta vários aspectos. O primeiro se encontra na limitada ou nula possibilidade de formular previsões e projetos com relação ao futuro, seja de longa, seja de curta duração [...]. Um aspecto da precariedade relacionado ao precedente – como esse, derivado da excessiva exposição a trabalhos flexíveis, porém diverso – refere-se ao significado da própria vida, do próprio destino e do futuro sofrer, cotidianamente, o impacto de fatores puramente contingentes. Esses vão em uma direção, mas esta pode mudar subitamente por causas que não dependem, em nenhuma medida, do modo que o sujeito age" (*Idem*, p. 78).

> [O] trabalho que se realiza hoje será capaz de apresentar seus custos em dez ou vinte anos, quando a juventude terá passado, as lacunas de formação e os projetos de vida adiados ou nunca realizados. As experiências profissionais fragmentadas, que se prolongam e caracterizam os trabalhados flexíveis, comporão um *curriculum* diante do qual sucessivos gerentes de "recursos humanos" dirão não.[46]

Em suma, o espectro da qualificação/especialização está sempre à espera para ser evocado toda vez que jovens e pessoas de idade madura são expulsos do mercado de trabalho ou incorporados de forma flexível. E o entendimento dessa temática, em seu sentido ideológico e real como divisão do trabalho, é necessário para considerar a nova configuração da imigração no Brasil, a ser tratada em mais detalhes nos próximos capítulos.

Nos dois itens seguintes, serão situados fatores do contexto nacional e internacional – em particular com relação ao funcionamento do mercado de trabalho e à utilização do trabalho imigrante na atualidade –, que auxiliam na reflexão sobre em que medida o Brasil pode ser considerado um destino dos fluxos migratórios internacionais na atualidade. Com esse fim, é imprescindível começar pelos efeitos da crise econômica contemporânea nos países centrais e o recrudescimento das políticas de imigração e refúgio, com repercussão direta para a precarização das condições de trabalho e de vida dos imigrantes e refugiados nesses países, bem como para o redirecionamento (parcial)[47] desses fluxos.

---

46 *Idem*, p. 76.

47 O adjetivo parcial afasta interpretações no sentido de afirmar que os fluxos Sul-Norte, relacionados com a configuração histórica da divisão internacional do trabalho, tendem a deixar de ter importância na atualidade em relação àqueles Sul-Sul, principalmente se considerados os novos polos de atração dos países chamados emergentes – notadamente aqueles que compõem os Brics (acrônimo utilizado para referir-se a Brasil, Rússia, Índia, China e África do Sul).

Países centrais: crise, intensidade dos fluxos e recrudescimento das políticas imigratórias

O início do século XXI é caracterizado por um cenário mundial inteiramente tocado pelos movimentos migratórios internacionais. Os fluxos SUL-SUL atualmente não têm o peso daqueles Sul-Norte, porém estão em contínuo crescimento, em particular para a população de *refugiados* e *deslocados forçados*. Muitos desses fluxos, na verdade, têm o Sul como destino em razão da proximidade geográfica ou mesmo como alternativa de passagem para eventualmente realizar a meta mais almejada de um dia poder entrar no Norte, onde os salários (diretos e indiretos) costumam ser em média mais altos.

Como colocado evidência por Basso, no atual cenário mundial de deslocamentos em massa, o imigrante defronta-se com inúmeras barreiras e pressões. Tratam-se, segundo o autor, de políticas pautadas essencialmente na ideia da "convivência forçada" e do "choque de civilizações", que alimentam um quadro geral de "agudização" do racismo, xenofobia, discriminação, violência policial e, é claro, exploração do trabalho desses imigrantes.[48] São fatores que contribuem, em sua opinião, para a tentativa de legitimar o tratamento da imigração como uma questão quase exclusivamente de *segurança pública*.

O sociólogo explica esse contexto a partir do conceito de "racismo de Estado",[49] que, em sua opinião, tem como base de fundo a operação de "novas formas de divisão", "organização", "desregulação" e "desvalorização"[50] do trabalho, medidas essas que não deixam de ter como foco o incremento da produtividade econômica com base

48 Basso, 2010a. Para compreender como os fatores da precarização do trabalho incidem sobre a força de trabalho dos imigrantes nos países centrais, ver Mackay, 2009, Perocco, 2011, e Roncato, 2013.

49 Segundo explica, atualmente, na Europa, o racismo adota três *temas-chave*: "o islã e o islamismo"; "os ciganos"; e os "clandestinos (imigrantes indocumentados) e solicitantes de refúgio". Para detalhes, ver Basso, 2010b.

50 Basso, 2010a, p. 48 e 49.

na fomentação da concorrência entre os trabalhadores. Isso porque, conforme ressalta, as vantagens produtivas e de custo do trabalho imigrante é um "elemento indispensável da competitividade" dos países centrais no mercado mundial.[51] Para o autor, nesses países o racismo adquiriu, em suas palavras, "um caráter explicitamente institucional" (nas leis, atos administrativos, procedimentos burocráticos etc), como uma "marca declarada" dos Estados dos países ricos, à semelhança dos velhos tempos de colonialismo. Entende-se com suas próprias palavras que a funcionalidade do *racismo de Estado* é servir de

> fórmula mágica por meio da qual os governos e os Estados podem reabastecer as empresas de braços e cérebros do mundo inteiro a baixíssimo custo e descarregar a responsabilidade dos males sociais sobre causas, fatores e atores *externos* [aos países centrais]. Assim, legitima-se a *hierarquia racial-nacional* existente no mercado de trabalho nessas sociedades, cria-se um *falso antagonismo* entre imigrantes e nacionais e evita-se sua aproximação, notadamente a *explosão de conflitos de classe.*[52]

Ainda segundo o autor, a lógica imperativa dessas políticas, de "separação entre nacionais e não-nacionais, de inferiorização desses últimos, de eleição das nacionalidades estrangeiras mais e menos aceitas", implica uma *hierarquização* e *estratificação* do mundo social, e esse é o quadro que condensa a fragmentação da classe trabalhadora nos países centrais.[53] Em sua opinião, esse processo é construído e fomentado "por cima", segundo os imperativos econômicos que tiram proveito dessas lógicas. Mas o sociólogo ainda ressalta: isso não significa que um movimento em sentido contrário, de *aproximação* e *solidariedade*, de *lutas* na esfera do trabalho, entre diferentes povos e culturas componentes do universo da imigração nesses países, não esteja também ocorrendo.

---

51 Basso, 2013.

52 Basso, 2013, p. 111.

53 *Idem*, p. 35.

Na opinião do autor, os imigrantes provenientes de países periféricos, além de ocuparem o lugar do que Sayad chamou de "braçais pela vida", "são também candidatos a ser *precários pela vida,* a ser *protótipos do trabalhador flexível*"[54] – sujeitos a todas as formas de exploração, piores horários, ritmos pesados, péssimas condições de trabalho e baixa remuneração. Uma precariedade que se prolonga, como ressalta, na condição de vida do imigrante (habitação, educação, serviços de saúde).

O crescimento do desemprego, principalmente na periferia da zona do euro – já produtora de massas de emigrantes buscando trabalho, em primeiro lugar internamente à Comunidade Europeia – é elucidativo da conjuntura do mercado de trabalho encontrada pelos imigrantes nesse continente. Como mostra o Gráfico 3.1, a taxa de desemprego nos países da periferia da zona do euro aumentou imensamente a partir de 2007, superando a marca dos 15% em Portugal e dos 25% da população economicamente ativa na Espanha e na Grécia.

É irônico notar que a teoria econômica delineadora da zona do euro assume a "livre mobilidade da mão de obra" como premissa básica para o funcionamento de uma zona monetária comum.[55] A ideia subjacente é que a institucionalização de um mercado de trabalho comum permitiria ao "fator trabalho" deslocar-se livremente, de forma a equalizar as taxas de desemprego em toda a região. O contexto atual revela o equívoco de tratar o trabalho como um fator produtivo como outro qualquer, além de indicar que a imigração intraeuropeia não tem como resultado a equalização das taxas de desemprego – como mostra o gráfico 3.1 – e o reequilíbrio da economia regional, como pressupõe a teoria supramencionada.

54 *Idem*, p. 34.

55 Ver Mundell, 1961.

Gráfico 3.1: Taxa de desemprego – países selecionados da zona do euro (2005-2014)

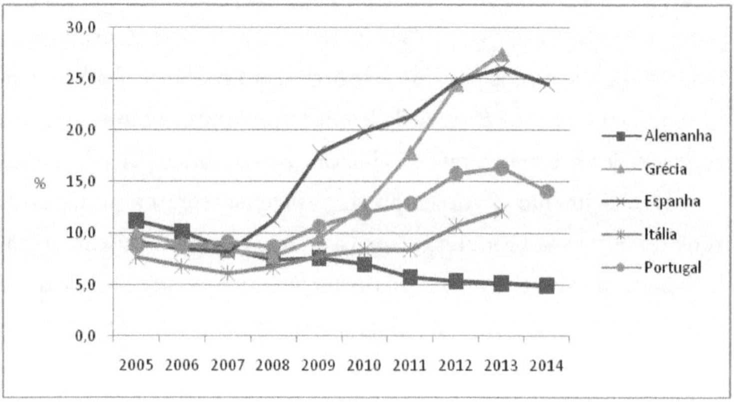

Fonte: Elaboração própria, com dados da Eurostat.

Para os jovens, o caso é ainda mais dramático. Na Grécia e na Espanha as taxas de desempregos para essa população ultrapassaram os 50% em 2013 e 2014, o que significa que um em cada dois jovens estava desempregado. Os planos de austeridade, dos quais decorre o enxugamento dos serviços públicos (medidas impostas sempre com mais rigor aos países do Mediterrâneo) afetam diretamente a classe trabalhadora, com repercussão também para o empobrecimento de sua fração mais favorecida dos estratos médios. O decorrente aumento na concentração de renda e o crescimento das desigualdades já são evidentes na Europa Ocidental.[56]

Dentro desse contexto, diversos estudos apontam o aumento crescente da *emigração* de jovens europeus, muitos com perfil *altamente qualificado*, que não encontram emprego em seus países de origem. O mito da "alta qualificação" como garantia de emprego está despencando para esses jovens. Mesmo quando conseguem trabalho,

56 Sassen, 2014.

não têm a sensação de serem valorizados como deveriam (se levado em consideração o nível de qualificação) e nem mesmo de estar estruturando a vida pelo trabalho, por causa dos salários baixos e dos fatores flexíveis imperantes, em particular os contratos temporários e em regime *part-time.*[57] Essas formas flexíveis de contratação estão disseminadas em todo continente e, em alguns casos, servem até para mascarar as taxas de desemprego, como ocorre na Alemanha.

Embora nos Estados Unidos o desemprego não atinja níveis parecidos ao do contexto europeu,[58] não se caracterizando como país produtor de emigrantes, as condições de trabalho não são tão diferentes. Esse país também não poupa minimamente sua classe trabalhadora de pagar e carregar os efeitos da crise que não criou. O aumento na concentração de renda, do risco de pobreza e do número de desalojados por dívida[59] é uma realidade na economia do país hoje com hegemonia mundial, que lançou o motor financeiro da crise, potencializando suas raízes sistêmicas.

Todos esses fatores aparentemente se contradizem com a continuidade da chegada de fluxos massivos de imigrantes e solicitantes de refúgio nesse continente e poderiam levar a pensar numa *debandada em massa* dos imigrantes residentes nessas localidades, tendo em vista que são os primeiros a sentir os efeitos da crise no trabalho. O retorno sem dúvida é uma via para alguns, mas não parece condensar a reação aos efeitos da crise para maioria dos imigrantes.[60] Nem mesmo o retorno temporário, pois sabem que está cada vez mais difícil imigrar

57 Gallino, 2007.

58 Segundo dados da *Eurostat*, a taxa de desemprego nos Estados Unidos, em 2007, era de 4,6%, passando para 9,6% em 2010, depois decrescendo para 6,2% em 2014, ou seja, continua superior ao período pré crise.

59 Sassen, 2014.

60 Essa constatação é válida também para o Oriente, conforme mostra o estudo Roncato, 2013, p. 171, sobre o caso japonês. Segundo a autora, o retorno não é a regra para os *dekassegui* e, apesar da crise vivida nesse país, há uma continuidade dos fluxos provenientes do Brasil.

nos dias de hoje, em função das leis restritivas. De fato, discute-se que a crise se expressa para os imigrantes, antes de tudo, no rebaixamento da qualidade e das condições de trabalho, bem como dos seus direitos. Eles sentem a pressão do empobrecimento e da vulnerabilidade social, somadas ao ambiente hostil semeado "pelo alto"[61] nessas sociedades. Além disso, em tempos de crise e de dificuldade de encontrar um trabalho formal, o espectro da não renovação do visto pesa muito para esses imigrantes. Mas, apesar de tudo, não se pode ignorar que na economia dessas sociedades (principalmente na área de serviços domésticos e na agricultura sazonal) há uma demanda continua pelo trabalho especificamente de imigrantes.

No entanto, continuam sendo discutidos atualmente os efeitos dos diferentes tratamentos políticos da liberdade de movimento e permanência dos imigrantes em relação ao tipo de trabalho que irão preencher no país de destino. Há um consenso entre os Estados-Nação em considerar a "circulação" de trabalhadores "qualificados" como reflexo natural do funcionamento do presente estágio da economia e da livre circulação de capitais.[62] Os governos participam e encorajam o chamado "mercado global das competências ou dos recursos humanos" para setores especializados da economia industrial, de serviços e financeira, no setor privado e público, mesmo se de forma reticente em relação à permanência desses imigrantes, ou seja, abrindo as portas temporariamente.[63] O ideal e os princípios que orientam as políticas imigratórias são aqueles de associar a imigração permitida e bem-vinda com uma rigorosa seleção e *admissão temporária* de *profissionais com perfil qualificado*, funcional ao modelo de desenvolvimento de uma economia "avançada", teoricamente fundada na tecnologia e no conhecimento.

61 Basso, 2010b.

62 Sassen, 2011.

63 Ruiz, 2011.

A lógica de fundo dessas políticas é a imigração *choisie*, a máxima reivindicada na França e na Suíça,[64] ou seja, uma imigração escolhida, altamente seletiva, até com base em elementos culturais.[65] Trata-se de um princípio que se reforça pelo parâmetro proclamado da *qualificação* para *regulamentar o ingresso* por motivo de trabalho e, posteriormente, a eventual *permanência* e *integração* dos imigrantes.

Segundo Vogelskamp, na Alemanha, vigora hoje um ideário muito presente no discurso público de que a fração "não-qualificada" dos imigrantes se "recusa" a se integrar (ou simplesmente não é "integrável" por razões "culturais").[66] E, conforme explica, isso acompanha práticas discriminatórias e de exploração no trabalho, que reafirmam a defesa de uma política de imigração somente para os "desejáveis qualificados". O autor explica que a lei em vigor nesse país desde 2005, denominada *Zuwanderungsgesetz*,[67] tem uma direção única: "seus objetivos são a regulamentação do ingresso de imigrantes altamente qualificados por razões econômicas e a exclusão de todos aqueles que não respondem aos critérios do mercado de trabalho e da 'política de acolhimento'".[68]

Os EUA, Canadá e Austrália também são exemplos clássicos de países que, há décadas, principalmente a partir dos anos sessenta, de-

---

64 Lopreno, 2015.

65 Na França, essa questão sempre foi considerada, tendo em vista que os imigrantes, mesmo aqueles das gerações mais antigas, aparecem no discurso oficial como os maiores inimigos em potencial dos princípios republicanos da *mère patrie* (pátria mãe). Isso fica evidente nos inúmeros debates sobre o véu, o islamismo, dentre tantos outros aspectos culturais e religiosos dos imigrantes das ex-colônias francesas e outros países periféricos que, mesmo tendo a cidadania francesa, são apresentados como incompatíveis com esses princípios (Weil, 2005).

66 Vogelskamp, 2010.

67 É bastante ilustrativo o que o autor coloca em evidência quanto ao caráter temporário da imigração que marca o objetivo dessa política, mesmo no que se refere à imigração qualificada: "O prefixo *Zu* dá destaque à chegada, mas não à permanência dos imigrantes, e aponta, desde o início, que a política de Estado não visa a uma imigração duradoura" (Vogelskamp, 2010, p. 215).

68 *Idem, ibidem.*

senvolveram esse *savoir faire* de calcular os benefícios de uma imigração planejada e escolhida, utilizando-se do filtro da qualificação para atrair imigrantes "vetores do desenvolvimento". Além dos custos altíssimos e das rígidas exigências burocráticas para o pedido de vistos – até mesmo o de turismo, para imigrantes provenientes de países periféricos –, esses países aplicam um sistema de imigração altamente controlado e direcionado à seleção de potenciais cidadãos "altamente qualificados". Quanto à Austrália e ao Canadá, embora concedam diretamente o visto permanente a quem consegue passar nos caros, duradouros e incertos testes de língua e "cidadania" (mantendo a tradição de considerar a imigração como sistema de povoamento, o que implica, atualmente, inclusive a exigência de uma batelada de exames de saúde para concessão do direito de permanência), escolhem a dedo o tipo de imigrante necessário ao país e, é claro, ao seu mercado de trabalho. Essa mesma política (excluindo a concessão de vistos permanentes) é aplicada pelos Estados Unidos, por meio de um cálculo planejado das diferentes categorias das "profissões" que deseja atrair segundo seu "parâmetro qualitativo"[69] de imigração.

Também no caso da Suiça, segundo Lopreno,[70] tolera-se apenas a "imigração escolhida" com perfil qualificado, ficando os demais, inclusive os imigrantes já residentes, submetidos a uma "pressão" pelo fato de serem imigrantes e trabalhadores: "[as] autoridades e empregadores suíços têm três escopos: aumentar a taxa de ocupação, trazer qualificação que falta na Suíça e atrair uma população estrangeira com os mesmos níveis de formação daqueles suíços (atualmente 73% dos estrangeiros têm nível secundário ou superior de formação, [nível observado em] 89% dos suíços)". Disso decorre o atual perfil sociológico da imigração nesse país, de pessoas com um perfil elevado de qualificação, inseridas no setor de serviços.

69 Martin *et al.*, 2006.

70 Lopreno, 2015, p. 119.

Logo, esse modelo contribui para reforçar o já citado movimento dos dois polos da imigração com relação às modalidades de entrada e de inserção no mercado de trabalho. Essa característica das dinâmicas de desenvolvimento do fenômeno que, conforme demonstrado no capítulo anterior, já despontava como *potência* nos anos 1970, hoje, é um fato evidente nos países centrais.[71] Conforme destaca Dreher, é possível falar de uma dicotomia no regime de migração global, sendo que

> [o] pouco de liberdade de movimento substancialmente garantida é limitada aos migrantes com perfil qualificado. Hoje, há, portanto, uma dicotomia no regime de migração global enquanto uma vasta quantidade de pessoas é forçada a entrar ilegalmente ou em regime temporário.[72]

Com relação à Europa, desde 1973, ano símbolo do "fechamento das fronteiras", o pretendido "equilíbrio" do mercado de trabalho parecia poder se resolver internamente às fronteiras unidas, e em contínua expansão, com a livre circulação e residência para os cidadãos dos países integrantes do espaço *Schengen*.[73] Mas esse equilíbrio foi logo "ameaçado" por fora, de forma "brutal" e sem precedentes na história, pelo "assédio" de imigrantes "extracomunitários".[74]

---

71 Sassen, 2011.

72 Dreher, 2007, p. 57.

73 O acordo do Espaço *Schengen* foi assinado em 1985, aplicado a partir de 1995 em sete países europeus e, depois, estendido aos países da Comunidade Europeia e outros associados, com atualmente 28 países membros.

74 Resta a pergunta se, no contexto de crise das periferias da zona euro, esse espaço delimitado de livre circulação e residência será ameaçado também por dentro. Os resultados do referendo "anti-imigração de massa" na Suíça (país com 23% da população de imigrantes e que recebe mais de 60.000 trabalhadores pendulares de outros países por dia) contribuem a esse questionamento. No entanto, a vitória apertada (50,3%) mostra como parte da população (e também de empregadores) apoia a imigração, ao contrário de ser instigada "por cima", no caso, principalmente pelo partido de direita Union Démocratique du Centre (UDC). Como mostra Basso (2010), o eco da ideia que fundamenta tais posições anti-imigrantes – como a de Le Pen, para quem "[o] país é a nossa casa. Nós, o povo, temos o direito de decidir quem entra" – ressoa em todos os partidos de extrema direita da Europa e está plenamente ativo no continente para direcionar políticas.

Essa questão gerou uma forte reação "comunitária" no sentido da cooperação para vigiar e controlar as fronteiras contra a imigração dos próprios ex-colonizados, tendo como um dos produtos a Frontex.[75] Esse cenário também é composto por numerosos Centros de Detenção de Imigrantes,[76] um serviço de prisão exclusivo para o crime de atravessar fronteiras sem visto ou permanecer no território após seu prazo de validade. Até o ano de 2014, segundo dados do *Migreurop*, havia 393 dessas prisões localizadas principalmente no coração da Europa Ocidental, mas também externalizadas e terceirizadas em países da África, do Oriente Médio e do Leste Europeu. As violências a que estão submetidos esses imigrantes são constantemente denunciadas. Depois da detenção por tempo indeterminado, a resposta mais comum dos Estados europeus tem sido as deportações em massa, nem sempre para o país de origem do imigrante.

Apesar dessas barreiras, é nítido o aumento do peso de imigrantes em *situação indocumentada*, que pode ser *produzida* imediatamente pelas entradas irregulares/pedidos de refúgio, ou reproduzida, *a posteriori*, pela não renovação do visto/indeferimento desses pedidos. É muito difícil encontrar estudos hoje sobre a imigração que pelo menos não constatem a presença do *fato da indocumentação* nas dinâmicas do fenômeno.[77] Segundo ressalta Dreher,[78] os tratados intrarregionais como o Nafta[79] e a Comunidade Europeia, ao contrário de sinalizarem

75 *European Agency for the Management of Operational Cooperation at the External Borders of Member States of European Union.*

76 Garcia, 2011.

77 Ver Basso e Perocco, 2003; Unal, 2004; Berggren *et al.*, 2007; Domenech, 2011; Roncato, 2013; Chomsky, 2014; Ryazantsev, 2014.

78 Dreher, 2007, p. 60. A autora é contra a tese de que os Estados perderam o controle da imigração nos últimos anos. Ao contrário, em sua opinião, os tratados de fortalecimento dos mecanismos de "cooperação em nível internacional" reforçam a soberania dos Estados para lidar com assuntos migratórios. As constantes inovações tecnológicas e administrativas, as mudanças nas leis e regulações de vistos comprovam essa afirmação.

79 A autora lembra que o Nafta (Tratado Norte Americano de Livre Comércio) englo-

perda do controle da soberania territorial, jogam um papel estratégico para a operacionalização da perseguição aos indocumentados.

Os Estados Unidos, embora coloquem em movimento com ainda mais vigor a máquina da deportação e da expulsão, mantêm a tradição de bater recordes mundiais no que se refere ao número de imigrantes trabalhando e vivendo em situação indocumentada, principalmente de mexicanos e demais latino-americanos[80] – mesmo se consideradas somente as estimativas oficiais. Em novembro de 2014, uma anistia em massa, talvez a maior da história da imigração, foi anunciada nesse país para tentar amenizar brandamente essa situação. Se fosse aprovada, de forma contada, para 5 milhões de "bom-indocumentados", deixaria de fora outros 6 milhões "mau-indocumentados" de diversas nacionalidades.[81]

Ao passo que o governo estadunidense regularizaria alguns milhões de imigrantes, continuaria a produzir outros milhares de indocumentados pela ativa política de militarização das fronteiras. Em particular depois do atentado das Torres Gêmeas (11 de setembro de 2001), a imigração de massa fora das fronteiras do parâmetro seletivo da qualificação produtiva, que entra "clandestinamente" pelo México – a porta de entrada para os mexicanos e muitos imigrantes provenientes da América do Sul , embora altamente necessária, foi relegada à classificação de criminosa, senão potencialmente terrorista.[82]

ba os Estados Unidos, Canadá, México, porém não prevê a liberdade de movimento e residência, bem como o mercado comum de trabalho entre os países. Já a Comunidade Europeia prevê esses direitos para os cidadãos de seus países membros.

80 Chomsky, 2014; Lopez, 2012.

81 Seu desfecho foi a não aprovação pelo congresso estadunidense. Se a medida fosse implantada, o governo do país discriminaria a cota elegível para permanecer no território, mantendo-a sob o temor da deportação e criando um *status* "semilegal", "temporário", também vinculado à renovação burocrática para, eventualmente, se transformar num visto permanente, a partir de exigências como, é claro, a comprovação de um contrato formal de trabalho ou meio legal de renda.

82 Basso, 2010.

Mas o fato da indocumentação, ao que parece, também só ganha peso na Europa.[83] A própria Frontex assume a estimativa incerta da presença de 6-8 milhões de "clandestinos" na União Europeia, 80% dos quais entram no território de forma legal.[84] O maior desafio anunciado nesse relatório para os próximos anos é enfrentar a tendência da crescente entrada dos chamados "*ilegal borders-crossing*" e refugiados.[85] Os dados mostram que, no ano de 2013, foram detidos 345.000[86] migrantes extraeuropeus (*third-country national subject*) "ilegais" e o número de pedidos de asilo (solicitantes de refúgio) chegou a 353.991 (principalmente de sírios)[87] que, se não aceitos, serão transformados em indocumentados.

O relatório também mostra que, em 2013, foram expulsos da União Europeia 224.305 imigrantes e 160.000 saíram do território "voluntariamente". O número de mortes nas fronteiras, por consequência, também está em rápida ascensão. Segundo dados do *Migregroup*, de janeiro a outubro de 2014, 3.000 pessoas morreram tentando atravessar as fronteiras europeias. Trata-se de um número altíssimo se comparado com as estimativas do *Fortress Europe* de cerca de 19.000 mortos entre 1988 e 2012.[88] O cenário de mortes, já antigo na Sicília

83 Ver Basso *et al.*, 2003; Berggreen *et al.*, 2007; Ryazantsev, 2014.

84 Frontex, 2014.

85 Mesmo se pequena, cercada por montanhas e conhecida pelos seus métodos de vigilância social, na rica Suíça, estima-se a presença de 200.000 *sans-papiers* (Lopreno, 2015, p. 114 e 123). Depois da aprovação do referendo em 9 de fevereiro de 2014 (que não foi provado pelo parlamento) suscitou-se a preocupação desse *status* da ilegalidade se estender também para cidadãos europeus. "*Sans-papiers* provenientes da União Europeia?" é a pergunta que se faz Lopreno, partindo do contexto de xenofobia da Suíça.

86 Esse número é considerado estável pelo relatório com relação aos últimos anos.

87 A ONU estima que 3 milhões de sírios foram obrigados a deixar o país desde 2011, início da Guerra.

88 "Assiste-se a um número crescente e recorrente de casos nos quais comandantes e funcionários de navios mercantis e pesqueiros, que socorrem precárias embarcações de imigrantes no mar, sendo denunciados por favorecimento da imigração clandestina, com risco de inibir socorros no mar, além de criminalizar os marítimos" (Zanin, 2007, p. 96).

(uma das principais portas de entrada atualmente nesse continente), de centenas de atravessadores do mar em uma só vez, é anunciado reiteradamente na Itália durante os meses nos quais as temperaturas se tornam mais amenas para os "retirantes do Mediterrâneo",[89] dando lugar à esperança de emigrar, a via única que se coloca para inteiras populações que deixam a África e a Ásia em busca da sobrevivência, tendo em vista que a vida lhes é negada nos seus países.

Assim acabam, coletivamente, dentro de um barco. Mesmo sendo visível sua fragilidade para a travessia do mar, esse espaço flutuante com alto risco de morte é disputado por milhares de imigrantes e refugiados e representa melhor a esperança de vida do que poderia significar a permanência em seus próprios países, onde certamente deixam laços familiares e de amizades difíceis de serem esquecidos.

Para finalizar este item sobre o contexto imigratório dos países centrais, é importante reter o que Basso chama atenção ao explicar o *caráter geral* das políticas anti-imigrantes. Em sua opinião, essas políticas,

> embora formalmente direcionadas aos imigrantes, [...] estão longe de serem *setoriais*, pois são parte integrante de políticas gerais por meio das quais os Estados e os mercados definem modalidades de uso e de exploração do trabalho como um todo, ou seja, em sua totalidade. Tendo em vista que o mercado de trabalho é um *sistema de vasos comunicantes,* essas políticas produzem gradualmente efeitos para além dos imigrantes e sobre *todo* o proletariado, inclusive aquele europeu. E ainda, produzem efeitos sobre a *inteira vida social,* mesmo aquela fora do mundo do trabalho assalariado.[90]

89 Trata-se de um fato histórico que poderia ser explicado com a mesma precisão sociológica, além de poética, por João Cabral de Melo Neto, ao falar dos retirantes da seca entrelaçada com a miséria, ou seja, dos muitos a quem se impunha a "Morte e Vida Severina" no Nordeste do Brasil. Para descrever os movimentos dos migrantes internos, o poeta não separava a seca climática da miséria produzida pelo sistema econômico, de suas dinâmicas que expropriam e produzem retirantes. E denunciava com igual força uma sociedade, em geral, indiferente a esses expropriados, com exceção, é claro, dos momentos em que se beneficia de seu trabalho (Villen, 2015).

90 Basso, 2013b, p. 97.

Em particular, segundo o autor, o atual contexto de crise, onde se explicita a "pressão" no trabalho e das políticas de segurança, está fazendo a população europeia "sentir na pele" que as políticas contra os imigrantes atingem também os trabalhadores nacionais:

> as populações, os trabalhadores ocidentais - os solicitados a mobilizar-se contra as populações e os trabalhadores imigrantes - já são, e serão, cada vez mais, levados pela força das coisas a sentir-se e a ser *imigrantes nas próprias terras de nascimento*; e sentirão na pele que as políticas contra os imigrantes produzem efeitos negativos para a existência dos trabalhadores nacionais, porque eles não estão separados por uma muralha chinesa dos trabalhadores imigrantes.[91]

O autor ainda lembra a importância de enxergar que o trabalho imigrante mostra-se um elemento estrutural do mercado de trabalho das economias centrais. No caso da Europa, segundo explica: "[há uma] *demanda inesgotável de força de trabalho a baixo custo e pouquíssimo (ou nenhum) direito*, que provém do sistema de empresas e das famílias europeias de classe média e alta".[92] Essa sua observação é igualmente válida para todos os países que entram nas rotas das migrações, mesmo aqueles periféricos. Na mesma medida, é de grande utilidade sua tese sobre o falacioso discurso político que proclama a diretriz de *se fechar totalmente* à imigração, uma vez que, conforme explica, a realidade das economias centrais e das suas *fronteiras porosas* indicam que há, ao contrário, "uma imigração necessária, desde que sem direitos",[93] daí a centralidade dos mecanismos de atuação do denominado *racismo de Estado*.[94]

---

91 Basso, 2013b, p. 122.

92 Basso, 2013, p. 32.

93 A expressão que Basso, 2013b utiliza, quando cita o exemplo do contexto italiano, é bem esclarecedora: se declara oficialmente "*immigrazione zero*" (nenhuma imigração), quando, na verdade, se quer "*immigrazione a zero diritti*" (imigração sem nenhum direito).

94 Basso, 2010.

Diante dessas fronteiras altamente seletivas, mas também estrategicamente porosas, é possível identificar, portanto, duas dimensões, uma mais visível, outra menos, do fenômeno da imigração na atualidade dos países centrais, que continuam ocupando a posição de principais alvos para imigração. Essa dupla dimensão consolidou-se como uma modalidade de imigração laboral também em expansão no Sul. O caso do Brasil, que hoje ocupa uma posição intermediária na economia mundial, apresenta particularidades de um contexto periférico, mas é também representativo de tal afirmação.

Brasil: principais fluxos após a eclosão da crise mundial (2007)

O Brasil, atualmente, caracteriza-se como um país ao mesmo tempo receptor de imigrantes e solicitantes de refúgio e produtor de emigrantes.[95] Em particular durante o período 2011-2014, segundo dados da OIM, foi o principal destino dos fluxos migratórios na América Latina. Os dados dessa entidade apontam um aumento da imigração intrarregional, bem como daquela extrarregional (proveniente da África, Ásia, Europa, EUA).[96] Segundo essas estimativas, em 2013, o Brasil contava com um milhão e meio de estrangeiros, dentro do total de cerca 200 milhões de habitantes (0,3% da população). Trata-se de uma porcentagem baixa, se considerada a média da população estrangeira nos países centrais, de 10,8%,[97] porém, como será argumentado, claramente subestimada.

O país também é destino de solicitantes de refúgio. Segundo dados do Alto Comissariado das Nações Unidas para Refugiados,[98] em

95 Segundo dados da OIM, em 2013 o Brasil tinha 3 milhões de nacionais morando fora do país.

96 Segundo esses dados oficiais, os fluxos são devidos principalmente às taxas de retorno de imigrantes da Europa e dos EUA.

97 United Nations, 2013.

98 Acnur, 2014. O mesmo documento aponta que neste ano foram analisadas 2.206 solicitações de refúgio, das quais 1.952 foram deferidas.

2014 havia cerca de oito mil refugiados no país, de 81 nacionalidades diferentes, sendo as mais representativas atualmente: colombianos, sírios, angolanos e congoleses. A Análise Estatística sobre refúgio no Brasil desse mesmo órgão aponta o crescimento do fenômeno principalmente nos últimos quatro anos, como mostra o Gráfico 3.2.

Gráfico 3.2: Novas solicitações de refúgio, Brasil (2010-2014)

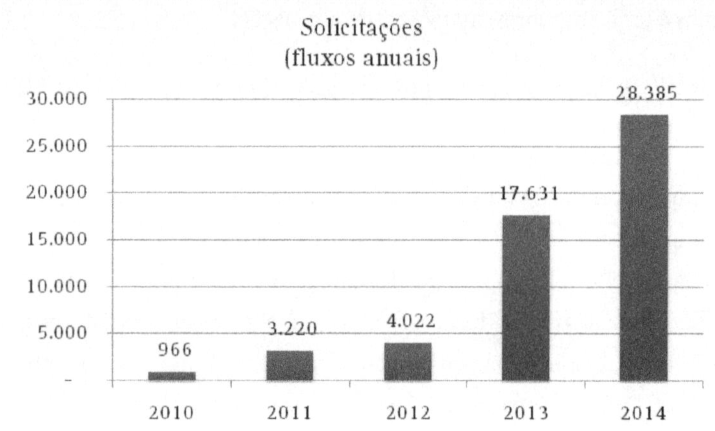

Fonte: Elaboração própria, com dados da Conare, 2016

Baeninger e Antico[99] salientam que se trata de um *novo tipo de imigração* – muito diferente daquela que caracterizou, há mais de 100 anos, a vinda de imigrantes "brancos", na maior parte europeus, para o Brasil. De fato, é possível constatar que esses fluxos para o Brasil estão circunscritos principalmente aos contextos periféricos e, na maioria das vezes, com entradas de forma indocumentada no país.

Antes de apontar os dados institucionais da imigração, com o fim de expor as linhas gerais dos fluxos compreendidos no período focado

99 Baeninger e Antico, 1996.

pelo presente estudo (2007-2014), aqui consideradas importantes para se analisar a relação entre imigração e trabalho no Brasil, sugere-se uma divisão em *cinco grupos*, segundo os países de proveniência e as modalidades (documentada e indocumentada) de entrada no país, apresentados abaixo, mas retomados em maior profundidade nos capítulos a seguir.

Como a perspectiva de investigação do presente trabalho não optou pelo recorte da análise específica de um dos principais fluxos de entrada e sim por sistematizá-los no seu conjunto, a partir da interface com o funcionamento do mercado de trabalho, não seria possível identificar as causas mais imediatas que estão ligadas a particularidades conjunturais no país de emigração de cada fluxo. Esse recorte da pesquisa não significa, é claro, ignorar o conselho metodológico sobre a necessidade de se analisar a "relação dialética"[100] da imigração com a emigração.

O *primeiro grupo* refere-se aos fluxos de nacionalidades provenientes do Mercosul[101] (Argentina, Uruguai e Paraguai) e países associados (Bolívia, Colômbia, Chile, Venezuela). Alguns desses fluxos, conforme demostrado no capítulo anterior, ganham peso no Brasil principalmente depois da década de 1970. Por esse motivo, podem ser considerados *contínuos*, não tendo sido interrompidos nem mesmo no contexto de recessão e crise das décadas de 1980 e 1990.

Como é notório, até pouco tempo, esses fluxos eram predominantemente de indocumentados. Os direitos conquistados por uma luta antiga dos próprios imigrantes no *acordo de residência* para cidadãos do Mercosul e países associados – de 2009, porém operacionalizado, sobretudo, a partir de 2013 – abrem espaço, gradativamente, à formação de um bloco regional do mercado de trabalho, como já ocorre na União Europeia. Todavia, como esse acordo de residência não é sinônimo de direitos desburocratizados de residência e de trabalho,

---

100 Sayad, 1998, p. 18.

101 Novick, 2010, sublinha que as migrações internacionais funcionam hoje como fator para "realização efetiva", a partir dos próprios imigrantes, da integração dos países do Mercosul em uma nova base social.

implicando um regime provisório (sujeito à renovação), muitos imigrantes mercosulinos ainda se encontram em situação indocumentada ou correm o risco de se tornarem indocumentados. É verdade, no entanto, que essa situação indocumentada caminha para incidir com maior peso nos fluxos de imigrantes e solicitantes de refúgio de outros países da América Latina, África e Ásia.

Esses últimos fluxos compõem o *segundo grupo*, de certa forma *mais característico das particularidades do período analisado*. A nacionalidade haitiana desponta (depois de 2010, data do terremoto) como principal representante desse grupo.[102] Sem dúvida, esse fluxo é elucidativo de um êxodo muito violento da população haitiana, por razões que serão aprofundadas no capítulo quinto. Estimativas apontam cerca de 3 milhões de haitianos vivendo fora do país, numa população aproximadamente de 9 milhões de habitantes.[103] Até o momento (2014), esses fluxos têm recebido um tratamento especial por parte do governo brasileiro, que concede uma *cota* muito reduzida de vistos no próprio Haiti, portanto dentro do circuito legalizado. Com relação aos outros milhares de excluídos dessa cota, que só têm a alternativa de entrar de forma indocumentada no Brasil, o Estado, por enquanto, não está se opondo à regularização de caráter emergencial e por "razões humanitárias", pela concessão direta do visto permanente.

Mas esse segundo grupo também é composto por nacionalidades periféricas muito diversificadas da África, Ásia e países da América Latina não membros ou associados ao Mercosul. Parte desses fluxos é composta por solicitantes de refúgio e outra parte por imigrantes que procuram trabalho e melhores condições de vida. Muitas vezes, como fica cada vez mais evidente na atualidade do Brasil e do contexto internacional, esses dois fluxos (solicitantes de refúgio e de trabalhadores imigrantes) estão *imbricados*. A lista de imigrantes regularizados na tabela 3.1 é útil por in-

102 Fernandes e Castro, 2014.

103 Seguy, 2014.

dicar a diversidade das nacionalidades periféricas implicadas nos fluxos que não receberam a concessão do pedido de refúgio, mas foram regularizados de forma "extraordinária" entre o ano de 2011 e 2013.

Tabela 3.1: Lista de regularizados, por nacionalidade, no Brasil (2011-2013)

Nacionalidade	Nº de pessoas
Bangladesh	2.040
Senegal	989
Guiné-Bissau	221
Gana	194
Paquistão	146
Somália	141
Rep. Dominicana	133
Cuba	100
Angola	78
R. D. Congo	63
Nigéria	52
Colômbia	48
Nepal	40
Índia	39
Serra Leoa	26
Burkina Faso	24
Equador	21
Egito	16
Gâmbia	15
Guiné-Conacri	15
China	11
Outras	69
Total	4.481

Fonte: Conselho Nacional de Imigração (2014)

O *terceiro grupo* pode ser caracterizado por fluxos oriundos de países centrais, em geral com entradas dentro do circuito legalizado de imigração, mas não somente. Trata-se de fluxos principalmente provenientes de países da periferia da zona do euro que mais sofrem os efeitos da crise, em particular com relação às taxas de desemprego. De fato, há um aumento na entrada de espanhóis, portugueses[104] e italianos que coincide com o período posterior à eclosão da crise (2007).

O *quarto grupo* refere-se ao caso específico de contratações pelo governo brasileiro de médicos para atuar na rede pública de saúde em regiões marcadas pela escassez desse serviço. A principal nacionalidade desse grupo é cubana, também abrangendo países da América do Sul e centrais. Dentro desse circuito legalizado para a prestação de serviços para o setor público, há também uma crescente contratação de professores e pesquisadores, a maior parte proveniente da América Latina.

Há um *quinto grupo*, que ganha destaque em números, de proveniência asiática (em particular das Filipinas) dentro dos circuitos legalizados. Embora não tenha sido encontrada nenhuma pesquisa sobre esses fluxos, trabalhou-se com a hipótese de que sejam destinados principalmente a serviços nas embarcações ou plataformas estrangeiras da indústria de petróleo e derivados, como se detalhará no capítulo IV.

Algumas tendências da imigração de proveniência periférica são apontadas timidamente nos Censos Demográficos (IBGE) de 2000 e 2010, porém esse perfil demográfico é bastante limitado para colher a realidade social dos fluxos de entrada das últimas décadas, por deixar na penumbra os imigrantes em situação indocumentada ou com residência no país por curto período. Além disso, essa base de dados considera o *estoque* da imigração, ou seja, todos os estrangeiros com residência no país na década focada, inclusive aqueles mais antigos. Ilumina-se, assim, principalmente a imigração passada e também sua mortalidade.[105] Por esse motivo, essa fonte de dados aponta a limitada

---

104 ICMPD, 2013

105 Também por esse motivo, a cor branca destaca-se como perfil da imigração: "a imigração internacional no Brasil é composta majoritariamente por pessoas declaradas como brancas, respectivamente 79,2% e 71,8%, em 2000 e 2010. Impor-

presença de 683.836 estrangeiros no país em 2000 (365.769 homens e 318.067 mulheres) e ainda indica uma diminuição da população estrangeira, que, em 2010, seria de 592.591 (319.898 homens e 272.693 mulheres), a maior parte vivendo na cidade de São Paulo e em regiões metropolitanas de outros Estados.[106] Segundo o autor, no Censo de 2010, 68,3% da população imigrante estavam em idade ativa. A Tabela 3.2 fornece um quadro sobre o nível de escolaridade dos imigrantes nos dois últimos Censos. Segundo esses dados, houve um aumento da participação dos imigrantes com baixo nível de escolaridade.

Tabela 3.2: Fluxos migratórios internacionais segundo nível de instrução no Brasil (2000 - 2010)

Nível de instrução	Anos	
	2000	2010
Sem instrução e fundamental incompleto	34,9%	42,5%
Fundamental completo e médio incompleto	14,8%	11,1%
Médio completo e superior incompleto	20,8%	22,7%
Superior completo	29,5%	23,1%
Não determinado	0,0%	0,6%

Fonte: Elaboração própria, com dados da Conare, 2016

Conforme constata esse autor, "os fluxos migratórios internacionais nos anos de 2000 experimentam um aumento substantivo em relação à década anterior, incremento próximo a 70%", sendo composto em 60% pela presença masculina.[107] Segundo esses dados do IBGE não é possível, portanto, falar de *feminização dos fluxos* no Brasil. As principais nacionalidades residentes no Estado de São Paulo, ainda que com números subestimados, podem ser verifica-

tante observar que entre 2000 e 2010 aumentam os volumes de imigrantes com declaração da cor ou raça como sendo preta ou parda" (Oliveira, 2014, p. 28).

106 Oliveira, 2014, p. 26 e 46.

107 Oliveira, 2014, p. 34.

das na Tabela 3.3, extraída do Atlas Temático do Observatório das Migrações em São Paulo.

Tabela 3.3: Principais nacionalidades no Estado de São Paulo, Censo Demográfico IBGE (2010)

Nacionalidades	2010	Nacionalidades	2010
Portugueses	53.414	Libaneses	3.397
Japoneses	23.904	Americanos	3.567
Bolivianos	22.658	Uruguaios	2.480
Italianos	15.388	Franceses	2.437
Espanhóis	13.990	Ingleses	2.198
Chineses	9.372	Colombianos	1.518
Chilenos	7.438	Britânicos	1.025
Argentinos	6.929	Mexicanos	1.015
Sul coreanos	6.457	Venezuelanos	834
Alemães	4.494	Equatorianos	519
Africanos	4.349	Austríacos	122
Paraguaios	4.226	**Total**	**176.699**
Peruanos	4.080		

Fonte: Elaboração própria, com base nos dados de Baeninger (2013a)

Há sempre uma distância, que pode ser até mesmo muito acentuada, entre os números oficiais da imigração e as estimativas mais próximas da realidade (seja no Brasil como um todo, seja no Estado de São Paulo), que sem nenhuma dúvida atinge principalmente a contagem de imigrantes provenientes de países periféricos. Por exemplo, a presença regularizada de haitianos é estimada pelo Ministério do Trabalho e Emprego em cerca de 14.000 imigrantes enquanto dados não oficiais divulgados na imprensa apontam a presença no país de 20.000 a 40.000 haitianos. O mesmo problema vale para fluxos mais antigos (como o de bolivianos) e de muitas outras nacionalidades daqueles mais recentes.

Por esse motivo, é preciso ir além dos dados oficiais para a compreensão do fenômeno. Conforme será problematizado ao longo dos próximos capítulos, é necessário ter uma cautela redobrada com relação aos dados oficiais sobre a inserção dos imigrantes no mercado de trabalho.

Além do problema da escassez e incompletude dessas fontes, quando são produzidas de forma separada por nacionalidade e sem levar em consideração o conjunto do funcionamento do mercado de trabalho podem gerar distorções. Por exemplo, a via formal de inserção no mercado de trabalho e a concessão de vistos permanentes a uma parcela de imigrantes haitianos, recentemente proclamadas como uma tendência à formalização revelada pelas estatísticas, esconde uma mais ampla *informalidade* e *indocumentação* do universo do trabalho imigrante no país.

Baeninger chama atenção ao fato de que a destinação desses imigrantes muitas vezes é viabilizada pelas redes e atualmente não está somente circunscrita à cidade de São Paulo,[108] como tendia a ocorrer nas últimas décadas. Essa pulverização de destinos dentro do Brasil certamente acompanha a extensão de fenômenos que já tinham sido mapeados na cidade de São Paulo, como o "circuito de subcontratação transnacional de força de trabalho"[109] para indústria têxtil.

Do mesmo modo, não há dúvida de que o mercado de trabalho brasileiro, no período focado por este estudo, absorvia, de bom grado, o trabalho imigrante, seja aquele que entra pelos circuitos legalizados, seja aquele que entra de forma indocumentada. A alegada "falta de mão de obra" sempre ganha mais visibilidade quando relacionada com os estratos de "alta qualificação" do mercado de trabalho, mas também era reclamada[110] para o perfil dos baixos salários (de um a dois salários mí-

108 Baeninger, 2013.

109 Freitas, 2010.

110 O que está em jogo, portanto, são os salários e o acesso a uma força de trabalho disposta, por necessidade, a trabalhar intensamente e com baixa remuneração. Os empregadores se defendem dizendo que os brasileiros "não aceitam mais receber R$ 1.000 de salário" e que a nova geração, filha da classe trabalhadora, hoje

nimos), em particular em atividades que requerem alto dispêndio de força física, como os setores da construção civil e do abate de carnes.

A presença dessa força de trabalho, como no passado, não poderia estar desligada do aquecimento do mercado de trabalho na década de 2000. Essa conjuntura, ao se contrastar com as duas décadas precedentes com relação ao desemprego e ao aumento de salários, também ilumina uma *expansão da demanda e oferta de empregos*. É claro que esse aquecimento no período analisado (2007-2014) não exclui muitos *sinais contraditórios*[111] e, principalmente, suas profundas contradições que têm sido amplamente documentadas pela sociologia do trabalho mais crítica.

Se, nos períodos históricos precedentes, o trabalho imigrante primeiro se dirigia ao campo e, gradualmente, foi se direcionando e adquirindo maior peso no setor industrial nas cidades, hoje se depara com uma estrutura produtiva de empregos não diferenciada com relação às tendências no cenário internacional, concentrada (cerca de 2/3) no setor de serviços.[112] No início do século XXI, também encontra

---

prioriza o estudo ao invés do trabalho. Apesar da retórica, os salários oferecidos para a grande maioria da classe trabalhadora brasileira dificilmente ultrapassam esse patamar (Pochmann, 2012).

111 Krein, 2013b.

112 Não se entende, com isso, que a concentração de empregos nesse setor tenha suas dinâmicas separadas da indústria. Para aprofundar essa questão, ver Antunes, 2009. Além da indústria direcionada ao mercado interno, as cadeias globais de produção (em particular da indústria automobilística, farmacêutica, eletrônica), a indústria "nacional" do petróleo, de energia e de defesa (construção de aeronaves e submarinos) são hoje consideradas estratégicas. Não obstante essa estrutura industrial bastante complexa, o Brasil ainda ocupa a mesma posição produtiva na divisão internacional do trabalho, ou seja, ainda é um país primordialmente exportador de *commodities* para o mercado mundial. Disso deriva o peso ainda grande do setor de *agronegócio* exportador, dependente do capital externo, que caminha em passos largos no processo de mecanização, porém não abdica dos patamares sempre altíssimos de exploração e de doença no trabalho, que são hoje acentuados pelo regime de contratação sazonal (para garantir o fornecimento de uma demanda *just in time* de trabalho), com um aproveitamento máximo de sua produtividade nos meses de colheita. Para a análise das implicações devastadoras do agronegócio para os trabalhadores rurais, ver Silva *et al.*, 2008, e Guanais, 2014.

uma distribuição populacional muito transformada, com 84,36% da população brasileira residindo em áreas urbanas.[113] Conforme explica Patarra, "os movimentos migratórios de tipo rural-urbano, já decrescentes nos anos 70, foram pouco significativos frente aos intensos deslocamentos entre áreas urbanas".[114]

Dentro de uma conjuntura internacional de crise e de recrudescimento das políticas imigratórias nos países centrais, na contracorrente, vendia-se no Brasil a imagem da "euforia da riqueza", fomentada nesse período de aquecimento econômico, e aquela de um *país emergente* que se "desenvolve" a pleno vapor e sobe nos degraus da acumulação do capitalismo mundial – fator ideológico que certamente não pode ser desprezado em seu papel na construção da "obsessão de migrar",[115] bem como na "indução e direcionamento dos fluxos".[116]

Mas os sinais da continuidade dos limites sociais desses "dinamismos induzidos pela modernização dependente", hoje mais do que nunca atrelados às dinâmicas financeiras de investimentos externos tratados no capítulo anterior,[117] em nenhum momento, deixaram de ser emiti-

---

113 Baeninger, 2013, p. 38.

114 Patarra, 1997, p. 14. No que se refere ao Estado de São Paulo, a autora explica que "os movimentos interestaduais de longa distância diminuíram sua participação no contexto paulista, ganhando maior importância os movimentos inter e intrarregionais", em particular os "movimentos pendulares" entre cidades vizinhas (Patarra, 1997, p. 14). Conforme esclarece Baeninger (2011, p. 35), "a migração interestadual, para o conjunto do país, continuou exibindo decréscimos em seus volumes, que passou de 5,2 milhões, entre 1995-2000, para 4,6 milhões, entre 1999-2004, e 3,8 milhões, de 2005-2009. Esse decréscimo, contudo, não implica em uma tendência à estagnação das migrações, ao contrário, denota outros arranjos da própria migração interna, bem como seus atuais desdobramentos, com novas modalidades de deslocamentos populacionais em âmbitos locais e regionais".

115 Sayad, 1998.

116 Sassen, 1988.

117 O peso que essa forma de dependência adquiriu passa a ser o principal canal de diversos mecanismos de drenagem de riquezas que só se acentuam no início do século XXI: "é possível afirmar que; I) representam [IEDs] uma transferência importante de parte da renda do país ao exterior; II) impactam no volume de excedente econômico disponível ao Brasil e que poderia ser redirecionado ao investimento; III) reforçam laços de dependência ao ajudar na estruturação de

dos. De fato, o ponto de vista crítico da ótica do trabalho para analisar essa estrutura produtiva demonstra como ela é transpassada por contradições de uma disseminada precarização do trabalho.[118] É o trabalho precário, no campo e na cidade, ora flexibilizado, sujeito às marcas de concentração de renda[119] e de desigualdades "de raça",[120] à divisão sexual do trabalho[121] também imperante e às instabilidades de uma economia propriamente periférica que, em primeiro lugar, condiciona a estruturação dos imigrantes no Brasil, seja ela por curto ou por longo período.

O ciclo de greves que, conforme apontou Braga, não se interrompeu, mas se intensificou na década de 2000,[122] é prova do que significa para os próprios trabalhadores brasileiros carregar essa estrutura, mesmo num contexto de aquecimento do mercado de trabalho. Também seria oportuno acenar outros fatores sociológicos analisados na coletânea de textos organizada por Sampaio Jr., que ficaram bastante evidentes nas manifestações sociais de 2013 e 2014 e são indicativos de como, a esses salários baixos, também se sobrepõe uma vida precária com relação ao acesso a direitos básicos de transporte, saúde, educação e moradia.[123]

---

um parque produtivo que é a imagem e semelhança (embora atrasado e desarticulado) do vivido nos países desenvolvidos; e IV) ao fazer isso, e dado que parte do excedente econômico é enviado ao exterior, impõe como necessário a atração de mais IED para que se consiga avançar na modernização da economia dentro dos padrões de produção e consumo instituídos" (Pochmann *et al.*, 2009, p. 74).

118 Antunes, 2014.

119 O funcionamento do mercado de trabalho brasileiro continua reproduzindo as características da estrutura de empregos de um contexto periférico onde o trabalho deve, necessariamente, custar bem pouco. O estudo de Pochmann, 2012, p. 20, esclarece com dados estatísticos bem claros a natureza *polarizada* da *estrutura ocupacional de empregos* – correspondente à *social*, que apresenta níveis de concentração de riqueza mais altos do mundo. Segundo o autor, na primeira década de 2000, a base, ainda alargada, dessa pirâmide (59% da população) recebia, *no máximo*, até dois salários mínimos (como parâmetro, em 2010, o salário mínimo valia R$ 510,00).

120 Alfonso e Matos, 2013.

121 Gonçalves, 2013.

122 Braga, 2014a.

123 Sampaio Jr., 2014.

A "ênfase nos direitos humanos", que tem pautado os debates sobre a situação do imigrante e o novo projeto de lei, secundariza o tratamento desses fatores objetivos de discussão do que significa, na realidade, para um imigrante, trabalhar e viver no Brasil. A essa problemática que, ao contrário de acessória ou "redutiva da condição do imigrante", é determinante para sua estruturação de vida, em suas dimensões objetivas e subjetivas, serão dedicados os próximos capítulos.

Antes disso, será dada uma atenção especial à especificidade dos fluxos de mulheres, tendo em vista que no Brasil ainda há um déficit de pesquisa e de fontes sobre essa questão.

O déficit de estudos sobre a imigração de mulheres

Diversos estudos críticos já chamaram atenção à "(in)visibilidade contínua"[124] da mulher imigrante, principalmente do seu papel laboral no país de destino (seja na esfera da produção, seja da reprodução). Morokvasic, no estudo citado, acusa uma "visão global da imigração como fenômeno masculino" (o traço do *gender blinded*), na qual a mulher aparece somente como "acompanhante" e "dependente passiva" do homem no projeto e na experiência imigratória. Como alerta a autora, hoje, ao contrário, passa-se aos efeitos problemáticos de um cenário que foi revertido a outro extremo: do "boom" de estudos especializados na temática "gênero e imigração". Embora o assunto "esteja na ordem do dia" nas diferentes esferas (academia, mídia, discursos políticos), conforme explica, essa visibilidade oferecida à mulher imigrante continua sendo "parcial e tendenciosa".[125]

124 Morokvasic, 2011.

125 A expressão usada por Morokvasic, 2011, p. 35, para interpretar esse processo é "olhar tendencioso", que segundo a autora não só oculta a presença das famílias [ou seja, da mulher imigrante], mas igualmente a dimensão econômica da imigração de mulheres. No que se refere ao continente europeu, como ressalta, essa "invisibilidade" pode ser considerada um traço característico das pesquisas sobre o tema, que só começa a ser modificado a partir dos anos 1970. Para aprofundar as discussões da literatura relativa à questão do gênero na migração, ver Campani, 2002.

Sua crítica se refere principalmente ao "miserabilismo" que continua presente na "produção do saber" sobre a imigração de mulheres, reproduzindo estereótipos da mulher imigrante como "dependente, passiva, a ser assistida" e ocultando suas "iniciativas autônomas, na vida associativa ou mesmo no empreendedorismo". Morokvasic também se opõe ao "olhar eurocêntrico" dessas pesquisas, que associa continuamente as "culturas tradicionais" das mulheres imigrantes como um fator complicador da inserção no mercado de trabalho das economias ocidentais. Por fim, também denuncia a "estigmatização moral" do processo migratório da mulher que emigra sozinha, mecanismo reproduzido por um olhar "científico" que coloca em evidência os "custos sociais da emigração da mulher" para com a sociedade de origem, decorrentes da separação da família, dos filhos etc.[126]

No Brasil, é preciso pontuar que o déficit de estudos sobre a imigração de mulheres não se situa só no presente, uma vez considerada a lacuna na historiografia sobre a condição da mulher imigrante, seus projetos e estratégias autônomos.[127] Segundo Menezes, tal perspectiva, no que se refere aos estudos relacionados com a imigração, só começa a ser desenvolvida a partir dos anos 1980, em função da exigência que se afirma à época da "construção de uma história feminina".[128]

---

126 Morokvasic, 2011, p. 36 e ss.

127 Com relação à imigração de mulheres no Brasil, o estudo de Peres, 2009, mostra a importância do entendimento do protagonismo das mulheres bolivianas em Corumbá-MS, na construção e realização dos projetos migratórios. Seu estudo destaca o ganho de autonomia para essas mulheres na realização do projeto imigratório, apesar dos aspectos problemáticos.

128 Menezes, 2010, cita como "quebra do silêncio" da historiografia sobre a imigração de mulheres o estudo pioneiro de Rago, 1991, sobre a prostituição em São Paulo ([1890] 1968-1930), que analisa o tráfico de mulheres brancas para o país. Também cita a pesquisa de Matos, 2002, sobre as mulheres portuguesas na indústria de sacaria em São Paulo. Cabe indicar os próprios estudos de Menezes, 1992, nos quais relata a realidade da prostituição e do tráfico de mulheres imigrantes na cidade do Rio de Janeiro no século XIX e início do XX. Como destaca, esses trabalhos, dentre outros que estão sendo desenvolvidos recentemente na historiografia, mostram o papel ativo das mulheres "no processo de construção da vida em terra estrangeira", ou seja, na história da imigração no Brasil.

Sem deixar de considerar os elementos que podem contar para uma transformação e melhora das condições de vida da mulher imigrante e do "governo delas mesmas"[129] a partir de suas próprias inciativas no processo migratório, é preciso levar em consideração os condicionantes de sua inserção no mercado de trabalho brasileiro. Não se trata de "vitimizar" essas mulheres ou construir sua visibilidade a partir da "miséria" ou da "passividade",[130] mas de reconhecer que a maior "vulnerabilidade objetiva e subjetiva" da condição de imigrante comporta um maior risco da imposição de condições precárias e da exploração do trabalho, que podem também acompanhar o uso da violência ou de uma "carga de agressividade".[131]

A análise da inserção laboral das mulheres imigrantes no atual contexto brasileiro também passa pela compreensão das condicionantes da divisão sexual de trabalho, que agem em escala mundial e são sedimentadas historicamente no mercado de trabalho brasileiro. Por esse motivo, considera-se útil entender o panorama da literatura internacional sobre o tema, ao qual se passará a seguir.

A divisão internacional e sexual do trabalho

Nos países centrais, a forte presença da componente de mulheres nos fluxos imigratórios foi constatada desde os anos 1970[132] – principalmente a proveniente de países periféricos do Sul e do Leste europeu. Igualmente, a precarização do trabalho dessas imigrantes já foi largamente documentada e analisada por diversos estudos críticos,[133] que também colocaram em evidência as formas de violência contra a imigrante.[134]

129 Roulleau-Berger, 2010.

130 Morokvasic, 2011.

131 Falquet, 2006.

132 Morokvasic, 1984.

133 Ver Sassen, 2006; Chiaretti, 2005; Ehrenreich e Hochschild; 2003; Campani, 2002.

134 Falquet, 2006.

Esses estudos iluminam como muitas dessas mulheres hoje migram sozinhas, também apontando a alta concentração dessa força de trabalho no setor doméstico e em trabalhos informais (principalmente no caso das indocumentadas); em empregos precários com baixos salários, horários flexíveis, a tempo parcial ou em regime temporário, além das mais altas taxas de desemprego enfrentadas por essas mulheres. Sem considerar também as modalidades de trabalho análogas à escravidão e o fenômeno da prostituição e tráfico de mulheres.

São diferentes os ângulos utilizados por esses estudos para o tratamento do tema. Sassen, por exemplo, dá destaque à necessidade de se olhar para a desigualdade crescente na estrutura social das "cidades globais", bem como para as dinâmicas da fase atual da divisão internacional do trabalho.[135] Nesse sentido, apoia-se nos estudos de Ehrenreich e Hochschild sobre a explosão da "cadeia global do trabalho de cuidado" (*global care chain*)[136] e chama atenção à "reemergência de uma classe de serviçais nos bairros ricos e nas famílias de renda alta"[137] nos Estados Unidos. Para essa autora, "a imagem de uma mulher imigrante servindo a mulher branca, de classe média, substituiu – pelo menos no sul dos Estados Unidos – aquela da serva negra trabalhando para um senhor branco nos séculos passados".[138]

Hirata e Kergoat[139] nos alertam que a análise da explosão da utilização do "*care* externalizado" nos países centrais passa pela compreensão da sua organização pela utilização dos três elementos inerentes a esse trabalho: mulheres, imigrantes, de classes subalternas. Como chamam atenção, o beneficiário desse sistema é, em primeiro lugar, o capital globalizado que maximiza seus lucros com o trabalho das

135 Sassen, 2006.

136 Ehrenreich e Hochschild, 2003.

137 Sassen, 2006, p. 77.

138 *Idem, Ibidem.*

139 Hirata e Kergoat, 2007.

imigrantes e, desse modo, acentua a estrutura sexuada e classista do mercado de trabalho.

Da mesma opinião é a socióloga Chiaretti, que analisou de forma exaustiva, a partir do contexto italiano, a natureza da modalidade mais difundida das atividades laborais "fechadas nas paredes domésticas",[140] exercidas pelas imigrantes, como cuidadoras e domésticas. Segundo a autora, essa posição foi "atribuída à força de trabalho feminina pelo mercado mundial" e implica um trabalho muito exposto ao arbítrio do empregador (pela total dependência do emprego para ter os documentos, poder se manter no país de destino e ajudar a família no país de origem), com cargas intensivas de dispêndio de energia física e emocional, implicando um "tempo totalizante" de trabalho – tendo em vista que muitas vezes as imigrantes moram na casa do empregador e não há separação das horas de repouso daquelas de trabalho) – e o peso de ter que cuidar de duas famílias, a do próprio emprego, bem como, à distância, a de origem.[141]

Trata-se, segundo Chiaretti de uma situação que combina "mal estar no trabalho e nas relações sociais", pelo isolamento imposto da natureza do trabalho doméstico e pela condição da imigrante, expressa por uma categoria de "trabalhadores de segunda classe, porque mulheres e quase sempre indocumentadas".[142] Como ressalta, esse trabalho doméstico exige, em contrapartida, um esforço enorme de diversas formas de "enfrentamentos e resistências cotidianas" para poder suportar a atividade laboral e a permanência no país de destino, muitas vezes longe dos próprios filhos.

Outras investigações, como as de Campani e Lutz sobre a experiência laboral das imigrantes na Europa, iluminam como elemento explicativo de fundo o processo de desmantelamento do sistema do *Welfare* nesses territórios e o concomitante aumento da demanda do trabalho de mulheres.[143]

140 Chiaretti, 2005, p. 171.

141 *Idem*, p. 171-173.

142 Chiaretti, 2005, p. 172.

143 Campani, 2002; Lutz, 2008.

Lutz, por exemplo, colocou em evidência que, ao mesmo tempo em que há uma forte tendência à "reprivatização"[144] desses serviços,[145] antes em grande parte cobertos pelo *Welfare* - por meio do emprego do trabalho doméstico e de cuidado das imigrantes - não há nenhum reconhecimento pelos Estados e pelas sociedades europeias da larga demanda desse serviço pelas famílias, o que comporta uma forma juridicamente desprotegida, desvalorizada, explorada e racializada de trabalho. Por esse motivo a autora sugere a denominação de *intimate others* (o Outro íntimo).

Para Falquet,[146] uma análise aprofundada da evolução da divisão sexual e internacional do trabalho no contexto neoliberal deve levar em consideração a dimensão patriarcal, capitalista e racista de exploração, bem como de opressão da mulher. Nesse sentido, falar de expansão e desenvolvimento do sistema capitalista significa levar em consideração a dimensão não só de exploração do trabalho da mulher, mas também de um sistema de diferenciadas formas de apropriação: do seu corpo, da sua mobilidade, etc. Essa opressão é bastante clara, como mostra a autora, nas formas de combate à prostituição nos países centrais que acabam por significar o cerceamento da mobilidade de mulheres.[147]

Trata-se de um sistema, segundo a autora, que impõe "novas coerções da divisão sexual, social e internacional do trabalho" e reforça,

---

144 Lutz, 2008.

145 A estrutura de serviços antes cobertos pelo Estado nos países centrais - como creches, escolas em tempo integral, asilos para idosos - exercia um papel importante de suporte para as mulheres poderem participar do mercado de trabalho. Esses serviços públicos, segundo Lutz, 2008, estão hoje voltando para a esfera privada e com isso gerando um impacto nas relações de gênero. As famílias com poder aquisitivo, em grande parte, recorrem ao serviço da imigrante, ao passo que aquelas nas quais tal gasto é inacessível, geralmente é a mulher que reassume as tarefas domésticas e de cuidado dos filhos e parentes. Por isso, a autora utiliza o termo "reprivatização" desses serviços e também chama atenção à dimensão sexuada e racializada desse processo.

146 Falquet, 2006.

147 Casas, 2006.

em diferentes modos, seja nos países centrais, seja nos periféricos, a "violência comum contra as mulheres", uma vez que coloca em contato homens e mulheres, no caso as imigrantes do Sul global e do Leste europeu, em condições desiguais e de "dependência"[148] imposta.

Essa dependência imposta, além de se relacionar com o universo doméstico e laboral, também se fortifica pelos "traços patriarcais" das leis de imigração que colocam o núcleo familiar ou conjugal como base para a concessão de direitos. Essa questão foi analisada por Lesselier, com relação ao caso francês.

Para a autora, as leis imigratórias, mesmo se declaradas "juridicamente neutras", na realidade material e ideológica produzem inúmeros efeitos negativos para mulher imigrante. Nesse sentido, chama atenção ao requisito do vínculo conjugal para concessão e manutenção dos direitos de permanência nos países centrais (reunião familiar) como único meio para conseguir a entrada regular no território. Tal situação, como ressalta, é "propícia", e muitas vezes provoca (veja a estratégia de casamento para conseguir o visto) o abuso do poder masculino – por meio de chantagens, exploração sexual, violência (moral, física e sexual), escravidão doméstica.[149]

Este capítulo procurou, portanto, fornecer uma contextualização dos fluxos imigratórios na atualidade do Brasil e internacionalmente, dando especial ênfase a questões relacionadas com o trabalho dos imigrantes, bem como a algumas pontuações teórico-analíticas para se considerar a configuração polarizada da imigração, que será analisada com mais profundidade nos próximos capítulos.

148 Falquet, 2008.

149 Lesselier, 2004.

IV. O polo da qualificação-especialização produtiva

> Onde houver um mercado global para especializações, as escolhas dos empregadores em realocar ou não é espelhada na decisão dos trabalhadores de imigrar ou não.
> UrsulaHuws, *A construção de um cybertariado? Trabalho virtual num mundo real*

O mercado mundial dos "recursos humanos qualificados": mobilidade e temporalidade

Discute-se atualmente o aumento da mobilidade dos chamados "recursos humanos qualificados" como fator característico do funcionamento das economias centrais. Trata-se de uma modalidade de imigração que envolve diversificadas ocupações (podendo até mesmo se iniciar pela migração por motivo de estudo) e responde às novas exigências da reestruturação produtiva e seus padrões tecnológicos.[1] Em particular, serve ao atual contexto de funcionamento do sistema capitalista que, progressivamente, acentua seu grau de internacionalização em diferentes dimensões: produtiva, financeira, informacional, tecnológica.[2]

1 Aragonés e Salgado, 2011.

2 Chesnais, 2005.

Esse fenômeno já foi bastante investigado, em suas diferentes variáveis, nos países centrais, principais destinos desses fluxos. Conforme ressalta Pizarro, já nas décadas de 1960 e 1970, ganhava espaço o debate sobre o impacto para os países periféricos desse tipo de emigração, sendo retomado nos anos 1990, durante o auge da indústria informática. Segundo o autor, o peso crescente desses fluxos migratórios com perfil qualificado-especializado se refletiu no *Acordo Geral de Comércio de Serviços*, da Organização Mundial do Comércio (OMC), que regulamentou em 1995 a formação de um *mercado global de recursos humanos qualificados* para a prestação de *serviços*, operacionalizado pelo *regime temporário* de residência no país de destino. Este acordo "prevê a mobilidade de pessoas condicionada à prestação de serviços, mas não se aplica à inserção no mercado de trabalho, nem a direitos de cidadania e residência, na essência, busca favorecer a rotação de pessoal qualificado intra-empresas".[3]

O autor destaca que esse fenômeno atinge a América Latina desde, pelo menos, a década de 1960, sendo os Estados Unidos o principal destino desses fluxos: "[é] possível afirmar que todos os países [latino-americanos] registram emigração e imigração de recursos humanos qualificados, ainda que a emigração para fora da região tenha sido o traço mais chamativo em intensidade, tendências e impactos".[4] De fato, a maior parte dos estudos sobre esse tema na América Latina focaliza o ponto de vista de um continente emissor de emigrantes com esse perfil.[5]

Na visão dos estudos destinados ao mercado de alocação de "recursos humanos", esse perfil qualificado de imigrantes caracteriza uma "nova força de trabalho com mobilidade mundial". Para descrevê-la, usam um vocabulário específico como o "trânsito contínuo", "mobilida-

3 Pizarro, 2005, p. 20.

4 *Idem*, p. 12.

5 Para uma consulta sobre os marcos interpretativos e o referencial bibliográfico sobre o tema na América Latina, ver Pellegrino, 2010.

de global", "situação fluída", "múltiplas migrações", enfim, uma semântica que enfatiza o perpétuo movimento naturalizado pela expressão "nômades globais". Estes seriam caracterizados por uma geração de executivos que representam a "força motriz do futuro", inserida na "nova forma global" das empresas produzirem e fazerem negócios. Se é feita a pergunta por que nova, o autor desse ideário, Jim Mattewan,[6] responde que se trata de uma geração que "nasce" poliglota e "escolhe" viajar para achar um emprego adequado às suas exigências. Em suas palavras:

> Os indivíduos desse grupo muitas vezes provêm de famílias de nacionalidades mistas em termos de pais e avós. Uma elevada proporção foi mandada para a educação privada em faculdades internacionais ou, pela emigração, para um novo ambiente estudantil em um país diferente, normalmente com a exigência de outro idioma.[7]

E ainda:

> Os nômades têm um desejo insaciável de novas experiências e uma sede de conhecimento. Seu senso de destino pessoal implica que eles se sintam com capacidade de tomar decisões rápidas – há procrastinação: se uma oportunidade se apresenta, eles podem rapidamente fazer as malas e partir.[8]

Como é possível notar, a base de fundo dessa linha de interpretação parte da suposta "escolha dos indivíduos" para destacar os fatores positivos de uma organização móvel do trabalho especificamente qualificado ou especializado envolvendo diferentes países e culturas. Com esse propósito, os termos evocados geralmente são: "mobilidade criativa", "mobilidade como *modus vivendi*", "intercâmbio de competências", "circulação de competências", "sociabilidade além das frontei-

6 Consultor de recursos humanos. Seu livro apresenta os resultados de sua pesquisa com executivos e gerentes em empresas transnacionais.

7 Mattewan, 2012, p. 57.

8 *Idem*, p. 83.

ras", "diáspora científica" e "identidades flexíveis".[9] Em suma, qualquer aspecto negativo do trabalho envolvendo a mobilidade é relativizado nessa linha de interpretação pelos ganhos por parte do imigrante, da economia e da sociedade dos países de emigração e imigração.

Entretanto, a contrapartida dessa mobilidade tem sido apontada por uma vasta literatura, tanto antiga, quanto atual.[10] Parte dessa literatura se concentra sobre as relações hierárquicas entre países implicados, as assimetrias de funcionamento dos mercados de trabalho,[11] os regimes seletivos e restritivos da mobilidade desses imigrantes e os impactos dessa emigração para os países periféricos. Nesse marco interpretativo, alerta-se que

> a emigração qualificada está em aumento não só por fatores de expulsão, mas também pelas políticas agressivas e as condições [de funcionamento do mercado de trabalho] dos países industrializados que demandam altas especializações, oferecem níveis salariais e ambientes laborais impossíveis de se equiparar [ao dos periféricos], e retêm os melhores estudantes".[12]

Outra parte desses estudos, muito mais restrita, concentra-se sobre a incidência dos fatores de precarização do trabalho desses imigrantes. Esse campo de pesquisas não foi, até o momento, investigado no Brasil[13] e será privilegiado neste estudo. De fato, o momento atual

---

9 Nedelcu, 2004.

10 "No caso da migração qualificada na América Latina e Caribe, esta continua sendo um problema (*brain drain*)" (Pizarro, 2005, p. 15). Para essa discussão no caso brasileiro, ver Pochmann, 2008: "[n]o Brasil, o fenômeno da emigração de cérebros para países ricos ganhou evidência nas últimas décadas".

11 Ver Pochmann, 2008.

12 Pizarro, 2005, p. 19.

13 Os estudos de Coentro, 2011, e Momo, 2014, investigaram o tema com o propósito de fundo de discutir a necessidade da aplicação de políticas públicas no Brasil para atração desse perfil de imigrantes, sendo exemplos de estudos apologéticos dessa modalidade com base na ideia diretriz do papel da qualificação--especialização produtiva na modernização dependente. Não por acaso, os EUA são utilizados como exemplo, nos dois estudos, do que se poderia considerar o

exige um novo olhar sobre o tema, já que a eclosão da crise contemporânea (2007) representa um marco para se pensar o redirecionamento dessa modalidade de imigração. Isso não significa, é claro, que os países ricos tenham deixado de ser a direção mais almejada por esses fluxos.

Para além das possíveis escolhas dos indivíduos, a intensificação da mobilidade internacional dessa força trabalho é difícil de ser compreendida como fenômeno social se colocada fora da relação de assalariamento e do atual grau de internacionalização dos processos produtivos vigente no capitalismo contemporâneo, que acompanha, por sua vez, um regime legal da imigração a partir de aberturas e barreiras seletivas.

Conforme destaca a frase da epígrafe de Huws, "onde houver um mercado global para especializações, as escolhas dos empregadores em realocar ou não é espelhada na decisão dos trabalhadores de imigrar ou não".[14] A autora esclarece que os trabalhadores estão submetidos não só à escolha dos empregadores, mas também dos Estados: "tanto os Estados Unidos quanto a maior parte dos países europeus recentemente facilitaram seus procedimentos de imigração para facilitar os *greencards* para engenheiros de *software* com qualificações".[15]

No mesmo sentido, Lopreno colocou em evidência como a abordagem de pesquisas e políticas públicas sobre essa modalidade de imigração é sempre poluída por uma alusão ao "cérebro" dentre os quais *brain drain* (drenagem de cérebros), *brain gain* (ganho de cérebros), *brain circulation* (circulação de cérebros)[16] – recebendo a atenção de cálculos milimétricos para precisar o chamado "capital humano", ou seja, a qualificação-especialização produtiva funcional

---

suprassumo de uma política bem sucedida de atração desses profissionais, na qual as políticas públicas brasileiras deveriam se espelhar.

14 Huws, 2009, p. 56.

15 *Idem, ibidem.*

16 Lopreno, 2015. Conforme já destacado no capítulo II, o termo *brain drain* foi pela primeira vez utilizado nos anos 1950 para descrever os fluxos de saída de médicos do Reino Unido para os Estados Unidos.

a determinados setores estratégicos da economia, especialmente de serviços. Enfatiza-se o "capital humano" dos imigrantes como parâmetro para medir o quanto sua presença pode ser saudável para as economias dos países de destino. Todavia, conforme ressalta, apesar da etiqueta favorável, o trabalho desses imigrantes não deixa de ser também alvo de *mercantilização* pelos Estados e empresas, interessados em saber quanto estão perdendo em *competitividade* quando esses emigrantes com perfil qualificado deixam seu território e quanto ganham quando os recebem.

A própria denominação "nômades globais" já é um indicativo de que, para essa categoria de imigrantes, a oportunidade de emprego tem a *mobilidade* como contrapartida, fator que nem sempre acompanha vantagens em relação a salários, jornadas, condições de trabalho (se considerados os parâmetros dos nacionais que ocupam os mesmos postos), além dos condicionantes burocráticos e, sobretudo, a *temporalidade*.[17] Como já indicado, esta é o elemento base do atual regime de contratação internacional dentro do circuito legalizado de migração, que não deixa de expressar uma dimensão da flexibilidade do trabalho sob o "império do curto prazo"[18] no funcionamento do capitalismo na era da mundialização financeira.[19] Como explica o autor,

> em um capitalismo flexível, sob a hegemonia do capital financeiro, tende a prevalecer a fluidez e a efemeridade, que passam não só a reger a produção de bens como também a influenciar os valores da sociedade [...]", [no sentido da] flexibilidade, o gosto pelo risco, a cooperatividade superficial e a adaptabilidade".[20]

17 Sobre a tendência à organização dessa imigração qualificada com base no limite do tempo de permanência, ou seja, a temporalidade dos *guest worker programs*, programas para trabalhadores hóspedes, inspirados no sistema alemão, consultar Martin (2006).

18 Krein, 2013, p. 23.

19 Ver também Lima, 2013.

20 Krein, 2013, p. 23.

Para Aragonés e Salgado, a demanda por imigrantes com perfil qualificado ou especializado para trabalhar em setores de ponta nos países centrais reflete uma face da precarização do trabalho, representando um elemento vital dessas economias para a manutenção da produtividade e da concorrência, a redução dos custos laborais e a geração de novos conhecimentos. Segundo as autoras, a importação dessa força de trabalho atua como um sistema eficiente de *fornecimento de trabalho flexível* que geralmente age pela chamada "atração de cérebros",[21] uma vez que propicia uma *rápida contratação* do profissional já formado e também uma *eventual demissão* – muitas vezes acompanhada de *expulsão* do país, caso sua força de trabalho se torne excedente e seu visto não seja renovado –, sem que o país receptor tenha investido na sua formação ou tenha que desembolsar gastos para sua permanência (aposentadoria, por exemplo).[22]

A disponibilidade do trabalho qualificado/especializado também serve como instrumento para reduzir a pressão dos trabalhadores para o aumento de salários em setores da economia com escassez de profissionais especializados, considerando o fato importante de que a ligação dos imigrantes com sindicatos – principalmente no primeiro período de estadia no país de destino e, em particular, para categorias com um alto padrão de remuneração – é sempre mais difícil de ser estabelecida. Além disso, esse tipo de imigração pode funcionar como instrumento para reduzir os custos de serviços públicos, sobretudo na

21 Trata-se de um sistema que visa atrair estudantes ou jovens recém formados no ensino superior, o que pode representar uma perda significativa para o desenvolvimento econômico-social do país de origem desses emigrantes, apesar de possibilitar o envio de remessas e a aquisição de novos conhecimentos. Esses profissionais muitas vezes se formam pelo sistema público de educação (ou pelo privado subvencionado pelo Estado), porém, com a emigração, não podem aplicar seus conhecimentos em benefício da sociedade do país de origem. Tal fenômeno adquire importância quando as proporções dessa emigração são tão grandes a ponto de contribuírem para a escassez desses serviços em países subdesenvolvidos, mesmo existindo um sistema de formação.

22 Ver Aragonés e Salgado, 2011.

área da saúde e educação (veja, por exemplo, a alta taxa de importação de médicos e enfermeiras pelos países centrais).

Não por acaso, nos Estados Unidos, há autores que se referem aos profissionais contratados pela indústria informática do Vale do Silício como *cerebreros* ou *tecnobraceros*,[23] com o fim de evidenciar alguns traços da precarização desse trabalho especializado por meio do recrutamento internacional. Essa semântica remete ao sistema de importação de mexicanos utilizado nesse país, desde a metade do século XX, originalmente para suprir a demanda de trabalho na agricultura.

A partir dessas considerações sobre o contexto mais amplo no qual essa modalidade de imigração está inserida e o debate implicado, será iniciado, a seguir, o tratamento desse tema no contexto brasileiro, mais especificamente dos parâmetros legislativos vigentes da relação entre imigração e trabalho, bem como do ideário que os justifica.

O filtro da qualificação-especialização produtiva no Brasil

O desenho institucional da imigração bem-vinda no Brasil indica a mesma tendência apontada pelos estudos anteriormente citados sobre o aumento da mobilidade internacional de trabalho qualificado.[24] Essa modalidade de imigração ocorre em geral, mas não somente, por circuitos legalizados e de entrada facilitada para atuação em diversos setores de peso da economia nacional, sendo representada oficialmente como um produto da forte seletividade do mercado de trabalho, bem como das diretrizes da política nacional de desenvolvimento, principalmente para suprir a "falta" no país de profissionais qualificados para atuação em setores específicos.

O parágrafo único da lei 6.815/80, apresentada no capítulo II, que regulamenta o estatuto do estrangeiro no país, restringe a imigração a casos escolhidos (e sujeitos a uma aprovação altamente burocrática e

23 Alarcón, 2000.

24 Ver Baeninger, 2010.

demorada) de "mão-de-obra especializada", que seja funcional "ao desenvolvimento do país", "em especial ao aumento da produtividade, à assimilação de tecnologia e à captação de recursos para setores específicos".

A diretriz de seleção contida no projeto legislativo 5.655/09, que está sendo discutido para substituir a referida lei, é um pouco mais rebuscada, pois diz em seu artigo 4: "a política imigratória objetivará, primordialmente, a admissão de mão-de-obra especializada adequada aos vários setores da economia nacional, ao desenvolvimento econômico, social, cultural, científico e tecnológico do Brasil, à captação de recursos e geração de emprego e renda, observada a proteção ao trabalhador nacional". Contudo, essa lei, ao tratar dos critérios para concessão do visto permanente, deixa esses parâmetros abstratos mais compreensíveis com a precisão contida no artigo 34, o qual define que essa imigração escolhida deve envolver um significativo "investimento produtivo" ou "notório conhecimento em áreas de atuação profissional", fatores considerados relevantes para o país. O Estado, na posição de órgão regulador, atesta essa utilidade ao "desenvolvimento" ou, ao contrário, a "substituição indevida da mão-de-obra nacional".

Como demanda das empresas e das agências de recrutamento, como critério explícito das leis que regulam a imigração por motivo de trabalho e, de forma crescente, como prática ativa das políticas públicas, é possível perceber que o par perfeito qualificação-especialização, já anunciado na década de 1980, ao invés de anacrônico, continua com plena funcionalidade para determinar os critérios da relação tida como ideal entre imigração e trabalho, respondendo às exigências do atual regime de acumulação e seu padrão produtivo-tecnológico. Esta é hoje a *forma de aparecer* do fenômeno. De acordo com a retórica vigente, não se trata de discriminar, mas simplesmente de "escolher", de "atrair" os mais qualificados e especializados com o fim de manter fluxos contínuos, até agora de caráter temporário, de conhecimento, técnicas e ideias, é claro, produtivos.

Esse ideário pode ser compreendido com mais profundidade se pensado dentro da longa tradição política da assimilação da modernização dependente tratada no primeiro capítulo, que apresenta a imigração como portadora do desenvolvimento e progresso da nação. Nota-se que, ao contrário de ser, como no passado, o setor predominante da economia (a lavoura de café) a demandar "braços modernizantes e civilizatórios" – sendo que o imigrante podia ser camponês e analfabeto, desde que branco – hoje se fala de "apagão da mão de obra qualificada", "escassez de talentos", em setores bastante diversificados de um capitalismo fortemente mundializado. Tudo isso sem se descuidar, é claro, do binômio trabalhador estrangeiro-nacional tratado no capítulo II, que emerge como condição de possibilidade da imigração nos anos 1930 no Brasil e continua sendo evocado para balizar a forma de apresentação das políticas imigratórias.

Mesmo se o "apagão da mão de obra qualificada"[25] ainda não ganhou voz unânime para guiar as políticas públicas de emprego,[26] sendo uma questão no mínimo polêmica, para o setor privado parece ser incontestável. A posição de uma das maiores empresas multinacionais de recrutamento de pessoal qualificado atuante no Brasil, a Hays, diagnostica esse "gargalo produtivo" e oferece conselhos para as autoridades públicas brasileiras baseados em estudos do funcionamento do mercado de trabalho em escala global. De uma lista de cinco itens, o primeiro e o segundo são:

> 1. Manter as fronteiras nacionais abertas para o movimento da mão de obra qualificada.
> 2. Estabelecer um código internacional que facilite a migração do empregado.[27]

---

25 Dieese, 2011.

26 "O Brasil não enfrenta um 'apagão de mão de obra', mas maiores dificuldades no recrutamento de determinadas ocupações de setores econômicos aquecidos" (Dieese, 2011, p. 6).

27 Hays, 2012.

Do mesmo modo, a necessidade de importar qualificação produtiva é constantemente anunciada nos principais jornais de São Paulo, maior polo de atração desses imigrantes, e também em jornais em nível nacional:[28] "[e]xiste hoje uma distância grande entre o profissional que se forma no Brasil e o que as empresas precisam",[29] explica o representante da Associação Brasileira das Empresas de Tecnologia da Informação e Comunicação (Brasscom) para justificar a "caça de profissionais qualificados", além das fronteiras brasileiras.

A solução importadora também está sendo pensada para áreas mais tradicionais, como a medicina e a docência superior, sendo a crise nos países centrais geralmente apresentada como sua peça ideal de encaixe: "O Ministério da Saúde calcula um déficit de 160 mil médicos, que será suprimido apenas em 2035 se mantida a presente situação. A expectativa é que a carência seja sanada principalmente por médicos de Portugal e Espanha, onde o índice de desemprego está alto".[30]

Diante da pressão do andamento da economia, a posição apresentada pelo governo, na voz do presidente do Conselho Nacional de Imigração,[31] Paulo Sergio Almeida, por um lado recomenda cautela: "o tema é de importância grande, é preciso ter cuidado, pois o contexto pode mudar".[32] Por outro lado, reconhece a urgente necessidade de reformas que flexibilizem as regras de entrada e permanência no país de profissionais estrangeiros especificamente qualificados: "Devemos adotar possíveis mudanças de procedimento [do visto] para que fi-

28 Exemplo típico é a reportagem "Baixa qualidade de mão de obra afeta 68% da grande indústria" baseada em dados divulgados pela Confederação Nacional da Indústria (CNI), segundo os quais a falta de trabalhadores qualificados atinge 68% das indústrias de grande porte no país (Valor Econômico, 29 out. 2013).

29 Fusco, 2011.

30 Foreque e Nublat, 2013.

31 O CNIg foi criado em 1980 para cuidar dos assuntos relacionados à imigração. Este órgão colegiado é vinculado ao Ministério do Trabalho e Emprego.

32 Resende, 2013.

quem de acordo com os interesses do nosso país".[33] A solução do dilema é para eles bastante óbvia: "abrir [as fronteiras] com critérios bem definidos",[34] e é sugerida pela representante da Confederação Nacional do Comércio de Bens, Serviços e Turismo (CNC).

De acordo com essa retórica, não se trata de interromper a elevação do custo do trabalho com perfil qualificado-especializado no Brasil, mas de evitar "o apagão de mão de obra". Não se trata de utilizar uma fonte de recrutamento de força de trabalho rápida e geralmente temporária, mas de não frear o motor do crescimento. Não se trata de operacionalizar um sistema flexível e mundialmente utilizado de fornecimento de força de trabalho, mas de assimilar técnicas de trabalho e conhecimento mais produtivos, avançados e competitivos.

De fato, pela análise das normativas do Conselho Nacional de Imigração para a concessão do visto e da autorização de trabalho, é possível constatar como o imperativo da produtividade dita a demanda de importação desses profissionais, ao passo que o par perfeito qualificação-especialização aparece como o centro gravitacional, ou seja, o fator que decide a sorte do imigrante para a entrada no país.

O "controle" para a concessão do visto de trabalho se dá pela comprovação de dois requisitos: titulação e experiência profissional. Quanto mais alto o primeiro, menos necessária é a comprovação do segundo.[35] Cabe à empresa ou à entidade que demanda esse trabalho demonstrar esses requisitos "qualitativos" do candidato para dar prosseguimento à concessão do visto de trabalho, que permitirá a entrada e a permanência no Brasil. Outra possibilidade para conseguir o visto de trabalho é a comprovação de investimentos de capitais no país ou do vínculo da atividade laboral com os eventos esportivos (Copa das Confederações -

33 *Idem.*

34 *Idem.*

35 CNIg, N. 99, 12 dez. 2012.

2013, Copa do Mundo - 2014 e Jogos Olímpicos - 2016), na preparação, organização, planejamento e execução de atividades afins.[36]

Logo, só diante da comprovação do contrato de trabalho e da qualificação do imigrante, do investimento de capitais ou do vínculo formal de trabalho nos eventos esportivos, o Ministério do Trabalho e Emprego concede a autorização de trabalho no Brasil, o que automaticamente dá direito a um visto de trabalho, temporário ou permanente.

Com exceção do caso de investimento de capitais (que concede o direito ao imigrante de conseguir de imediato um visto permanente), o único modo de conseguir um visto por motivo de trabalho no Brasil é possuir esse vínculo formal com uma empresa ou empregador, que deve contratar o imigrante para que faça o pedido de visto. E esse procedimento se dá pela comprovação, por parte do empregador ou da empresa, da imprescindibilidade da sua força de trabalho para os interesses do país, em função, é claro, da sua "qualificação" ou "especialização", ou seja, seus títulos e a experiência laboral.

Mas o governo já está agindo nas lentas barreiras burocráticas que poderiam causar obstáculos aos padrões produtivos, mostrando que, quando se trata desse perfil de imigrantes, a regulação normativa se adapta facilmente para responder aos imperativos da construção de uma economia "avançada" e "atenta aos vetores do desenvolvimento". Diversas reformas foram sendo aplicadas ao longo desses últimos anos,[37] principalmente no período posterior à eclosão da crise, para combater o que é recorrentemente denominado "anacronismo" das leis imigratórias e assim facilitar a entrada de profissionais qualifi-

36 CNIg, n. 98, 14 nov. 2012.

37 Por exemplo, a maior facilidade para converter um visto temporário em permanente – desde que, é claro, se comprove a continuidade do contrato de trabalho, tendo em vista que grande parte dos vistos concedidos nos últimos anos era temporário, de noventa dias, um ou dois anos de estadia; a viabilização do pedido digital de visto e autorização de trabalho com aceitação de certificação digital, entre outras medidas.

cados no país.[38] Em 2013, por exemplo, o procedimento para a concessão de vistos para professores de ensino superior, pesquisadores e estudantes de pós-graduação foi simplificado.

É muito provável que outras mudanças sejam rapidamente implementadas nesse sentido. Resta intocável, no entanto, o seu requisito formal e utilizado como parâmetro da mobilidade legalizada de força de trabalho – para aqueles que não possuem a permissão de residência (em função de tratados regionais como o Mercosul ou casamento/filhos) – que é o *contrato de trabalho* e a *autorização de trabalho.*

Isso quer dizer que a possibilidade de imigrar de formar regular e nos circuitos legalizados para trabalhar no país obedece a um "modelo patronal", exatamente o que Perocco identifica como uma marca característica da organização do sistema de imigração nos países centrais, como demonstra o caso italiano e, em geral, o europeu. O autor utiliza essa expressão para ressaltar o peso do vínculo exigido institucionalmente entre visto-permanência-contrato de trabalho, que acentua a *dependência* do trabalhador imigrante para com o seu *empregador*, ou seja, faz com que o prazo de *validade dos direitos* do primeiro, desde o pedido da permissão de entrada no país, coincida com a *validade* e *renovação* do *contrato de trabalho*. Sua entrada e permanência ficam, portanto, condicionadas ao poder do empregador de declarar sua utilidade para o país enquanto força de trabalho. Não se quebra, assim, o vínculo de dependência do imigrante para com o empregador e com um processo burocrático penoso.[39]

Na prática, como será colocado em evidência a partir das entrevistas de campo realizadas para este estudo, somente as empresas de

---

38 A comissão do Conselho Nacional de Imigração (CNIg) discute oferecer a possibilidade para o estrangeiro fazer o contrato de emprego e o pedido de visto, bem como obter a autorização de trabalho, diretamente do Brasil, desde que comprovada a promessa formal de emprego, em substituição ao atual procedimento que exige a entrada no país já com a comprovação do vínculo empregatício, autorização de trabalho e visto, mediante o recrutamento pelas próprias empresas/entidades do profissional no exterior.

39 Perocco, 2011.

grande porte ou de capital transnacionalizado bancam os custos dessa burocracia e conseguem a autorização de trabalho para o imigrante, ou seja, essa burocracia para a entrada e a permanência no país por motivo de trabalho não se comunica com postos de trabalho com baixa remuneração que, em teoria, não exigem "*conhecimentos específicos*".

Percebe-se, portanto, que sob uma roupagem politicamente correta e um discurso que evita a categorização de etnias bem-vindas, os contornos gerais da política imigratória brasileira reassumem uma estratégia de seleção focalizada de trabalho imigrante internacional para responder aos parâmetros produtivos de uma economia altamente internacionalizada e seus novos requisitos de expansão no futuro.

O terreno de fundo que explica o modelo da política imigratória brasileira, teoricamente ditado pelos critérios do "interesse nacional", como ressalta Sant'Ana, espelha a esfera econômica agindo "como principal mecanismo de filtragem da entrada de trabalhadores estrangeiros". O autor mostra como há uma *oscilação* do posicionamento da política oficial entre a "abertura mais célere do mercado de trabalho a profissionais das empresas transnacionais e a investidores" ou a defesa da necessidade de "proteção dos trabalhadores nacionais".[40]

É claro que, nesse cenário, alguns imigrantes são representados como necessários e desejáveis, enquanto outros, embora trabalhem em ritmos intensos, são vistos como emergenciais, supérfluos e, principalmente, excedentes em relação à capacidade de absorção do mercado de trabalho brasileiro.

Nesse sentido, esse capítulo da política imigratória centrado na lógica seletiva da "qualificação" e "especialização", já arquitetado desde o início da implantação das políticas imigratórias no Brasil e agora perfeitamente encaixado e adaptado à conjuntura atual, não inaugura novidades, mas reedita um sistema global, antigo e esporadicamente imprescindível ao capitalismo: o recrutamento internacional de força de trabalho.

40 Sant'Ana, 2001, p. 76 e 77.

No próximo item, será proposto um quadro explicativo dessa modalidade de imigração, construído a partir da análise de dados do Ministério do Trabalho e Emprego do período 2010-2014. Essa fonte documental, embora limitada,[41] é importante por ilustrar o perfil ocupacional dos imigrantes considerados necessários e estratégicos ao mercado de trabalho brasileiro.

O desenho institucional da imigração

Antes de expor o desenho institucional dos fluxos de imigração por motivo de trabalho, há um ponto a ser esclarecido, referente ao tratamento teórico-analítico das modalidades de imigração dentro desse polo da qualificação-especialização produtiva.

Utiliza-se aqui a "noção ampliada" da "classe-que-vive do trabalho" sugerida por Antunes[42] para pensar, na contemporaneidade, o que chama de "desenho compósito, diverso e heterogêneo" da classe trabalhadora em sua totalidade que, no atual contexto, conforme destaca, "se amplia" e "se complexifica" e possui "muitas clivagens". Tal perspectiva analítica ajuda a entender o tratamento dos polos da qualificaçãoespecialização e dos periféricos emergenciais de forma conjunta, de acordo com a posição (de assalariamento) ocupada na estrutura produtiva, sem renunciar, no entanto, a diferenciações entendidas como necessárias por este estudo. Parte-se, portanto, do entendimento de que a mediação com o trabalho, mais precisamente com o seu elemento determinante, o salário, caracteriza as modalidades de imi-

41 Baeninger e Leoncy (2001) nos lembram que essas fontes são qualitativamente limitadas para uma análise mais precisa e aprofundada do perfil dos imigrantes que exercem atividades laborais no Brasil, pois não permitem apreender a complexidade dos fluxos migratórios, como, por exemplo, a captação do tempo de permanência real do imigrante e o último país de residência, que não necessariamente é o de origem. No entanto, ressaltam que essas autorizações não deixam de ser úteis para indicar os *traços gerais* e também as *tendências* desses fluxos de entrada no país.

42 Antunes, 2009, p. 103-107.

gração dentro desse polo, que estão abaixo da categoria do que aqui denominamos gestores do capital estrangeiro, já que esses últimos têm a vinda ao país relacionada com o exercício de uma atividade laboral, também com vínculo empregatício, porém numa posição de gestão e comando da estrutura produtiva- financeira.

Além disso, no capítulo anterior foi sublinhado, a partir de uma leitura de Marx e de autores contemporâneos, como nem mesmo os estratos mais altos de empregos na estrutura produtiva estão imunes ao movimento, de caráter sistêmico, da simplificação das tarefas, rebaixamento de salários e exploração, determinado pela lei de funcionamento do modo de produção capitalista.[43]

Para Huws, independentemente dos diferentes posicionamentos teóricos e das tentativas de definições da "zona cinzenta" dos "trabalhadores de escritório", "de colarinho branco", "trabalhadores comerciais", "ciberproletariado", o *denominador comum da mercantilização do trabalho* é assumido por todas essas interpretações.[44] Conforme destaca, a crescente "complexidade da divisão do trabalho" acarreta "novos grupos localizados entre o proletariado paradigmático e a burguesia".[45] A autora fornece os marcos teóricos e práticos dessa discussão muito viva hoje, devido ao que chama de "mudanças sísmicas" da crescente "complexidade da divisão do trabalho", pelo impacto da automação, da tecnologia, da divisão digital e a consequente criação de novas categorias de força de trabalho.

Trata-se, portanto, de um polo que, embora tenha entrada facilitada pelo seu traço constitutivo da qualificação-especialização, con-

43 Tosta, 2008, realizou uma pesquisa de campo com profissionais das áreas de comunicação e tecnologia da informação nos altos estratos do mercado de trabalho brasileiro, argumentando que o rebaixamento de salários, a insegurança, a incerteza e a desproteção de direitos atinge também profissionais "altamente qualificados e escolarizados", em particular pelas formas disfarçadas de empregos em empresas e também órgãos públicos, nacionais e internacionais.

44 Huws, p. 2009, p. 39.

45 Huws, 2009, p. 38.

siderado estratégico para o desenvolvimento econômico do país, ilustra uma categoria guarda-chuva que contém em si muitos contrastes – com imigrantes posicionados nos estratos mais altos do mercado de trabalho brasileiro, intermediários e baixos –, principalmente nos casos em que essa força de trabalho não é absorvida ou é expulsa pelo mercado de trabalho de seus países de origem.

Todas as modalidades de imigração dentro desse polo ganharam peso no Brasil, se consideradas as décadas anteriores,[46] não só em números, mas também na velocidade das entradas e saídas, nas variadas categorias profissionais, bem como nos setores econômicos implicados. A Tabela 4.1, abaixo, não deixa dúvida sobre a significativa mudança no patamar de autorizações de trabalho[47] concedidas a estrangeiros de 2007 para 2008, quando salta de 29 mil para quase 44 mil, crescendo ainda no período seguinte, quando supera as 60 mil autorizações anuais.

Tabela 4.1: Autorizações de trabalho concedidas a estrangeiros, Brasil (1993 a 2014)

Ano	Nº de pessoas
1993	5.376
1994	4.236
1995	3.792
1996	4.002
1997	7.090
1998	14.110

Ano	Nº de pessoas
2004	20.315
2005	24.158
2006	25.440
2007	29.488
2008	43.993
2009	42.914

46 OIM, 2010; Baeninger e Leoncy, 2001.

47 A autorização de trabalho é um requisito para a concessão de vistos a estrangeiros que entram no país em razão do exercício de uma atividade laboral, com ou sem vínculo empregatício. Com relação ao aumento de autorizações após o ano de 1998, Baeninger e Leoncy, 2001, esclarecem que nesse ano a legislação nacional ampliou o leque de situações para o estrangeiro exercer atividades no país sem vínculo empregatício com o "fim de incentivar investimentos", de modo que, no ano de 1999, 82% das autorizações já eram sem vínculo empregatício.

1999	12.709	2010	55.471
2000	14.741	2011	69.077
2001	15.903	2012	67.220
2002	18.062	2013	62.387
2003	17.389	2014	46.640

Fonte: Ministério do Trabalho e Emprego (Base Estatística - CNIg)

Seguindo a mesma tendência do contexto internacional indicada por Pizzarro, os dados referentes à década de 2000 revelam uma gestão de *caráter temporário,*[48] considerado o aumento nítido de vistos com prazo determinado (para estrangeiros com ou sem contrato de trabalho) em detrimento dos vistos permanentes, destinados em grande parte a investidores ou executivos de transnacionais que atuam no Brasil.[49]

Essa contratação internacionalizada *por demanda* se tornou, dentro do regime de acumulação flexível, um traço característico dos movimentos migratórios internacionais relativos ao circuito legalizado com autorizações de trabalho em escala mundial, sendo largamente utilizada para categorias específicas, como é o caso dos trabalhadores agrícolas – veja os *braceros mexicanos* nos Estados Unidos.[50] No Brasil, a experimentação do trabalho dos *coolies* é um exemplo histórico da utilização desse regime temporário no passado, justificado a partir do critério seletivo racial. Conforme será tratado a seguir, essa temporalidade é atualmente aplicada a categorias diferenciadas dos fluxos que recebem autorização de trabalho – como os assalariados de empresas transnacionais, os médicos e trabalhadores marítimos – e também se manifesta em relação a outros fluxos internacionais, notadamente aos relacionados com a produção têxtil.[51] No que se refere aos fluxos da

48 Pizzarro, 2005.

49 Baeninger, 2010.

50 Rodriguez, 2013.

51 Ver Freire da Silva, 2008 e Freitas, 2009.

migração interna, o setor agrícola da produção de cana de açúcar é um dos que mais recorre a esse regime de contratação temporária, segundo a sazonalidade da produção.[52]

Nas Tabelas 4.2 e 4.3 abaixo, relativas às entradas por motivo de trabalho dentro do circuito legalizado, está estampado esse tratamento temporário da imigração a partir do ideal do trabalhador hóspede, o *gastarbeiter,*[53] que tem o tempo da sua permanência ditado pelas necessidades econômicas da empresa ou do país de destino, dentro de uma contratação *just in time*:

Tabela 4.2: Relação de autorizações de trabalho concedidas a estrangeiros, por ano, síntese por categoria

Síntese por categoria	Permanentes	Temporários	Total geral
2006	2.055	23.385	25.440
2007	2.615	26.873	29.488
2008	2.722	41.271	43.993
2009	2.454	40.460	42.914
2010	2.247	53.224	55.471
2011	2.686	66.391	69.077
2012	2.938	64.282	67.220
2013	2.959	59.428	62.387
2014	2.843	43.897	46.740

Fonte: Ministério do Trabalho e Emprego (Base Estatística - CNIg)

52 Silva *et al.*, 2008.

53 Kammerer, 1976.

Tabela 4.3: Relação de autorizações de trabalho concedidas a estrangeiros, por ano, síntese por prazo de concessão dos vistos temporários

Síntese por prazo de concessão (temporários)	Até 90 dias	Até 1 ano	Até 2 anos com contrato de trabalho no Brasil	Até 2 anos sem contrato de trabalho no Brasil	Total
2006	10.110	3.626	2.236	7.413	23.385
2007	11.305	5.803	2.009	7.756	26.873
2008	13.713	14.245	2.339	10.974	41.271
2009	12.423	12.028	2.578	13.431	40.460
2010	16.498	17.327	4.052	15.347	53.224
2011	22.716	20.623	5.095	17.957	66.391
2012	24.259	18.390	5.970	15.663	64.282
2013	18.707	18.992	6.216	15.513	59.428
2014	9.903	7.126	6.204	20.755	43.988

Fonte: Ministério do Trabalho e Emprego (Base Estatística – CNIg).* Para o ano de 2014, o total de vistos temporários está ligeiramente diferente do que aparece na tabela anterior, mas é o valor que constava na base de dados no momento da consulta

Conforme destaca o estudo de Baeninger, o circuito legalizado de imigração por motivo de trabalho apresenta um nível alto de escolaridade, sendo a maioria diplomada em universidades ou em entidades equivalentes.[54] Essa constatação pode ser verificada nas estatísticas referentes às autorizações de trabalho concedidas a estrangeiros no período em tela (Tabela 4.4).

54 Baeninger, 2010.

Tabela 4.4: Autorizações concedidas a estrangeiros por nível de escolaridade

Nível Escolaridade	2006	2007	2008	2009	2010	2011	2012	2013	2014
Superior completo ou habilitação legal equivalente	11.976	17.126	25.694	24.856	31.518	38.474	37.381	34.073	25.893
Ensino médio completo ou técnico profissional	8.609	9.487	16.422	16.538	21.454	23.470	25.934	24.691	17.755
Mestrado	90	150	234	213	437	1.427	1.964	1.827	2.292
Pós Graduação	35	77	165	191	198	673	908	825	-
Doutorado	52	44	79	73	101	220	314	311	312
Superior incompleto	66	87	114	117	119	471	289	271	201
Ensino fundamental completo	44	51	109	80	98	194	288	252	171
Ensino médio incompleto	220	654	265	126	79	152	129	84	92
Ensino fundamental incompleto	6	26	26	68	51	20	12	52	24
Não informado	4317	1781	880	642	1.416	3.976	1	1	0
Total	25.415	29.483	43.988	42.904	55.471	69.077	67.220	62.387	46.740

Fonte: Ministério do Trabalho e Emprego (Base Estatística - CNIg)

A Tabela 4.5 indica as nacionalidades mais representativas desse circuito legalizado da imigração por motivo de trabalho. Como é possível constatar, estão presentes principalmente nacionalidades dos países centrais ou daqueles com "posição intermediária" no mercado mundial (Índia, China, Coréia do Sul). As Filipinas e a Indonésia representam uma exceção, que será tratada no item 5 deste capítulo:

Tabela 4.5: Autorizações concedidas por país de origem

País	2006	2007	2008	2009	2010	2011	2012	2013	2014
EUA	3.601	4.519	5.799	5.590	7.520	10.098	9.138	8.943	5.830
Filipinas	1.542	2.120	4.825	4.969	6.530	7.798	5.179	5.117	4.486
Reino Unido	2.199	2.474	3.874	3.496	3.828	2.500	4.363	4.089	3.296
Índia	766	1.292	1.981	2.630	3.234	4.262	4.235	3.756	2.663
Portugal	477	550	679	708	757	1.547	2.171	2.913	1.921
Alemanha	1.553	1.292	1.815	1.454	2.873	3.162	3.589	2.900	1.437
Itália	1.099	1.382	1.413	1.395	2.006	2.421	2.999	2.688	2.545
Espanha	655	878	1.133	1.104	1.425	1.844	1.992	2.677	2.229
China	717	1.078	2.422	1.405	2.154	2.639	3.082	2.354	1.561
França	1.210	1.377	1.613	1.908	1.597	2.166	2.369	2.265	1.785
Indonésia	126	267	1.356	1.700	1.819	2.682	2.306	2.253	1.130
Japão	1.278	1.244	1.804	1.237	1.761	2.260	2.316	2.024	1.352
Coreia do Sul	253	126	203	214	897	1.440	2.311	1.461	1.429
Holanda	712	548	720	933	1.137	1.222	1.337	1.336	1.324
Canadá	702	903	917	899	836	1.170	1.167	1.071	751
Noruega	618	790	990	1206	1925	1.821	1.316	1.062	866
Polônia	559	610	757	625	884	1.044	942	989	866
México	325	395	775	490	774	1.059	1.246	839	585
Romênia	-	-	-	-	628	750	698	744	519
Ucrânia	184	269	199	265	610	641	774	738	666
Rússia	435	495	680	539	578	919	842	683	765
Colômbia	354	401	904	915	1.068	1.014	1.010	643	348
Venezuela	259	299	360	374	547	768	525	624	447
Grécia	373	312	224	410	463	410	556	598	471
Outros	5.334	5.741	8.304	8.207	9.620	13.440	10.757	9.620	7.468
Total	25.331	29.362	43.747	42.673	55.471	69.077	67.220	62.387	46.740

Fonte: Ministério do Trabalho e Emprego (Base Estatística - CNIg)
Obs: até 2010, os dados relativos aos imigrantes da Romênia não eram discriminados, estando incorporados na rubrica "Outros"

Para um aprofundamento crítico do tema, optou-se, na sequência, pela exposição das *vias de entrada* mais representativas dessa modalidade de imigração no período focalizado por este estudo. Será realizada, portanto, uma caracterização mais aprofundada, dentro dos limites essenciais, do polo da qualificação-especialização produtiva, a partir dessas distintas vias de entrada no país dentro do circuito legalizado. Com esse propósito, além de fontes estatísticas e da literatura concernente, foram analisadas as entrevistas de campo realizadas por este estudo.

As cadeias globais e as empresas transnacionais

Procurou-se já colocar em evidência como o circuito legalizado de entrada e permanência de imigrantes no período posterior a 1945 estava estreitamente ligado à crescente abertura das fronteiras ao capital externo e à migração de empresas transnacionais para o país. Segundo o estudo de Campos, a "migração de filiais estrangeiras" para "regiões com elevados potenciais de formação de valor" e "fontes de matérias primas"[55] – reflexo da reorganização das cadeias produtivas globais e da divisão internacional do trabalho – caracteriza um processo de internacionalização, produtiva e financeira, que encontrou incentivos sem precedentes no Brasil após o golpe de Estado (1964) e só foi se acentuando posteriormente.

Essas raízes históricas da *modernização dependente* vinculadas aos fluxos de capitais externos são imprescindíveis para se compreender a manifestação do circuito legalizado de imigração na atualidade levando em consideração seus elementos de continuidade, em particular no que se refere ao recrutamento internacional de força de trabalho pelas empresas transnacionais. Conforme já ressaltado, no Brasil, essas empresas e os investidores estrangeiros representam os principais mandatários da "abertura mais célere do mercado de trabalho"[56] ao recrutamento internacional.

55 Campos, 2009, p. 22.

56 Sant'Ana, 2001, p. 77.

No século XXI, esse processo de internacionalização penetra com intensidade o mercado nacional nos setores de serviços, financeiro, industrial e também no agronegócio. A tendência já apontada por Campos é confirmada pelo estudo de Pochmann, que oferece uma noção do principal destino no Brasil dos investimentos estrangeiros diretos (IEDs): "após 1995, é o setor de serviços que amealha o maior volume de IED, com impressionantes 80% do total. Para a indústria "sobra" apenas 18,0%".[57] Conforme ressaltam os autores, a partir dessa década, não só as empresas privadas, mas também as públicas são alvo privilegiados desses investimentos.[58] Além disso, novos países, como a China e a Coreia do Sul, tornam-se fontes de IEDs para o Brasil, em setores diversificados da estrutura produtiva nacional.

A análise de Pinto sobre uma das principais cadeias produtivas de automóvel no país explica, na prática, como se opera a "gestão global e flexível" dessas empresas, ao combinar internacionalmente as relações de trabalho como garantia para assegurar a acumulação de capital. Segundo o autor, a *cadeia de pressão* é o principal meio utilizado para esse fim: "os acionistas pressionam do vértice a alta administração das matrizes, que pressionam as gerências filiais, que, por sua vez, fazem o mesmo com seus subordinados".[59]

E a força de trabalho recrutada no exterior, por razões que serão aprofundadas a seguir, compõe esse quadro. Embora com números restritos, representa uma peça-chave para o funcionamento internacionalizado dessas cadeias produtivas e financeiras. Há duas categorias de profissionais que se destacam nesse sentido: a dos gestores do

57 Pochmann *et al.*, 2009, p. 70.

58 "A partir dali [1998] não são mais as empresas de capital privado nacional o alvo das transnacionais, mas sim as grandes estatais, principalmente aquelas voltadas para o fornecimento de serviços públicos". As grandes privatizações levadas a cabo no governo Fernando Henrique Cardoso – depois de mais de uma década de sucateamento das estatais brasileiras – atraíram muito a atenção de empresas estrangeiras dos respectivos setores" (Pochmann *et al.*, 2009, p. 72).

59 Pinto, 2013, p. 179.

capital estrangeiro e a dos assalariados das empresas transnacionais.

Gestores do capital estrangeiro

Além dos investidores estrangeiros que vêm para o Brasil com o objetivo de abrir o próprio negócio sem vínculo empregatício, essa modalidade de imigração por motivo de trabalho também pode implicar um vínculo empregatício com empresas transnacionais – de grande, médio ou pequeno porte (as chamadas "transnacionais familiares") – de diretores, administradores e executivos com poderes de gestão. Esse vínculo é o determinante da vinda ao Brasil, permanência e exercício da atividade laboral numa *posição de comando.*

Essa categoria insere-se no que Florestan Fernandes chamou de "imigração seletiva", para explicar os fluxos muito restritos que, em sua opinião, atravessam a história do país por estarem vinculados à "transplantação de negócios",[60] ou seja, acompanham os fluxos de capitais externos. Conforme ressaltado, a categoria dos gestores não compõe a "classe-que-vive-do-trabalho",[61] uma vez que ocupa uma posição diferenciada, pois são especialistas em administrar o funcionamento produtivo e financeiro da empresa.[62] Nas diferentes funções que ocupa, essa categoria é representante da personificação do capital, por participar ativamente no processo de extração e distribuição da

60 Fernandes, 2008c, p. 157.

61 Antunes, 2009.

62 Segundo João Bernardo, os gestores compõem uma classe diferenciada dos trabalhadores e dos capitalistas (apesar de ser contínua a esta última), que retrata a forma do capitalismo operar e de se expandir internacionalmente na segunda metade do século XX: "a classe dos gestores define-se, em resumo, pela unificação dos processos econômicos, o internacionalismo, a fusão do político e do econômico, a planificação, o caráter coletivo da propriedade" (Bernardo, 1987, p. 118). A presente pesquisa não pretende discutir essa problemática, limitando-se unicamente a mostrar como os gestores, quando possuem um visto por motivo de trabalho com vínculo empregatício, mesmo se de forma diferenciada, compõem uma modalidade de imigração ativa no Brasil dentro do polo da qualificação-especialização produtiva.

mais valia. Essa categorização diferenciada é necessária, devido aos propósitos analíticos que evidencia, sendo aqui considerada, em termos sociológicos, no mesmo nível explicativo colocado por Marx em seu prefácio à primeira edição de *O Capital* (1867):

> Uma palavra para evitar possíveis equívocos. Não foi róseo o colorido que dei às figuras do capitalista e do proprietário de terras. Mas, aqui, as pessoas só interessam na medida em que representam categorias econômicas, em que simbolizam relações de classe e interesses de classe. Minha concepção do desenvolvimento da formação econômico-social como um processo histórico-natural, exclui, mais do qualquer outra, a responsabilidade do indivíduo por relações, das quais ele continua sendo, socialmente, criatura, por mais que, subjetivamente, se julgue acima delas.[63]

Como um membro tecnocrático da empresa que sabe extrair valor, exerce um papel decisivo para o sucesso da conquista ou expansão de mercados, ganha altos salários,[64] comissões, bônus e outras garantias (auxílio moradia, convênio de saúde, escola privada para filhos), que não receberia no país de proveniência. Esses benefícios encorajam a vinda e a permanência no Brasil, além de possibilitar uma real ascensão na carreira pela ocupação de cargos com maiores responsabilidades. Os salários elevados e os benefícios fazem com que essa categoria tenha interesses iguais ao do proprietário, além de lhe permitir ocupar essa última posição, se lhe convier. De fato, mostra-se uma praxe no mundo dos negócios o movimento entre essas posições.

A mobilidade internacional e a experiência administrativa em cadeias globais os tornam uma peça-chave para possibilitar a iniciação/expansão de um investimento. A utilidade dessa presença é explicada

63 Marx, 1890, p. 6.

64 Como mostra pesquisa realizada pela Hay Group com 163 profissionais de diferentes nacionalidades (32% de latino-americanos e 31% de europeus) em 322 empresas no Brasil (89% transnacionais e 11% nacionais). Segundo a diretora do grupo, o Brasil "é um dos países que paga melhor no mundo os executivos" (Valente, 2014). Ver também PRICEWATERHOUSECOOPERS BRASIL Ltda., 2013.

por um entrevistado de origem escandinava,[65] diretor e sócio de uma empresa transnacional alemã de produção de maquinários. Ele tem consciência da importância da sua contratação para a expansão dos negócios dessa empresa no Brasil: "nós falamos a mesma língua", que deve ser entendida não somente como o idioma do país da matriz da empresa, mas também como os seus princípios e valores de organização comercial, negocial, técnica e, é claro, laboral.

De fato, como perfil dessa categoria, destaca-se a *experiência prévia de trabalho em empresa transnacionais* e também de *imigração* (em um ou mais países do que o de origem, antes de vir ao Brasil), e mesmo a permanência, em períodos alternados, no país de destino.

A estadia num país periférico é muito bem paga, como é possível verificar na fala de um diretor de vendas[66] de origem portuguesa, que trabalha para uma empresa transnacional estadunidense de serviços de tradução. Segundo explica, sua vinda (2011) ao país estava vinculada à tarefa de operacionalizar um mercado considerado ainda "virgem", ou seja, inexplorado:

> *Por que decidiu vir ao Brasil?*
>
> Por causa da oportunidade que a empresa me deu. Estava nos Estados Unidos, seria promovido a diretor, teria o país [Brasil] todo para mim. Seria uma boa oportunidade para minha carreira profissional, tanto em nível de liderança, de responsabilidade e financei-

---

65 O entrevistado de origem escandinava tem 52 anos, diplomado no Ensino Superior em Administração, é diretor financeiro e administrativo de uma empresa transnacional da qual é sócio. Como é casado com uma brasileira tem visto permanente. Veio pela primeira vez ao Brasil (1998) por motivo de trabalho e voltou em 2006. O entrevistado morava na Alemanha e teve diversas experiências de imigração a trabalho na América Latina.

66 O entrevistado tem 30 anos, solteiro, diplomado no ensino superior em Finanças e Administração. Deixou Portugal antes da crise (2006), residiu por cinco anos na Inglaterra e dois anos nos Estados Unidos. Deste último país foi transferido pela empresa onde trabalhava para o Brasil (2011). O entrevistado veio para o Brasil na condição de turista e seu visto temporário só foi regularizado um ano depois. Nesse intervalo, segundo relatou, não teve problemas para sua atuação profissional no Brasil. A empresa providenciou todos os documentos para ele.

> ramente. Essa foi a primeira razão porque decidi vir, fizeram uma oferta muito boa.

Portanto, as próprias empresas demandam a vinda desses imigrantes ao Brasil, que não necessariamente residem no país de nascimento. Quando se trata da mobilidade interna a uma empresa, pela realocação de funcionários com vínculo empregatício nas subsidiárias de outros países, são chamados "expatriados".

As empresas também resolvem todos os trâmites burocráticos do visto e da validação do diploma. Na pesquisa de campo foi possível perceber que essa via de entrada pelas transnacionais, mesmo se, em alguns casos, não possibilita a concessão imediata do visto, não torna as *questões burocráticas um pesadelo para o imigrante* e relativiza o peso da revalidação do diploma, como evidencia a fala do entrevistado acima citado:

> *Você teve que reconhecer o diploma para atuar no Brasil? A validação implica um trâmite burocrático complicado?*
>
> Tive que reconhecer, mas não foi complicado, a empresa fez tudo.

Muito parecida é a colocação de um entrevistado de origem mexicana,[67] diretor financeiro e administrativo de uma empresa transnacional de alta tecnologia para equipamentos de hospitais. Sua fala também corrobora a questão de que mesmo a barreira da validação de diploma pode ser superada com a ajuda da empresa:

> *Tem algum aspecto da lei imigratória brasileira que você acha problemático para sua atuação profissional aqui?*
>
> No meu caso não. A única coisa que precisava na última empresa, e que eu não tenho, é o registro de engenheiro. Essa empresa tinha um outro engenheiro que

---

67 O entrevistado é de origem mexicana, com 45 anos, possui MBA em Administração e é casado com uma mexicana, tem dois filhos nascidos no Brasil, portanto possui o visto permanente. Do México, foi transferido pela empresa onde trabalhava ao Brasil, em 2010.

era corresponsável e assinava. Para assinar, eu teria que validar meus estudos aqui.

Para reconhecer seu diploma você precisa fazer uma prova?

Não sei se prova, para falar a verdade, nunca fui atrás disso, pois tinha essa outra pessoa que assinava por mim.

E o fato de não ter seu registro profissional e o diploma reconhecido não é prejudicial para você?

Não, pois se precisar de alguém, a empresa arranja.

Você realizava a mesma atividade de quando trabalhava no México?

Sim.

Qualitativamente não mudou?

Não.

O aumento das autorizações de trabalho (Tabela 4.6) mostra que o Brasil, nos últimos quatro anos, se mostrou um destino atraente para essa categoria, em particular na conjuntura de um mercado de trabalho aquecido. Como mostra o estudo *Top Executive Compensation* da *Hay Group*,[68] a forma de remuneração mais utilizada para essa categoria é o salário e o bônus orientado pelo mercado local (41%), em detrimento daquele com base no país de origem (34%) ou a remuneração global (14%). Quanto ao *regime de visto* concedido, essa categoria dos gestores é a única mais representativa dos *vistos permanentes*[69] por motivo de trabalho, ou seja, possui um tratamento privilegiado em

68 Valente, 2014.

69 O visto permanente também é concedido: 1) ao refugiado ou asilado (RN 06/97 e 91/2010 CNIg); 2) ao cônjuge de brasileiro ou genitor de prole brasileira (art. 75, lei 6.815/80 c/c RN 36/99 CNIg); 3) titular de visto temporário residente no país por mais de dois anos, maior de 21 anos (RN 36/99 CNIg; 4) ao companheiro de brasileiro ou estrangeiro permanente sem distinção de sexo (RN 77/08 CNIg); 5) ao titular de visto temporário na condição de professor, técnico ou pesquisador de alto nível ou cientista estrangeiro (RN 01/97 CNIg); 6) à vítima do tráfico de pessoas (RN 93 do CNIg) e ao estrangeiro que perdeu a condição de permanente por ausência por prazo superior a dois anos (RN 05/97 CNIg), Ministério da Justiça (acesso em 4 fev. 2014).

relação às outras modalidades de imigração vinculadas ao exercício de uma atividade laboral no Brasil dentro do circuito legalizado, conforme mostra a Tabela 4.6 abaixo:

Tabela 4.6: Análise das autorizações permanentes

Análise de autorizações permanentes	Investidor pessoa física	Administradores, diretores, gerentes e executivos com poderes de gestão e concomitância	Outros	Total de Permanentes
2006	1.033	828	194	2.055
2007	1.336	891	388	2.615
2008	1.357	957	408	2.722
2009	921	933	600	2.454
2010	848	1.218	181	2.247
2011	1.015	1.396	281	2.692
2012	1.169	1.703	66	2.938
2013	1.174	1.682	103	2.959
2014*	1.012	1.737	94	2.843

Fonte: Ministério do Trabalho e Emprego (Base Estatística - CNIg)
Para o ano de 2014 os últimos dados disponíveis com a desagregação aqui utilizada são relativos ao mês de setembro.

Como mostra a Tabela 4.7, os principais países de proveniência desses executivos são os centrais, com exceção da Coréia do Sul e da China.

Tabela 4.7: Principais nacionalidades de executivos integrantes de direção de empresas no Brasil, exceto concomitância

País	2010	2011	2012	2013	2014
Japão	199	250	276	286	399
Espanha	90	116	157	189	160
Coréia do Sul	158	176	135	116	155
Portugal	62	137	147	121	156
EUA	63	99	106	82	78
França	56	71	118	94	159
Itália	75	68	95	92	124
China	33	80	63	70	117
Outros	279	341	310	322	390
Total	1.015	1.338	1.407	1.372	1.737

Fonte: Ministério do Trabalho e Emprego (Base Estatística - CNIg)

A ocupação de um cargo alto no mercado de trabalho brasileiro não torna a condição de imigrante penível no Brasil. Pelo contrário, conforme é possível constatar nas falas, respectivamente, dos supramencionados entrevistados de origem portuguesa e mexicana, ela também é sinônimo de um privilégio:

> *Você considera a condição de imigrante um fator favorável ou desfavorável para atuar profissionalmente no Brasil?*
>
> Eu acho que é bom. Existe uma espécie de admiração pela imigração estrangeira que vem ao Brasil, ao contrário, por exemplo, do que acontece na Inglaterra que, acho, é um país mais competitivo, tem imigração há muitos anos. No Brasil, é uma coisa mais recente. Eu acho que tem muitas vantagens. Eu tive muitas vantagens em relação a muitas pessoas, mesmo brasileiros.

> *Você sente mais o peso de concorrência para trabalhar no Brasil ou no México?*
>
> Ser estrangeiro tem algumas vantagens. A língua é uma vantagem. O Brasil tem menos pessoas que falam inglês e isso é um diferencial hoje. Então, por isso o estrangeiro pode ter uma vantagem.

Esse grupo de gestores se distingue da categoria dos assalariados, que também têm as empresas transnacionais como principal via de entrada no país e serão tratados no próximo item.

Assalariados das empresas transnacionais

Esta categoria abrange um amplo leque de assalariados propriamente ditos (engenheiros, analistas financeiros, consultores, administradores, pesquisadores, técnicos, contadores, tradutores, entre outros).[70] Os resultados da pesquisa de campo apontam um perfil prevalentemente na faixa dos 30 a 45 anos, grande parte com título de Mestrado ou MBA, com vínculo empregatício em empresas ou entidades financeiras transnacionais. Para os expatriados, o contrato de trabalho pode estar vinculado à matriz do país de proveniência (nas prestações de serviços de curto período) ou à subsidiária no Brasil.[71] Há também casos de contratações efetuadas por empresas brasileiras ou de capital estrangeiro diretamente no Brasil.

Quando conseguem entrar no Brasil já contratados e com um visto de trabalho, exercer uma atividade laboral significa manter o

70 Para atuar em suas áreas, não precisam revalidar o diploma no Brasil, bastando, para obter a autorização de trabalho no Ministério do Trabalho e Emprego, apresentar o diploma de formação com o carimbo da embaixada brasileira. A empresa contratante se ocupa de comprovar a "qualificação" e a "experiência laboral" do imigrante para justificar a contratação e o pedido da autorização de trabalho.

71 Alguns dos imigrantes entrevistados provenientes de países em que o mercado de trabalho foi intensamente atingido pela crise atual, como Espanha e Portugal, não associam a vinda ao Brasil à recessão. A proposta da mobilidade laboral colocada pela empresa geralmente é justificada não em função da crise nos países centrais, mas da expansão desses setores internacionalizados no Brasil.

mesmo padrão de vida do país de proveniência ou melhorá-lo, assumir mais responsabilidades no emprego ou ter a perspectiva de subir na carreira com a experiência de trabalho em outro país e o aprendizado de uma nova língua e cultura. Nenhum dos entrevistados que se encontra nessa situação reclamou por receber uma remuneração menor em relação ao emprego no país de proveniência ou em relação aos funcionários brasileiros (da mesma categoria ocupacional).

Para um entrevistado de origem alemã[72] que trabalha numa empresa brasileira de programação de *software*, o emprego que tem aqui não é diferente do que teria na Alemanha, em relação ao salário e às condições de trabalho.

> *Em comparação com a Alemanha, você acha que teve espaço para evoluir na sua carreira, nas condições de salário e trabalho?*
>
> Hoje em dia o salário líquido é quase igual ao que eu tinha na Alemanha, comparando os valores da conversão da moeda. Mas, ainda assim, acho que o Real, para sustentar uma vida aqui (alimentação etc.), ainda vale um pouco mais que o euro. Posso dizer que, não considerando a tecnologia, a alimentação básica, por exemplo, consigo fazer mais coisas com o que ganho aqui do que com o que ganhava na Alemanha. Vejo aqui uma carreira, consigo evoluir, dentro de um contexto bem profissional.

A maior parte dos entrevistados entrou no Brasil depois de 2008 e já tinha uma experiência de imigração em um ou mais países – ou mesmo aqui –, em períodos anteriores.[73] Esse fator indica como a *mobilidade internacional* se *coloca* e *recoloca continuamente* para essa categoria.

---

72 O entrevistado é de origem alemã, 36 anos, tem Mestrado em Engenharia da Computação. Como tem dois filhos nascidos no Brasil, conseguiu o visto permanente. Chegou ao Brasil em 2008 para acompanhar a esposa. No início, não podia ter um contrato de trabalho por causa do visto e trabalhava como autônomo. Atualmente, é programador de software numa empresa brasileira de manejo de tecnologia de ponta.

73 Muitos responderam positivamente à pergunta sobre a presença de outros imigrantes trabalhando na entidade empregadora no Brasil, fator indicativo da importância do papel que essa força de trabalho adquire atualmente para viabilizar o funcionamento de subsidiárias no país.

Para o entendimento dos elementos envolvidos na relação dessa mobilidade com o trabalho, destaca-se, aqui, a importância de quatro elementos que serão tratados a seguir.

Em primeiro lugar, a mobilidade internacional dessa categoria geralmente está relacionada com a demanda das empresas ou entidades financeiras e o funcionamento internacionalizado dessas entidades. Nesse caso, a mobilidade pode ocorrer internamente à empresa (para os chamados expatriados) ou pelo recrutamento no exterior. Para o imigrante, a mobilidade se coloca como uma adaptação à demanda do empregador ou como um meio para procurar melhores condições de trabalho.

Em segundo lugar, a mobilidade também se coloca como meio para fugir do desemprego. O caso de um entrevistado,[74] engenheiro civil de nacionalidade espanhola, de 56 anos, é o exemplo mais clássico dessa situação. Sua vinda ao Brasil está relacionada a uma contratação temporária para executar a instalação física de uma subsidiária de um banco transnacional. Ele ficou desempregado na Espanha e teve que pagar o preço da mobilidade para continuar recebendo uma renda, neste caso, morando longe de sua esposa e filhos:

> *Você pretende voltar para Espanha?*
> Eu não posso voltar agora para a Espanha, pois lá estaria desempregado.
>
> *Quer dizer que, quando seu contrato acabar, você vai procurar outro emprego no Brasil?*
> Sim.
>
> *Você volta sempre à Espanha?*
> A cada seis meses, pois tenho uma doença física que não me permite permanecer muitas horas sentado no avião.

74 O entrevistado chegou ao Brasil em 2013. Tem graduação em engenharia, é casado, porém a família ficou na Espanha. Possui visto temporário de um ano.

Principalmente em tempos de crise, onde fica mais evidente a pressão para o rebaixamento de salários, a posição de um cargo executivo em uma empresa transnacional não é garantia de emprego estável, portanto também da possibilidade de estadia e trabalho no Brasil. Como especifica o entrevistado executivo de origem argentina,[75] neste caso, a ameaça de desemprego e ainda maior para os imigrantes que para os brasileiros, principalmente se não aceitam *rebaixar o nível de salário*:

> *Você já ficou desempregado aqui no Brasil?*
> Sim, quando deslocaram a empresa que eu trabalhava para o Sul [do Brasil]. Isso foi em janeiro e falei para minha esposa que, se até junho não conseguisse outro emprego, voltava para a Argentina. Não consegui e tive que voltar. É complicado quando você é estrangeiro, você precisa procurar muito para achar uma vaga boa. Porque, para a remuneração que eu procurava, é difícil achar, a maioria que consegue é brasileiro. Eu tive muita sorte com meu atual emprego, pois foram os alemães que me contrataram, eles gostaram do meu perfil. Mas, normalmente, procurar emprego aqui como estrangeiro é mais difícil.
>
> *Você acha que ser estrangeiro influencia na hora de ser demitido?*
> Não é que seja determinante, mas, se a empresa tem que escolher entre um brasileiro ou estrangeiro, o brasileiro ganha, pela língua, pela cultura, documentação, por tudo que é mais fácil. Eu estou falando do meu passado. Quando o trabalho é mais operacional, daí não tem diferença.

O terceiro elemento que explica essa mobilidade está relacionado com a "provisoriedade" implícita no regime de trabalho internacionalmente móvel, ou seja, no *visto temporário*. Mesmo quando a empresa tem interesse em manter a contratação, o imigrante ainda precisa passar pelo

75 O entrevistado de 45 anos tem Mestrado em Administração, chegou ao Brasil em 2010 para trabalhar numa transnacional alemã de produção de peças de automóveis com visto temporário. Já tinha tido uma experiência de trabalho anterior no país 2003-2004, quando foi demitido e teve que retornar ao seu país.

segundo teste da renovação do visto ou da sua transformação em permanente. A fala de um entrevistado de origem mexicana,[76] que chegou ao Brasil em 2011 para trabalhar como contador numa empresa transnacional francesa de cosméticos evidencia como o prazo de validade do contrato de trabalho é determinante do tempo da experiência imigratória:

> *Você teve dificuldade para conseguir o visto?*
> Não. A empresa providenciou tudo. Eu sou um expatriado da empresa, por isso foi fácil. Se tivesse vindo por conta própria, seria quase impossível. Eu já tinha morado três anos no Brasil (2006-2009), tinha um visto temporário. Quando meu contrato de trabalho expirou, tive que deixar o país.

As autorizações de curto prazo (90 dias) compreendem um número crescente de atividades vinculadas à prestação de serviços – como a formação técnica e organizacional de funcionários (treinamento/transferência de tecnologia) –, e à construção de estruturas físicas para instalação de subsidiárias no Brasil. Segundo uma entrevistada de origem alemã[77] que veio ao Brasil (2013) com esse regime, para fazer formação de quadro em serviços de tradução, não foi difícil conseguir o visto, porém ressaltou: "tinha que escrever uma carta declarando que a empresa estrangeira está me contratando e não estou roubando o emprego de nenhum brasileiro, que depois volto, antes dos 90 dias".

O regime do visto oferecido é, em regra, temporário, como mostra a Tabela 4.8 reproduzida abaixo, com estadias de curto prazo (noventa dias), um ou dois anos.

---

76 O entrevistado de 41 anos possui MBA em Administração, já tinha residido no Brasil entre 2006-2009, é casado com uma brasileira, portanto tem o visto permanente. Já teve experiências anteriores de imigração na Irlanda e nos Estados Unidos.

77 A entrevistada é de origem alemã, 32 anos, tem Mestrado em tradução. Chegou ao Brasil em junho de 2013, da Espanha, país onde reside e tem vínculo contratual com a empresa onde trabalha. Quando foi interrogada sobre a relação da vinda ao Brasil com a crise naquele país, disse que esta não era a causa da sua mobilidade e sim a expansão dos negócios da empresa.

Tabela 4.8: Análise de autorizações temporárias, para categorias selecionadas

Análise de autorizações temporárias	Assistência Técnica por prazo até 90 dias, sem vínculo empregatício	Assistência técnica, cooperação técnica e transferência de tecnologia, sem vínculo empregatício	Especialista com vínculo empregatício
2006	5.083	2.543	2.060
2007	4.939	2.538	1.869
2008	6.293	4.675	2.301
2009	5.806	3.238	2.460
2010	8.028	4.232	3.521
2011	10.715	5.540	4.615
2012	12.851	7.139	5.832
2013	6.404	7.755	5.949
2014*	0	4.908	4.208

Fonte: Ministério do Trabalho e Emprego (Base Estatística – CNIg)

* Para o ano de 2014 os últimos dados disponíveis com a desagregação aqui utilizada são relativos ao mês de setembro.

Obs: o dado relativo ao ano de 2014 para a categoria "Assistência Técnica por prazo até 90 dias, sem vínculo empregatício", significa provavelmente que a informação não foi fornecida, mas esse (zero) é o valor que consta da base de dados consultada.

O quarto elemento determinante da mobilidade, diz respeito aos *contratos temporários*. Como explica Krein, os diferentes tipos de contratos temporários imperantes no Brasil representam um recurso utilizado, em particular pelas grandes empresas, para reduzir custos e recrutar força de trabalho segundo as oscilações do mercado.[78] De fato, conforme o estudo da *Hay Group*, quem decide o limite de permanência no Brasil é a empresa. Em 29% dos casos, o contrato dura dois anos e em 38%, de três a cinco anos.[79] Esta é a causa da recoloca-

78 Krein, 2013a.

79 Valente, 2014.

ção da mobilidade para um entrevistado de origem colombiana,[80] que trabalhava numa empresa transnacional francesa de manufatura de peças para automóveis. Quando seu contrato expirou e não foi renovado, foi obrigado a deixar o país:

> *Por que você veio ao Brasil?*
> Eu tive uma experiência de trabalho no Brasil em 2005 numa transnacional francesa, uma indústria automobilística, vim como expatriado. Depois meu contrato acabou e fiquei desempregado seis meses.
>
> *Por que eles não renovaram seu contrato?*
> Por causa da crise.
>
> *Você não conseguiu achar emprego no Brasil?*
> Não. Por isso tive que voltar para a França.
>
> *Você voltou quando para o Brasil?*
> Em junho de 2013, pois arranjei emprego numa outra empresa francesa de manufatura de peças de automóveis e também já estava casado com minha mulher brasileira, que morava na França.

Se, mesmo para os mais jovens, a mobilidade internacional, quando colocada pela primeira ou até pela segunda vez, parece ser atraente e curiosa como experiência profissional e de vida, isso não significa que também não seja questionada pelos imigrantes. Ao contrário de "nômades globais" que se adaptam fácil e permanentemente a novas situações pelas supostas "novas formas de sociabilidade" permitidas pelas tecnologias, reclamam tanto da falta do convívio com os familiares e amigos próximos e deixam transparecer, mesmo que indiretamente, a vontade de um dia voltar para o próprio país[81] ou para

---

80 O entrevistado de 40 anos tem um MBA em Administração na França e é casado com uma brasileira, portanto tem o visto permanente. Morava na França e veio ao Brasil pela primeira vez em 2005 para trabalhar. Deixou o país em 2009 e retornou em 2013.

81 A maior parte dos entrevistados – que não estavam com familiares e não tinham filhos – considerava a experiência no Brasil como temporária.

aquele em que se sentiam enraizados. Não é algo automático para esses imigrantes recorrer muitas vezes à mobilidade internacional para procurar emprego, tendo que fazer reiteradamente grandes mudanças de vida. Além disso, ficou bastante evidente na fala dos entrevistados como a estabilização num país está relacionada ao fato de conseguir boas condições de trabalho.

Todos esses fatores também evidenciam o que Perocco chamou atenção, ou seja, a dependência do imigrante para com o empregador, tanto para trabalhar, quanto para permanecer no país de imigração. Mesmo nos estratos altos do mercado de trabalho, o vínculo do visto com o contrato de trabalho restringe o exercício da atividade laboral pelo imigrante ao empregador específico que demandou a autorização de trabalho. Não lhe é permitido mudar de emprego utilizando o mesmo visto, ou seja, se quiser trocar de empregador, será obrigado a refazer todo o processo burocrático para pedir outro visto e a autorização de trabalho. Se não consegue renovar o contrato de trabalho, para assim também renovar o visto temporário, ou se é despedido, estará obrigado a deixar o país após o vencimento do visto.[82]

É claro que o grau de dependência do trabalho para esses profissionais comporta consequências em geral não tão drásticas da ordem da sobrevivência (como ocorre para o outro polo da imigração, a ser tratado no próximo capítulo), pois geralmente possuem reservas financeiras que lhes permitem planejar a volta para o país de origem ou um terceiro país, bem como para buscar novos empregos.

A seguir, será analisado o canal de entrada da indústria de petróleo e derivados, que se expandiu sobremaneira nas últimas duas décadas no Brasil e atingiu particular projeção no cenário internacional após a descoberta da reserva Pré-Sal. Embora não se encontre estudos da sociologia do trabalho sobre esse tema, pelo volume de vistos concedidos a estrangeiros para trabalho a bordo de embarcação ou

82 Perocco, 2011.

plataforma estrangeira, considera-se imprescindível problematizá-lo aqui. Em razão dessa escassez de estudos, o próximo item tem como propósito limitado o de alertar para as razões que justificam a urgência de pesquisas que aprofundem o tema.

Marítimos globais: filipinos na indústria de petróleo

A expansão do mercado consumidor do trabalho de marítimos estrangeiros no Brasil já tinha chamado a atenção de um dos principais especialistas no tema atualmente. O sociólogo italiano Valter Zanin, em seu estudo, alertou para o fato de que o país, na última década, emergia como um representante do crescimento expressivo do emprego dessa categoria de trabalhadores.

Esse crescimento está também relacionado com as embarcações de turismo, porém, sem dúvida, é a indústria de produção e transporte de petróleo e derivados a primeira responsável por alimentar essa expansão, que aumentou com a descoberta da reserva de petróleo da camada Pré-Sal.[83]

Há uma *coincidência,* certamente não casual, do aumento de autorizações para essa categoria de trabalhadores, com particular destaque para a nacionalidade filipina, nesse momento de expansão da indústria petroquímica no país, que alimenta uma ampla cadeia produtiva e financeira,[84] em escala nacional e internacional. Os dados da Tabela 4.9 mostram o aumento dos fluxos destinados à inserção nessa indústria.

---

83 Essa descoberta foi anunciada em 2006. A reserva de petróleo do país, em 2014, era estimada em 6 bilhões de barris, passando a um patamar entre 35 e 45 bilhões de barris com as estimativas de exploração dessa camada.

84 Por exemplo, o número de estaleiros passou de dois, em 2003, a dez em 2014.

Tabela 4.9: Autorizações temporárias de trabalho para estrangeiros a bordo de embarcação ou plataforma estrangeira autorizada a operar no Brasil

Ano	Nº autorizações
2006	7.405
2007	7.756
2008	10.974
2009	13.371
2010	15.207
2011	17.738
2012	15.554
2013	15.229
2014	14.931

Fonte: Ministério do Trabalho e Emprego (Base Estatística - CNIg)

Como se sabe, essa riqueza subterrânea e sua cadeia produtiva foram apresentadas como a nova *Potosi* da América do Sul gerando, de imediato, apetites lucrativos, articulados interna e internacionalmente.[85] Essa promessa de riqueza nutriu grandes esperanças para o mercado energético nacional e global. Além de concentrar os principais investimentos do Estado brasileiro repassados para a empresa Estatal de capital misto (privado e público) *Petrobrás*,[86] também foi responsável pela atração do maior volume (80%) dos IEDs em 2013.[87]

85 O programa Pré-Sal foi inaugurado já com um significativo vazamento de riqueza que, em teoria, deveria ser "pública", tendo em vista a maior participação Estatal nas ações da empresa Petrobrás, pelo engenhoso sistema de corrupção (denunciado em 2014), envolvendo a referida empresa e seus parceiros internacionais.

86 Esse setor se caracteriza pela forte participação da estatal brasileira (a criação da Petrobrás data de 1953), porém, historicamente, sempre se apoiou em subsidiárias estrangeiras. Em 1997 foi feita a abertura da empresa ao capital privado.

87 Há uma constelação de empresas nacionais e estrangeiras que participam dessa cadeia produtiva. No leilão realizado em 2013 para decidir quem tiraria as maiores fatias da extração e produção de petróleo nessa camada, venceram a Petrobrás, as empresas Estatais chinesas *China National Offshore Oil Corporation*

Há estimativas de que, em dez anos, o setor atrairá R$500 bilhões em investimentos, com a construção de 70 plataformas e a criação de 500 mil empregos (diretos e indiretos).[88]

A terceirização, principal meio utilizado nas últimas décadas na reestruturação dessa empresa para o rebaixamento de custos[89] – com consequências graves para seu grande contingente de trabalhadores diretos e indiretos –, ao que parece, também está se articulando com a face forçadamente mais flexível, barata, produtiva e disciplinada dos trabalhadores marítimos asiáticos. Isso porque, conforme será demonstrado a partir dos elementos expostos no estudo de Zanin, no atual mercado mundial do trabalho de marítimos, a especialização produtiva dos orientais – notadamente das Filipinas, China, Índia, Indonésia, Bangladesh e Mianmar – não tem concorrência em termos de custos e produtividade.

Em razão do silêncio[90] de fontes de pesquisa, neste estudo será apenas possível formular uma hipótese, passível de verificação e aprofundamento por estudos no futuro, que ilumina a ligação da expansão da indústria de petróleo com o recrutamento internacional dos marítimos globais, em particular de filipinos. Essa hipótese foi construída com base nos estudos de Zanin e na evidência dos altos números de autorizações de trabalho *temporárias* concedidas pelo Ministério do Trabalho e Emprego para o "trabalho a bordo de embarcações ou pla-

---

(CNOC) e *China National Petroleum Corporation* (CNPC), a anglo-holandesa *Shell* e a francesa *Total.*

88 Segundo dados apresentados no *Especial Pré-Sal,* Valor Econômico, 23, 24 e 25 agosto de 2014.

89 Ver Druck, 1999.

90 Conforme levantamento BBC Brasil com a CGIg (Coordenação Geral de Imigração - Ministério do Trabalho e Emprego), essas contratações envolvem uma gama diversificada de ocupações para atuar principalmente em quatro áreas: 1) Infraestrutura: exploração e refino de óleo e gás, construção de plataformas de petróleo e sistema de dutos; 2) Engenharia Naval: construção e manutenção de navios de prospecção e transporte de petróleo e gás; 3) Pesquisa: identificação de potenciais campos de exploração com estudos geológicos; 4) Pré-Sal: desenvolvimento de tecnologia para perfuração a mais de 2 mil metros de profundidade em camadas de sal.

taformas estrangeiras". Por se tratar de um trabalho que entra pelo circuito legalizado e exige uma especialização certificada, é coerente situá-lo dentro do polo da qualificação-especialização produtiva.

Conforme mostra a Tabela 4.10, os números de contratação nesse setor são bastante significativos. As Filipinas são de longe o principal país fornecedor de profissionais para o trabalho a bordo de embarcação ou plataforma estrangeira autorizada a operar no Brasil. É interessante perceber o salto quantitativo das entradas de filipinos no país com relação à década precedente. Segundo o estudo de Baeninger e Leoncy, durante todo o intervalo de 1993-2000 foram concedidas apenas 983 autorizações de trabalho para filipinos (considerando-se todos os tipos de visto).[91]

Tabela 4.10: Profissionais estrangeiros para trabalho a bordo de embarcação ou plataforma estrangeira autorizada a operar no Brasil – até dois anos –, por nacionalidade

Nacionalidade	2011	2012	2013	2014
Filipinas	3.583	3.615	3.584	3.475
Reino Unido	1.814	1.486	1.692	1.530
Índia	1.432	1.278	1.110	981
EUA	1.777	1.090	927	766
Polônia	741	616	705	680
Ucrânia	434	555	599	588
Noruega	1.076	519	658	558
Grécia	345	486	546	427
Rússia	527	508	460	427
França	404	401	348	248
Outros	5.605	5.401	4.600	5.251
Total	17.738	15.955	15.229	14.931

Fonte: Ministério do Trabalho e Emprego (Base Estatística – CNIg)

91 Baeninger e Leoncy, 2001.

O estudo de Zanin (2007) é crucial para o entendimento da causa de fundo desses fluxos e sua conexão com uma rede mais ampla em nível global. Com base na análise de fontes estatísticas das agências específicas de navegação marítima e na literatura internacional sobre o tema, o autor mostra como esse setor é emblemático do funcionamento de uma indústria operacionalizada em rede mundial, que tem como elemento-base o recrutamento internacional de trabalhadores marítimos. Nesse sentido, fornece um panorama histórico e contemporâneo muito detalhado e rigoroso sobre o desenvolvimento da indústria marítima comercial na modernidade, apontando o perfil histórico dos trabalhadores empregados em embarcações ao longo dos séculos. Conforme explica, na história desse comércio marítimo estão implicadas, em maior grau, as antigas metrópoles coloniais, bem como países orientais com forte tradição marítima, como a China e a Índia.[92]

Sua análise destaca os quatro pilares sobre os quais essa indústria se articula atualmente: 1) os Estados (como consumidores e organizadores do recrutamento dessa categoria); 2) as empresas transnacionais (empregadoras e terceirizadas); 3) as agências de recrutamento especializadas; e 4) o exército de trabalhadores marítimos de diferentes nacionalidades, notadamente asiáticas.[93]

Conforme mostram os dados fornecidos no seu estudo, nas décadas de 1960 e 1970, essa indústria passou por uma reestruturação

92 Segundo o autor, depois do século XVII "a contratação de não europeus ganhou mais sistematicidade" na indústria naval em escala mundial. Zanin, 2007, p. 28 e 45, como exemplo, cita o caso da Grã-Bretanha que, por séculos, manteve a maior frota marítima mundial e possui uma tradição de recrutamento desses trabalhadores na Índia, Hong Kong, Cingapura e África Ocidental.

93 Conforme explica, as estatísticas dos *marítimos globais* são construídas com base em critérios diferenciados, segundo as entidades fornecedoras de dados sobre essa categoria (como, por exemplo, o exercício da atividade em água internacional, o peso da embarcação e a propriedade final do trabalho na embarcação). Segundo Zanin, 2007, p. 47, a categoria dos *marítimos globais*, empregados em embarcações de propriedade transnacional, corresponde hoje a 2/3 dessa força de trabalho.

produtiva que trouxe novidades à sua operacionalização.[94] No que se refere ao emprego da força de trabalho, o autor explica que, a partir desse período, foi se consolidando como tendência a concentração (do fornecimento e recrutamento) de trabalhadores marítimos globais principalmente em países asiáticos e também da ex-União Soviética (Europa central e oriental): "[h]oje, a maior parte dos marítimos está na Ásia, sendo os marítimos asiáticos a parcela mais consistente da força de trabalho mundial no setor da navegação mercantil de longa duração".[95]

Essa novidade na substância geográfica[96] do trabalho marítimo corresponde, segundo o autor, a uma nova divisão do trabalho[97] permitida pelas tecnologias que, além de acompanhar a redução significativa dos números absolutos de funcionários nas embarcações, atingiu mais fortemente os cargos de oficiais (nos estratos mais altos da hierarquia do trabalho nas embarcações), historicamente preenchidos pelos brancos ocidentais, com um concomitante aumento na demanda pela força de trabalho para executar tarefas comuns nessas embarcações, que já eram, desde o passado,[98] reservadas em maior

94 Segundo o autor, há dois divisores de água na história dessa indústria, a introdução do motor a vapor (1850-1900) e daquele automático (1945).

95 Zanin, 2007, p. 36.

96 "Nenhum país de economia avançada aparece entre os dez principais fornecedores de trabalhadores marítimos 'globais'" (Zanin, 2007, p. 176).

97 "Assiste-se a uma tendência a intensificar a especialização e a profissionalização – talvez seja melhor dizer neoprofissionalização – ligada ao sistema de maquinário mais complexo, que engenheiros e mecânicos devem controlar, manter em funcionamento e às vezes reparar no curso da navegação. Ao passo que as tecnologias de carregamento, descarregamento e desembarque, além daquela de comunicação e navegação, vão se sofisticando, no caso do trabalho dos funcionários de manutenção, a inovação técnica e organizativa tem às vezes efeitos antitéticos de perda de habilidades" (Zanin, 2007, p. 286).

98 Segundo destaca, na história da indústria naval mundial, os não brancos eram considerados mais aptos a suportarem as altas temperaturas dos compartimentos de queima de carvão: "os marinheiros não brancos, fossem africanos, árabes, chineses eram considerados mais idôneos fisicamente para suportar as altas temperaturas dos departamentos de aquecimento [envolvendo o manejo de carvão]". O autor também explica que a especialidade conferida historicamente aos chineses nessas embarcações é o serviço de lavanderia. Com relação aos indianos destaca:

grau aos asiáticos.[99] Em sua opinião, essa antiga divisão do trabalho hoje continua a se reproduzir pelos *salários mais baixos*, pela *flexibilidade* e pela garantida dos *contratos de duração mais longa de permanência nas embarcações.*

> Ainda hoje, os salários médios desembolsados aos marítimos asiáticos provenientes dos principais países fornecedores dessa força de trabalho são nitidamente inferiores às médias dos salários europeus, norte-americanos e japoneses [...]. Mesmo quando os salários são equivalentes, os contratos dos trabalhadores marítimos asiáticos em embarcações estrangeiras preveem a duração da permanência nas embarcações e dedicação [ao trabalho] nitidamente mais longa, em relação aos colegas provenientes de países ricos europeus de antiga industrialização. De modo que o maior tempo distante de casa - e o *stress* implicado - permite aos empregadores economizarem custos com aviões para pegar e devolver os marítimos no lugar de partida, antes e no final do embarque.[100]

Mas, essa especialização asiática se explica também a partir de um *elemento crucial* colocado em evidência pelo autor: o *disciplinamento forçado dos trabalhadores por parte dos Estados* que, em sua opinião, são hoje os principais *fornecedores* dessa força de trabalho, seja aqueles que já tinham uma presença consolidada no setor, como a China e a Índia, seja aqueles que emergem como grandes fornecedores depois dos anos 1960, como as Filipinas, a Indonésia, Bangladesh e Miranmar.[101]

"os marinheiros indianos recebiam uma remuneração equivalente a um sexto ou a um sétimo daquela dos marinheiros europeus" (Zanin, 2007, p. 40 e 41).

99 Seu estudo mostra que a organização da tripulação dessas embarcações envolve um sistema diferenciado e altamente hierarquizado por especializações, em relação a salários e tarefas. Segundo os dados estatísticos fornecidos pelo autor, os asiáticos ocupam os estratos mais baixos dessa hierarquia nas embarcações.

100 Zanin, 2007, p. 282-283.

101 Segundo o autor, as Filipinas e a Indonésia "fornecem marítimos certificados a um ritmo excedente em relação à capacidade de absorção imediata [nas embarcações estrangeiras]" (Zanin, 2007, p. 148).

Para Zanin, o fornecimento, em massa, desse trabalho é hoje alvo de uma "verdadeira indústria de Estado",[102] por estes se empenharem na criação das "vantagens competitivas" e estarem interessados no quanto ganham com a tributação e as remessas enviadas por esses trabalhadores. Esses Estados se encarregam de organizar um complexo sistema de formação e certificação da habilitação para o trabalho marítimo a bordo de embarcações, de regulamentar as agências de recrutamento especializadas nessa força de trabalho, com isso contribuindo também para o seu *disciplinamento*. Sua função é aquela de impor *leis e práticas que reforçam a natureza coagida desse trabalho* já submetido a um código de disciplina semimilitar – pelas características específicas da situação de risco envolvida –, tais como, a *proibição da representação sindical*, a punição pela deserção e indisciplina por meio das *listas negras*[103] e até mesmo o encarceramento quando retornam ao país de origem, em caso de infrações durante o trabalho a bordo.

Além disso, Zanin destaca que a ação dos Estados, junto às agências recrutadoras, favorece o endividamento dos trabalhadores, que são obrigados a adiantar ou destinar parte abusiva do salário para as agências.

Seu estudo destaca como as Filipinas aparecem como o país especialista na cooptação dessas remessas,[104] seja por parte das mulheres

102 Zanin, 2007, p. 285.

103 *Blacklist* é um meio de controle dos trabalhadores marítimos utilizado pelos Estados e pelas agências de recrutamento. Essa lista é destinada a deixar marcado o nome do trabalhador, para que não seja mais recrutado pelas agências e eventualmente seja punido pelos Estados, por motivos como o da *filiação a sindicato*, abandono das embarcações (deserção), desobediência à disciplina de trabalho imposta nas embarcações, entres outros. Logo, ter o nome nessa lista negra significa, no mínimo, não conseguir mais trabalho nesse setor, senão sofrer punições por parte do Estado de origem.

104 Segundo explica o autor, as Filipinas recebem enormes montantes relacionados às remessas de seus nacionais. Além disso, as empresas empregadoras pagam diretamente para o Estado 80% do salário estipulado no contrato de trabalho. Esse sistema de pagamento pela poupança Estatal, segundo relata, dá espaço a abusos e incorreções na hora da devolução do dinheiro e não dá acesso ao trabalhador a esse dinheiro até que finalize o contrato de trabalho nas embarcações, que pode durar meses. Mesmo assim, é consentido pelos trabalhadores, por se sentirem mais seguros dos

domésticas e enfermeiras que exporta aos países centrais, seja pelo primeiro lugar que ocupa, em escala mundial, como fornecedor de trabalhadores marítimos.[105] Para manter esse primeiro lugar na concorrência mundial, faz a propaganda das *vantagens competitivas* de seus trabalhadores. Além de vender a especialização produtiva, ou seja, a "competência linguística em inglês",[106] "os padrões de formação e certificação adequados", também oferece a "docilidade e submissão" dos seus súditos. Essa propaganda do Estado filipino é destacada no estudo do autor, a qual especifica:

> os traços inerentes ao caráter [do filipino] se adaptam facilmente e, além do mais, é um trabalhador incansável. Seu charme e sociabilidade são uma garantia para relações harmoniosas, tão essenciais ao trabalho a bordo. O marítimo filipino é limpo e disciplinado.[107]

Esse traço "manso" apresentado como uma característica natural e psicológica dos filipinos, conforme destaca o autor, é, na verdade, *forçado* pelo seu Estado. Ao descrever as práticas de coação do Estado filipino por meio de uma ação conjunta com as agências de recrutamento, explica o disseminado sistema de endividamento que essa organização de trabalho implica, com adiantamento e desconto abusivos de salários pelas agências, a adesão da *blacklist* e a punição de greve ilegal pelo encarceramento por até três anos (*Op. cit.*: 287).

---

recorrentes assaltos de piratas em alto mar ou quando desembarcam em terra firme.

105 Para dar uma ideia da sistematicidade dessa organização, ressalta que, no ano de 2003, o país já contava com 417 agências desse tipo.

106 "Até hoje, a forma dominante de comunicação durante as atividades laborais a bordo é composta por comandos e, até hoje, frequentemente, o inglês marítimo básico exigido dos marítimos consiste em compreender as ordens" (Zanin, 2007, p. 39).

107 Zanin, 2007, p. 286.

Também a China[108] – atualmente o país com maior reserva de trabalhadores marítimos – e a Indonésia aparecem como grandes fornecedores dessa força de trabalho, porque reproduzem práticas similares, senão piores, de coação ao trabalho dentro dessa mesma "rede organizativa institucional", do Estado e das agências de recrutamento, com o fim de alimentar as empresas nacionais e transnacionais.

São esses elementos largamente documentados no estudo do autor que o levam a afirmar que a especialidade asiática de trabalhar isoladamente e durante períodos prolongados em longínquas distâncias do mar esconde, na verdade, o *problema do trabalho forçado.*[109]

Logo, trata-se de um trabalho implicando uma condição que, por diversos fatores – para começar do isolamento geográfico sobre as águas e o confinamento nas embarcações, o tratamento jurídico, a disciplina semimilitar, a forte hierarquia na estratificação e divisão do trabalho das embarcações, a proibição da organização sindical, o racismo e a discriminação –, equivale a estar sempre à beira da *coação*, ou seja, no mínimo, significa a exposição a um sistema complexo de trabalho coagido envolvendo os Estados, agências de recrutamento e as empresas consumidoras em escala mundial dessa força de trabalho, com raízes históricas profundas e imbricadas com a história do tráfico de escravos e da escravidão.

Segundo ressalta Zanin, os marítimos globais orientais, hoje as principais vítimas desse sistema, permitem muitos paralelos com o sistema de trabalho forçado dos *coolies*.Todavia, ao contrário do ocor-

---

108 O autor explica que 25% dos salários do trabalhador marítimo chinês são destinados às agências pelo pagamento da prestação de serviço e 20% são retidos como caução para garantir o cumprimento do contrato. Em conjunto com a tributação estatal, "as agências chinesas retêm 80% dos salários pagos aos marítimos pelas companhias de navegação" (Zanin, 2007, p. 298). O autor também cita os atrasos recorrentes de pagamentos e os abusos da retenção de quantias indevidas.

109 Fontes estatísticas estimavam, segundo o autor, 12 milhões de trabalhadores marítimos nessa situação de trabalho forçado, sendo que "a maioria dos marítimos parece estar empregada em embarcações pertencentes a companhias estrangeiras [distinta dos registros marítimos nacionais]" (Zanin, 2007, p. 14 e 24).

rido durante um longo período da história, quando esses *coolies* eram rechaçados pelas políticas imigratórias das grandes potências e Estados Ocidentais – sendo o Estado Brasileiro do final do século XIX um exemplo, mesmo que de um país periférico, desse repúdio racial –, no atual regime flexível passaram a ser bem-vindos para compor um cálculo mundial de extração de valor, de um trabalho especializado no confinamento das embarcações.

Mas, antes mesmo de se pensar que essas barreiras não são repropostas na contemporaneidade sob novas formas, é preciso deixar claro o que Zanin também problematiza. A exceção concedida aos orientais com relação à restrição legislativa de vistos finalizados ao trabalho marítimo não significa imunidade, em alguns casos, *nem mesmo para pisar em terras estrangeiras*,[110] quanto menos para trabalhar em outro setor senão o da navegação.

Nesse sentido, é preciso entender com clareza que a boa vontade dos Estados ocidentais está funcionando até que esse trabalho seja mantido espacialmente na sua especialidade sobre as águas marítimas, distante da visibilidade dos territórios nacionais que o empregam e onde as plataformas transnacionais podem operar a pleno ritmo, sem pausas ou grandes impedimentos de organização desses trabalhadores.

Por todos os motivos expostos, fica evidente como há fortes indícios de que essa especialização produtiva dos trabalhadores asiáticos suportará as grandes campanhas exploratórias de um mercado emer-

110 Segundo constata o autor, esse é o caso dos Estados Unidos, o principal consumidor dessa força de trabalho na atualidade. Conforme explica, depois do atentado das Torres Gêmeas (2001), o Estado americano promulgou uma legislação própria e conflitante com a normativa internacional, que proíbe o desembarque desses trabalhadores nos portos estadunidenses. Dentre muitos aspectos problemáticos para o trabalhador marítimo – como a possibilidade de acesso a um tratamento médico especializado, o conforto essencial nesse trabalho de poder pisar em terra firme e se sentir fora do espaço confinado do trabalho nas embarcações – essa legislação, baseada na ideia da "ameaça do terrorismo", também impede o trabalhador marítimo do possível abandono das embarcações no caso de estar sofrendo coação e abusos.

gente da indústria de petróleo e derivados que se apresenta como um dos mais promissores do mundo na atualidade.

Por que, diferentemente do alarde midiático com tons racistas que acompanhou a chegada em massa dos médicos cubanos em 2013 no país (objeto que será tratado a seguir), há um completo silêncio, tanto da mídia, quanto do governo e das pesquisas acadêmicas – sobre os fluxos de filipinos – que chegaram a atingir no ano de 2012, só para essa categoria, quase quatro mil vistos?

O Brasil confirma a regra, segundo Zanin mundialmente disseminada, da "invisibilidade" social, do "silêncio" e da "cegueira"[111] sobre os trabalhadores marítimos. Por esse motivo, é urgente o desenvolvimento de estudos, em particular da sociologia do trabalho, que investiguem o tema. Até porque, esse setor produtivo, no Brasil, é atualmente um dos que mais reclama do "gargalo da mão de obra qualificada". E toda vez que a solução importadora vem invocada, é preciso lembrar que a demanda de engenheiros, oficiais, geocientistas, técnicos e gerentes de operações e exploração, anunciados sem maiores incômodos, acompanha também aquela *silenciada dos forçados do mar*.

Médicos cubanos e professores

A contratação internacional de médicos e professores será tratada em relação ao setor público, por se tratar de um exemplo específico de como o Estado brasileiro também é consumidor direto do trabalho imigrante. Certamente, uma vez consideradas as contratações indiretas (via empresas terceirizadas), o leque de categorias ocupacionais seria mais diversificado e o número de contratações mais elevado.

A presença de imigrantes nessas áreas do setor público já era uma realidade – principalmente se consideradas as últimas duas décadas –, porém mais limitada em números. Há mudanças significativas revela-

111 Zanin, 2007, p. 1.

das pela contratação massiva de médicos pelo programa "Mais Médicos" e a crescente contratação, temporária ou estatutária, de professores e pesquisadores pelas Universidades Públicas (Estaduais e Federais). A título de comparação, entre os anos de 1998 e 2000, as autorizações de trabalho para médicos e professores somaram, respectivamente, 285 e 1.018.[112] Nos anos mais recentes, essas autorizações atingem patamares completamente distintos, conforme será mostrado adiante.

Com relação à contratação de médicos estrangeiros para o reforço do atendimento à saúde básica em nível nacional, é preciso pontuar que, antes mesmo da implantação do programa Mais Médicos, esse recurso já era utilizado. Entretanto, a presença de estrangeiros nessa área era bastante restrita, tendo em vista que historicamente foi regulamentada por uma forte reserva de mercado nacional.[113] Embora a barreira da revalidação do diploma representasse um obstáculo não pequeno, o Brasil, desde muito tempo, era um destino almejado para médicos (ainda que a atratividade dos países centrais tenha sido sempre maior). Em particular, para latino-americanos por oferecer a proximidade geográfica, salários mais elevados no sistema público e um mercado privado de grandes dimensões.

A emigração de médicos latino-americanos para o país, principalmente da Bolívia, Peru e Colômbia, geralmente começava com o intercâmbio temporário de estudantes em cursos de especialização e depois se transformava em uma imigração permanente em busca de maiores salários. Para essa imigração mais antiga, a principal diferença estava na exigência da revalidação do diploma (como visto acima, processo demorado e altamente burocratizado), ou seja, o profissional que não fosse vinculado a programas específicos (de intercâmbios

112 Baeninger e Leoncy, 2001.

113 O ingresso nessa área exige a revalidação do diploma. Em particular na carreira de medicina, o processo burocrático e os exames envolvidos costumam ser quase inacessíveis a estrangeiros. Além disso, há o requisito do visto permanente para poder requerer a validação do diploma.

institucionais) deveria ter o registro de seu diploma aprovado pelo Conselho Regional de Medicina (CRM). Sem o visto de permanência, não era possível requerer a revalidação do diploma para poder atuar profissionalmente no país (vale lembrar que o acordo de residência do Mercosul e países associados é de 2009).

Em 2013, com a implantação do programa Mais Médicos, essa barreira da revalidação do diploma foi polemicamente[114] derrubada para possibilitar a contratação em massa de médicos para trabalhar na rede de atendimento básico da saúde pública.[115]

A solução importadora foi justificada pelo Estado brasileiro com base num dado real da escassez de médicos nesse serviço para atender populações carentes nas periferias das capitais, cidades e regiões do país mais pobres e de difícil acesso. Não deixa de ser igualmente verdade que essa solução foi o único meio *imediato* para se responder a uma demanda pública explosiva. Há uma questão de fundo envolvida nessas contratações, o sucateamento dos serviços públicos de saúde, que aumenta a partir dos anos 1990 e caminha lado a lado com o avanço do processo de privatização do setor, pelos convênios de saúde.

É necessário destacar que, embora as estruturas de saúde básica do país sejam bastante deficientes e, de fato, haja uma escassez de médicos que optam pelo atendimento da população carente, o sistema de

114 Em particular para a categoria médica, certamente menos para a população carente do acesso à saúde pública. A polêmica abrange diversos aspectos que ao invés de se concentrarem numa discussão séria do que significa reconstruir um sistema público de saúde, no fundo, ficou essencialmente concentrada em disputas políticas e nos interesses da categoria médica que se sentiu ameaçada nos seus salários e postos de trabalho, principalmente quando foi decidida a contratação em massa de médicos cubanos.

115 Diante da rejeição por parte das entidades médicas, a solução aplicada pelo governo foi estabelecer o critério estatístico de só permitir a importação em países nos quais a relação entre o número de médicos para cada 1.000 habitantes fosse de 1,8. Essa relação, por sinal, é largamente ultrapassada por Cuba (6,9), que tem os melhores índices médicos e um sistema de saúde que é referência mundial. Cabe ressaltar, inclusive, que esse alto índice não permite caracterizar a emigração desses médicos como o fenômeno já citado da "fuga de cérebros".

saúde gratuito atinge dimensões não desprezíveis para um país da periferia do capitalismo. A causa primária dessa recusa de trabalhar no sistema público é o salário depreciado em relação ao que os médicos recebem no atendimento privado, apesar de hoje sofrerem fortes pressões de rebaixamento ligadas à intermediação pelos convênios privados de saúde. As consultas-relâmpago de no máximo 15 minutos são um reflexo nítido da perda de renda dessa categoria, representando uma estratégia utilizada para conseguirem manter seus patamares de remuneração dentro do sistema de convênios de saúde.[116]

No Brasil, o sucateamento do sistema público de saúde teve também por consequência a quase destruição da visão universal e gratuita da medicina, portanto também de uma cultura que se empenha para manter um sistema de atendimento à população como um todo, independentemente de sua renda. Essa questão, somada à depreciação dos salários, à deficiência das estruturas de atendimento e à falta de um plano de carreira no SUS, faz com que a maioria dos médicos, com a exceção de poucos que merecem destaque, sejam partidários do favorecimento ao atendimento privado. Daí a polêmica com a contratação de médicos cubanos, que *significa também um choque de visão e de concepção do que é a medicina*. Como é sabido, a medicina cubana é essencialmente pública e ainda conserva seu traço de priorizar a educação preventiva dos pacientes, a partir do atendimento do médico de família, ligado à população do território pela qual se sente extremamente responsável, independentemente de sua renda.

De fato, o tema toca a sociedade brasileira por inteiro, em particular seus estratos mais baixos. Não por acaso, conforme explica Braga, a medida de contratação de médicos estrangeiros foi anunciada "no dia 25 de junho de 2013", ou seja, logo após as manifestações populares que eclodiram em escala nacional e foram "catalisadas" por

116 Sobre o efeito negativo desse sistema fabril de fornecimento de serviços de saúde na qualificação dos médicos, consultar Head, 2005.

"graves problemas"[117] nos serviços básicos públicos, em particular do transporte, mas também da educação e saúde. Nas palavras do autor:

> Entre os dias 19 e 23 de junho, cerca de 400 cidades, incluindo 22 capitais, saíram em manifestações e passeatas, aglutinando, segundo pesquisa realizada pelo instituto Ibope, cerca de 6% da população brasileira [...]. Desde que a onda de protestos e mobilizações começou, o governo federal lançou-se em uma frenética atividade a fim de responder à indignação manifestada nas ruas. No dia 25 de junho de 2013, por exemplo, o ministro Alexandre Padilha anunciou a abertura de 35 mil vagas para a contratação de médicos no Sistema Único de Saúde (SUS) até o ano de 2015. No mesmo pronunciamento, Padilha afirmou que será necessário contratar médicos estrangeiros para suprir a demanda por profissionais nas periferias das grandes cidades e no interior do país, lançando o programa "Mais Médicos".[118]

Até o ano de 2014, foram contratados, em *regime temporário* de três anos (renovável uma única vez por igual período) 12.165 médicos estrangeiros para atuar em 2.177 municípios espalhados pelo Brasil. O salário oferecido pela jornada de 40 horas semanais era de R$10.000,00, mais a ajuda de custo a cargo dos Municípios para despesas de aluguel e alimentação (que podia variar de R$1.500,00 a R$ 3.000,00) e o pagamento da passagem para o médico e sua família. No total dos contratados, os principais representantes eram cubanos, 11.452 (6.676 mulheres e 4.776 homens), seguidos dos venezuelanos, argentinos, uruguaios e bolivianos. Conforme é possível notar pela tabela 4.11, abaixo, há mais nacionalidades periféricas implicadas, sendo a Espanha e Portugal os principais representantes de países centrais. Em seu conjunto, o programa envolve profissionais de 49 distintas nacionalidades.

Na contra-tendência do desequilíbrio de gênero típico deste circuito dentro do polo da qualificação-especialização produtiva, a con-

117 Braga, 2014a, p. 70 e 75.

118 *Idem*, p. 71 e 75.

tratação de mulheres supera a de homens, respectivamente de 6.974 e 5.191. A Tabela 4.11 esclarece a composição por nacionalidade e sexo dos fluxos relacionados ao programa *Mais Médicos*.

Tabela 4.11: Médicos participantes do programa "Mais Médicos", por nacionalidade, até 2014

País de origem	Mulheres	Homens	Total
Cuba	6.676	4.776	11.452
Argentina	65	80	145
Bolívia	27	45	72
Espanha	20	34	54
Colômbia	7	11	18
Haiti	6	15	21
Honduras	9	6	15
Itália	3	10	13
México	7	17	24
Portugal	10	14	24
Rep. Dominicana	10	16	26
Paraguai	4	3	7
Uruguai	30	36	66
Venezuela	74	77	151
Peru	7	9	16
El Salvador	4	5	9
Alemanha	1	4	5
Total	6.974	5.191	12.165

Fonte: Elaboração própria, com dados obtidos junto ao Ministério da Saúde.
Obs: Foram colocadas na tabela apenas as nacionalidades mais representativas, por isso o "Total" não representa a soma das nacionalidades expressas

Um aspecto que não pode passar despercebido para a análise do trabalho dos médicos dentro desse sistema de importação refere-se à *flexibilidade da contratação*, na forma de *bolsa-formação*, que deixa explícito o afastamento de "relações empregatícias de qualquer natureza". Por esse motivo, essas contratações não estão incluídas nas autorizações de trabalho concedidas a estrangeiros pelo Ministério do Trabalho e Emprego. Essa forma de contratação desvincula o Estado brasileiro de todos os encargos de proteção social do trabalho, ou seja, no fundo, a solução importadora é a mais vantajosa economicamente, porque além de ter a pronta entrega de médicos já formados, também reduz custos desembolsados para a prestação desse serviço.[119]

Outro aspecto bastante problemático refere-se ao próprio *regime de contratação temporária* adotado pelo programa. Já foram destacadas algumas implicações dessa provisoriedade e da contratação *just in time* para o imigrante, em termos da dependência da relação contratual e do vínculo com o visto. Além disso, a solução importadora dentro do regime temporário flexível está sujeita à discricionariedade do Estado brasileiro, como empregador, na decisão sobre a necessidade e a possibilidade (financeira) da manutenção desses médicos no país dentro do serviço público de saúde. Desse modo, a continuidade das contratações depende das prioridades do governo que detém o mandato de poder. Quem potencialmente pode pagar o preço desse sistema são os próprios médicos estrangeiros, que não têm segurança sobre a renovação de seu contrato e, em função disso, podem ter que deixar o país. A população carente do Brasil, igualmente, não tem garantia da continuidade da prestação desses serviços.

No caso dos médicos cubanos, as consequências (para os próprios profissionais) desse sistema de contratação sob a forma de bolsa-formação e seu regime temporário devem ser em parte relativizadas, já que esses trabalhadores são funcionários públicos do Estado cuba-

119 O contrato inclui, no entanto, a jornada de oito horas diárias, o direito de trinta dias de férias e do afastamento remunerado em caso de doenças. Porém, não está incluído o décimo terceiro salário e o fundo de garantia.

no estando, portanto, em uma missão temporária, mas mantendo a estabilidade de emprego em seu país de origem. Isso não significa, porém, que sob a ótica do Estado brasileiro, enquanto empregador, não advenham os benefícios de uma contratação flexível.

Como se trata de um fluxo recente, ainda são incipientes as pesquisas sobre o tema, não sendo possível prever quantos desses médicos permanecerão no Brasil após os três anos de contrato (renovável por igual período, uma única vez).[120]

Além disso, como a grande maioria dessas contratações é de médicos cubanos, entende-se necessário fazer uma pontuação analítica, no sentido de alertar sobre a necessidade de algumas ponderações, ligadas ao funcionamento do sistema de saúde familiar em Cuba, à derivada cultura específica da medicina nesse país e à concepção da exportação de médicos dentro da visão particular de uma missão humanitária internacional.

Na sociedade cubana, vige a cultura de uma medicina orgânica à comunidade, ou seja, que prescinde de uma hierarquia dos médicos com relação à população atendida – como de fato ocorre no Brasil – com pressupostos também internacionalistas de ajuda à população carente de outros países. O deslocamento para zonas com escassez de médicos, conforme esclarece o entrevistado,[121] é um pré-requisito informado, desde o início, pelo sistema de formação da Universidade de Medicina cubana e pelas modalidades de exercício dessa profissão naquele país e alhures[122] para qualquer jovem que decide atuar nessa profissão. No caso do deslocamento internacional, é o próprio médico que se alista para participar da missão. Ademais, é preciso também considerar que a exportação de médicos pelo governo cubano não integra o fenômeno

120 Isso quer dizer que, no total, o médico pode permanecer no máximo seis anos no Brasil. Caso opte por permanecer, terá que conseguir tanto o visto permanente quanto a revalidação do diploma.

121 O entrevistado é cubano, tem 52 anos e chegou no Brasil em 2013.

122 Depois da conclusão do curso de medicina, há a obrigatoriedade para todos os médicos de atuar 5 anos nas regiões e lugares afastados de Havana.

chamado de "fuga de cérebros", pois é decorrência de uma política pública de formação dessa categoria ocupacional que, apesar dos recursos econômicos escassos do país, ganhou excelência e uma dimensão maior do que necessitava para atender a própria população.

As *ambivalências* implicadas nessa relação de assalariamento envolvendo os médicos cubanos tornam necessárias pesquisas investigativas dessas especificidades, no sentido de se perguntar até que ponto relativizam os fatores problemáticos do trabalho do imigrante envolvido num sistema de importação de força de trabalho mundialmente utilizado, neste caso via Estados. Esses médicos retêm de 15 a 20% do salário - sendo o restante destinado ao Estado cubano - e mesmo que essa quantia possa significar algo na sociedade cubana, no Brasil implica sérios problemas de estruturação, em função dos altos custos de vida, principalmente nas cidades grandes.

Ponderar essas questões não significa, entretanto, assumir o discurso da grande mídia e de posições políticas conservadoras que não economizaram esforços para construção de uma imagem de "miserabilismo" desses médicos cubanos.

Não é a fome ou o impedimento do exercício da própria profissão no país de origem que explica a aceitação de atuar em áreas com graves problemas sociais e econômicos do Brasil. Essa visão reduti va, da "pobreza" dos cubanos, é, na verdade, invertida e colocada em seu devido lugar pela fala abaixo de um médico cubano entrevistado. Como já tinha estado dois anos em missão no Haiti, após o terremoto de 2010, pensava encontrar no Brasil um país, em suas palavras, "rico" (em relação a outros periféricos), no sentido de ter todos os meios para resolver os problemas básicos de saúde. Mas, na verdade, são os próprios médicos cubanos que se espantam com os problemas dos serviços de saúde no Brasil. Um "choque brutal" foram as palavras utilizadas pelo entrevistado para descrever sua impressão:

Como foi sua adaptação para atuar na sua profissão no Brasil?

Tive um choque brutal. Nunca imaginei que o Brasil, um país tão grande e rico, tivesse tantos problemas de saúde, que já poderiam ter sido solucionados há muito tempo. Aqui tem regiões ricas, mas também regiões pobres, com bairros sem asfalto, sem esgoto. Bairros que não têm nada, nem a infraestrutura básica. Isso foi um choque. Além disso, foi um choque a visão da saúde pública de atenção básica. Em Cuba, é muito diferente. Aqui, é difícil se adaptar a algumas coisas, por exemplo, não conseguimos entender que um paciente que está precisando de um atendimento venha para agendar uma consulta e só possa ser atendido daqui a três meses. Mas o paciente está doente agora. Ele pode esperar um dia, dois, mas não três, quatro, cinco meses. É um choque. Isso é impossível no sistema de saúde cubano, que a pessoa precise fazer um exame e só venha a ter o resultado depois de um mês. É impossível acontecer em Cuba. Por exemplo, aqui, a pessoa que precisa de um atendimento especializado, ortopedia, demora, em média, sete ou oito meses para ser atendida. Isso é impossível. Então, o choque é grande.

Como já mencionado, a chegada em massa dos médicos cubanos, simbólica da implantação do programa *Mais Médicos,* gerou um intenso debate nacional, com repercussão imediata na mídia, revelando-se um tema polêmico em diferentes âmbitos. Lamentavelmente, longe desse debate ser canalizado para discutir seriamente o problema da saúde pública, portanto também das condições de trabalho dos médicos – brasileiros e estrangeiros –, os argumentos assumiram outros vieses, desde posições políticas conservadoras contrárias à importação de médicos de um país comunista, até opiniões xenófobas e racistas, em particular contra os médicos negros.

Para além dos posicionamentos políticos e a despeito de o sistema de saúde em Cuba ser referência mundial, a atuante campanha contra o programa *Mais Médicos,* no fundo, comporta também nuances racistas, com efeitos práticos contra os médicos cubanos. Muitos desses médicos sentiram na pele a exposição a xingamentos, ao descrédito em seu profissionalismo e eficiência no exercício de suas atividades e até na capacidade linguística de se comunicar com a população brasileira. Trata-se, portanto, de um caso que evidencia claramente como o *racismo* pode se manifestar mesmo nos estratos mais altos do mercado de trabalho que se utiliza do trabalho imigrante.

Contudo, não há dúvida que esse estranhamento esteja sendo respondido, de forma a desmentir essas acusações, tanto por parte dos próprios médicos cubanos, quanto também da população brasileira, incluída a categoria dos médicos. Isso comprova a capacidade por parte dos médicos cubanos de superarem barreiras construídas e de serem aceitos *no* e *pelo* tratamento médico, ou seja, no seu ambiente de trabalho, que é essencialmente humano, e prescinde da nacionalidade para seu pleno exercício.

Outro polo importante de atração de imigrantes com o perfil de alta qualificação, por parte do Estado brasileiro, é aquele relativo à educação pública de nível superior, seja através de programas de incentivo à estadia temporária de professores visitantes e pesquisadores de pós-graduação, seja por meio de contratações estáveis com relação ao regime público. De fato, a importação de profissionais estrangeiros "altamente qualificados" compõe o cenário das diretrizes da "qualificação produtiva" dentro das Universidades.[123] Tendo em vista que a internacionalização é atualmente um dos mais importantes critérios das agências Estatais para pontuações dos cursos,[124] portanto também para a concessão de financiamentos, a atração de professores estrangeiros se tornou uma estratégia de gestão das Universidades.

Além da facilitação do visto para professores universitários, pesquisadores e estudantes de pós-graduação com perfil "altamente qua-

123 Já foram produzidas muitas pesquisas investigativas dos fatores problemáticos do trabalho docente no ensino superior, cada vez mais agravados pela aplicação dos diversificados critérios de medição e imposição da produtividade acadêmica.

124 A internacionalização também é considerada hoje um imperativo para concorrer nos rankings mundiais das universidades.

lificado", há diversas medidas sendo implantadas, em particular nos cursos de exatas e de tecnologias, desde a concessão de bolsas de estudos e programas de intercâmbio, até concursos públicos para professores realizados em língua inglesa.

Conforme é possível notar na Tabela 4.12, abaixo, há, um aumento do número de professores estrangeiros nas universidades brasileiras. Infelizmente, a base acessada não disponibiliza dados para o período anterior a 2009. Também é gritante o desequilíbrio de gênero interno a essa categoria.

Entra Tabela 4.12: Número de professores estrangeiros no ensino superior brasileiro (2009-2013)

Professores estrangeiros	Mulheres	Homens	Total
2009	1.115	2.539	3.654
2010	1.150	2.615	3.765
2011	1.222	2.744	3.966
2012	1.262	2.842	4.104
2013	1.206	2.907	4.113

Fonte: Elaboração própria, a partir de dados obtidos junto ao Ministério da Educação

A Tabela 4.13 revela uma concentração da participação de professores estrangeiros nas universidades públicas, confirmando a estratégia discutida acima de internacionalização do ensino superior público brasileiro.

Tabela 4.13: Participação de professores estrangeiros no corpo docente das universidades brasileiras, públicas e privadas (2009-2013)

Universidade	Estadual	Federal	Municipal	Privada	Total Geral
2009	1,32%	1,59%	0,57%	0,71%	1,02%
2010	1,45%	1,61%	0,61%	0,73%	1,03%
2011	1,57%	1,65%	0,60%	0,71%	1,05%
2012	1,66%	1,75%	0,66%	0,68%	1,08%
2013	1,57%	1,72%	0,70%	0,67%	1,07%

Fonte: Elaboração própria, a partir de dados obtidos junto ao Ministério da Educação

Por fim, a Tabela 4.14 mostra a nacionalidade desses docentes estrangeiros, com destaque para alguns países latino-americanos, mas também da periferia da Europa.

Tabela 4.14: Professores estrangeiros trabalhando em universidades brasileiras, por nacionalidade (2009-2013) e participação da nacionalidade no total de docentes estrangeiros (2013)

Nacionalidade	2009	2010	2011	2012	2013	% em 2013
Argentina	523	488	529	553	530	12,9%
Peru	356	406	458	503	528	12,8%
Portugal	288	285	279	289	313	7,6%
Itália	204	215	216	227	243	5,9%
Chile	228	251	245	250	238	5,8%
Cuba	181	198	222	228	207	5,0%
Alemanha	174	176	201	194	191	4,6%
Colômbia	103	119	129	156	167	4,1%
França	132	143	147	148	164	4,0%
Espanha	136	156	160	154	154	3,7%
EUA	171	150	154	155	142	3,5%
Uruguai	128	142	145	137	134	3,3%
Bolívia	105	116	123	131	129	3,1%
Japão	64	53	57	55	54	1,3%
Angola	48	56	57	50	52	1,3%
Rússia	55	58	57	59	52	1,3%
Reino Unido	38	45	46	51	50	1,2%
Paraguai	46	50	51	53	49	1,2%
Venezuela	43	49	48	51	45	1,1%
China	41	29	44	51	43	1,0%
Equador	32	31	36	39	35	0,9%
Canadá	18	20	21	27	26	0,6%
Bélgica	19	23	23	24	25	0,6%
Panamá	24	25	25	25	25	0,6%
Holanda	22	30	26	20	24	0,6%
México	24	20	19	24	24	0,6%
Índia	24	25	25	25	23	0,6%

Guiné Bissau	14	23	27	20	21	0,5%
Polônia	18	20	25	20	21	0,5%
Outros	395	363	371	385	404	9,8%
Total	3.654	3.765	3.966	4.104	4.113	100%

Fonte: Elaboração própria, a partir de dados obtidos junto ao Ministério da Educação

Para os que conseguem superar os concursos públicos, a contratação ainda é em regime estável,[125] o que significa, diferentemente do que ocorre com os médicos, ter um tratamento paritário em relação aos brasileiros em termos de salário e benefícios sociais. Nesses casos, a temporalidade do contrato de trabalho e do visto não representa a particularidade desse trabalho docente. Todavia, os que vêm para o país como professores visitantes ou pesquisadores temporários, não somente na condição de intercambistas, mas com a intenção de buscar eventualmente uma ulterior contratação, sofrem os mesmos condicionamentos da *temporalidade* e das barreiras do mercado de trabalho acadêmico brasileiro.

O caso de um professor espanhol[126] que veio ao Brasil em 2013 para trabalhar numa Universidade pública é ilustrativo dessa situação. A crise na Espanha aparece como motivo direto de sua emigração. Ele fez uma experiência como professor visitante de três meses no Brasil com a intenção de retornar e prestar um concurso público no futuro. O entrevistado não estava desempregado, trabalhava numa Universidade pública na Espanha, mas não via perspectivas de conseguir uma *estabilidade* em seu emprego, ou seja, uma contratação que não fosse temporária. De fato, trata-se de uma realidade no ensino superior público que se

125 Esse regime estável de contratação de funcionários públicos é constantemente ameaçado por diversas formas de contratações temporárias, principalmente para pesquisadores recém diplomados no doutoramento. E só não cedeu ainda devido à organização dos próprios professores junto aos funcionários das Universidades Públicas.

126 O entrevistado tem 39 anos, possui doutorado em Economia. Já teve experiência de imigração por curta estadia nos Estados Unidos, México, Colômbia e Porto Rico. No momento da entrevista, estava sem visto, como turista no país.

estende também a países como Portugal e Itália. Essa situação, segundo ele, é oposta à conjuntura de expansão das universidades públicas no Brasil nos últimos dez anos, contexto caracterizado pela contratação de professores em regime estável que caracteriza o funcionário público e com plano de carreira. Conforme é possível verificar na sua fala, não se trata de uma imigração que comporta vantagem salarial, mas a *fuga da flexibilidade* e a busca pela garantia do emprego estável.

> *Que trabalho você fazia na Espanha?*
> Eu era professor de economia na Universidade pública.
>
> *Você vivia algum tipo de insegurança no seu trabalho na Espanha?*
> Agora eu tenho trabalho lá, mas é muito provável que no próximo ano eu fiquei desempregado.
>
> *Você vai ganhar um salário equivalente ao que tinha na Espanha?*
> Mais ou menos igual, mas é uma boa experiência. Aqui você pode ter uma oportunidade de ser contratado em regime público estável.
>
> *É difícil arranjar um emprego como professor com contrato estável na Espanha? Isso influenciou a sua decisão de vir para o Brasil?*
> Sim. Aqui no Brasil é mais fácil conseguir uma vaga de professor. Na Espanha, com a crise, não há contratação. As contratações são muito precárias, temporárias. Aqui no Brasil está melhor.

O volume de contratações nos serviços públicos de saúde e do ensino superior, portanto, representa uma novidade na história da imigração no país, que denota a participação do Estado brasileiro como consumidor direto do trabalho imigrante.

A seguir, serão tratados os casos de estudo e casamento, que representam um importante canal de entrada dentro do circuito legalizado e, embora tratados juridicamente como um estado puro, também estão em estreita ligação com o trabalho.

Estudantes-imigrantes e casamentos

O canal de entrada pelo estudo e casamento abrange um leque variado de perfis profissionais, desde executivos que vêm ao Brasil como acompanhantes do cônjuge e só depois conseguem o visto, até estudantes e jovens recém formados que precisam trabalhar ou estão em busca de emprego. Há também estudantes que cursaram o ensino superior ou de pós-graduação no Brasil e que permanecem no país para procurar emprego.

O traço característico desses casos é a procura por emprego diretamente no Brasil, muitas vezes sem ou à espera do visto, em alguns casos tendo a exigência da revalidação do diploma para exercer a atividade laboral de formação. Para essas categorias, o par perfeito qualificação/especialização não é suficiente para evitar o rebaixamento de salários (em relação ao país de proveniência) e a dificuldade de encontrar um emprego na própria área de atuação. Além disso, há situações equivalentes à da indocumentação, como os casos de imigrantes que devem esperar o processo demorado para a aquisição do visto permanente por motivo de casamento com brasileiros, de paternidade em solo nacional ou com cônjuges brasileiros.

Não por acaso, a *via de entrada como estudante* representa atualmente um importante canal de recrutamento de força de trabalho, com um perfil considerado qualificado, para postos que não necessariamente são aceitos por nacionais já diplomados ou cursando o ensino superior. Nos países centrais, há tempos já se percebeu o grande filão de trabalho do mundo inteiro – com perfil jovem e com escolaridade avançada – que pode ser bem aproveitado, principalmente em nichos de empregos com contratos flexíveis, em regime *part-time,* ligados a demandas sazonais no setor de turismo, comércio, restaurantes e bares ou até mesmo em atividades temporalmente mais duradouras, como a de cuidado de crianças. Por exemplo, o aproveitamento do trabalho de estudantes estrangeiros é bastante comum nos Estados Unidos e na Europa, que concedem a essa categoria o direito de trabalhar um limite pequeno de horas mensais.

Se considerado o nível de escolaridade desses estudantes – a maioria cursando o ensino superior ou já diplomados – ocorre um *rebaixamento* no mercado de trabalho, que sofre menos resistência por parte desses jovens, pelo fato de encararem essas atividades laborais como "bicos" passageiros. Para eles, esses nichos de empregos para estudantes representam um canal de acesso à experiência de morar fora do próprio país, aprender uma língua ou obter um diploma, ou seja, poder aprimorar a formação a partir do próprio trabalho. Nesse sentido, o trabalho, embora não seja o fim do projeto imigratório, não deixa de representar um pré-requisito para a sua efetivação. Mesmo que cheguem com uma reserva financeira, precisam trabalhar para permanecer no país e concluir o projeto de estudos. E, por isso, para todos os efeitos, essas atividades têm a dimensão efetiva de uma experiência laboral.

O mercado aquecido que existe por trás dos cursos privados de línguas ou universitários, notadamente nos países de língua inglesa, a língua mais falada no mercado mundial, não é gratuito para esses *estudantes-imigrantes*. Na verdade, são pagos com a venda de seu próprio trabalho.

No Brasil, os cursos de português para estrangeiros existem, mas não têm o mesmo espaço de mercado que aqueles relativos às línguas dos países centrais. O aumento da presença de estudantes estrangeiros, em particular de latino-americanos, aumentou na última década, também em função dos acordos bilaterais para estudantes (em particular com a Angola, Peru, Bolívia) e da multiplicação de programas de intercâmbio, principalmente nas Universidades Públicas.

Há muitos casos de estudantes, em particular provenientes de países periféricos, mas não somente, que chegam ao Brasil sem recursos econômicos e são obrigados a procurar emprego para poder permanecer no país sem ter que abandonar o projeto de estudos. A inscrição na Universidade, quando pública, pode oferecer facilidades de acesso a uma refeição barata, em alguns casos à moradia, mas isso não é suficiente para garantir a possibilidade do estudo e da estadia. Esse estudante-imigrante precisa trabalhar e, no Brasil, além da dificuldade de achar trabalho, enfrenta o problema legal da proibição do trabalho, ou seja, um tratamento legislativo que tem como pressuposto um *estado puro de estudante.*

Esse ideal refere-se a casos de estudantes que possuem bolsas com valores suficientes para se manterem no Brasil ou cuja família pode oferecer suportes financeiros. Para os estudantes que entram no Brasil com o propósito de estudo, depois permanecendo no país para trabalhar, a dificuldade da transformação do visto de estudante em visto de trabalho também provoca a permanência e o trabalho indocumentados.

Uma estudante colombiana[127] entrevistada por esta pesquisa veio (2013) ao país para um programa de intercâmbio de um ano na graduação de uma Universidade Pública. Sua fala mostra o choque que teve com o custo de vida no Brasil e a *necessidade imediata de procurar trabalho* para não ter que voltar para a Colômbia e abrir mão da oportunidade de estudo:

> *Por que você procurou trabalho no Brasil?*
> Cheguei aqui com o dinheiro que o programa de intercâmbio me deu, R$ 600, além da passagem. Pensava que poderia pagar o aluguel e viver bem. Mas o custo de vida aqui é bem mais caro. Na Colômbia, seria possível viver alguns meses com isso, já que um almoço custa R$3 a R$4. Não sabia que, quando chegasse aqui, teria que pagar R$200 reais para obter o visto para mais de três meses. Eu não sabia disso e tive que pagar uma multa de mais R$200 por não ter pago no prazo correto. Esse foi meu primeiro choque com a minha legalização no Brasil. Eu queria trabalhar para sair dessa situação de uma forma independente e não ter que voltar.

127 A entrevistada tem 31 anos, veio ao Brasil em 2013 para um programa de intercâmbio de seis meses na Graduação da Faculdade de Letras de uma Universidade pública.

A solução foi encontrar restritas horas de trabalho num restaurante (duas horas ao dia) para receber R$20 por dia. Em sua fala, transparece a gratidão que sentiu pelo empregador pelo oferecimento dessas *mínimas horas clandestinas* de trabalho – suficientes só para poder comer, dividir um aluguel e estudar. Para ela, essas horas equivalem a uma dádiva, ou seja, o único meio que a permite dar continuidade ao seu projeto de estudo no país, conforme explica.

> *Com essas duas horas de trabalho você consegue se manter no Brasil?*
>
> Só para pagar o aluguel, como tenho almoço [no trabalho] também não gasto para almoçar. Queria trabalhar mais horas, mas não é possível. O proprietário faz uma exceção para mim, é como um favor. Mas eu tenho um propósito. Estou aqui com o objetivo de estudar, não estou aqui por estar. Quero progredir pessoal e intelectualmente.

A quantia de R$10 por hora, abaixo do salário mínimo nacional, é percebida pela entrevistada como alta, pela referência de salários que possui de seu próprio país:

> *Na Colômbia você receberia menos por esse trabalho?*
>
> Na Colômbia você trabalha muitas horas por R$20. Isso não é nada. Se você tem filhos é ainda pior. Acho que aqui é melhor. Aqui trabalho duas horas por R$20. Eu fiquei até surpreendida, me perguntei: é verdade, R$20 por duas horas? É muito dinheiro. Mas aqui o custo de vida é maior. Na Colômbia, o custo de vida é menor, mas as pessoas ganham muito pouco.

O significado dessa gratidão se manifestou igualmente na fala de um jovem estudante africano,[128] que trabalha informalmente como garçom, com horário flexível, segundo os dias e o período do dia de maior demanda do restaurante em que está empregado. Ao responder

---

128 O imigrante é originário da Angola, tem 26 anos, está inscrito na Graduação da Faculdade de Direto de uma Universidade privada. Chegou ao Brasil no ano de 2012.

à pergunta se essa incerteza (de quantas horas deveria trabalhar por semana, em quais dias e horários) não tinha consequências em sua vida, respondeu: "eu consegui o emprego aqui no momento que mais precisava e agora não posso falar não [ao empregador]".

Do mesmo modo, a entrevista com uma estudante mexicana[129] ilustra as dificuldades do estágio da *procura pelo trabalho* – de sair pela rua de porta em porta pedindo emprego – e mostra como é preciso ter uma determinação muito forte para não desistir da experiência de estudos no Brasil. Depois de implorar em diversos estabelecimentos comerciais para conseguir as mesmas mínimas horas clandestinas de trabalho, recebia quase sempre um não, em razão do medo da fiscalização ou da polícia. Segundo explica, com suas palavras abaixo, achar trabalho nessa situação "é difícil, mas não é impossível":

> *Por que você está procurando trabalho?*
> Se não consigo um trabalho, não posso estudar aqui, tenho que ir embora.
>
> *E como é essa experiência de procurar trabalho sendo uma estudante estrangeira no Brasil?*
> A primeira coisa que pedem é o CPF, depois o visto de trabalho. Sem visto de trabalho, é mais difícil para conseguir. É mais difícil, mas não é impossível.
>
> *Qual resposta você recebe geralmente?*
> Sempre me falam que se a polícia faz inspeção é um problema. Uma vez, o dono de um bar me falou que se sou estudante estrangeira não tenho necessidade de trabalhar, pois assinei na embaixada que eu tinha uma pessoa responsável por me sustentar.

A barreira da transformação do visto de estudante no de trabalho para exercer uma atividade laboral formal no Brasil também é chave

129 A entrevistada tem 22 anos, veio ao Brasil em 2013 para um programa de intercâmbio de seis meses na Graduação da Faculdade de Artes Plásticas de uma Universidade pública.

para entender a trajetória de uma imigrante peruana,[130] que só conseguiu a transformação do seu visto de estudo em de trabalho pelo pedido de anistia (1999). Ela chegou ao Brasil (1992) por meio de um intercâmbio e tinha que trabalhar para poder concluir seus estudos e permanecer no país, de início informalmente, em postos que define como precários e temporários:

> *Como é ser estudante e trabalhar no Brasil?*
> Não é favorável. Quando não tinha o visto de trabalho era muito difícil, não favorece, dá até uma angústia. Eu estava na situação que não era aquela de não achar trabalho – tinha trabalho – mas de não ter os documentos para poder trabalhar.
>
> *Você sentiu um peso por ser imigrante?*
> Em alguma medida senti isso. Durante a graduação, só fiz trabalho precário, temporário (aplicação de questionários, aulas de espanhol), depois consegui bolsa de extensão, estágio, com contabilidade.
>
> *Como você conseguiu a transição para o visto do trabalho?*
> Só consegui pela Anistia.

Depois que conseguiu superar essa barreira do visto, seu calvário burocrático passou a ser a cidadania, por isso disse: "até brinco, acho que o Brasil só me quer como doutora". No seu caso, todos os enfrentamentos pelos quais passou como uma jovem, mulher, estrangeira e sozinha no Brasil vão no sentido de mostrar a certeza de querer construir uma vida aqui, de não querer voltar, o que vai na contracorrente da visão construída do estrangeiro, em particular do estudante, como aquele que vem para "ficar provisoriamente", que no fundo quer voltar para o país de origem e por isso não cria laços, principalmente não precisa, nem pode construir a vida pelo trabalho – porque obviamente isso seria entendido como um "roubo do emprego de brasileiros".

130 A entrevistada tem 40 anos, chegou ao Brasil em 1992 e hoje é professora numa Universidade pública.

A relação do visto por *casamento* com o exercício de uma atividade laboral também merece atenção, pois retrata uma condição resultante da união formal de cônjuges de nacionalidade mista, cada vez mais comuns na atualidade. Do mesmo modo que para os estudantes, a vinda para o país por esse motivo não envolve diretamente uma atividade laboral, mas geralmente o trabalho se torna uma necessidade vital para ter a independência financeira e também a socialização no país, fora do espaço doméstico.

A legislação brasileira também institui a dependência do cônjuge estrangeiro até a obtenção do visto permanente, trâmite burocrático que geralmente demora, no mínimo, seis meses. Esse tema tem um significado particular e um peso, sobretudo, para as mulheres imigrantes, como será tratado no último item deste capítulo. É claro que a recíproca também é verdadeira, há casos de homens imigrantes que se encontram na mesma situação.

Como o entrevistado de origem espanhola[131] que trabalha em um banco de capital estrangeiro como auditor financeiro e veio ao Brasil em 2011, preferindo entrar com visto de turismo[132] justamente por saber que o visto de acompanhante impedia o exercício de uma atividade laboral. Ele deixou seu trabalho na Espanha sem saber se conseguiria um emprego e a autorização de trabalho no Brasil. Conseguiu o emprego em sua área por meio de contatos na Espanha, pediu sua documentação, porém, a demora para conseguir o visto significou ter que sair do país (para a Argentina) e ser detido pela Polícia Federal

131 O entrevistado tem 33 anos, é casado com uma espanhola e possui Mestrado em Finanças e Administração na Espanha. Antes de vir ao Brasil já tinha tido uma experiência de trabalho na África do Sul. Na Espanha, trabalhava como professor numa Universidade privada.

132 O visto de turismo é inalterável e impede o exercício de atividade remunerada. Se o prazo vence (90 dias, prorrogável por até 180 dias por ano) e o estrangeiro permanece no país, corre o risco de ser deportado e, para uma eventual regularização, deve pagar uma multa diária, atualmente em torno de R$10,00 (por dia ultrapassado do prazo de validade do visto).

para reentrar. Como é possível perceber pela sua fala, embora tenha conseguido o emprego, possui o visto temporário e, para poder permanecer no Brasil, terá que renová-lo:

> *Como foi a experiência de procurar trabalho no Brasil? Sua condição de imigrante influenciou de modo positivo ou negativo?*
>
> Foi tudo positivo porque deu certo, mas foi pesado, foi intenso, porque a burocracia aqui é muito grande. Quando cheguei já fiz uma entrevista no banco. E daí o banco falou que, se conseguisse o visto, eu iria trabalhar com eles. Demorou quase 6 meses. Eu fiquei esse tempo desempregado. O banco teve que fazer todas as justificativas para eu trabalhar numa área determinada. E eu já tinha todos os documentos traduzidos e legalizados, o *curriculum*, as cartas de recomendação, a maioria das coisas necessárias eu já tinha.
>
> *Seu visto está vinculado ao da sua esposa?*
>
> Não, preferi entrar como turista para poder trabalhar. Como espanhol, posso ficar três meses, depois tenho que sair ou solicitar uma prorrogação na Polícia Federal. Eu estava como turista e quando iriam vencer os 6 meses fui para Foz do Iguaçu para passar a fronteira. Quando voltei, fiquei detido na Argentina. Minha mulher teve que voltar sozinha. Naquele momento, o banco ainda não sabia me dizer quando o visto iria sair.
>
> *Como você conseguiu ser contratado no Brasil como turista?*
>
> Na maioria das vezes acontece assim, você entra em contato com a empresa (empregadora), que começa a dar andamento no processo para o visto e, quando o visto é aprovado, você tem que sair do país. A solução é voltar para a Espanha ou ir ao consulado brasileiro de qualquer outro país.
>
> *Há uma relação da vinda de vocês ao Brasil e a crise na Espanha?*
>
> No nosso caso, não foi pela crise. Minha mulher trabalhava para um banco que pertence a um grupo multinacional. Como o banco estava se expandido no Brasil, surgiu uma demanda de pessoas que poderiam trabalhar no Brasil.

> *Você tem um contrato de trabalho permanente ou temporário?*
>
> Permanente, mas é ligado ao visto. Por exemplo, agora terei que fazer a renovação do visto. Se a Polícia Federal não renovar, não posso mais trabalhar no Brasil.

O exemplo do entrevistado de origem egípcia,[133] que possui diploma de pós-graduação em Pedagogia e veio ao Brasil em 2000 para acompanhar a esposa brasileira, portanto possui o visto permanente, mostra como essa inserção laboral pode ser ainda mais difícil e significar um rebaixamento significativo de salário:

> *Quando você chegou, já procurou trabalho?*
>
> Sim, trabalhei numa transnacional de produtos informáticos, ganhava R$ 800,00 por mês, mas não quis ficar lá. É uma grande empresa internacional que exige que você fale inglês e paga esse salário. Por isso, não quis mais trabalhar em empresas e comecei a dar aula de línguas.
>
> *Foi difícil conseguir emprego como professor para dar aula de idioma?*
>
> Não foi difícil para conseguir. Tive sorte. Foi mais fácil arranjar trabalho como professor que procurar empregos em outras áreas, pois sempre precisa ter alguém para indicar você para a vaga.
>
> *O seu salário aqui é equivalente ao que você receberia no Egito?*
>
> O salário lá é menor, mas o custo de vida aqui é 10, 15 vezes mais caro que no Egito.

De fato, as milhares de escolas de línguas espalhadas pelo país representam um polo importante de absorção desse perfil de imigrantes que tentam a sorte do trabalho fora da via de entrada institucional. Muitos deles não necessariamente atuavam como professores de línguas no país de origem e, por não conseguirem empregos em suas áreas

133 O entrevistado tem 32 anos, possui Graduação em Letras e Mestrado em Pedagogia. Trabalha como professor de árabe numa escola de línguas.

específicas de formação, procuram as escolas de idiomas, em geral trabalhando *informalmente*, sem direitos trabalhistas, ou dão aulas particulares de forma autônoma, pois, desse modo, podem utilizar a competência da própria língua e cultura para obter uma renda no Brasil.

Nas escolas de línguas, a remuneração costuma ser por hora-aula. Para iniciantes que trabalham informalmente, em média recebem de R$20 a R$30 a hora aula, em alguns casos o vale de transporte e refeição incluídos, mas sem direito a férias e décimo terceiro salário. Trata-se, portanto, de um grande filão de recrutamento de profissionais que ensinam a língua nativa. Para manter um nível de vida desejado, precisam trabalhar muitas horas. Como evidencia a fala de um entrevistado,[134] professor de nacionalidade francesa, que veio para o Brasil (2009) para acompanhar a esposa brasileira.

> *As condições de trabalho e salário aqui são satisfatórias e equivalentes ao que você conseguiria na França?*
> As condições de trabalho são melhores, mas trabalho mais que na França. Meu nível de vida aqui é melhor, mas tem outro problema porque aqui você tem que pagar tudo, saúde, educação. Na França, o Estado ajuda.
>
> *Isso desequilibra seu salário?*
> Sim. Além disso, aqui tem muito imposto, mais do que no meu país.
>
> *Quantas horas você trabalha por semana?*
> Quarenta e cinco horas.

Em suma, embora o trabalho não seja o motivo direto da imigração para casos de estudantes e casamento, não representam *estados puros e separados do trabalho*, ou seja, também implicam situações de verdadeira *dependência do trabalho*, depois da chegada, para conseguir uma renda. No próximo item, será analisada a indocumentação no trabalho imigrante com perfil qualificado-especializado e suas implicações.

134 O entrevistado tem 32 anos, é graduado em Letras e possui Mestrado em Linguística, possui visto permanente.

A qualificação-especialização indocumentada

O imigrante com perfil correspondente ao da qualificação-especialização produtiva não é incólume à situação indocumentada. Ao contrário da imagem comumente associada a imigrantes em condição socioeconômica vulnerável que são obrigados a cruzar "clandestinamente" as fronteiras, há casos – é claro mais restritos – de profissionais com esse perfil, porém, em última instância, também "clandestinos". Da mesma forma, a situação indocumentada abrange casos de inserção laboral em cargos técnicos e altos da administração de cadeias produtivas globais altamente modernizadas.

Ao que parece, está crescendo também o fenômeno da qualificação-especialização "clandestina" com o grau de funcionamento internacionalizado das economias, o aumento da mobilidade internacional e a restrição da imigração por motivo de trabalho. No Brasil, até o momento, essa questão ainda não foi investigada, mas parece ser bastante disseminada, até mesmo em profissões tradicionais, como a de médicos.

Os imigrantes provenientes de países que não possuem acordo de residência com o Mercosul ou a permissão de permanência como turistas por 3 meses (renováveis), como ocorre para os países da União Europeia, são os principais candidatos a essa condição qualificada-especializada, porém efetivamente indocumentada.[135] Também há casos de estudantes que, conforme já citado no item anterior, permanecem no país para tentar conseguir um emprego, depois de terem os estudos concluídos e os vistos vencidos.

A entrevista com um auditor da Gerência Regional do Trabalho de Campinas (Ministério do Trabalho e Emprego) relatou casos[136]

135 Muitos imigrantes provenientes desses países, como indicado no item anterior, recorrem ao visto de turismo para poder efetuar um trabalho temporário no país.

136 A fiscalização foi efetuada nos anos de 2007 e 2008. Tratava-se de uma empresa terceirizada de uma cadeia global para produção de peças de celulares. Quando o fiscal foi interrogado sobre o perfil dos deportados, respondeu que estavam na faixa de 30 a 40 anos, eram técnicos qualificados, efetuavam testes no maquiná-

recorrentes de profissionais estrangeiros, sem visto, trabalhando em cargos altos de empresas transnacionais no Brasil:

> *Você já teve experiência de fiscalização envolvendo estrangeiros?*
>
> Nunca tinha tido essa experiência de lidar com trabalhadores estrangeiros. Fui vistoriar a empresa [transnacional de produção e montagem de eletrônicos], vi sete trabalhadores de origem coreana e pedi os documentos. Depois percebi que os nomes não correspondiam aos do visto. Os casos foram encaminhados para a Polícia Federal e a deportação foi imediata.

Segundo relatou, para esses imigrantes, não há limite de horas trabalhadas, tendo em vista que vêm ao Brasil para cumprir, o mais rápido possível, uma "missão" (técnica, organizativa), na empresa subsidiária ou para um investidor (pessoa física estrangeira). Logo, a permanência no país, mesmo que limitada temporalmente, é sinônimo de horas incessantes de trabalho.

Sua fala também esclarece que a única forma de combate a essa indocumentação qualificada-especializada é a deportação, ou seja, quando aplicada, não atinge a empresa, mas o próprio imigrante. Este é tratado como um criminoso pelo fato de não possuir o visto. Só ele, individualmente, é expulso do país, não o empregador que, para todos os efeitos, possui a responsabilidade pela sua vinda, estadia e exercício da atividade laboral. Torna-se, portanto, um caso de *segurança pública,* tratado individualmente. A empresa recebe uma multa e indiretamente é punida com a deportação do imigrante que, segundo o próprio fiscal ressaltou, significa para ela "o menor dos males".

Mas evidentemente não se tratam só de orientais. Exatamente a mesma situação ocorreu com a fiscalização de obras de instalação de uma subsidiária de um banco espanhol. Neste caso, um engenheiro

---

rio e no material ou exerciam a gerência da produção, trabalhavam muitas horas por dia – em suas palavras, "em ritmo oriental" –, sem vínculo contratual com a empresa no Brasil e não falavam português.

responsável pela fiscalização das obras, de origem espanhola, também estava sem visto, pois entrou como turista e permaneceu mais do que o permitido pela lei, justamente para cumprir sua missão laboral no país.

Outro caso emblemático refere-se à exploração diferenciada, em valores salariais e condições laborais, do trabalho de médicos imigrantes em *situação indocumentada* (em relação ao visto e/ou diplomas revalidados), como mostram as entrevistas com médicos sul-americanos, residentes no país desde a década de noventa. Essa situação também é, para todos os efeitos, "clandestina", por comportar, além da exploração do trabalho, a humilhação de uma "vida correndo, escapando da polícia", como explica um entrevistado[137] de origem boliviana:

> *Você poderia me contar como foi sua inserção no mercado de trabalho no Brasil?*
>
> Como para qualquer estrangeiro, sobretudo para o meu caso, médico, no começo sem o registro [no CRM], o mercado de trabalho é difícil. Praticamente você não consegue nada. Nesse começo, eu consegui um trabalho clandestino, como muita gente trabalhou. Trabalhei com um médico que era habilitado, a responsabilidade era dele, não podia trabalhar por minha conta. Obviamente, no aspecto econômico, pelo fato de ser indocumentado e não ter CRM, os salários eram reduzidos, explorados, vamos dizer. Mas não tinha outro jeito, eu estava fazendo a residência, não podia abandonar meus estudos e tinha que me adequar.
>
> *Por quanto tempo você trabalhou assim?*
>
> Por dois anos. Tive sorte, pois consegui revalidar o diploma em 1999. Isso me permitiu obter melhores salários e assumir compromissos profissionais com ampla liberdade e, sobretudo, com minhas próprias responsabilidades. Depois que tive meu filho, consegui o visto permanente, isso me permitiu fazer a prova para revalidar meu diploma. Foi o que fiz. Passei na prova e comecei a trabalhar em um hospital e foi tranquilo. Se não tivesse um filho, não conseguiria e não poderia ter

137 O entrevistado tem 51 anos e entrou em 1996 no Brasil para fazer residência. No início trabalhava em clínicas privadas. Hoje possui o visto permanente, a revalidação do diploma e trabalha no setor público.

revalidado o diploma, o que abriu a porta foi ter tido um filho.

Você veio ao Brasil nos anos 1990, isso quer dizer que já havia um fluxo de médicos estrangeiros para o Brasil?

Sempre teve. Não faço parte do *Mais Médicos* e estou aqui há 17 anos. A grande maioria dos médicos que vem do Peru, Bolívia, Colômbia, Chile, das várias partes da América do Sul, não faz parte desse programa. A maioria vem para fazer a residência e não consegue revalidar o diploma. Eu consegui, tive a oportunidade, por esse motivo, de crescimento econômico, etc. Estou habilitado para trabalhar aqui e não teria motivo para voltar à Bolívia, sobretudo no aspecto econômico. Quem volta para o país de origem é quem não consegue revalidar seu diploma. Se não tivesse conseguido revalidar meu diploma, teria voltado, por quê? Na época que trabalhei como ilegal, o que ganhava aqui, correndo o risco de algum momento ter problemas, ser preso, de prejudicar o colega que me dava proteção, representava muito menos do que ganharia no meu país. Lá estaria tranquilo, trabalhando para minha gente, perto da minha família e ganhando sem pressão. De jeito nenhum passaria a minha vida correndo, escapando da polícia, tem muita gente que vive assim. Tenho colegas que vivem há 20, 22 anos no Brasil e até agora não conseguiram revalidar o diploma. Em uma ocasião já foram presos. Daí, é uma humilhação para qualquer pessoa, sobretudo para um médico, você é chamado de falso médico.

Outro entrevistado[138] também de origem boliviana, que foi obrigado a trabalhar em condições semelhantes durante três anos, esclarece o quanto essa situação indocumentada significa em termos de *diferença salarial* em relação aos médicos brasileiros e do *risco do não recebimento do salário*:

Como foi sua inserção profissional no Brasil?

Na verdade, entrei aqui em 1994 para fazer residência três anos e mais dois anos sem documento. Em 1999,

138 O entrevistado tem 50 anos e entrou no Brasil em 1994 para fazer residência. Conforme esclarece sua fala, desde o início trabalhava em hospitais públicos. Hoje possui o visto permanente, a revalidação do diploma e continua trabalhando no setor público.

> consegui tirar o CRM. Durante os anos de indocumentado, eu dependia da minha família. Esse período inicial foi difícil.
>
> *Você trabalhou nesse período? Você percebeu que tinha diferença no seu salário?*
> Sim, por volta de 30% de diferença e não tinha como reclamar, às vezes, nem recebíamos. Depois, consegui revalidar [o diploma] e agora sou considerado igual ao brasileiro.
>
> *Você sempre trabalhou no setor público?*
> Sim.

Esses casos evidenciam, portanto, como a indocumentação atualmente é um fato social que atinge o trabalho imigrante, mesmo nos estratos altos do mercado de trabalho brasileiro. Neste item, procurou-se evidenciar as vantagens salariais e produtivas dessa indocumentação para o empregador, que pode ter consequências graves para o trabalhador, como a deportação, embora não signifique uma via quase sem saídas, como ocorre para os imigrantes dentro do polo dos periféricos emergenciais, a ser discutido no próximo capítulo.

A seguir, será dada uma atenção particular à composição de gênero dentro do polo da qualificação-especialização produtiva.

Imigração e divisão sexual do trabalho no Brasil

Quanto às características da imigração de mulheres para inserção em postos de trabalho mais protegidos e que exigem títulos ou experiência laboral em áreas especializadas, é interessante refletir sobre o caso do Canadá, país conhecido pelo protagonismo em políticas para atração de imigrantes com perfil qualificado. Segundo Preston e D'Addario, apesar da existência de uma "política atual que favoreça a entrada de imigrantes [mulheres] qualificadas",[139] tal fato não lhes

139 Preston e D'Addario, 2009, p. 161.

assegura a inserção no mercado de trabalho qualificado nesse país. A análise das autoras acusa o fenômeno do rebaixamento da qualificação da mulher imigrante: "muitas dessas mulheres são superqualificadas e mal remuneradas para o emprego que exercem".[140]

Oliver, ao analisar o caso europeu, chamou atenção ao fato de que a mobilidade de profissionais qualificados, tanto para homens quanto para mulheres, nem sempre é uma escolha, podendo ser um "imperativo"[141] para conseguir estabilização no emprego (contrato não temporário) e/ou promoção na carreira, que traz particulares desvantagens para as mulheres. Ocorre que a imposição da mobilidade, em muitos casos, impede a continuidade ou promoção no emprego, bem como torna determinadas carreiras não atrativas para as mulheres em razão do desafio – historicamente delegado em maior grau para elas – de conciliar a mobilidade com a vida familiar – como a coabitação, casamento, filhos.

Nesse sentido, segundo a autora, pode-se falar em um "impacto de gênero"[142] do imperativo da mobilidade pelo mercado de trabalho. Para entendê-lo, a autora faz alusão aos setores da economia que hoje demandam uma alta mobilidade internacional (acadêmico, científico, de negócios, manejo de tecnologia) como áreas que permitem mais precisamente a circulação de uma "elite predominantemente masculina", tanto nos países centrais, como nos periféricos.

Essa constatação também é confirmada por Roulleau-Berger, ao ressaltar que "poucas mulheres em migração têm acesso a cargos prestigiosos", ou seja, seu estudo mostra que "a realidade complexa dos mercados de trabalho situa as mulheres em migração na margem [de seu funcionamento]".[143] Na França, a regra também é, segundo a

140 *Idem*, p. 143.

141 Oliver, 2009.

142 *Idem*.

143 Roulleau-Berger, 2010, p. 156.

autora, o rebaixamento da qualificação e dos salários,[144] além do fato de que os diplomas e o nível de estudos protegem pouco as mulheres imigrantes do desemprego.[145] Contudo, também ressalta que tal fato não significa que essas mulheres não estejam participando da construção de espaços econômicos transnacionais (nos setores da indústria, turismo, moda, arte etc), que hoje exercem um papel central para as novas formas de acumulação.[146]

Essa mesma modalidade de divisão sexual do trabalho se expressa hoje nas dinâmicas da imigração internacional no Brasil. Como mostra a Tabela 4.15, nos últimos quatro anos, o percentual de autorizações de trabalho para mulheres imigrantes ficou em torno de somente 10% do total. No caso da contratação de professores em regime estável de funcionário público, conforme já ressaltado, esse percentual é de 30% dentro da categoria de estrangeiros, bem daquele verificado para o total dos docentes universitários brasileiros.[147] Como visto acima, o contra-exemplo é o programa *Mais Médicos*, no qual a contratação de mulheres supera, timidamente, a de homens – o que se explica pela composição de sexo dos médicos cubanos, majoritariamente mulheres, como já indicado.

144 A mesma tendência também se verifica, segundo Campani, 2011, na Itália. A socióloga explica a situação de "bloqueio" de acesso a empregos, principalmente nos estratos mais altos do mercado de trabalho italiano, enfrentado pelas mulheres imigrantes.

145 Roulleau-Berger, 2010, p. 83 e 157.

146 *Idem*, p. 169.

147 Dados obtidos junto ao Ministério da Educação revelam que para o total dos professores universitários brasileiros, a participação das mulheres é de cerca de 45%, enquanto a dos homens está em torno de 55%, mostrando ainda um desequilíbrio de gênero, mas que é bastante inferior àquele verificado para os docentes estrangeiros.

Tabela 4.15: Relação de autorizações de trabalho concedidas a estrangeiros por sexo

Ano	Masculino	Feminino	Total geral
2006	23.608	1.832	25.440
2007	26.471	3.017	29.488
2008	39.551	4.442	43.993
2009	39.119	3.795	42.914
2010*	35.493	3.564	39.057
2011	62.807	6.990	69.077
2012	60.807	6.413	67.220
2013	55.728	6.659	62.387
2014	41.602	5.138	46.740
2015			

Fonte: Ministério do Trabalho e Emprego (Base Estatística - CNIg)
* Para o ano de 2010, os dados relativos à decomposição por sexo só abrangem o período janeiro-setembro.

Esse baixo percentual remete à discussão da "polarização das qualificações" como "marca característica da divisão sexual do trabalho".[148] Essa questão foi desenvolvida pela autora que, partindo do princípio de que a "qualificação" é um conceito questionável,[149] mostra como o funcionamento do mercado de trabalho é marcado por uma *segregação horizontal*, determinante do acesso desigual das mulheres aos empregos, bem como *uma segregação vertical*, ilustrativa de como são minorias nos cargos mais valorizados, implicando poder decisório, em atividades melhor remuneradas ou que envolvem o manejo de tecnologias.

148 Hirata, 2002b.

149 Hirata cita nesse estudo a crítica de Kergoat à noção de qualificação, situando-a como uma relação entre capital e trabalho, portanto historicamente determinada. É preciso também ter claro o que a autora chama atenção: mulheres e homens se beneficiam desigualmente dos processos de requalificação.

Segundo a autora, a qualificação pode ser considerada um indicador da situação da mulher no mercado de trabalho, marcada pela precariedade e pelo desemprego, ou seja, "uma marca da divisão sexual da precariedade", já que recebem salários mais baixos e são mais numerosas do que os homens tanto no trabalho informal, quanto no trabalho a tempo parcial ou temporário. O que está em jogo, como explica, é o "número inferior de horas trabalhadas" e os "níveis mais baixos de salários na escala de qualificação".[150]

No que se refere às desvantagens enfrentadas para atuação no mercado de trabalho qualificado no país, os dados da Relação Anual de Informações Sociais (RAIS), de 2012, mostraram que as mulheres com Mestrado empregadas no mercado formal de trabalho ganhavam, em média, 50% menos que homens com o mesmo diploma.

Esse é o terreno histórico que a mulher imigrante, independentemente do país de proveniência e de seu nível de instrução, enfrenta no Brasil. A barreira do sexo, associada à da nacionalidade, para a inserção nos altos estratos do mercado de trabalho, está bastante clara nessa fala de uma imigrante de origem mexicana,[151] que, conforme explica, sofreu preconceito por ser mulher e imigrante de origem latino-americana, embora reconheça que essa não seja a causa determinante de só conseguir se inserir em empregos por ela denominados precários, a despeito de sua qualificação:

> *Quando você chegou no Brasil para acompanhar seu marido ficou um tempo sem trabalhar?*
>
> Tentei consultorias com multinacionais, mas não consegui. Foi complicado, pois ainda não tinha o visto permanente para poder trabalhar. Fiquei nove meses sem

150 Hirata, 2009, p. 3.

151 A entrevistada de 39 anos, é casada com brasileiro, tem dois filhos que nasceram no Brasil, possui graduação em Economia (México) e Mestrado em Políticas Públicas (EUA). Antes de vir ao Brasil (2007), morava nos Estados Unidos. Trabalha como responsável da área técnica de pesquisas em políticas de educação.

trabalhar. Isso foi um desincentivo pessoal de me sentir um pouco amarrada.

Você acha que ser mulher e imigrante é um fator que pesa na hora de procurar emprego no Brasil?

Há o mito do brasileiro de ser acolhedor, de aceitar o imigrante, mas vivi situações em que me senti discriminada. Por exemplo, numa entrevista que fiz para conseguir um posto de trabalho, o diretor me disse: "Você tem o perfil, mas você é mulher e é mexicana". Ele falou com a maior naturalidade, como se fosse uma causa legítima. Se fosse nos EUA, eu poderia processá-lo.

Depois, como foi para arranjar um emprego?

Foi complicado. Só consegui, pois tinha uma amiga nos EUA que trabalhava num banco com filial aqui. Ela era muito próxima ao responsável pelas agências da América Latina e me colocou em contato. Trabalhei um tempo lá, mas desanimei, pois não era exatamente a minha área. Queria trabalhar com políticas públicas.

Você tem um perfil qualificado, com um MBA estadunidense, que costuma ser muito valorizado no Brasil, fala espanhol, inglês e um português corretíssimo, mesmo assim foi complicado atuar na sua área?

Sim, foi difícil. Hoje vejo muitas estratégias que seriam possíveis, mas acho que não é fácil se inserir.

Isso tem a ver com o mercado de trabalho ou com o fato de você ser imigrante?

Com o mercado de trabalho, funciona pela indicação.

O que fez você aceitar o atual emprego em condições precárias?

Era a minha área de políticas públicas. Era uma forma de ter acesso, de ter uma atividade no Brasil.

As condições de salário no Brasil são equivalentes às que você teria no México exercendo sua profissão?

São piores. Penso que as condições são melhores lá, principalmente na minha área. Aqui, a remuneração e a carreira são muito ruins.

> *Seria mais fácil para você arranjar trabalho no México?*
> Acho que seria mais fácil, minha rede de relações é maior e mais fácil no México.

Além da questão do baixo percentual de autorizações de trabalho para mulheres dentro do circuito legalizado da imigração no Brasil, o impedimento do exercício de uma atividade laboral durante o período de espera do visto, que obriga o imigrante a trabalhar "clandestinamente", merece atenção específica para as mulheres, pois demonstra uma situação que a coloca como dependente do cônjuge até ter sua situação regularizada no Brasil.

Sem dúvida, essa exigência legislativa é uma modalidade da "dependência imposta"[152] às mulheres em migração que, conforme já ressaltado no capítulo III, além de se relacionar com o universo laboral, também se fortifica pelos "traços patriarcais" das leis de imigração, que colocam o núcleo familiar ou conjugal como base para a concessão de direitos. É claro que esses traços legislativos patriarcais têm consequências que se fortificam diante da condição socioeconômica da imigrante, em alguns casos, também diante do preconceito em relação à sua proveniência "periférica".

Estudos[153] já mostraram como essa dependência legal pode se transformar facilmente num instrumento de abuso do poder masculino, tendo peso diferente para uma imigrante que não tem família ou laços de amizade estabelecidos que possam servir de apoio em casos de abusos ou de violência de gênero, seja psicológica, seja física.

O caso de uma entrevistada[154] senegalesa, não envolve a violência física, mas é ilustrativo de como a demora para conseguir o visto tem efeitos em sua vida. Sua situação expressa o desconforto da dependên-

152 Falquet, 2006.

153 Ver Lessier, 2004.

154 A entrevistada tem 28 anos, possui Ensino Superior incompleto em direito e chegou ao Brasil em 2011.

cia extrema do marido e do isolamento social, motivos que, segundo explica, a levaram a procurar um emprego. Como revela essa sua frase: "não aguento mais ficar em casa, pensei, vou enlouquecer, vou voltar para minha terra". Ela entrou com um visto de turismo no país e depois se casou, por isso está aguardando o visto permanente que não tem a mínima previsão de emissão: "É muito demorado, é muito, muito demorado. Se não é por causa da greve, é porque é final de ano, depois da greve tem outra coisa". Ela associa o salário baixo (R$650), que ganha num emprego como assistente de secretária,[155] com o motivo de não ter o visto, não saber escrever e falar bem português, conforme é possível verificar na entrevista abaixo:

> *Você ainda não conseguiu o visto, isso tem peso para você?*
> Muito. Eu acho que posso trabalhar e ganhar um salário melhor se conseguir o visto.
>
> *Você tentou procurar emprego antes aqui?*
> Eu tentei e, cada vez que eu tentava, via que tinha que falar e escrever português. Ia fazer a entrevista e não dava para entender meu português.
>
> *O salário que você ganha é suficiente para você ter sua independência?*
> Não.
>
> *O que você recebia no Senegal era?*
> Sim.

A sensação de *imobilidade* da imigrante se revela nas limitações de vida que tem no Brasil por causa do salário baixo e também com relação à possibilidade de voltar ao seu país de origem, ou seja, é um caso clássico da *mobilidade* que se transforma em *imobilidade imposta*. No momento em que é interrogada sobre suas perspectivas de vida no país, essa questão fica bem clara, pois não coloca mais a esperança,

155 Com uma jornada de seis horas diárias de trabalho, incluindo os sábados.

nem no visto, nem na língua, como fatores que lhe garantiriam conseguir um trabalho mais valorizado. Perguntas sobre essa questão foram respondidas deste modo:

> *Você quer ficar no Brasil?*
>
> Não me imagino ficando no Brasil. Gostaria de voltar para o Senegal. Aqui é muito caro. Não é fácil para pobre, o Brasil é só para rico. Não gosto de trabalhar assim, o seu trabalho não vale. Quero voltar lá, custe o que custar. Imagina, uma pessoa que ganha um salário mínimo, quando vou conseguir economizar para voltar lá? A passagem custa mais de R$ 5.000. É caro mesmo.
>
> *Se você arranjasse um trabalho que pagasse mais, mudaria sua decisão?*
>
> Será que teria um trabalho melhor aqui para mim?

A partir dessas considerações, é possível afirmar que a "marca sexual da polarização das qualificações"[156] no mercado de trabalho brasileiro, atualmente, está sendo reforçada pela imigração internacional. Mas se não é dentro desse circuito legalizado, o que explica a alta representação de mulheres nos fluxos imigratórios recentes para o Brasil, em consonância com sua imbricação com o contexto internacional?

Procurou-se, portanto, mostrar ao longo deste capítulo elementos que ajudam a compreender como o regime da imigração por motivo de trabalho, dentro do circuito legalizado, no Brasil, segue a mesma tendência do que ocorre no cenário mundial, também se manifestando de forma ultra seletiva para permitir a entrada somente do perfil qualificado-especializado. Esses fluxos entram no país, em geral, com visto temporário e são direcionados a setores considerados estratégicos ou com escassez de profissionais. Os principais setores de atração desses fluxos foram identificados, mostrando, inclusive, como o Estado brasileiro atualmente pode ser considerado um importante recrutador desse trabalho. Os condicionamentos, na esfera do traba-

156 Hirata, 2002b.

lho e da documentação, para o imigrante com esse perfil qualificado--especializado também foram problematizados, com o fim de se evidenciar como são, em alguns casos, empurrados para a *situação indocumentada*, embora, em regra, possuam recursos para transformá-la. Os casos do estudo e casamento em sua relação com o trabalho foram analisados e, do mesmo modo, o desequilíbrio de gênero presente nesse polo da imigração.

No próximo capítulo, será possível entender de forma mais aprofundada como a burocracia para a entrada e a permanência no país por motivo de trabalho é ainda mais perversa em relação aos postos de trabalho com baixa remuneração. De fato, essa porta de entrada está fechada para o universo mais representativo da imigração, de imigrantes e refugiados em situação socioeconômica vulnerável, em grande parte provenientes de países periféricos, e que mais precisam trabalhar. O tratamento emergencial e as modalidades de imigração dentro desse outro polo, aqui chamado de periféricos emergenciais, de imigrantes e refugiados que entram, por imposição, pela via indocumentada ou fora do circuito legalizado e também o caso particular do Mercosul, passarão a serem analisados.

V. O polo dos periféricos emergenciais

> O preconceito de cor se atualiza discreta e brandamente como se fosse outra coisa.
>
> Florestan Fernandes, *A integração do negro na sociedade de classes*

O tratamento emergencial

Ao contrário de *escolhidos* e estrategicamente *necessários*, os imigrantes dentro do polo dos periféricos emergenciais aparecem como um acaso da história da imigração no país, fora dos parâmetros de planejamento seletivo delineados pelo Estado brasileiro. É como se essa imigração viesse "do nada", pelas fronteiras, trazendo ao Brasil custos ao invés de riqueza. Em decorrência, lhes é oferecido um tratamento legal diferenciado, de caráter prevalentemente *emergencial* (anistia, vistos humanitários, solicitação de refúgio ou regularizações extraordinárias).[1]

---

1 Como ensina Sayad, "exportam-se ou importam-se exclusivamente trabalhadores, mas nunca cidadãos atuais ou futuros. Essa é a condição necessária para que existam emigração e imigração. É uma exigência da ordem simbólica" (Sayad, 1998, p. 55). Ver também Vainer, 2001.

O Estado brasileiro, até o momento, tem optado pela via da regularização emergencial e extraordinária desses fluxos. Não há, portanto, nenhuma garantia de se conseguir o visto, mas também não há uma política "anti-imigrantes" declarada, operacionalizando a "caça às bruxas" dos indocumentados como ocorre nos países centrais.[2] Todavia, esse tratamento emergencial, que não facilita a entrada, tampouco a impossibilita, está longe de representar uma garantia para o imigrante de conseguir um emprego com boas condições de trabalho, que permita uma estruturação da vida de forma satisfatória no país.

Por cerca de 40 anos, preferiu-se manter essa modalidade de imigração, tanto quanto possível, silenciada. Só recentemente, começa a ganhar consistência a construção de um discurso oficial – não propriamente brasileiro, pois tem uma dimensão internacional[3] – que se encaixa e potencializa a longa tradição da ideologia da democracia racial. É inegável que o tratamento oficial e midiático desses fluxos periféricos representa o terreno contemporâneo mais fértil para a germinação de novas variantes do mito da democracia racial. A funcionalidade ideológica desse mito consiste em unir harmonicamente todas as diferenças de raças e culturas do território nacional, em particular, negando qualquer tipo de racismo, discriminação, xenofobia na formação social do país, por consequência também de seu mercado de trabalho.[4]

Trata-se de uma política imigratória dentro dos parâmetros humanitários,[5] que "acolhe", "protege" e coloca os "direitos humanos"

---

2 Basso, 2010.

3 Domenech, 2009.

4 Fernandes, 2008b.

5 Esse discurso é bastante nítido em todos os documentos oficiais do atual governo sobre imigração e refúgio, bem como em iniciativas como a COMIGRAR (São Paulo, 30 de maio a 1º de junho). A abertura dessa última conferência, que pode ser considerada um marco da instituição de políticas públicas sobre o tema, foi

como centro de sua atenção. Afinal, o Brasil deve preservar a imagem de uma terra de imigração, sempre receptiva e gentil com a "diversidade" cultural, étnica e religiosa. É claro que a explicação dessa boa vontade governamental não se limita ao plano abstrato dos direitos humanos. Trata-se de um ideário oficial que, na verdade, começa a ganhar forma depois de muita pressão (principalmente por parte dos próprios imigrantes, junto aos nacionais e às instituições de auxílio à imigração) reivindicando a necessidade de políticas públicas, por meio de inciativas em diversos âmbitos políticos, culturais e do trabalho. Também é verdade que, diante do aumento contínuo da entrada desses fluxos pelas fronteiras e da "emergência" recorrentemente anunciada pela mídia, em particular com relação aos fluxos de haitianos depois de 2011, o Estado brasileiro não consegue mais esconder essa realidade social pulsante, ou seja, de uma maneira ou de outra não poderia deixar de se pronunciar. Mas, na verdade, esse "acolhimento" não deixa de ir ao encontro da demanda existente por esse trabalho, a despeito de não ser proclamada, como ocorre com o polo da qualificação-especialização produtiva – discutido no capítulo IV.

A prioridade desse discurso tem sido não tratá-los como imigrantes ou refugiados com uma necessidade extrema de trabalhar, mas como "sujeitos de direitos humanos que precisam de proteção". E dentro desse *parâmetro emergencial* há uma série de inciativas, de caráter extraordinário, colocadas em prática para agilizar a documentação para a concessão de "vistos humanitários" (no caso dos haitianos) e da solicitação de refúgio ou eventuais regularizações extraordinárias, que dão direito imediato à expedição da carteira de trabalho. Todas essas medidas passam antes pelo poder discricionário do Estado nacional

---

recheada de frases do tipo: "voltamos a ser um país de imigração"; "estamos falando de direitos humanos, não de políticas de segurança"; "imigração é sinônimo de desenvolvimento"; "menores índices de desempregos permitem o acolhimento de mão-de-obra"; "o Brasil tem uma tradição histórica de acolher os que aqui vêm morar"; "reconhecimento dos imigrantes como sujeitos de direitos" etc.

(no caso do refúgio, em conjunto com outros Estados) de decidir a quem aplicar os parâmetros humanitários.

Em suma, mesmo no tratamento "humanitário" da imigração, que atualmente permeia todo o debate sobre o tema, a presença de imigrantes com estadia vinculada ao trabalho não deixa de ser altamente *selecionada* e *controlada*. Mas isso não significa, é claro, que não haja uma demanda muito mais ampla pelo trabalho imigrante fora do circuito legalizado do polo da qualificação-especialização produtiva, contemporaneamente, como não poderia deixar de ser, a existência de porosidades nessas barreiras legislativas.

Além do tratamento específico para residentes do Mercosul e países associados – que, desde 2009, mediante o atendimento de requisitos burocráticos, são autorizados a trabalhar em qualquer dos países do bloco –, outra porosidade diz respeito ao modo emergencial de se tratar a imigração periférica proveniente de países de fora desse bloco, que só tem aumentado nos últimos anos no Brasil, principalmente se considerados os solicitantes de refúgio e de vistos humanitários. Esse tratamento é usado também em países como Itália, Espanha e Portugal e tem por função exatamente passar a mensagem aos imigrantes indocumentados de que a regularização, se acaso ocorrer, se tratará de uma *medida de exceção*, provisória nos seus termos e tendo a arbitrariedade da boa vontade do poder burocrático como única garantia de sua possível efetividade. São três os casos do modo emergencial de regularização no Brasil:

- *Visto humanitário*: visto permanente (com duração de 5 anos), que está sendo concedido principalmente para os haitianos, após a instalação no Haiti da Minustah (Missão das Nações Unidas para Estabilização do Haiti), chefiada pelas forças militares brasileiras, e o terremoto de 2010. Esse visto também é concedido de forma excepcional para alguns imigrantes da África e da Ásia que não se enquadram na categoria do refúgio.

- *Solicitação de refúgio:* documento que implica a regularização provisória (por meio de uma carteirinha de solicitante de refúgio), com direito ao exercício de atividade remunerada pela concessão da carteira de trabalho e ao acesso aos serviços públicos. O reconhecimento dá direito à permanência por quatro anos no Brasil como refugiado, com abertura, posterior a esse prazo, ao pedido de visto permanente. No caso de indeferimento do refúgio, o solicitante é obrigado a deixar o Brasil.[6]
- *Anistia:* principal procedimento utilizado historicamente para agir na imigração indocumentada, aplicado nos anos de 1980, 1988, 1998 e 2009. Nesse último ano, os pedidos de anistia foram bastante reduzidos, em função dos custos, exigências burocráticas e, muitas vezes, do receio dos imigrantes (de perder o trabalho ou de serem fichados pela polícia): 17.000 pedidos de bolivianos, 5.100 de chineses e 4.100 de paraguaios, seguidos dos peruanos e coreanos.[7]

O *Acordo de residência* (decretos nº 6.964 e 6.975 de 2009) para cidadãos do Mercosul e países associados, mencionado acima, modificou, em termos legais, esse panorama. Sem esquecer, é claro, do ensinamento de Sayad que "não basta naturalizar para desaparecer a qualidade de imigrante",[8] ou seja, o visto permanente ou a naturaliza-

6 A lei 9.474/97 regulamenta o pedido e o reconhecimento de refúgio (proteção do Estado brasileiro) para quem: I) devido a fundados temores de perseguição por motivos de raça, religião, nacionalidade, grupo social ou opiniões políticas encontre-se fora de seu país de nacionalidade e não possa ou não queira acolher-se à proteção de tal país; II) não tendo nacionalidade e estando fora do país onde antes teve sua residência habitual, não possa ou não queira regressar a ele, em função das circunstâncias descritas no inciso anterior; III) devido a grave e generalizada violação de direitos humanos, é obrigado a deixar seu país de nacionalidade para buscar refúgio em outro país. O Conare (Comitê Nacional para os Refugiados), órgão de deliberação coletiva vinculado à ONU e ao Ministério da Justiça, é responsável pela decisão em primeira instância desses pedidos.

7 Souchaud, 2012.

8 Sayad, 1998, p. 267.

ção da cidadania, embora façam muita diferença em termos práticos para a permanência no país de destino, não alteram a condição de classe do imigrante. Além disso, ao mesmo tempo em que esse acordo institui um mercado regional de trabalho para os cidadãos desses países, transfere o circuito indocumentado para "fora", em particular para o restante dos países da América Latina – veja o caso patente dos haitianos –, bem como da África e da Ásia.

Com o fim de delimitar elementos de fundo, explicativos das modalidades de imigração dentro do polo dos periféricos emergenciais, buscou-se expor, nos dois itens seguintes, alguns fatores elucidativos da *continuidade* em relação ao motor que movia as "grandes levas anônimas"[9] de imigrantes no passado para o Brasil, contemporaneamente àqueles indicativos de *novidades,* notadamente ligadas ao peso adquirido pelas nacionalidades de países periféricos, que reposicionam a perspectiva analítica para se pensar o tema da imigração em sua relação com o trabalho.

Periféricos na periferia

Para delimitar o polo dos periféricos emergenciais, remete-se ao conceito de *imigrante* utilizado por Sayad, como sinônimo de uma *condição social* para chamar atenção tanto à sua *posição de classe na sociedade de origem*, quanto àquela *do seu país de origem nas relações internacionais* e na *divisão internacional do trabalho.* Sayad lembra que o "imigrante é o duplo do emigrante". Por esse motivo, é importante considerar a

> relação dialética que une as duas dimensões do mesmo fenômeno, a emigração e a imigração; ou, em outros termos, como um mesmo conjunto de condições sociais pode engendrar, *grosso modo,* num dado momento da história do processo (ou da história de um grupo em particular), uma forma particular de emigra-

9 Fernandes, 2008c, p. 157.

> ção, ou seja, uma classe particular de emigrantes [...], sendo que esses emigrantes resultavam num segundo momento numa classe particular de imigrantes e, em seguida, num forma particular de imigração.[10]

Nesse sentido, o imigrante a que se refere o autor é um trabalhador que provém de países "dominados" na hierarquia das relações internacionais, ou seja, uma posição ocupada na divisão internacional do trabalho que é elucidativa das dinâmicas dos fluxos migratórios internacionais contemporâneos e do tratamento oferecido aos imigrantes.[11] Remete-se, portanto, ao que Sayad considera importante para entender o fenômeno da imigração, ou seja, a atuação do sistema de colonização no passado e seus efeitos e prolongamentos no presente: "A imigração que é produto da colonização ou deriva diretamente dela. A colonização que a imigração prolonga e faz sobreviver de certa forma".[12]

Para a parte social numericamente mais significativa da atualidade do fenômeno no Brasil, composta por imigrantes carentes de recursos econômicos, geralmente provenientes de países periféricos, a relação entre imigração e trabalho é mediada, de forma inerente, pela urgência no atendimento de necessidades materiais básicas (para si e, muitas vezes, para familiares no país de origem), em muitos casos, determinante da própria sobrevivência. A natureza dessa mediação, como será demonstrado ao longo deste capítulo, está diretamente relacionada com a execução de atividades laborais altamente marcadas por tendências da precarização do trabalho, como, por exemplo, no setor têxtil, na construção civil, na indústria de abate de carnes e no serviço doméstico.

Logo, a natureza da relação imigração e trabalho para os imigrantes dentro do polo dos periféricos emergenciais está essencialmente contida condição da "dependência absoluta"[13] da venda da própria

10 Sayad, 1998, p. 18.

11 Basso, 2010.

12 Sayad, 1998, p. 71.

13 Marx, 1968, p. 888.

força de trabalho para suprir necessidades materiais básicas, questão tratada já aborda no capítulo I. Primeiro o trabalho responde ao indispensável de se comer, ter uma moradia, o mínimo para se manter no país, depois, eventualmente, permite, com muitos sacrifícios de jornadas intensas e incessantes de trabalho, a reserva de uma poupança, em quantias pequenas, que geralmente são enviadas por remessas para os familiares no país de origem ou reinvestidas no esforço contínuo para melhorar a estruturação da vida no Brasil.

Recorrer a essa questão de fundo – a dependência absoluta – não é sinônimo de anacronismo analítico, miserabilismo ou reducionismo das respostas e iniciativas próprias desses imigrantes, mas de considerar a "verdade da imigração", o elemento que Sayad dizia desmentir todas as ilusões criadas pelo próprio imigrante, pela sua sociedade de origem e aquela de destino, para justificar sua "dupla ausência".

Sem dúvida, é possível afirmar que a condição desses imigrantes não deixa de manifestar uma *continuidade* com o mesmo motor que movia as referidas "grandes levas anônimas" do passado para o Brasil, sem ignorar as particularidades e toda complexidade de suas dinâmicas na atualidade, que envolvem o inteiro globo e características novas em diferentes aspectos – funcionamento das redes, número de países envolvidos, tempo de permanência, particularidades das experiências imigratórias permitidas pelo desenvolvimento dos meios de transporte e das tecnologias de comunicação, modo de operar das políticas imigratórias etc.

A *continuidade* espelhada nessa modalidade de imigração possui, no entanto, uma *disjuntiva* que, conforme destacado no capítulo II, não pode passar desapercebida nos seus efeitos sociológicos. Justamente por esse motivo, buscou-se demonstrar o padrão histórico de desenvolvimento do fenômeno no passado, com o fim de demarcar com mais clareza elementos de novidades para se pensar a relação entre imigração e trabalho no Brasil, colocados principalmente a partir da década 1970.

Desde então, também no Brasil os fluxos de entrada mais significativos são de proveniência da periferia do capitalismo. Além de enfrentarem todas as condicionantes do trabalho dentro de um regime de acumulação flexível, os preconceitos de uma sociedade com herança escravista - que, no fundo, ainda associa a imigração com o mesmo referencial racista da modernização dependente no passado - também se deparam com políticas imigratórias formalmente fechadas. Dentro do regime de acumulação flexível e seu padrão neoliberal de imigração, outra necessidade *básica* e *inseparável* do *trabalho* se impõe, de imediato, para essa categoria, os *documentos*.

Essa realidade social da imigração exige um novo enquadramento, teórico e empírico, das questões de fundo às quais Florestan Fernandes recorreu para analisar a relação dialética do negro e do branco-imigrante no mercado de trabalho brasileiro. As mesmas "linhas não expressas da especialização racial" explicadas pelo autor passam também a iluminar o movimento de rebaixamento e exploração de uma força de trabalho relacionada com as características específicas da vulnerabilidade socioeconômica de imigrantes provenientes de países periféricos, muito recorrentemente em *situação indocumentada*. Ser alvo de racismo também ajuda a entender a carga de agressividade muitas vezes manifestada por nacionais contra esses imigrantes, principalmente após 2014, quando os efeitos da crise internacional passam a se manifestar com mais intensidade no Brasil.

Para identificar essas características em suas linhas gerais, antes de tudo, é necessário se perguntar em que medida a precariedade pode ser considerada o diferencial do trabalho desse imigrante?

Na realidade, sua posição ocupada no mercado de trabalho brasileiro é *muito semelhante* àquela da maioria da população brasileira, pois com ela *divide* os gerais fatores de precarização do trabalho de uma periferia do capitalismo.[14] Essa condição de classe, em conjunto

14 Antunes, 2013; Braga, 2012; Krein, 2013a.

com sua proveniência periférica, também faz essa categoria partilhar a atuação de um racismo secular que, no que se refere ao funcionamento do mercado de trabalho, como argumentado por Florestan Fernandes, soube se renovar, mesmo sem suas bases legais escravistas.[15]

Embora haja uma escassez de estudos mais sistemáticos e de bases estatísticas para um melhor entendimento do modo como esses imigrantes são atingidos pelos fatores de precarização do atual funcionamento do mercado de trabalho num país com uma reserva abundante de força de trabalho, como o Brasil, é preciso ter cautela ao afirmar que seu traço distintivo, em relação aos nacionais, seja o preenchimento de empregos mais precários. Essa análise assume um caráter complexo, tendo em vista a estrutura racial e também sexualmente hierarquizada[16] do mercado de trabalho brasileiro desde as suas raízes coloniais. Embora atinjam com particular intensidade os grupos sociais dos negros e mulheres, os problemas estruturais mais característicos do atual funcionamento do capitalismo brasileiro – tais

15 O estudo de Baeninger e Simai, 2011, a partir de uma pesquisa de campo com bolivianos, mostra como o racismo também se manifesta pela sua negação.

16 Além de bases estatísticas, diversos estudos poderiam ser citados para mostrar a persistência do racismo no funcionamento do mercado de trabalho e seu amplo leque de repercussões nefastas. Com relação aos negros, se o panorama histórico problematizado no primeiro capítulo é comparado com estudos que analisam o mercado de trabalho hoje na região metropolitana de São Paulo, é possível perceber diversos "sinais de melhoria" – sem dúvida derivados, em primeiro lugar, da luta travada por eles mesmos na esfera do trabalho e da vida social. Todavia, ainda é chocante a desigualdade nas ocupações, principalmente nos empregos com maior rendimento e de maior nível de escolaridade. Segundo os dados fornecidos pelo Dieese, 2013, com relação à capital de São Paulo, a maior parte dos assalariados negros está ocupada, como os brancos, no setor de serviços, porém há uma "sobrerrepresentação" dos primeiros em setores altamente marcados pela precarização do trabalho – de homens na construção civil e de mulheres no serviço doméstico –, contrastando com seu baixo percentual em postos de direção e planejamento. Da mesma cor continuam sendo, igualmente, as principais vítimas da violência policial, do controle, da repressão e dos assassinatos cotidianos (Alfonso e Matos, 2013). Uma violência racista que também não poupou todas as etnias nativas do país, que desde sua "descoberta" lutam pela sobrevivência ao genocídio colonial ainda ativo. Para análise da atuação da divisão sexual do trabalho no Brasil, ver Gonçalves, 2013, Hirata 2002b, e Bruschini, 2000.

como a flexibilidade, o enfraquecimento dos direitos sociais, a terceirização, a informalização e os impactos da informatização – atingem, de forma ampla e disseminada, os próprios trabalhadores nacionais.[17]

Talvez a particularidade dos periféricos na periferia tenda a se revelar na sua vulnerabilidade socioeconômica, pois este fator combina aspectos ligados à sua própria condição de imigrante (linguística, cultural, de direitos, em alguns casos da falta de apoio de familiares ou redes sociais no Brasil) com todo o processo de imigração imposto, desde a partida, a quem precisa emigrar com meios escassos ou se endividando. Dessa vulnerabilidade deriva uma maior *exposição* e *disponibilidade* (por necessidade) à exploração, no trabalho e em todos os âmbitos da vida social em que sua presença possa se tornar lucrativa – veja-se, por exemplo, os empresários das fronteiras, as altíssimas taxas para enviar remessas, o preço de aluguéis cobrados de cada imigrante dividindo metros quadrados (muitas vezes insalubres). Logo, essa condição de periféricos na periferia agrega a dependência absoluta do trabalho com a necessidade imediata de trabalhar.

A via para chegar e entrar no Brasil já é, de início, muito representativa dessa particularidade. Não há dúvida que a *via de entrada* para essa categoria de imigrantes, em geral, não caminha dentro dos circuitos institucionais, com a exceção, como visto acima, aos cidadãos do Mercosul e de países associados (a partir de 2009), aos restritos vistos humanitários concedidos a uma parcela do fluxo de haitianos e aos casos especiais dos vistos por casamento e paternidade.

Para muitos desses imigrantes, o modo de entrar no país, diferentemente do que ocorria no passado, é hoje, em grande parte, por uma *via indocumentada*, que cobra um preço material e psicológico muito alto para emigrar e, em alguns casos, significa até o risco de perder a própria vida, ser extorquido ou sofrer violências, principalmente no

17 Ver Antunes e Santana, 2014b; Antunes, 2013; Antunes, 2006; Braga, 2012, Krein, 2013a.

caso das mulheres.[18] O deslocamento entre países, em geral, é preparado com muitos sacrifícios, implica renúncias e uma alta dose de coragem, pois sempre exige muito em termos financeiros (com relação às reservas que o imigrante possui ou não possui) e também emocionais.

Principalmente nos primeiros meses de estadia, quando não possuem redes de apoio no Brasil, são obrigados a recorrer a ajudas de entidades de caráter religioso (Caritas, Pastoral do Imigrante e outras instituições religiosas, muitas delas hoje protestantes) ou Ongs para conseguirem moradia, assistência social e jurídica, eventualmente a regularização dos documentos. As redes de compatriotas, de outros imigrantes ou mesmo de brasileiros, de fato são vitais como apoio para possibilitar a vinda e a estabilização desses imigrantes, mas também mantêm os limites inerentes à condição de classe – que possui recursos mínimos para ajudar, geralmente dividindo o que já é escasso, ou seja, não é suficiente para garantir a permanência desses imigrantes no país. Ao contrário, o trabalho é determinante nesse sentido.

Para os mais jovens, os meios financeiros escassos e as barreiras de vistos não os impedem de pensar em *reemigrar novamente* para outro país, ou seja, de atravessar outra barreira nacional. Todavia, na verdade, quem, antes de tudo, possibilita o projeto imigratório é o *empregador* que encontrará. Antes se trabalha, depois se busca o resto. Por isso, após conseguir entrar no país de destino, o *emprego é seu primeiro direcionamento*. E quando o alcança, tem que pensar bem para recusar qualquer pedido do empregador, mudar de emprego ou correr o risco de ficar impeditivos pequenos intervalos sem trabalhar. Esse imigrante também sabe que, se custa tanto abrir uma porta, ela pode se fechar com uma rapidez espantosa, principalmente, como nos ensina Sayad, nos momentos de crise, quando a verdade da imigração se revela sem nenhum pudor para o imigrante.

18 Falquet, 2008.

Eles sabem que o preço da mobilidade internacional hoje é, no mínimo, mais demorado para se pagar. Também sabem que a *imobilidade* se impõe durante, pelo menos, os primeiros anos de imigração. Mesmo na idade técnica avançada dos transportes, horas, dias, semanas de viagem podem se acumular para que essa sonhada mobilidade consiga se efetivar. Depois disso, anos se acumulam antes de poderem retornar ou emigrar para outro país.

Todos esses fatores denotam como não é a suposta leveza de um mundo "globalizado e interconectado" que cria essa mobilidade. Sua causa continua sendo o peso da busca por trabalho, com sacrifícios, custos e entraves implicados: o endividamento, a distância de familiares, a restrição dos vistos, a imobilidade que se impõe posteriormente.

Por ter que se apoiar na chance de mudar uma vida que não suporta mais, dificilmente esse imigrante renuncia sem antes tentar todas as alternativas que estão ao seu alcance. Todos esses riscos são encarados como relativos por eles diante das relações de força que enfrentam em seus países de origem e da chance, mesmo mínima, de mudar essa vida que, em razão da sua condição de classe, passa impreterivelmente pelo fato de conseguir um trabalho. Também é verdade que, em alguns casos, embora tenham trabalho em seus próprios países, muitas vezes dizem não a uma vida marcada pela violência de diferentes tipos, que modela a inteira estrutura social das sociedades periféricas, atingindo em particular suas frações mais pobres.

Nos casos em que não se pode apoiar na proteção de uma rede familiar ou de contatos no Brasil, esse imigrante, sobretudo quando indocumentado, não conta inicialmente com nenhuma garantia de direitos sociais ou de instituições que o representem em sua condição de trabalhador. A relação dos sindicatos com os imigrantes periféricos ainda não foi estudada na profundidade que esse tema mereceria. Na pesquisa de campo realizada por este estudo, foi somente possível colher o distanciamento dos sindicatos dentro e fora do lugar de trabalho, ou seja, essa entidade não é uma referência de apoio para os entrevistados, como costumava ser para os imigrantes no passado. Os que possuem empregos formais sabem que pagam uma taxa sindical, mas nunca tiveram contato com seus representantes.

É claro que essa problemática não se explica por nenhuma apatia política desses imigrantes, que não é uma verdade de fato, pois se exprimem em diferentes espaços de luta, inclusive na esfera do trabalho.[19] Se essa aproximação não ocorreu, o motivo deve ser buscado na crise de representação sindical, que é internacional e envolve também os próprios brasileiros, conforme diversos estudos sociológicos críticos têm indicado, também apontando suas raízes mais profundas no próprio sistema econômico vigente e nos diversos mecanismos de pressão sobre o trabalho.[20] Mas também é verdade, como evidencia Basso, que a atitude dos sindicatos com relação aos imigrantes internacionais é "no mínimo, ambígua",[21] pois em alguns casos tende a reforçar a divisão entre trabalhadores com base na defesa de sentimentos racistas e nacionalistas, mais do que enxergar a luta comum e as potencialidades desse encontro. Contudo, o autor não deixa de lembrar a importância do espaço de lutas dos sindicatos, tendo em vista que, em alguns casos, também representam o ambiente que mais preserva e cultiva a perspectiva internacionalista.

Ao contrário do distanciamento dos imigrantes em relação aos sindicatos, o estudo de Santos faz transparecer a existência de uma disputa de forças para canalizar seus espaços de organização política e cultural, por parte de entidades religiosas, partidos políticos e

---

19 A organização dos bolivianos para denunciar e pressionar o poder público no combate do trabalho forçado é um exemplo. Mesmo os imigrantes recém-chegados, como os haitianos, buscam essa organização (e.g. *Associação social de imigrantes haitianos*, filiada à CSP-Conlutas).

20 Ver Antunes e Santana, 2014b; Queiroz, 2014; Santana e Ramalho, 2003; Braga, 2014b; Santos, 2015.

21 Basso, 2004.

organizações não governamentais. Como a comunidade boliviana representa uma das principais nacionalidades de estrangeiros na cidade de São Paulo, com muitos já naturalizados e outros potenciais futuros eleitores (por nascimento, casamento ou paternidade em solo nacional), representa o principal alvo dessa "cooptação",[22] notadamente pelos partidos políticos. Entretanto, o autor mostra que há igualmente ações coletivas mais independentes por parte desses imigrantes. Nesse sentido, conforme destaca, as diferentes associações de caráter cultural potencialmente têm um papel político não desprezível.

Outro aspecto que não pode ser ignorado refere-se ao *choque de sentir uma realidade periférica se recolocar,* às vezes mais brandamente do que em seus próprios países, porém ainda dura. Os imigrantes sentem esse impacto de imediato (principalmente os que se destinam para grandes metrópoles como São Paulo e Rio de Janeiro), pois partem com a ilusão de encontrar um país em pleno desenvolvimento, que ofereceria trabalho e seria mais acolhedor em relação às suas "antigas" metrópoles, onde sabem que as portas da imigração e refúgio estão teoricamente fechadas. De imediato, o deslocamento os faz entender que, apesar da imagem, o Brasil continua sendo um país da periferia do capitalismo, ou seja, o trabalho aqui é pesado e vale pouco. Mas, a despeito disso, ainda é uma via para se buscar melhores condições de vida em relação àquelas encontradas no país de origem.

Embora o salário possibilite pequenas vantagens de compra no próprio país, facilitadas pela taxa de câmbio do real em relação a muitas outras moedas periféricas – o que não deixa de representar um reflexo nos fluxos migratórios da "hierarquia das moedas"[23] mesmo entre países periféricos –, no fundo, ainda permanece nesses imigrantes um resquício de esperança de que, nos países centrais, a realização do projeto imigratório seria diferente. De fato, o "Norte" ainda continua

22 Santos, 2014.

23 De Conti, 2011.

sendo o horizonte desses imigrantes, mesmo se, na realidade, poucos consigam empreender a segunda etapa migratória e a maioria tenha que "se resignar" a viver nas periferias.

É claro que o tempo de permanência no Brasil pode possibilitar uma melhor estruturação, mas não é garantia de melhores remunerações no trabalho – tampouco a regularização dos documentos ou o aprendizado do português. Com acesso restrito a empregos que ofereçam melhores salários e condições de trabalho, esses imigrantes – possuindo ou não um título universitário e/ou experiências de trabalho consideradas qualificadas – estão em relação direta com atividades laborais de baixa remuneração (geralmente de um a dois salários mínimos), muitas vezes informais e desprotegidas legalmente, em particular intensas em horas e sobrecarga de trabalho. Há muitos casos de imigrantes periféricos que, não obstante possuírem títulos universitários, só conseguem se inserir em postos que não exigem qualificação. Do mesmo modo, há trabalhos que desenvolvem, por exemplo, na costura ou doméstico, que requerem muitos *conhecimentos* apesar de não serem reconhecidos enquanto parâmetros de "qualificação" e melhores salários.

Fatores, portanto, problemáticos, que poderiam ser contrastados com outras experiências de imigrantes que conquistaram condições melhores de trabalho e de estruturação social, principalmente dos grupos radicados há mais tempo no país. A importância de contrabalancear essas experiências laborais relaciona-se com uma perspectiva que evita "vitimizar" os imigrantes e ilumina suas próprias iniciativas e respostas a condições adversas. No entanto, é preciso ter cautela para não transformar casos isolados em regra ao se falar de experiências de trabalho essencialmente coletivas, que não envolvem uma nacionalidade exclusiva, e são condicionadas pelo funcionamento de atividades econômicas. Não é por acaso que quadros muitos similares de condições precárias de trabalho de bolivianos, peruanos e paraguaios são verificados na Argentina ou no Chile, países para os quais também se destinam, desde as últimas décadas, muitos imigrantes intrarregionais e agora também começam a atrair aqueles de países periféricos de outros continentes.[24]

Há uma exposição, o que não é sinônimo de aceitação passiva, a diversificados mecanismos de abusos e exploração, no trabalho e na vida social, que atingem dimensões redobradas para aqueles em situação indocumentada, e extremas, se levados em consideração o trabalho análogo à escravidão e o tráfico de humanos.

E a situação, objetiva e subjetiva, implicada no *fato da indocumentação* é um elemento-chave dessa exposição, como será demonstrado a seguir.

A situação kafkaniana dos indocumentados

Antes de tudo, é necessário precisar que a *indocumentação*, no que se refere aos efeitos que possui nas relações laborais, não é somente sinônimo de *informalidade*. No exercício de uma atividade laboral, em termos formais (de direito), tem os mesmos efeitos, porém sua substância vai além dessa esfera, pois carrega um peso a mais de condicionamentos, objetivos e subjetivos, que colocam o imigrante numa situação ainda mais vulnerável do que aquela contida no trabalho informal, com efeitos mais amplos também na vida social.

No capítulo II, procurou-se mostrar como os anos 1960-1970 representam um marco para se entender o contexto nacional e internacional de produção e reprodução,[25] em larga escala, da *situação indocumentada*, como forma de estruturar a entrada e a permanência – portanto também o trabalho – do tipo de imigração "não escolhida" que se impõe pelas fronteiras. Todo um aparato burocrático começa a ser erguido nesse período em resposta aos movimentos de trabalhadores imigrantes provenientes de países periféricos que, segundo Basso, nas próximas dé-

24 Benencia e Quaranta, 2006; Reyes e Alvarez, 2012.

25 Basso e Perocco, 2003.

cadas, só ganha "saltos de qualidade"[26] em suas diretrizes repressivas e restritivas da imigração. E é necessário perceber que essa questão não se restringe só aos países centrais, principais alvos dos fluxos, mas ganha peso crescente também entre os países periféricos.[27]

No que se refere ao Brasil – se considerada a possibilidade de imigrar por motivo de trabalho – essa "produção da ilegalidade" abrange um leque amplo de imigrantes que já entram em situação indocumentada ou que possuem visto de turista, visto temporário ou de estudante e não conseguem a renovação, bem como os solicitantes de refúgio com o pedido denegado. A nova massa de indocumentados vem corroborando a longa tradição brasileira de ter imigrantes vivendo nessa situação em seu território, como ocorria principalmente com latino-americanos e coreanos.

Embora a política imigratória, por enquanto, esteja tolerando essa presença encarada de forma exclusivamente emergencial – como um país periférico emergente que acolhe mais do que antigas metrópoles –, os *documentos*, também aqui, se colocam como um artigo de primeira necessidade a ser *conquistado* e *preservado*, ou seja, renovado.

A situação indocumentada, embora seja transversal ao fenômeno da imigração no Brasil, afeta particularmente os imigrantes de países periféricos em condição socioeconômica vulnerável, pois a eles se coloca como um *aporia*, ao contrário do que acontece para aqueles que possuem recursos financeiros e têm suas qualificações-especializações reconhecidas como produtivas pelos Estados. A indocumentação, quando não lhe impede a entrada, está presente como um espectro, útil para lembrar continuamente

26 Basso, 2010, p. 13.

27 O caso da "cassação em massa" das cidadanias de haitianos e outros imigrantes latino-americanos pelas decisões do Tribunal Superior da República Dominicana, proferidas no ano de 2013-2014, são exemplos emblemáticos dessa afirmação. O chanceler dominicano Carlos Morales Troncoso justificou a medida desse modo: "A nossa fronteira com o Haiti tem seus problemas, esta é a nossa realidade e deve ser compreendida. É importante não confundir a soberania nacional com indiferença e não confundir segurança com xenofobia" (Republica Dominicana: a imigração ilegal haitiana. *Country-facts*, acesso em 05.12.2014).

o imigrante do que Sayad chamava de sua *definitiva condição provisória*, condicionada pelo mercado de trabalho e sujeita à aceitação pelos Estados.

As "máquinas hierárquicas e burocráticas" dos Estados-nação, exatamente como o *Castelo* de Kafka, passam a "exercer uma dominação sem trégua" sobre essa população específica e em crescente aumento de imigrantes, em particular daqueles indocumentados. Essa dominação, ao inspirar-lhes "medo e obediência",[28] é destinada a servir de exemplo para os que se encontram dentro e também para aqueles que estão tentando entrar, por fora, pela aventura de ultrapassar suas fronteiras lucrativas e altamente policiadas, as naturais, dos mares e desertos, bem como aquelas construídas artificialmente.[29]

Tudo isso equivale ao "pesadelo kafkaniano de vias sem saída" que, como esclarece Löwy, ficou conhecido pela expressão de *situação kafkaniana* para descrever "um leque de experiências que vai do absurdo ridículo do funcionamento cotidiano das instituições burocráticas até as manifestações mais mortais do poder administrativo".[30] Trata-se de um aparato de força regido por uma *esfera exterior* de violência e opressão – que age no sentido de "se apoderar da 'massa dos miseráveis'"[31] –, penetrando também na *esfera interior* de suas vítimas enquanto "sistema que inculca pensamento de culpa", ou seja, fomenta a "auto-inculpação" dos "acusados".[32] De fato, devem acreditar estar cometendo um crime. Enfim, viver sem documento é ter medo de ser preso, deportado, denunciado, de pagar multas, de ter que abandonar tudo, sobretudo, de perder o trabalho.

No espaço nacionalmente controlado, o imigrante em situação indocumentada não sabe muito bem por qual crime está sendo (ou pode-

28 Löwy, 2005, p. 171 e 205.

29 Basso, 2010.

30 Löwy, 2005, p. 202 e 203.

31 O autor também esclarece que "Kafka se interessa pelos excluídos e outros párias triturados pela gigantesca máquina administrativa"(*Idem*, p. 168).

32 *Idem*, p. 125 e 206.

rá ser) condenado e não consegue conceber por que sua presença – que certamente não decorre de razões puramente voluntárias ou caprichosas, mas de raízes mais profundas de relações de força impostas – equivale a todos os efeitos a um *crime* ou a um *potencial crime* digno de perseguição. Para muitos desses imigrantes, esse modo de viver e trabalhar se impõe por tempo indeterminado. De fato, o sonho da regularização deve se colocar simplesmente como um objetivo a ser alcançado, sempre presente e intimidador. Para os que já possuem o visto, esse medo se projeta ao momento discricionário e incerto de sua renovação.

Todavia, o fato da indocumentação representa atualmente, sobretudo, uma forma imposta de migrar para um contingente sempre maior de pessoas. Ao fim e ao cabo, ser indocumentado significa *partir de seu país* já imbricado e submetido a um sistema de coerções e ameaças, que, quando não gera abuso radical ao imigrante, serve a intimidá-lo objetivamente (pelo endividamento, a coação ao trabalho e a exposição a situações de risco) e subjetivamente (pelo "pecado" de transgredir a lei imigratória que oferece como única via a clandestinidade). Essa violência chega ao ponto de forçar o imigrante a "queimar todas as provas de sua identidade",[33] como único modo de imigrar fora dos canais "legalizados". Ele é empurrado na *ilegalidade*, que também é o espaço cogitado por recrutadores e traficantes para o exercício de "tarefas inconfessáveis", ou seja, um trabalho altamente marcado pela exploração e violência. A situação indocumentada é, portanto, também o *ponto de chegada* de viver sob a constante incerteza de quem precisa, absolutamente, trabalhar para pagar suas dívidas, se sustentar, sobreviver num país de destino desconhecido e, se conseguir, ajudar familiares que dependem da promessa de uma remessa mínima para viver.

---

33 Trata-se de uma resistência dos imigrantes, um recurso que utilizam para não serem deportados, porém que certamente carrega uma violência simbólica mais ampla que a perda dos próprios documentos de identificação.

Essa esfera burocrática, além do medo e da intimidação que produz, tem diversas funcionalidades no mercado de trabalho,[34] inclusive aquela da *ilusão de encontrar melhores salários no dia incerto em que finalmente seus documentos chegarão.* Sem dúvida, a situação de indocumentado modela a vida laboral desses imigrantes e está em *relação direta* com a natureza do trabalho que irão desenvolver.

Ao incutir, aos poucos, um *complexo de clandestinidade*, faz o imigrante se sentir como uma presença ilegal e sobrante no país, portanto, que deve ter medo de ser pego pela polícia e deportado. Esse complexo acompanha a obrigatoriedade de aceitar todas as condições de trabalho, justamente porque o empregador estaria prestando um "grande favor" de assumir o risco da concessão de um trabalho para alguém em situação indocumentada. O exercício de uma atividade laboral modelada pela "clandestinidade" pode se estender por anos, pois a única possibilidade de transformá-lo seria pela anistia, casamento com cidadão brasileiro ou paternidade em solo nacional ou, excepcionalmente, pela mudança de legislação, como ocorreu, no Brasil, com o acordo de residência para os cidadãos do Mercosul e países associados.

Como é o caso de um entrevistado[35] de origem colombiana, de 26 anos, que veio ao Brasil em 2010 para estudar e permaneceu após o vencimento do visto de estudante, por considerar os empregos aqui melhor remunerados. Ele passava por esse estágio, que já durava três anos, alegando "se sentir numa prisão", já que não podia se mover para nenhuma direção, nem a dos estudos (pois não tinha dinheiro para

34 Exemplo claro dessa questão foi a discussão sobre o risco que significaria a anistia prometida pelo governo estadunidense – no final de 2014, a seis milhões de imigrantes em situação indocumentada – para o aumento de salários desses imigrantes, quando deixassem de ser ilegais. Logo, é um fato que a documentação oferece, dentro dos limites reais do trabalho assalariado, um maior poder de negociação por parte dos trabalhadores.

35 O entrevistado é de origem colombiana (26 anos), possui ensino médio completo e estava fazendo um curso técnico no Brasil quando chegou, em 2010. No momento da entrevista, estava aguardando a resposta do pedido de regularização pelo acordo de residência do Mercosul e países associados.

se manter), nem a do trabalho, a não ser clandestinamente, portanto de forma desprotegida legalmente e sujeita a todo tipo de arbítrio dos empregadores. Conforme explicou, essa situação significa trabalhar em empregos: 1) que "não pagam o preço justo por seu trabalho" (em relação ao que os brasileiros recebem) ou "pagam o que bem entendem"; 2) que impõem ritmos intensos de trabalho, geralmente envolvendo cargas elevadas de esforço físico; 3) desprotegidos formalmente; 4) muitas vezes em atividades que requerem poucas horas de trabalho semanais ou mensais, de forma intermitente (restaurantes, bares, serviços de limpeza, agricultura) e intensa na sobrecarga de trabalho.

As pesquisas sobre o trabalhado dos bolivianos representam hoje, no Brasil, a principal fonte de referência para o entendimento das dimensões, objetivas e subjetivas, da situação indocumentada para imigrantes que se encontram em uma situação socioeconômica vulnerável na sociedade de origem e de destino.

Os elementos trazidos no estudo de Freire da Silva, por exemplo, esclarecem um ponto-chave para a compreensão da situação indocumentada: a *total dependência* do empregador e da sua conduta, tendo em vista que essa "imigração se fundamenta em uma certa economia da palavra baseada na confiança"[36] no empregador, no que diz respeito aos termos da relação laboral. Essa condição de fundo é complementada por outros fatores, como a *rede de agenciamento* envolvendo coiotes e aliciadores;[37] o *isolamento* forçado do imigrante; o *medo* de ser denunciado e pego pela polícia ou de perder o emprego e, muitas vezes, o *endividamento* para conseguir entrar e trabalhar no Brasil.

O autor descreve essa situação indocumentada de trabalho nas oficinas têxteis, foco de seu estudo, como "fragilizada sem muitas pos-

36 Freire da Silva, 2008, p. 92.

37 No caso de bolivianos que trabalham na indústria têxtil, essas redes estão presentes na Bolívia e no Brasil: "há um mercado que explora essa imigração" e "futuros empregadores que financiam a viagem", sendo que as "rotas são alteradas de acordo com a pressão da fiscalização [policial]" (*Idem*, p. 91).

sibilidades de defesa contra a extrema exploração do seu trabalho, sujeitos a multas [do Estado Brasileiro por permanecer ilegalmente no território] e sob constante ameaça de deportação".[38] Segundo relata, essa condição envolve o "controle das condições de vida dos empregados [em particular daqueles que moram nas oficinas]"; o qual muitas vezes é reforçado pelo endividamento do trabalhador que é obrigado a "permanecer nas oficinas enquanto sua dívida não for paga". Todos esses fatores caracterizam a natureza de um trabalho sob "grande pressão do rendimento produtivo": eles "vêm endividados, se não produzem, não podem comer".[39]

De fato, a indocumentação tangencia, no mínimo, uma exposição ao sistema de *trabalho forçado*, fenômeno que atinge também brasileiros,[40] mas, há décadas, está profundamente imbricado com os movimentos migratórios desse perfil de imigrantes – veja o caso dos bolivianos na indústria têxtil.[41] Segundo mostram os estudos das obras de Figueira o fenômeno hoje está amplamente presente no espaço urbano, envolve cadeias globais de produção e setores altamente modernizados da economia brasileira.

As imagens e os discursos sobre o tráfico de humanos ou o trabalho análogo à escravidão são certamente funcionais a outros fins que não a verdadeira proteção das vítimas desse fenômeno. No entanto, não é uma solução limitar-se a desconstruí-los e assumir um posicionamento silenciado em relação às causas que explicam situações envolvendo a *coação* inerente à particularidade da condição desses trabalhadores. A análise das relações de trabalho implicadas é imprescindível nesse sentido.

A partir do exposto, serão analisados, ao longo dos próximos itens, alguns casos escolhidos para expor mais profundamente ele-

38 Freire da Silva, 2008, p. 92.

39 *Idem*, p. 12, 96 e 97.

40 Ver Figueira, 2004; Figueira e Adonia, 2011.

41 Azevedo, 2005.

mentos explicativos da natureza dos fluxos após a eclosão da crise (2007) dentro do polo dos periféricos emergenciais. Recorreu-se ao mesmo enfoque analítico do capítulo precedente, relativo aos *canais de entrada* no país. Como as fontes estatísticas para essas modalidades de imigração, conforme já indicado no capítulo III, são bastante limitadas, deixando na penumbra o contingente indocumentado ou as modalidades de curta estadia, esta parte da pesquisa não pode contar com esse material, da mesma forma que o fez com o polo da qualificação-especialização produtiva.

Em teoria, uma vez utilizado esse prisma analítico para essa modalidade de imigração, nenhum setor econômico estaria oficialmente precisando desse trabalho, ou seja, a porta de entrada (ao menos a da frente) para os empregos responsáveis pelo futuro "desenvolvimento modernizado" do capitalismo no país está fechada para os imigrantes tratados neste capítulo. A eles se apresenta restritivamente outra porta, subterrânea e direcionada aos trabalhos precários.

E não se trata de uma questão exclusivamente de documentos, língua, qualificação, nem mesmo de tempo de adaptação. O caso dos trabalhadores bolivianos, radicados há mais tempo no país, como se verá a seguir, é ilustrativo dessa constatação.

Mercosulinos

Os fluxos intrarregionais, principalmente os transfronteiriços, há muito tempo estão presentes no cenário imigratório brasileiro e antecipam, de longe, o Acordo de Assunção (1991), que institui o Mercado Comum do Sul (Mercosul) e o Acordo de Residência (2009) para cidadãos dos países desse bloco e associados.[42] Até pouco tempo atrás,

42 Robinson, 1999, mostrou que os aspectos trabalhistas e sociais foram negligenciados pelo tratado fundador do Mercosul, do qual faziam parte incialmente Argentina, Brasil, Paraguai e Uruguai. O autor salienta que o regulamento é omisso quanto ao tratamento da livre circulação de trabalhadores e só faz alusão indireta ao trabalho assalariado, como mero fator econômico de produção entre os

esses fluxos direcionavam-se predominantemente para a cidade de São Paulo e eram em grande parte indocumentados. Por esse motivo, o referido acordo tem relevância como *canal de entrada* no Brasil para modalidades de imigração intrarregionais por motivo de trabalho, fora das vias institucionais facilitadas, ou seja, aquelas do polo da qualificação-especialização produtiva.

Estudos dedicados ao entendimento dessa imigração na primeira década de 2000 mostram o perfil sociológico desses fluxos: faixa etária entre 18-44 anos, com alto percentual de mulheres,[43] a maioria com nível de instrução do ensino médio.[44] Em 2012, estimava-se a presença de 300 mil bolivianos na cidade de São Paulo.[45]

Conforme já destacado, os direitos de residência e de trabalho do referido acordo, conquistados por uma luta antiga dos próprios imigrantes, não são sinônimos de direitos desburocratizados, pois são operacionalizados por um regime provisório (sujeito à renovação). Segundo Silva, muitos desses imigrantes latino-americanos desconhecem seus direitos ou têm um temor compreensível (principalmente se considerada a probabilidade de perder o emprego) de procurar as autoridades para regularizar a situação indocumentada.[46]

Essa falta de reconhecimento institucional não conseguiu produzir, contudo, a apatia dos imigrantes sul americanos. Apesar das inúmeras barreiras que encontram, em particular na esfera do trabalho, constroem diversos canais de expressão dos quais são exemplos os programas bilíngues (espanhol-português) de rádios dos imigrantes latinos e os jornais impressos (*Conexión Migrante* e o *Nosotros imigrantes*). E também as diferentes bases de apoio, assistência e repre-

países. A incorporação de países associados foi posterior: Chile (1996), Bolívia (1997), Peru (2003), Colômbia, Equador e Venezuela (2004).

43 Rezera, 2012.

44 Freire da Silva, 2008; Freitas, 2010.

45 Silva, 2012.

46 Silva, 2012.

sentação, tanto de caráter cultural-religioso quanto de organização política para reivindicação de direitos,[47] com atenção inclusive voltada à questão de gênero, como é o caso da associação *Warmis Convergências das culturas,* que faz um trabalho específico de atendimento às mulheres imigrantes na cidade de São Paulo, particularmente na área da saúde e educação.

Os esforços agregados nesses espaços mostram como essa imigração não é orientada pela temporalidade, mas possui um horizonte da construção de uma vida no Brasil, a despeito de abranger igualmente movimentos pendulares ligados às dinâmicas da esfera produtiva da indústria têxtil. Os descendentes desses imigrantes, que também começam a despontar nos estudos acadêmicos, comprovam essa permanência.

A imigração boliviana é a mais representativa em números desses fluxos. Até o momento, foi a que recebeu maior atenção de pesquisas, em particular sobre o contexto da cidade de São Paulo.[48] Dentre outros temas, essas pesquisas documentam e analisam a origem e as principais características da imigração boliviana, a composição de gênero implicada,[49] a extensão internacional (entre a Bolívia, Buenos Aires e São Paulo) dos circuitos de produção envolvidos[50] e as dinâmicas de inserção desses imigrantes na indústria têxtil, principal setor ao qual se direcionam.[51]

Para os propósitos aqui delimitados, interessa evidenciar alguns indicadores fornecidos por essas pesquisas que demonstram claramente, a partir da nacionalidade boliviana, como a condição de imigrante e a étnica passam a se refletir na divisão do trabalho e num

47 Santos, 2014.

48 Baeninger, 2012. Freire da Silva, 2008, p. 93, destaca uma dispersão da indústria de confecção em cidades do interior [Americana, Bauru, dentre outras], que atrai fluxos de bolivianos nessas localidades.

49 Rezera, 2010; Peres, 2009.

50 Freitas, 2009.

51 Silva, 2012; Freitas, 2009; Freire da Silva, 2008; Azevedo, 2005.

conjunto de condições precárias de trabalho e de vida, agravadas ainda pela situação de indocumentado.

Segundo Freire da Silva, o peso atingido pelos fluxos de bolivianos na cidade de São Paulo não pode ser entendido sem se considerar a demanda -operacionalizada por uma rede internacional de agenciamento - das oficinas subcontratadas da cadeia produtiva da indústria têxtil.

> Não são os imigrantes que uma vez estando aqui, por coincidência, vão ser empregados nas confecções. Eles já vêm da Bolívia com um destino certo de trabalho. Os próprios donos de oficinas de costura tratam de encaminhar as suas viagens ou então eles vêm atrás de familiares que já se encontram aqui trabalhando com costura. Pode-se dizer que a intensificação desse fluxo imigratório está associada às mudanças no setor das confecções.[52]
>
> A maneira como são contratados via migração e esta abrangência sobre suas condições são as características distintivas da oficina de costura.[53]

Não se trata da existência de um "nicho étnico", como colocou em evidência Souchaud, exclusivamente boliviano nessa indústria, mas sim de uma atividade econômica que, para sobreviver aos padrões da reestruturação produtiva e à concorrência, já se utilizava no passado recente de trabalho a baixo custo de imigrantes, em especial dos coreanos, e continua a se utilizar de outras nacionalidades, como, por exemplo, os paraguaios, peruanos e mais recentemente haitianos.[54]

Para Silva, a indústria têxtil tem um histórico no Brasil que permite considerá-la "mobilizadora de fluxos migratórios"[55] de forma conjunta, interna e internacionalmente,[56] além de representar o prin-

52 Freire da Silva, 2008, p. 83.

53 *Idem*, p. 96.

54 Souchaud, 2012.

55 Silva, 2012, p. 61 e 235.

56 Segundo destaca, no passado, esse setor já estava estruturado no trabalho imi-

cipal laboratório de extração de valor do trabalho *imigrante indocumentado* nas últimas três décadas. A origem da experimentação desse método de extração de valor se apoia no trabalho familiar das oficinas de imigrantes, porém compõe um universo mais amplo e antigo do desenvolvimento da indústria têxtil no Brasil.[57]

A história da dimensão que essa cadeia produtiva adquiriu nos anos 1990-2000 foi muito bem mapeada por Silva que comprova como, em última instância, esse circuito produtivo têxtil, que se expandiu com a reestruturação produtiva, tem em uma de suas extremidades os "patrões de grande porte", ou seja, as grandes empresas de propriedade de brasileiros e coreanos, imbricadas com as transnacionais da indústria global da moda.[58] É essa extremidade soberana que determina o regime produtivo para a constelação de pequenas oficinas de costura aparentemente atomizadas: "o ritmo de trabalho não é de-

grante (libaneses, italianos, israelenses) e de migrante internos.

57 Matos, 2002, expõe de forma aprofundada o perfil do operariado, tanto fabril quanto domiciliar, da indústria de juta em São Paulo no final do século XIX e início do XX, onde a maior parte dos trabalhadores era de origem estrangeira, com alta concentração de mulheres (principalmente de origem portuguesa). Araújo e Amorim, 2002, documentaram a continuidade dessa marca sexual da divisão do trabalho na indústria têxtil, que também se reflete no trabalho das mulheres bolivianas nesse setor (Rezera, 2011).

58 São esclarecedores os dados evidenciados pela autora sobre a propriedade das oficinas de costura registradas (que esconde um universo provavelmente muito extenso daquelas informais): 79,4% pertencem a brasileiros e 20,6% a imigrantes (11,7% de coreanos e 4,23% de bolivianos). A pequena porcentagem de oficinas de propriedade de bolivianos, segundo esclarecido, era de oficinas *subcontratadas* por aquelas de brasileiros e coreanos.

-terminado pelas etnias",[59] mas pelo "controle das subcontratadas e a movimentação da produção sob a égide do *just in time*".[60]

Por meio de dados referentes a 2010, Silva explica que "70% da mão de obra das oficinas de costura constituem-se por imigrantes bolivianos no Brás, Bom Retiro e Região Metropolitana (Zona Leste)", que são empregados nas "11.517 oficinas do município de São Paulo",[61] com a produçao destinada predominantemente (99%) para o mercado interno. Sua pesquisa faz um mapeamento do quão extensa é essa cadeia no Brasil – envolvendo, como destacado acima, a subcontratação sistemática de inúmeras pequenas oficinas de costura – e seu peso enquanto produto interno bruto. Com isso, também fornece a dimensão da *riqueza* para o país do trabalho dos bolivianos e de outros imigrantes, bem como de nacionais nessa indústria.

A autora ajuda a entender a cadeia produtiva da indústria têxtil escondida por trás das recorrentes notícias de jornais sobre a fiscalização de grifes famosas, de empresas nacionais e "globais da moda", que têm como ponta de produção, distante e instrumentalmente invisível, os imigrantes trabalhando e vivendo em condições muito precárias, senão propriamente de trabalho forçado. Casos de trabalho análogo à escravidão e abusos de diversos tipos do trabalho dos bolivianos já foram documentados,[62] autuados pela Fiscalização do Trabalho, e continuam a reaparecer.

Segundo ressaltou Freire da Silva, trata-se de um setor bastante vulnerável às flutuações do mercado: "[a]s empresas subcontratadas são acionadas apenas na medida em que haja demandas de mercado";

59 Logo, o método de extração de valor da força de trabalho de coreanos indocumentados não decorre da particularidade da organização produtiva pelo sistema familiar supostamente "fechado" de pequenas oficinas de costura, sendo muito mais amplo. Seu histórico não deve ser entendido como um sistema etnicamente fechado de coreanos, que depois seria substituído por bolivianos que, por sua vez, eventualmente, ao conseguirem a mesma mobilidade para a posição de pequenos empreendedores, fazem exatamente o mesmo com seus conterrâneos ou com outros grupos de imigrantes, e assim por diante.

60 Silva, 2012, p. 116.

61 *Idem*, p. 60.

62 Azevedo, p. 2005.

a remuneração é "de acordo com a produtividade e o volume das encomendas é flutuante"; "os calotes são bem comuns nesse circuito e acabam gerando um efeito cascata, afetando também os costureiros".[63]

O estudo desse autor sobre a utilização do trabalho boliviano por essa estrutura produtiva mostra como a flexibilização (via terceirização e subcontratação) foi o principal meio empregado para rebaixar custos e para "transferir os riscos do mercado para o trabalhador", ou seja, ao imigrante boliviano ou de outras nacionalidades. Por esse motivo, salienta como a fluidez da demanda produtiva acarreta diferentes dimensões de influência no seu trabalho: a informalidade na contratação dos costureiros, a modalidade de pagamento do salário por peça, as longas jornadas durante os períodos de alta temporada, as "formas particulares de circulação dos bolivianos",[64] envolvendo o mesmo circuito produtivo na Bolívia e em Buenos Aires.

Normalmente, emerge um vocabulário específico nesses estudos para descrever os fatores de precarização do trabalho desses imigrantes nas oficinas de costura: "vida insalubre", "condições degradantes de trabalho", "segregação no interior do espaço urbano", "preconceito/discriminação dos agentes públicos e da população local", "degrado nas condições de saúde", "trabalho forçado", "fábricas-dormitório", "clandestinidade", enfim, dentre muitos outros, o "racismo" e a "xenofobia".

De fato, a pesquisa de Silva documenta como condições muito precárias de trabalho se sobrepõem como tendências no ano de 2012: jornadas de 14 horas de trabalho, um padrão de remuneração pelo salário por peça (R$2 a peça)[65] condicionado à produtividade do trabalhador e à demanda do mercado,[66] empregos altamente marcados pela

63 Freire da Silva, 2008, p. 38, 94 e 95.

64 Freitas, 2009.

65 Esses estudos também mostram a gritante diferença do preço por peça produzida nessas oficinas e o preço de venda nas lojas consumidoras do trabalho imigrante.

66 O salário por peça implica enormes vantagens produtivas para o empregador e inúmeras desvantagens ao trabalhador, em particular pela imposição de ritmos

rotatividade, fábricas-dormitório,[67] espaços pequenos com concentração de máquinas de costura e de trabalhadores, muito barulho, pouco ar e iluminação. Esses fatores comprovam, segundo a autora, que "a produtividade não é dada pelas máquinas com grande capacidade de produção e sim pela intensidade do trabalho de cada costureiro", sendo as longas jornadas o único meio para aumentá-la.[68]

A divisão técnica do trabalho nessa cadeia produtiva, descrita pela autora, parte do topo da hierarquia produtiva onde se situa o processo de idealização, seguido da preparação (corte e modelagem), para chegar ao trabalho de costura dos imigrantes, concentrado no processo de montagem e, por fim, do acabamento: "há os que se especializam em atividades mais qualificadas dentro do circuito, como os modelistas, mas essa realidade não é generalizada".[69] Todas essas etapas, no fundo, são controladas pelo agente mais forte da cadeia. Conforme explica,

> [as] grandes marcas e as redes varejistas subordinam a produção às suas ordens técnicas. Assim, enviam diretamente para as oficinas toda a parte da confecção já pronta [...]. É [a costura] a fase de maior exigência por mão de obra, pois se trata de uma função que ainda não foi substituída por máquinas, uma vez que exige certo refinamento dos movimentos executados pelas mãos,

---

intensos de trabalho para que possa ganhar uma quantia decente no final do mês (tendo em vista que recebe segundo o que produz) e pela concorrência fomentada entre os próprios trabalhadores para superar patamares de produção. Trata-se de um sistema que impõe a disciplina de trabalho por meios indiretos, mas muito eficazes, como, por exemplo, a ilusão de não ter patrão e de ser responsável pelo próprio ganho (a partir da produtividade) ou, o que é ainda mais grave, do trabalhador ser livre para controlar seu tempo de trabalho. Para o aprofundamento das consequências do salário por peça, a partir do caso de trabalhadores no corte da cana de açúcar, ver Guanais (2014).

67 "Alguns patrões pagam a comida [do trabalhador] com o desconto do salário" (Freire da Silva, 2008, p. 97).

68 Silva, 2012, p. 201.

69 *Idem*, p. 61.

> além disso, a grande disponibilidade de mão de obra permite o barateamento nos custos de produção.[70]

Logo, o trabalho da costura executado pelos bolivianos, embora não valorizado, representa uma *atividade essencial* nessa cadeia produtiva e é bastante limitada em seu espaço de criação diante da riqueza, por exemplo, da tradicional cultura boliviana nesse ramo. A despeito da sua indispensabilidade, como esclarece Silva, é parte característica da "pobreza urbana" da cidade de São Paulo.[71]

Um valor baixo de remuneração, que pode ser ainda mais rebaixado para o caso dos imigrantes em situação indocumentada. Os condicionantes da situação indocumentada para o trabalho desses imigrantes, tratados no item anterior, estão, portanto, em ligação direta com a extremidade "clandestina" das pequenas oficinas de costura nessa cadeia produtiva, ou seja, o espaço onde a exploração do trabalho desses imigrantes encontra seu ponto máximo. No mesmo sentido, é na acumulação em grande escala ditada e controlada por grandes empresas da moda que se encontra a razão de ser do espaço interligado de acumulação limitada da constelação de pequenas oficinas de costura subcontratadas. As palavras de Silva explicitam detalhadamente esse sistema lucrativo da indocumentação:

> Dessa maneira, a indocumentação em todos os sentidos (falta de documento de permanência, falta de registro na Receita Federal, não registro em carteira de funcionários etc) torna-se um dos pilares da ampliação do sistema de subcontratação, deixando os agentes da base da pirâmide de subcontratação com os menores rendimentos. Esse sistema, por sua vez, potencializa os lucros dos agentes da ponta da pirâmide, como as grandes redes va-

---

70 *Idem, Ibdem.*

71 Tendo em vista os próprios resultados da RAIS (2010) sobre o setor, que apontam o rendimento médio mensal de R$ 923,27 para os costureiros formalizados (Silva, 2012, p. 40).

> rejistas nacionais e internacionais e os lojistas do circuito superior marginal.[72]

Todos esses elementos denotam uma condição no mínimo potencialmente exposta ao *trabalho forçado,*[73] parcialmente remediada pela fiscalização do trabalho,[74] que contém limites nítidos e efeitos contraditórios de muitas vezes tangenciar o poder arbitrário da polícia, a estigmatização dessa nacionalidade e a criminalização dos imigrantes. Conforme ressalta Freire da Silva: "a autuação legal é por unidade produtiva e, na maioria dos casos, não pega o encadeamento [da inteira cadeia produtiva]"; "os riscos de serem penalizados judicialmente acabam recaindo apenas sobre os próprios bolivianos".[75]

É claro que esses elementos devem ser ponderados sempre no sentido de se evitar o que Basso chama de "macroequívoco da microcriminalidade",[76] mecanismo de penalização da pobreza tão disseminado e fomentado nas sociedades atuais. Do mesmo modo, deve ser afastada a reprodução de preconceitos que abre espaço a abusos e violências institucionais, com efeitos práticos mais incisivos para determinados grupos específicos (de nacionalidade ou sexo), como é o caso da comunidade boliviana e da questão envolvida hoje no impacto para a mobilidade das mulheres do combate ao tráfico de pessoas, associado ao trabalho análogo à escravidão.

---

72 Silva, 2012, p. 206.

73 Freire da Silva, 2008, p.103 e 104, não concorda que a definição de trabalho escravo seja a mais adequada. Nesse sentido, ressalta o estigma dessa visão e as decorrentes consequências discriminatórias para os bolivianos: "não é possível atribuir o cerceamento de liberdade como uma característica das formas de inserção deste grupo de imigrantes na sociedade"; "os bolivianos não negam a exploração que sofrem, preferem falar de trabalho indigno". Para consultar uma opinião oposta, ver Figueira e Adonia, 2011; Azevedo, 2005.

74 Um exemplo é a CPI do trabalho escravo (2005), que teve como principal alvo as oficinas de costura, como apontou Silva, 2008, p. 101.

75 Freire da Silva, 2008, p. 100.

76 Basso, 2000a.

As políticas de combate a esse fenômeno terão sempre caráter paliativo, pois não agem nas causas nem nos alvos responsáveis da cadeia envolvida e, em decorrência, sempre terão uma dimensão quase simbólica e infinitamente menor do que o poder de propagação e multiplicação do sistema que o alimenta. A subcontratação envolvendo o trabalho forçado de bolivianos é um exemplo nítido disso, pois há décadas dá provas dessa capacidade de expansão – seja espacial, em lugares novos e inesperados, seja no volume de recrutamento e na escolha de vítimas de outras nacionalidades – com maior rapidez e eficácia em comparação às formas de combate a esse fenômeno.

Além disso, a expansão do setor não pode ser explicada, conforme destacou Silva, sem se considerar o apoio do Estado ao funcionamento da indústria têxtil no Brasil: "as grandes marcas e redes de varejos contam cada vez mais com o apoio do Estado (em várias esferas) para a expansão de suas atividades, inclusive para a garantia de monopólios".[77]

Por fim, se considerada a *visibilidade* que a imigração boliviana ganha na mídia, muito diferente de ser mostrado seu papel econômico e cultural para a sociedade brasileira, são ressaltados aspectos problemáticos de criminalidade, miséria, contravenção, passividade. Trata-se de um discurso que frequentemente associa "bolivianos e práticas sociais indesejáveis ou moralmente inaceitáveis"[78] e que desta forma contribui à reprodução de estereótipos e do preconceito nas práticas sociais. Esse modo enviesado de produzir a visibilidade desses imigrantes certamente funciona como vetor de concepções racistas e xenófobas contra essa nacionalidade, que é obrigada a fazer muitos enfrentamentos na cidade de São Paulo, em diferentes âmbitos além do trabalho – nas escolas, instituições de saúde e em lugares públicos.[79]

77 Silva, 2012, p. 270.

78 Manetta, 2012, p. 267.

79 Santos, 2014.

Mas, é verdade que a invisibilidade construída desses imigrantes, além de institucional (quando não possuem documentos), está mais do que tudo ligada às duras condições de trabalho que enfrentam. Não é por acaso que os rostos bolivianos são muito mais visíveis no centro de São Paulo durante o domingo, geralmente o único dia de folga que possuem. Trata-se de uma invisibilidade produzida, que obviamente não é sinônimo de falta de protagonismo, de inciativa e de projeção dos mesmos imigrantes na sociedade brasileira.

A seguir, será tratada a via de entrada do visto humanitário, aplicada especialmente para os fluxos de haitianos.

O visto humanitário: haitianos

A concessão do visto humanitário (com duração de cinco anos) coloca-se como uma "exceção humanitária", com tempo contado de expiração,[80] para os fluxos de haitianos, que são novos na história da imigração do país e começaram a aumentar em 2011, depois do terremoto que assolou a ilha em 2010.

Segundo dados fornecidos por Fernandes e Castro,[81] com base na análise da RAIS sobre a inserção *formal* de haitianos no mercado de trabalho brasileiro entre 2011 e 2013, a parcela contratada formalmente de haitianos, em 2011, somava o total de 814 pessoas (726 homens e 88 mulheres), em 2012, passou a representar 4.117 (3.606 homens e 511 mulheres), chegando a atingir 14.579 trabalhadores em 2013 (12.518 homens e 2.061 mulheres). Logo, em apenas quatro anos, esses fluxos, que se iniciaram em centenas se multiplicaram em milhares, chegando a estimativas não oficiais da presença de 50.000 haitianos no país em 2014.[82]

80 Resolução 97 do CNIg, vigente desde janeiro de 2012 e prorrogada até 2015.

81 Fernandes e Castro, 2014, p. 51.

82 O estudo de Fernandes e Castro, 2014, p. 60, fornece um perfil demográfico da população haitiana no Brasil. Segundo os autores a maior parte do contingente

Percebe-se que essa imigração representa exatamente o sentido de uma "multidão que emigra num ano" e "leva outra multidão no ano seguinte",[83] palavras utilizadas por Marx para descrever o êxodo de camponeses irlandeses desapropriados de suas terras, vivendo em condições penívеis de vida, sem a possibilidade de achar trabalho no próprio país, por isso forçados a migrar internacionalmente para onde podiam sobreviver vendendo seu próprio trabalho.

Há três elementos imprescindíveis de serem analisados para se compreender o direcionamento não arbitrário desse fluxo para o Brasil: 1) o papel exercido pelo Estado brasileiro no Haiti através da Minustah;[84] 2) a concessão de vistos humanitários para essa nacionalidade específica; 3) a demanda de empresas e famílias brasileiras pelo trabalho de haitianos que, em pouco tempo, já ganhou a fama de "muito esforçado", com "boa conduta" e "sem vícios" para se inserir em postos principalmente caracterizados por baixos salários e com gasto significativo de força física (notadamente construção civil, abate de carnes e serviços domésticos).[85]

---

de haitianos com empregos formalizados no Brasil tem o nível educacional de Ensino Médio Completo "39,4% do total em 2011, passando para 30,8% em 2012 e 32,5% em 2013" seguido de Ensino Fundamental Completo "de 17,7% do total em 2011 para 20,7% em 2013". Os dados referentes aos analfabetos nos três anos são de 0,5% (2011), 1% (2012) e 3,2% (2013) e aqueles com Ensino Superior completo, respectivamente, 1,5%, 1,9% e 1,5%.

83 Marx, 1890, p. 818.

84 O Brasil assumiu o comando da Missão das Nações Unidas para Estabilização no Haiti, que começou em 2004 e está ainda ativa. O Haiti representa, hoje, o país estrangeiro com maior número de militares brasileiros (cerca de dois mil).

85 Segundo a amostra de entrevistados de Fernandes e Castro, 2014, p. 62: "o primeiro contato com o mercado de trabalho aconteceu para 67,1% dos entrevistados pouco após sua chegada ao Brasil. A maior parte deles, em seu primeiro emprego, atuou na construção civil (59,7%), seguida pelo setor de serviços gerais (13,8%), indústria (11,2%) e serviços ligados ao setor de alimentação (7,3%). Para encontrar o primeiro emprego, 60,2% dos entrevistados que responderam a essa questão tiveram ajuda de amigos e parentes, 16,3% conseguiu por conta própria, 15,3% por meio de contato direto com a empresa, e 8,2% por intermédio de uma agência. Ao serem perguntados sobre a situação atual de trabalho, 47,3% dos entrevistados que responderam a essa questão não haviam mudado

Para se entender as dinâmicas desses fluxos, é preciso levar em consideração o conselho metodológico de Basso já indicado no primeiro capítulo, ou seja, o terremoto do Haiti (2010), como uma catástrofe natural, não representa uma "causa em si"[86] da imigração de haitianos no Brasil. Nesse sentido, as relações causais desses fluxos são muito bem demonstradas pelo que Seguy chama de "construção sócio histórica do terremoto".[87] Os elementos trazidos em seu estudo ajudam a entender as raízes profundas, mais antigas e permanentes, das causas desse êxodo populacional, que estão imbricadas com a história colonial do país e sua atual posição na divisão internacional do trabalho.

Todavia, é claro que o volume desses fluxos para o Brasil está relacionado com a conjuntura após o terremoto que, além de tirar milhares de vidas humanas,[88] produziu milhões de desabrigados e perdas materiais consideráveis numa capital, Porto Príncipe, que, segundo Seguy, já era extensamente "bidonvilizada",[89] ou seja, favelizada. Na realidade, a ligação do êxodo com essa catástrofe não está ausente da explicação que os próprios haitianos dão sobre o motivo de terem vindo ao Brasil, conforme esclarece a fala de um entrevistado:[90]

> *O terremoto influenciou sua decisão de emigrar para o Brasil?*
> Sim, totalmente. O Haiti voltou para trás.
>
> *Piorou sua condição de vida lá?*

de trabalho e ainda estavam no primeiro emprego. Dos que trabalhavam no momento da entrevista, 71,9% tinham carteira assinada".

86 Basso, 2003, p. 97.

87 Seguy, 2014.

88 Cerca de trezentas mil vítimas oficiais e um número ainda maior de desabrigados, segundo Seguy, 2014, p. 301.

89 Seguy, 2014, p. 40.

90 O entrevistado tem 26 anos, possui Ensino Médio Completo e entrou no Brasil em setembro de 2012. Estava contratado formalmente em dois empregos, um de serviço de limpeza (trabalho diurno) e outro numa cadeia global de *fast food* (trabalho noturno).

> Sim. O Haiti é um país difícil, o trabalho é difícil. Tinha a possibilidade de sair do Haiti, eu aproveitei.

O terremoto de 2010 é invocado, portanto, como um marco de piora das condições de vida no Haiti, principalmente para conseguir trabalho. Este último fator é colocado como principal motivo da imigração para o Brasil. A rede de imigração, cada vez mais estabelecida e consolidada dos haitianos, também é citada como uma importante base de apoio para conseguir emprego nos primeiros meses de estadia. Além disso, a anterior relação com país e sua imagem, como ilustra a fala de um dos entrevistados,[91] também explica a indução desses fluxos que, conforme será problematizado a seguir, foram reforçados pela concessão de vistos humanitários:

> *Por que você veio ao Brasil?*
> Porque tem muito do Brasil no Haiti, a Minustah. Gosto do Brasil, da seleção de futebol.

Conforme explica Seguy, a sociedade haitiana está perpassada, por inteiro, por uma precariedade de vida e de trabalho que atinge tanto seus estratos mais altos (e considerados qualificados) quanto, mais incisivamente, aqueles mais baixos. Do mesmo modo, a via da emigração se impõe para essa sociedade em seu conjunto, inclusive para seus estudantes.[92] Para o autor,

> [com] 78% da população em situação de pobreza (menos de 2 dólares por dia), 54% em pobreza extrema (menos de 1 dólar por dia), a precariedade não atinge apenas uma parte da sociedade haitiana: ela é a norma cotidiana da existência. O salário mínimo abaixo de 5 dólares diários. Os grupos mais qualificados e mais bem remunerados (os setores profissionais) não conseguem

---

91 O entrevistado tem 33 anos, possui ensino médio completo e chegou ao Brasil em outubro de 2013. Assim como seu colega supracitado, estava também contratado formalmente em dois empregos, um de serviço de limpeza (trabalho diurno) e outro numa cadeia global de *fast food* (trabalho noturno).

92 Há muitos estudantes do ensino superior inscritos em Universidades brasileiras.

> se garantir uma vida digna e estruturada. Se conseguissem não deixariam o país com tão grande fluxo, à procura de vida digna e estruturada em outros países, onde são forçados a recomeçar novos percursos profissionais a partir do zero – e muitas vezes em condições ferrenhas que não aceitariam no Haiti de modo algum.[93]

A ordem internacional multilateral e supostamente neutra erigida com novas exterioridades "humanitárias" no Segundo Pós-Guerra – que foi denunciada e analisada por diversos líderes revolucionários africanos desse período[94] – parece ter encontrado um território fértil no Haiti para "reconfigurar sua hegemonia",[95] em particular após o terremoto. Esse processo, no qual o Brasil ocupa o lugar de novo intermediário num antigo jogo internacional, é imprescindível para entender o direcionamento desses fluxos para o país. Dele deriva o que Seguy chamou de "cacofonia da reconstrução", onde está implicada desde a Minustah (comandada pelo exército brasileiro), Ongs, até a construção das zonas francas.[96] O poder de atuação dos sons dissonantes desse humanitarismo distante de uma real e duradoura ajuda ao povo haitiano projeta-se mesmo nos *empregadores brasileiros*, ao reivindicarem o tom da ajuda "humanitária" por trás da concessão de um emprego a imigrantes especificamente haitianos.[97]

A emigração em massa dos haitianos dos estratos mais altos àqueles mais baixos comprova, na verdade, a "visceral incapacidade de reconstruir o Haiti"[98] pela hoje denominada Comunidade Internacional. Concomitantemente, também corrobora a larga demanda pelo trabalho imigrante no Brasil.

---

93 Seguy, 2014, p. 75.

94 Villen, 2013a.

95 Seguy, 2014, p. 298.

96 Segundo o autor, as zonas francas são "territórios situados dentro do Haiti, mas que não pertencem ao país" e, atualmente, são os pilares da reconstrução pós-terremoto do país, apresentados como única via de um possível "desenvolvimento" (Seguy, 2014).

97 Mamed, 2014.

98 Seguy, 2014, p. 297.

Ao se declarar um reforço à ajuda "humanitária" ao Haiti, essa política imigratória, por consequência, também não deixa de prestar socorro às empresas e famílias brasileiras em diferentes Estados do país – em particular São Paulo, Paraná, Rio Grande do Sul, Santa Catariana, Minas Gerais – que já tinham percebido o grande filão a ser explorado dessa oferta, a cada ano mais abundante, de trabalho de haitianos.

Além de humanitária, também é apresentada como um caso de imigração "modelo" na inserção no mercado de trabalho brasileiro. A sua parcela de documentados foi já suficiente para ocupar o "primeiro lugar [entre os estrangeiros] no mercado de trabalho formal em 2013".[99] Segundo este estudo, a inserção formal de trabalho e a concessão imediata (porém com prazo contado) do visto permanente representam *contratendências* (se considerada totalidade dos fluxos de entrada no país), evidenciando uma suposta "tendência decrescente de autorizações de trabalho temporárias e uma tendência crescente na quantidade de autorizações permanentes concedidas no período de 2011-2013".

De fato, esse é um caso clássico de como as estatísticas sobre imigração, quando analisadas separadamente do todo do fenômeno no país, podem gerar grandes equívocos. Mesmo considerando de forma separada somente os fluxos de haitianos, é necessário lembrar as duas modalidades de entrada no Brasil pelas quais têm se manifestado.

A primeira, por meio de uma cota de vistos concedida no próprio Haiti. Esta via representa o único caso de imigração, originária de um país periférico e fora do polo da qualificação-especialização produtiva, que possui espaço dentro do *circuito legalizado* e de entrada *facilitada* no Brasil. O plano dessa política imigratória arquitetado pelo Estado brasileiro é orientado pela ideia de evitar a entrada indocumentada e administrar um fluxo "equilibrado" por cotas, pela concessão de números mínimos de vistos permanentes (até 1.200 vistos por ano) no

99 Cavalcanti *et al.*, 2014, p. 73.

próprio Haiti. Por ser de natureza essencialmente "humanitária", embora implique uma burocracia já seletiva, não exige os requisitos inalcançáveis (do contrato e da autorização de trabalho) para o imigrante em condição socioeconômica vulnerável que busca trabalho, ou seja, representa um canal de entrada, mesmo que limitado, provisoriamente facilitado para os haitianos.

Foi possível constatar pelas entrevistas com haitianos que entraram no país (2013) por essa via que *a obtenção do visto permanente não representava um problema ou uma dificuldade*. Conforme esclarece a fala do entrevistado:[100]

> *Foi difícil conseguir o visto?*
> Não, o visto de turista é difícil, mas para o visto permanente não.
>
> *Para ter o visto permanente você tem que comprovar o contrato de trabalho aqui no Brasil?*
> Não.
>
> *É só você chegar e pedir, eu quero ir ao Brasil?*
> Tem um *site* e é só fazer o pedido. Não precisa justificar nada.

Contudo, ao contrário de pequenas doses idealizadas pelo governo brasileiro, essa emigração assumiu uma dimensão de massa indocumentada, de um verdadeiro êxodo que leva embora de seu país de origem a força viva de seus homens em idade ativa, mas também de suas mulheres, adolescentes, crianças e idosos, segundo constata o

100 O entrevistado tem 37 anos, é formado em uma Universidade Privada no curso de Administração, chegou em agosto de 2013 ao Brasil. Tinha seu próprio negócio em Porto Príncipe e depois do terremoto perdeu tudo. No Brasil, trabalha na construção civil. Conforme explica: "é muito diferente, eu não fazia esse tipo de serviço no Haiti, nunca".

perfil sociológico[101] dos imigrantes haitianos que chegam em situação indocumentada no Acre.

Inúmeras reportagens da mídia documentaram a forma emergencial pela qual a maior parte desses fluxos entra no Brasil, geralmente pelas fronteiras do Norte, depois de terem feito uma longa viagem de risco intermediada por redes de agenciamento, muitas vezes passando por diferentes países (República Dominicana, Panamá, Colômbia, Equador, Peru, Bolívia) e pago, com altos preços, a possibilidade de imigrar, aos coiotes e a todos os empresários das fronteiras.

O grande contingente que tem que se sujeitar a esse longo e custoso percurso, abrangendo mesmo imigrantes com ensino superior, é prova dos limites "humanitários" de uma política que, quando está fora da atenção dos holofotes internacionais, tem muito mais dificuldade em administrar o mesmo drama social e sua situação crítica transportada, em pequena escala, inesperadamente no seio do próprio território nacional.[102]

Mamed descreve a condição vulnerável, o estresse físico e emocional dessa chegada e as condições precárias de um acolhimento igualmente emergencial que esses imigrantes enfrentam no Estado do Acre. Conforme ressalta a autora, eles chegam com escassos recursos

101 "Nos últimos dois anos, é notável o crescimento do número mulheres, crianças e idosos compondo os grupos que chegam ao Acre. Mas a maioria dos migrantes ainda é representada por homens jovens, de 20 a 30 anos de idade, mas há a presença de percentual significativo de imigrantes acima de 40 anos e de menores de 18 anos. De modo geral, conforme a coordenação do acampamento, o perfil do imigrante abrigado em Brasiléia é composto da seguinte maneira: 80% de homens, 15% de mulheres e 5% de crianças" (Mamed, 2014, p. 7).

102 O episódio da incapacidade de gestão e das acusações políticas entre o governo dos Estados do Acre e de São Paulo é exemplo claro disso. No ano de 2014, a crescente chegada de haitianos nesse primeiro Estado, agravada pelo isolamento provocado pelas enchentes desse ano, levou o próprio poder público a se encarregar de fretar ônibus para os haitianos viajarem em direção a regiões mais ricas do país, em particular São Paulo. O cenário da catástrofe imigratória, que estava escondido e isolado de boa parte da população brasileira, foi transferido para o âmago da capital paulista, o que gerou desconfortos de diversos tipos que não pouparam a manifestação de atitudes e sentimentos racistas.

financeiros ou endividados e, quando não possuem redes de contato, são obrigados inicialmente a procurar alojamentos superlotados (públicos ou de entidades religiosas) em relação à capacidade máxima de leitos e das estruturas de moradia. Depois disso, iniciam a saga dos documentos que encontra a saída paliativa da solicitação de refúgio,[103] por ser o canal imediato para conseguir a documentação e a carteira de trabalho, posteriormente regularizado com o visto humanitária.

E, finalmente, partem em direção a seus empregadores que, quando não pagam suas passagens,[104] estão esperando avidamente por seu trabalho no Sul do país. A despeito da distância geográfica, algumas empresas dessa região já encontram soluções para captar os haitianos alojados em diferentes localidades do Norte e levá-los em direção a empregadores no Sul do país. Isso quer dizer que, no momento de escassez de mão de obra, se pode até pagar as passagens ou enviar um ônibus para trazer "esse pessoal" até os empregos; depois, os imigrantes alojados no Norte se encarregam de chegar sozinhos. Essa demanda e a disposição das empresas para contratar os haitianos é um dado de fato que direciona esses fluxos, segundo constata Mamed. A autora explicita que a natureza do trabalho pesado ao qual se direcionam está estampada no próprio perfil dos imigrantes selecionados e nos setores recrutadores, ou seja,

> [da] construção civil, metalúrgicas, têxteis, hoteleiras e, principalmente, da agroindústria da carne, estabelecidas nos estados de São Paulo, Minas Gerais, Paraná, Santa Catarina e Rio Grande do Sul. O perfil do estrangeiro selecionado por elas é muito específico: homem, jovem, saudável, solteiro, sem filhos, com algum tipo de experiência profissional ou escolarização. Desse modo, os imigrantes sem

---

103 "A documentação fica pronta em um prazo mínimo de 15 dias, tornando-os aptos a trabalhar e seguir viagem" (Mamed, 2014, p. 7).

104 Segundo destacado por notícias de jornais, o custo para transportar cada haitiano do Norte ao Sul é "entre R$1,8 mil e R$2 mil". Se os empregadores se predispõem a pagar essa locomoção, quer dizer que essa despesa é reembolsada rapidamente pelo trabalho a baixo custo dos próprios haitianos.

> esse perfil têm mais dificuldades de recrutamento, como é o caso dos idosos, doentes e mulheres com filhos.[105]

Essa mesma situação emergencial se replicou nos alojamentos de entidades religiosas e públicas da cidade de São Paulo, principalmente a partir de 2012, para onde, em geral, esses imigrantes se dirigem após passarem pelo Acre ou outros Estados do Norte do país. A grande diferença, para a felicidade do poder público dessa cidade, estava na maior *rotatividade* dos imigrantes haitianos nesses alojamentos da capital, por conseguirem ser recrutados com maior rapidez.[106] Isso quer dizer que as próprias empresas e empregadores ajudaram a evitar uma calamidade pública da imigração se repetir no âmago do Estado mais rico do país. Ao deixarem os alojamentos, esses imigrantes continuaram sua trajetória, dessa vez entregues aos seus empregadores que deveriam passar a providenciar, pelo menos de início, suas necessidades básicas, ou seja, moradia e comida, pelo pagamento do salário.

Todos esses fatores, além de evidenciarem as porosidades das fronteiras brasileiras, apontam como a situação indocumentada, por enquanto, está se colocando como temporária para a maioria dos haitianos que não entra pelas cotas. Todavia, a documentação prévia (pela entrada no país via cotas) ou posterior, bem como a formalização do contrato de trabalho não são suficientes para evitar o preenchimento de postos caracterizados por fatores problemáticos, em particular a baixa remuneração para ritmos muito intensos de trabalho.

Como esses imigrantes deixaram seu país em condição de extrema vulnerabilidade socioeconômica e uma vida bloqueada em relação ao

---

105 Mamed, 2014, p. 15.

106 Tornou-se comum a cena de muitos haitianos esperando juntos, em frente à *Igreja Nossa Senhora da Paz*, em São Paulo, a sorte que definiria seus destinos no Brasil, ou seja, a chegada de um empregador com uma proposta de trabalho. Alguns conseguiam negociar um pouco o aumento do salário proposto, pois já estavam informados sobre o mínimo que podiam aceitar. Mas, é claro, que esse poder individual de barganha tem limites, em particular no contexto de recessão econômica que já se anuncia para os próximos anos no país.

trabalho – condição muitas vezes agravada pelos riscos da viagem da imigração indocumentada – ao chegarem, primeiro precisam trabalhar para sobreviver e só depois podem começar a construir seu "projeto imigratório". Não há outra solução senão trabalhar em atividades que, muitas vezes, não fariam no Haiti, porque abaixo de suas qualificações.

As condições objetivas de exploração do trabalho, de baixa renda, até de fome, vividas no próprio país, que foram apontadas por Seguy, ajudam a entender por que os salários oferecidos no Brasil, mesmo sendo baixos, ainda representam uma alternativa para os haitianos.

Para os entrevistados já citados, que chegaram pela via legalizada em 2012 e 2013 ao Brasil, as jornadas de trabalho têm de 16 a 18 horas diárias, ligadas à realização concomitante de dois empregos formais. Para conseguirem pagar os aluguéis e economizarem parte de seus salários,[107] não moram nos alojamentos superlotados, mas dividem metros quadrados em casas que alugam conjuntamente.

Eles descobriram, depois da chegada, que os salários no Brasil são muito baixos e só trabalhando nesse ritmo intenso e tendo a vida totalmente ocupada pelo tempo de trabalho seria possível realizar esse projeto imigratório: poder ajudar os familiares no Haiti e guardar dinheiro para um dia reconstruir a vida em condições melhores ali. De fato, *a vida desses imigrantes no Brasil está totalmente condicionada pelo tempo dedicado ao trabalho.*

Não há, portanto, outro modo de realizar o planejado senão vendendo seu trabalho em dois empregos diferentes, nos ritmos e no tipo de atividade que o mercado de trabalho brasileiro restritamente lhes oferece. Também perceberam a possibilidade remota de conseguirem um trabalho melhor remunerado ou em ocupações que já exerciam no Haiti.

Mas dizem que suportam tudo, demonstram força de adaptação à vida dura no Brasil. Só quando falam do sonho de voltar e reconstruir

107 Em um dos trabalhos, recebem R$900,00 mais vale transporte e vale refeição e no outro R$800,00.

a vida no Haiti é que deixam entrever os limites dessa vida de trabalho. Essa mesma vida não ajuda a desejar a permanência no Brasil que, pelo contrário, é considerada por eles, ao menos por enquanto, limitada aos objetivos concretos da necessidade.

Como será abordado no próximo item, condições muitos similares se impõem aos solicitantes de refúgio no país.

Solicitantes de refúgio e refugiados

O Brasil não está separado da tendência de aumento do refúgio no contexto internacional. Essa tendência espelha *sintomas* de guerras, conflitos, catástrofes ecológicas e a violência imperante e imposta nas periferias do capitalismo A perspectiva escolhida para problematizar o tema do refúgio no país parte do conselho de Basso, que chama atenção para a necessidade de se enxergar a ligação desses acontecimentos com o funcionamento do mercado mundial e do mercado de trabalho, dentro das relações hierárquicas entre países implicadas, seja no presente, seja no passado.[108]

Com esse propósito, o refúgio não será tratado aqui de maneira isolada, no seu estado puro – tal como é definido formalmente pelas convenções internacionais e, em âmbito nacional, pela lei 9.474/97 –, mas como *um canal de entrada e permanência no país que tem sido imposto a um contingente cada vez maior de pessoas de diferentes nacionalidades*, em particular africanos e asiáticos do Oriente Médio. Nesse sentido, tem-se como objetivo expor como o solicitante de refúgio relaciona-se diretamente com o trabalho no Brasil.

Não se questiona, aqui, a particularidade dos solicitantes de refúgio e a derivada necessidade de proteção por outro Estado. Esse enfoque analítico não despreza a importância dessa proteção para casos específicos definidos nas convenções internacionais, mas adota como

108 Basso, 2003.

ponto de partida analítico a realidade social do refugiado vivida no país de destino, no caso, o Brasil. Essa perspectiva ilumina como, na contemporaneidade, o fenômeno do refúgio está imbricado (com relação a inúmeras questões práticas) com os imigrantes eufemisticamente chamados de "econômicos", que não deixam de recorrer à imigração como uma questão de sobrevivência. Nesse sentido, o ângulo analítico do trabalho permite um tratamento conjunto do refugiado e do imigrante em situação socioeconômica vulnerável, evidenciando como são parte de um todo do fenômeno imigratório, sendo condicionados por dinâmicas parecidas.[109]

As bases teóricas e metodológicas desse enfoque unitário foram sugeridas por Mackay, que chama atenção à necessidade de superar, na atualidade, a "construção da dicotomia da posição entre refugiados e migrantes econômicos".[110] A autora não ignora e não minimiza as diferenças entre esses sujeitos da imigração, mas destaca as experiências, trajetórias e interesses comuns que os unem, em particular no que se refere à "posição que ocupam no mercado de trabalho do país receptor". Nesse sentido, seu ponto de vista analítico considera a diferenciação entre uma migração "voluntária" e outra "não-voluntária" – que é geralmente utilizada para separar essas duas categorias –, além de problemática, difícil de ser operacionalizada na prática, em particular numa conjuntura como a atual, caracterizada pela "crescente instabilidade do sistema global que força indivíduos a deixarem seus países de origem e oferece a eles um controle limitado diante das decisões mais importantes sobre seus futuros".[111]

109 Esse tratamento, até o momento, não foi explorado por pesquisas sobre o atual contexto imigratório brasileiro, que tratam separadamente as duas categorias e focalizam o estado puro do refugiado, ou seja, os indivíduos com esse estatuto reconhecido pela Conare.

110 Mackay, 2009, p. 11.

111 *Idem*, p. 15 e 22.

Tal concepção pressupõe que o "imigrante econômico" supostamente teria a possibilidade de "escolher" sair do país, baseado numa motivação "individualista" e "de proteção de seus próprios interesses", ao passo que o refugiado não. Conforme explica,

> a escolha é sempre derivada de constrições específicas e é cada vez mais difícil diferenciar entre, por exemplo, trabalhadores que são obrigados a trabalhar muitas horas por baixas remunerações – porque contraíram altas dívidas para conseguirem migrar e, se não trabalharem para pagar, seriam punidos por traficantes, agências e outras entidades – com aqueles que não "escolhem" deixar seu país de origem, porque são oponentes políticos ou experimentaram opressão direta, no que se refere ao credo ou ao costume.[112]

Em sua opinião, no fundo, essa separação – de base teórica, metodológica, jurídica e também midiática – é instrumentalmente utilizada *para restringir ao máximo* a definição da categoria daqueles que necessitariam, "verdadeiramente", da proteção de um Estado, ou seja, para limitar os movimentos migratórios *tout court*, em particular nos países centrais, principais alvos desses fluxos.

Os elementos invocados pela autora fazem refletir sobre os procedimentos aplicados nas últimas décadas por esses Estados (notadamente o estadunidense e os europeus) para evitar a imigração indocumentada e os "abusos" de pedidos de refúgio, reivindicando, com esse propósito, um suposto tom de proteção somente para os "verdadeiros refugiados". Na realidade, conforme explica, tais medidas escondem políticas restritivas de caráter geral, inclusive para os próprios refugiados: "[nas] últimas duas décadas, na maioria das economias desenvolvidas houve um posicionamento político forte para restringir o número de solicitantes de refúgio".[113] Também segundo Basso no atual contexto da Europa, os "refugiados" representam um

112 *Idem*, p. 15.

113 Mackay, 2009, p. 14.

dos "três temas-chave"[114] do *racismo* nessas sociedades e principal alvo das políticas anti-imigrantes.

O estudo de Moreira coloca em evidência as "manobras jurídicas"[115] utilizadas pelos Estados ocidentais para restringir o refúgio, em particular após os anos 1970. A autora explica como esse reposicionamento também está ligado ao fato de os países periféricos, a partir desses anos, terem passado a representar os *primeiros produtores de refugiados*, ao contrário do que ocorria anteriormente, no período da 1ª e 2ª Guerras Mundiais, quando aqueles europeus eram seus principais representantes.

Conforme esclarece, o estatuto de refugiado concede mais direitos, se comparado com o imigrante, implicando ônus econômicos ao Estado protetor,[116] apesar deste receber financiamento de organismos internacionais, em particular do Acnur.[117] Por esse motivo, o processo de reconhecimento do refúgio implica um prejulgamento seletivo por parte do Estado receptor sobre a veracidade do alegado receio (do refugiado) de restrição da própria segurança de vida ou liberdade. O processo implica igualmente uma escolha "técnica" desses mesmos órgãos, que lidam diretamente com os refugiados e, no fundo, acatam a decisão dos organismos internacionais sobre os países que se enquadram, conjunturalmente, como "reais" produtores de refúgio (no caso de ocupação externa, conflitos armados e violação dos direitos humanos).[118]

---

114 Basso, 2010.

115 Moreira, 2006.

116 Refere-se à solicitação do refúgio que dá direito imediato à documentação e à carteira de trabalho, em alguns casos aos programas de reassentamento e ao reconhecimento de diplomas.

117 Trata-se de um braço da ONU, responsável pelas políticas para refugiados.

118 Caso típico dessa questão no Brasil é reconhecimento de refúgio de angolanos e liberianos. No final de 2012, o governo brasileiro, seguindo a orientação do ACNUR, aplicou a cláusula de cessação de refúgio para cidadãos desses países. A partir de então, os nacionais desses países, que já se encontravam no Brasil, teriam direito a requerer o visto permanente.

Segundo Moreira, a crise nos anos 1970 representa um marco de reposicionamento pelos Estados ocidentais em matéria de refúgio, que tendencialmente começam a restringir a definição de refugiado (Protocolo de Genebra de 1951). Por consequência, há uma diminuição de deferimentos dos pedidos de refúgio: "os refugiados passaram a ser vistos como grande encargo econômico e social".[119] A autora esclarece que essas restrições assumem uma dimensão geográfica e temporal, no sentido de que a definição de refugiado, por ter sido construída com base no contexto de Guerras da Europa, é direcionada especificamente a europeus e orientada pela ideia de que esses conflitos seriam resolvidos, daí a necessidade de uma proteção temporária. A autora ainda argumenta que essa definição mostra-se limitada para tratar as características desse fenômeno após os anos 1970, tendo em vista que passa a atingir principalmente os países periféricos, com uma produção de números recordes de refugiados a partir dos anos 1990, ou seja, tais fluxos não demonstram nenhuma natureza temporária. Por esses motivos, em sua opinião, essa definição é até hoje o principal instrumento legislativo utilizado pelos países centrais para justificar práticas de restrição aos fluxos de refugiados.

E como não poderia deixar de ser, há sempre a atuação de parâmetros seletivos e um grau de discriminação e arbitrariedade burocrática para decidir quem entra como refugiado e quem será deportado. Na opinião de Moreira, isso fica evidente na história do refúgio no Brasil que, muito semelhante àquela da imigração, foi direcionada pelo que denomina "compromisso seletivo",[120] por privilegiar o acolhimento e reconhecimento do refúgio *somente a europeus*. Ainda esclarece que, além de critérios étnicos, culturais, demográficos e políticos, a conjuntura do *mercado de trabalho* sempre teve influência decisiva, como um *termômetro* determinante do reconhecimento desse estatuto pelo Estado brasileiro.

119 Moreira, 2006, p. 163.

120 Moreira, 2006, p. 288.

Em sua opinião, depois da Constituição de 1988, abriu-se um processo gradual para "permitir a entrada de refugiados de outros países [não europeus]"[121] e, atualmente, no país é adotada uma definição mais abrangente de refugiado baseada na Declaração de Cartagena (1984). Todavia, o maior problema, segundo evidenciam os argumentos de seu estudo, é colocado na hora da estruturação desses refugiados no país e no paternalismo característico das políticas a eles dirigidas.

Mas os baixos números (se comparados com os países centrais) de reconhecimento do refúgio no Brasil convivem atualmente com um número crescente de solicitantes de refúgio *denegados*, ou seja, os haitianos indocumentados que passam por essa via de entrada, bem como todas as nacionalidades que não conseguem o reconhecimento do refúgio (dominicanos, senegaleses, bengaleses). Nesse sentido, o Brasil representa hoje muito mais um Estado que concede a *proteção temporária da solicitação do refúgio*, ou seja, não se opõe a esse *canal de entrada* como um passo preliminar e provisório para regularizar a vida do solicitante no país, concedendo a autorização (por meio da concessão da carteirinha de solicitação de refúgio) a permanecer no país e trabalhar. Embora o protocolo do pedido de refúgio[122] permita a regularização temporária no Brasil, os solicitantes ficam à espera da decisão do processo de reconhecimento de refúgio, que pode ser aprovado ou negado.[123] A ameaça da indocumentação assombra, portanto, todos esses solicitantes. Como é possível verificar no gráfico 5.1, esses casos, no Brasil, seguem a tendência do contexto mundial, ou seja,

121 Moreira, 2006, p. 290.

122 O protocolo é feito com a intermediação de instituições religiosas e Ongs especializadas em refúgio, pois trata-se de uma situação específica, com procedimentos burocráticos baseados numa legislação especial de regulamentação da permanência do refugiado no país.

123 Neste último caso, o solicitante é obrigado a deixar o país. Por enquanto, o governo brasileiro não está adotando essa via. Se o solicitante não é contemplado por regularizações "extraordinárias", permanece indocumentado e deve aguardar a próxima anistia ou uma regularização extraordinária.

o número de solicitações de refúgio pendentes de serem aprovadas é sempre mais elevado do que o de refugiados reconhecidos.

Gráfico 5.1: Solicitações de refúgio no Brasil (aceitas e pendentes)

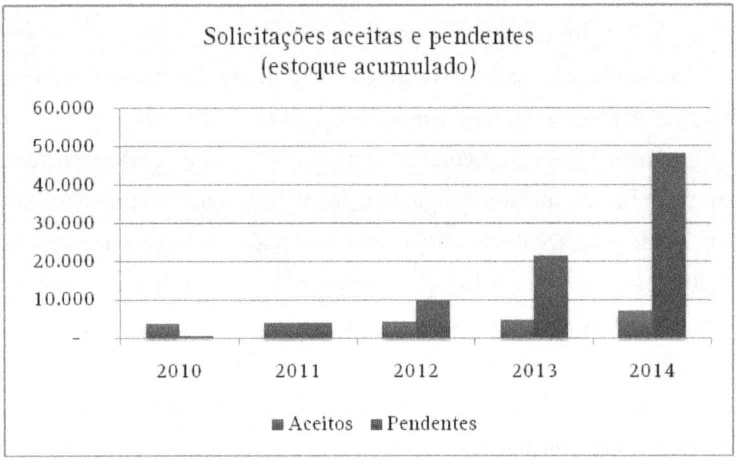

Fonte: Elaboração própria, com dados da Conare, 2016

Como já indicado, no caso específico dos haitianos, a solicitação de refúgio está provisoriamente sendo convertida para o visto permanente de caráter humanitário. Todavia, para o restante dos solicitantes de refúgio, potencialmente denegados desse estatuto, a única alternativa que se coloca para poder permanecer no país é esperar por uma regularização extraordinária ou pela anistia, sendo, portanto, empurrado para a situação de indocumentado.

É claro que, conforme ressalta Mackay, "a presença de refugiados pode ser utilizada para resolução da falta de força de trabalho e do gargalo de qualificação".[124] A autora se refere principalmente a um perfil de refugiados, restrito, porém existente, com ensino superior, que fala mais de uma língua e, às vezes, já possui experiências de trabalho consideradas qualificadas.

124 Mackay, 2009, p. 16.

Todavia, a *extrema dependência do trabalho*, antes de tudo econômica, é colocada para a maioria desses refugiados que, na verdade, prolonga uma condição socioeconômica vulnerável. Não há dúvida de que a necessidade de arranjar um emprego e o grau da dependência do trabalho é uma característica elementar da maioria dos solicitantes de refúgio recém-chegados ao Brasil, ou seja, aqueles que não possuem renda para planejar a vinda.

Com relação aos fatores que aproximam os refugiados dos ditos imigrantes "econômicos", há uma *situação objetiva comum de necessidade de sobrevivência*, colocada desde a chegada ao Brasil, pela urgência da documentação e do trabalho, bem como a dependência da caridade (para conseguir moradia, assistência jurídica, de saúde, etc). No momento da chegada e nos primeiros meses de estadia, dependem completamente de serviços de caridade. Se não fosse a ajuda que recebem de alojamentos para pessoas sem abrigo, ficariam expostos à vida nas ruas. Muitos desses alojamentos, como a casa do Imigrante, em São Paulo, já serviram, no passado, para abrigar imigrantes. A diferença do passado é que, hoje, esses espaços abrigam o encontro da necessidade urbana nacional de moradores de rua, migrantes de outros Estados sem abrigo, com aquela internacional, de refugiados e imigrantes sem nenhum recurso, à procura de trabalho. E o maior problema é o número restrito de leitos em relação à demanda.

De modo similar, também se colocam problemas substanciais encontrados na hora de procurar um emprego (com relação à qualidade dos empregos, remuneração, condições de trabalho, rebaixamento da própria qualificação) e na inserção no mercado de trabalho.

De fato, conforme argumenta Haydu, embora o governo brasileiro tenha sido permissivo com os fluxos de refugiados na última década, esses imigrantes se deparam com muitas dificuldades que espelham a discriminação, racismo e xenofobia na cidade de São Paulo. Isso explica, em sua opinião, o alto índice de desemprego entre os refugiados e os restritivos trabalhos de baixa qualificação e baixos salários nos quais conseguem, em geral, se inserir. Nos depoimentos de angolanos (que já possuem o estatuto de refugiado),[125] trazidos no seu estudo, o desemprego e os baixos salários se apresentam como uma *barreira* encontrada por esses refugiados no país, com influência decisiva para fazê-los desejar "ir embora", ou seja, imigrar de novo para países onde poderiam ter um trabalho melhor remunerado ou, eventualmente, retornar ao próprio país de origem.[126]

Para os recém-chegados, segundo transparece na fala dos refugiados entrevistados pelo presente estudo, a necessidade de achar trabalho é uma situação urgente e de sobrevivência, certamente agravada pelo fato de estarem fugindo de conflitos no seu país de origem, o Mali. A guerra, a violência do exército e a impossibilidade de trabalhar no próprio país foram os motivos invocados por eles para explicar a vinda ao país. Segundo um dos entrevistados,[127] o Brasil foi escolhido, pois sabia que as portas para o refúgio na Europa estavam fechadas e aqui não. O choque com o custo de vida da cidade de São Paulo exacerba a necessidade imediata de achar trabalho para os solicitantes de refúgio, em particular quando investiram todo o dinheiro na viagem, conforme esclarece a fala do entrevistado:

> *Por que você escolheu o Brasil?*
>
> Porque nos falaram que aqui no Brasil não tem problema para conseguir documentos, casa e comida. Mas não é verdade, se você não tem dinheiro, tem muito problema.

---

125 Conforme explica o autor, os angolanos, até pouco tempo, representavam uma das principais nacionalidades de refugiados no Brasil.

126 Haydu, 2009.

127 O entrevistado tem 26 anos, era operário na construção civil no Mali, possui Ensino Médio e fala francês, além da língua local. Chegou ao Brasil em 2013.

Na chegada, a dependência é total em relação aos alojamentos,[128] para comer, ter um teto para dormir, conseguir trabalho, entender os canais para pedir os documentos, para fazer um curso de português. Sem o apoio das entidades religiosas ou ONGs, estariam muito mais expostos nesse momento da chegada e nos meses que se seguem da estadia, pois também não tinham nenhum contato com os sindicatos. Eles mesmos citam a dependência dessa assistência básica, pelo fato de os salários que ganham como operários da construção civil (cerca de R$900,00) serem muito baixos, de não terem ainda a documentação definitiva de refúgio e nenhuma rede de contato no país, além dos próprios refugiados e imigrantes que conheceram no mesmo espaço do Arsenal da Esperança.[129]

A fala de outro entrevistado também do Mali[130] mostra que estar no Brasil só com o protocolo da solicitação de refúgio comporta consequências de muito peso na sua vida, em particular para arranjar trabalho. E suas palavras evidenciam bem como a esperança de conseguir os documentos é associada àquela de conseguir um trabalho melhor:

> *Você já tem o protocolo da solicitação de refúgio, isso ajuda a arranjar trabalho?*
>
> Não, é muito difícil conseguir trabalho com o protocolo. Ninguém quer dar trabalho para nós e pagam muito pouco. Sem os documentos, nao temos trabalho.
>
> *Do que vai depender para vocês conseguirem os documentos?*
>
> É sorte. A Polícia Federal demora no mínimo seis meses para analisar se vamos conseguir os documentos. É sorte. Se não tem documento, não tem trabalho, isso é um problema. Não podemos fazer nada.

---

128 No Brasil, segundos dados da Conare, em 2012, havia somente 532 refugiados contemplados com o reassentamento.

129 Essa entidade religiosa abriga 1.200 pessoas, a maioria brasileiros.

130 O entrevistado tem 41 anos, era agricultor no Mali, possui Ensino Médio e fala francês, além da língua local. Chegou ao Brasil em setembro de 2013.

Os que conseguiram trabalho na construção civil reclamam dos baixos salários, dos ritmos e da sobrecarga intensa de trabalho e também de não terem a mínima segurança de permanecer no emprego, tendo em vista a contratação informal.[131] Foi feita uma pergunta se já tiveram problema com a polícia no Brasil e a resposta foi negativa. Segundo esclarece outro entrevistado,[132] o verdadeiro problema é a documentação e os baixos salários:

> *Quais problemas que você vive no Brasil?*
> O nosso problema é não ter documento e o nosso salário é muito baixo.

Todos esses elementos evidenciam como o reconhecimento do refúgio, ou seja, os documentos, aparece como uma prioridade máxima e indissociável da necessidade de conseguir um trabalho melhor remunerado. Nesse sentido, quando já no Brasil, o círculo vicioso dos documentos e do trabalho, bem como as barreiras que encontram para conseguirem empregos bem remunerados no país, aproxima a condição de refugiado daquela dos demais imigrantes.

Para concluir o capítulo, será oferecida uma reflexão sobre os traços gerais da face da imigração de mulheres no Brasil dentro do polo dos periféricos emergenciais.

Imigração de mulheres para a indústria?

A imigração de mulheres dentro do polo dos periféricos emergenciais, semelhantemente àquela dentro do polo da qualificação-especialização produtiva, até o momento, recebeu pouca atenção investigativa no Brasil.[133] Todavia, muito provavelmente em razão

---

131 Trabalham dez horas por dia na construção civil, das 7 às 18 horas, sem contrato de trabalho.

132 O entrevistado tem 29 anos, era comerciante no Mali, possui Ensino Médio. Chegou ao Brasil em 2013.

133 O estudo de Peres, 2009, aplica o instrumental teórico feminista para a investi-

da sua maior representatividade numérica, essa lacuna não chega a ser tão acentuada.[134]

No Brasil, diferentemente do que ocorre nas economias centrais e mesmo em países vizinhos, como a Argentina e o Chile,[135] até o momento, a demanda mais significativa de trabalho de mulheres imigrantes não se concentrou no setor de serviços domésticos e de cuidado, mas na indústria têxtil. A partir dessa constatação, a presente seção visa discutir a relação entre gênero, imigração e trabalho no Brasil, no que se refere à sua conexão mais direta com a indústria, ponderando também alguns fatores que devem ser considerados para se analisar o emprego desse trabalho no âmbito doméstico.

Um estudo que contribuiu para o mapeamento dessa relação foi desenvolvido por Rezera. Trata-se de uma análise sobre a inserção laboral das bolivianas na cidade de São Paulo. A autora se baseou nas fichas cadastrais preenchidas pelos imigrantes na Pastoral do Migrante desta cidade finalizadas ao auxílio no procedimento para pedir a anistia (2009) e mostrou que 43% destes pedidos eram de mulheres, com 20 a 30 anos de idade, com baixa escolarização (ensino médio e fundamental), com inserção majoritaria nas atividades

---

gação da especificidade da imigração fronteiriça de bolivianas para Corumbá, porém essa pesquisa não se propõe a estudar especificamente as relações de trabalho. Segundo Peres, esse fluxo é antigo, sempre com uma alta representatividade de mulheres, sofrendo um aumento significativo nos últimos 30 anos, em particular a partir do ano 2000. A autora indica o perfil etário mais envelhecido (na faixa dos 30 anos) desses fluxos, sua baixa escolaridade (ensino fundamental completo) e a inserção em atividades laborais, na maioria dos casos, informais, principalmente no comércio e no setor de serviços.

134 Vale destacar que o emprego do trabalho imigrante de mulheres no mercado do sexo brasileiro ainda não foi investigado de forma sistemática.

135 Maguid, 2003; Araujo *et al.*, 2002. Segundo Maguid, 2003, p. 274, as imigrantes fronteiriças que trabalham em Buenos Aires estão em primeiro lugar concentradas no serviço doméstico, no comércio ambulante e em outros serviços de limpeza extradomésticos. A autora também ressalva que as desigualdades de gênero são transversais a todos os níveis de qualificação das mulheres imigrantes nessa localidade

de costura para indústria têxtil, sendo a nacionalidade boliviana a mais representativa.[136]

Em razão de sua atividade ser exercida nas pequenas oficinas de costura, tendo às vezes os próprios homens bolivianos como empregadores, a divisão sexual do trabalho é tratada por Rezera mais em função das condicionantes culturais patriarcais e da vulnerabilidade socioeconômica, vividas pelas bolivianas na sociedade de origem, do que em relação ao próprio funcionamento do mercado de trabalho brasileiro.[137]

Sem dúvida, esses aspectos culturais devem ser considerados para se entender o contexto de desequilíbrio das relações de gênero em que essas mulheres estão inseridas, porém é necessário se perguntar igualmente quais elementos determinantes alimentam e reproduzem essa situação no Brasil.

Desse modo, evita-se também o "enfoque de tipo evolucionista fundado na passagem da tradição à modernidade",[138] conforme aponta Campani, muito presente nos estudos sobre mulheres imigrantes produzidos nos países centrais. Com esse propósito, a autora sugere uma perspectiva analítica que colha as relações dialéticas no conjunto das sociedades, de origem e de destino das imigrantes. Conforme explica,

> as mulheres imigrantes podem usar elementos da tradição, combinar valores e práticas culturais. Subalternidade e emancipação não vão mecanicamente atribuídas a uma escolha de campo entre os valores e os modelos da sociedade de origem ou daquela de acolhimento. Qualquer esquematismo deve ser abandonado frente à complexidade das trajetórias individuais e de grupo.[139]

---

136 Rezera, 2012.

137 Por exemplo, a desintegração e a violência familiar, a marginalização das mulheres bolivianas no acesso à terra, as leis patriarcais, o acesso restrito à educação, a desigualdade nos níveis salariais (Rezera, 2012).

138 Campani, 2003, p. 27.

139 *Idem, Ibidem.*

Nesse sentido, é possível contrabalancear essa interpretação com análises sociológicas sobre a marca sexual do trabalho na indústria têxtil do presente e do passado.[140] Esses estudos levantam diversos elementos sobre como a atividade de costura, no Brasil, já se apoiava no trabalho de mulheres imigrantes desde o início do século XIX, portanto antes dos fluxos das bolivianas. Esse traço foi portanto, preservado e reforçado com a reestruturação produtiva do setor nas últimas décadas.[141] De fato, essas mulheres estão condicionadas aos mesmos aspectos problemáticos do trabalho de costura dentro da cadeia da indústria têxtil já tratados no item 3 deste mesmo capítulo.

Além disso, também se deve levar em consideração o espaço da reprodução. A perspectiva de Peres ressalta a importância do entendimento do protagonismo das mulheres na construção e realização dos projetos migratórios, o que, contemporaneamente aos aspectos problemáticos implicados na imigração, traz um ganho de autonomia e/ou renegociação entre os sexos nas relações familiares e laborais: "As mulheres bolivianas experimentam em Corumbá uma reconfiguração de seus papéis nessas esferas privadas, muitas passando a controlar a renda da família, a tomar decisões no domicílio e ainda assumindo a responsabilidade por essas duas estruturas".[142]

140 Villen, 2013b; Araújo e Amorim, 2002; Matos, 2002.

141 Araújo e Amorim, 2002, constatam o emprego majoritário de mulheres nesse setor, também apontam sua concentração nas faixas salariais mais baixas e nas empresas de menor porte (pequenas oficinas, subcontratadas ou no trabalho a domicílio), que não passaram por um processo de modernização tecnológica (estas empresas tendem a empregar mais homens, segundo as autoras). Por fim, também mostram que o "enxugamento" da força de trabalho, aplicado pelo setor na década de 1990, atingiu mais as mulheres, que foram demitidas em maior proporção do que os homens.

142 Peres, 2009, p. 419. A metodologia aplicada pela autora se baseia em grande parte na crítica de Morokvasik à (in)visibilidade "parcial e tendenciosa" nos estudos sobre imigração e investiga as "trajetórias" e os "projetos" autônomos que as bolivianas empreendem, o planejamento das etapas migratórias, as ligações com a família e o país de origem. Todavia, a autora também alerta para o fato de que "o cruzamento da fronteira não é para a mulher boliviana simples sinônimo de libertação, é uma estratégia de sobrevivência que conserva estruturas

No que concerne ao trabalho doméstico, o estudo de Dutra sobre o "polo de atração silencioso"[143] do trabalho de mulheres peruanas por famílias de diplomatas em Brasília é esclarecedor do que significa a particularidade da condição da mulher imigrante, muitas vezes indocumentada, no espaço doméstico. Conforme ressalta, há um visto de cortesia temporário para funcionários de famílias do corpo diplomático. Essa demanda explica o fluxo dessas mulheres que "foram trazendo outras mulheres da família ou amigas",[144] durante as décadas de 1990 e 2000.

Os elementos analisados no estudo da autora, conforme já indicado do capítulo III, têm sido investigados por uma vasta literatura internacional, que documenta a extensão atual do recurso ao trabalho de mulheres imigrantes nos países centrais, notadamente no trabalho doméstico e de cuidado.

No Brasil, a análise desse tema sem dúvida não pode prescindir do terreno histórico da herança patriarcal entrecruzada àquela do sistema escravocrata, que se projeta ainda hoje no trabalho doméstico, por continuar sendo uma atividade material e culturalmente difundida, sempre a cargo das mulheres. No ano de 2013, segundo a Organização Internacional do Trabalho, essa atividade envolvia quase cerca de sete milhões de trabalhadoras brasileiras (representando 17% das mulheres que trabalham no país), ou seja, há uma significativa reserva dessa força de trabalho no Brasil.

Os fatores precários desse trabalho para as próprias mulheres brasileiras também já foram documentados por uma ampla literatura nacional. Esses estudos são indicativos do terreno onde essas imigrantes aterrizam, ou seja, da tradição de um trabalho desvalorizado (financeira e culturalmente) em relação às habilidades técnicas e emo-

---

[patriarcais] de origem" (*Idem, ibidem*).

143 Dutra, 2012, p. 5.

144 Dutra, 2012, p. 38 e 94.

cionais implicadas.[145] Por esse motivo, é necessário entender em que medida passa a ser conveniente o emprego das mulheres imigrantes nesse setor num país com essa tradição e que ainda possui uma grande reserva dessa força de trabalho.

Essa questão deve ser considerada à luz da aprovação (abril/2013) da Proposta de Emenda Constitucional (PEC) 66/2012, que estabeleceu, tardiamente, a igualdade de direitos trabalhistas para o trabalho doméstico, fato acompanhado de um imediato alarme construído pela grande mídia.[146] Antes dessa medida legislativa, essas trabalhadoras não tinham direitos equivalentes as outras categorias. Dessa forma, a emenda só instituiu a equiparação, garantindo *o mínimo* de diretos, que nem sempre são exigidos, tendo em vista o trabalho informal e, em particular, o atual contexto em que o trabalho flexível de diaristas é largamente utilizado. A forte reação de parte da sociedade brasileira, consumidora desse serviço e contrária à equiparação, mostra, na verdade, o quanto a total disponibilidade do trabalho dessas mulheres ainda é o ideal que prevalece no país.

Por esse motivo, a informalidade, a terceirização (solução utilizada pelo mercado do trabalho doméstico no país para rebaixar os custos e direitos desse serviço) podem se conjugar com a importação do trabalho de mulheres imigrantes, principalmente de forma indocumentada, ou mesmo documentada, veja o recrutamento de trabalhadoras domésticas filipinas que, há tempos, é utilizado em muitos países centrais e, pelo visto, começa a se manifestar também no mercado de trabalho doméstico brasileiro.[147] Essa saída comporta vantagens de custos e, em

145 Hirata e Guimarãe, 2012.

146 Esse discurso alarmante, tanto da ameaça de desemprego para as domésticas, quanto da impossibilidade de acesso das famílias a esse serviço (em razão dos custos mais elevados que envolve esse reconhecimento jurídico) está plenamente ativo no Brasil.

147 Arraes, 2015. Trata-se de um caso recente. Não há ainda um estudo sistemáticos sobre o tema. Mas, é provável que muitos dos elementos analíticos do sistema de recrutamento de trabalhadores marítimos filipinos, suas causas e motivações,

particular, aquela da disponibilidade quase "incondicional" das imigrantes que, por necessidade, devem ceder à "dedicação total e exclusiva de seu tempo ao trabalho",[148] ou seja, coloca-se como uma grande oportunidade às famílias brasileiras de voltarem a se servir do trabalho de mulheres que comem, dormem e vivem no próprio espaço de trabalho.

Dutra, ao se referir às peruanas, explica que, antes mesmo da partida, essas mulheres têm consciência do lugar restrito que poderão ocupar no mercado de trabalho brasileiro, ou seja, sabem que "a única chance de migrar é como empregada doméstica".[149] De toda forma, a migração internacional aparece como "meio para mudar suas vidas",[150] ainda que o trabalho doméstico não seja nem um pouco leve.

Essa questão pode ser resumida em três dimensões da *dependência do trabalho*, colhidas a partir do estudo da autora por serem indicativas da condição socioeconômica vulnerável das mulheres imigrantes, da exposição ao arbítrio da família empregadora e à exploração do trabalho.

A primeira dimensão refere-se à *dependência financeira* da família empregadora. Conforme explica Dutra, essas mulheres *emigram sozinhas* porque precisam trabalhar e são "atraídas pela possibilidade de salários mais elevados".[151] A autora explica que, muitas vezes, chegam ao país endividadas e quase sempre têm o compromisso do envio de remessas para parentes, em particular filhos. Como os salários que recebem são baixos, "dois salários mínimos no máximo"[152] – algumas vezes reduzidos em relação ao que teriam direito – e já estão comprometidos com as remessas, essa dependência não é amenizada, mesmo depois de meses de trabalho.

também se aplicam a esse caso, com particularidades, é claro, relacionadas à questão de gênero e da natureza do trabalho doméstico.

148 Dutra, 2012, p. 134.

149 Dutra, 2012, p. 205.

150 *Idem*, p.210.

151 *Idem*, p. 86.

152 *Idem*, p. 87.

A *dependência da moradia* é a segunda dimensão levantada por esse estudo ao explicar os condicionamentos do "confinamento" e do "isolamento"[153] de ter o espaço de trabalho como o mesmo da moradia. Isso implica chegar ao país já dentro desse espaço de total disponibilidade para trabalhar "jornadas de trabalho de em média 16 horas, com intervalos muito breves para as refeições", "horas-extra diariamente trabalhadas" sem serem pagas, a dificuldade de conseguir uma folga e "por algumas horas deixar de ser a empregada da família".[154] A esses fatores, se soma o medo de ficar sem casa: "se der problema com seus chefes elas não têm para onde ir, já que moram no local de trabalho".[155]

Por fim, há a dimensão da *dependência burocrática* do contrato de trabalho e do visto temporário a ele vinculado, ou seja, para poder vir, permanecer e trabalhar no Brasil, dependem da família empregadora. Segundo destaca, "muitas trabalham sem visto até conseguirem se regularizar por meio da anistia".[156] Todavia, essa condição implica um medo redobrado para elas: "se tiverem problemas de irregularidade na documentação para trabalhar no Brasil, o medo é maior ainda".[157]

Trata-se, portanto, de um trabalho que envolve, antes de tudo, uma completa *dependência* por parte da mulher imigrante em relação à família empregadora, no que se refere aos salários, à moradia e aos documentos e autorização para trabalhar. Esse fator objetivo as obriga a aceitar condições que sabem abusivas: "nós como estrangeiras que somos temos que aguentar bastante coisa, calar a boca em muitas ocasiões, coisas que não ocorreria se eles tivessem contratado uma brasileira".[158]

153 Chiaretti, 2005.

154 Dutra, 2012, p.153 e 167.

155 *Idem*, p. 70.

156 Dutra, 2012, p. 88.

157 *Idem*, p. 70.

158 Dutra, 2012, p. 163.

A "dependência absoluta" da venda da própria força de trabalho e a necessidade imediata de vendê-la por motivos aqui explicitados estão presentes, como demonstrado, em todas as modalidades de imigração implicadas no polo dos periféricos emergenciais. Essa característica, agregada a fatores também problematizados, referentes à proveniência periférica desses imigrantes, ao modo emergencial como são tratados, à alta incidência do fato da indocumentação, à exposição à exploração no trabalho e na vida social, condensam a condição de *periféricos na periferia* exposta ao longo do capítulo.

A seguir, na conclusão, será feito um balanço dos polos da qualificação-especialização produtiva e dos periféricos emergenciais analisados em conjunto.

Considerações finais

O referencial analítico contido na configuração polarizada da imigração não pretende fornecer uma visão formal e estática, tampouco redutiva da diversidade do fenômeno, tendo mais a oferecer em termos de captação de tendências do que em explicações e previsões taxativas. Considera-se útil o campo de visão iluminado por essa perspectiva, por chamar atenção para alguns aspectos que são muitas vezes ocultados, a despeito de determinantes para a compreensão das relações causais e efeitos implicados.

É, portanto, necessário esclarecer que essa perspectiva analítica não sugere uma leitura dual do fenômeno, tampouco se fundamenta no binarismo tradição-modernidade ou em qualquer de suas derivações[1]. O que os separa, na realidade, e para todos os efeitos, são fatores políticos, ideológicos, legislativos, econômicos e também culturais que foram, na medida do possível, problematizados por este livro. A despeito de estarem unidos pelo mercado de trabalho, essa distinção tão somente permite colher diferenciações que não podem passar despercebidas.

1 Oliveira, 2003.

No que se refere ao trabalho, a via de entrada no país continua sendo instrutiva a respeito dos parâmetros seletivos das políticas imigratórias atreladas ao movimento da modernização dependente. Ocorre que, diferentemente do tratamento dado aos "braços civilizatórios" no passado, os critérios seletivos atualmente se colocam como pretensamente neutros – nas dimensões como etnia, classe, gênero, nacionalidade –, mas não por isso menos seletivos. E essa pretensa neutralidade, como foi demonstrado ao longo deste livro, esconde as contradições do desenvolvimento do fenômeno.

Procurou-se evidenciar que dois elementos inseparáveis se colocam para a maioria das pessoas que migram internacionalmente: o trabalho e a documentação. Ao se interrogar sobre eles – tendo como referência o caso brasileiro e sua ligação com as dinâmicas de desenvolvimento desse fenômeno em escala internacional – chega-se a duas modalidades diferenciadas de imigração, que foram aqui aprofundadas a partir dos polos da qualificação-especialização produtiva e dos periféricos emergenciais – colhidos a partir dos canais de entrada e da posição ocupada pelo imigrante no mercado de trabalho.

O polo da qualificação-especialização produtiva representa a via legalizada, ultra seletiva e burocrática do trabalho imigrante. Foram destacados seus principais setores de atração no Brasil durante o período analisado (2007-2014). Nele estão contidos os perfis profissionais de imigrantes hoje eleitos como produtivos ou os agentes importados para a "modernização dependente". Há também os casos particulares das entradas pelo Mercosul, via estudo, casamento e paternidade/maternidade, que recebem um tratamento especial, porém não desburocratizado, para poder entrar, residir e trabalhar no Brasil. Neste livro, essas modalidades foram analisadas como uma via de entrada no país que dificilmente está separada do trabalho.

Nesse sentido, este livro procurou demonstrar como, na última década, os fluxos que entram pelo circuito documentado da imigração por motivo de trabalho ganharam importância crescente no Brasil – não só em números, mas também na velocidade das entradas e saídas, nas diferentes categorias profissionais, nacionalidades e setores econômicos implicados – sendo bastante nítida sua presença nas estatísticas oficiais. Dentre outros motivos, corroboram para essa constatação a intensificação do processo de internacionalização produtiva e financeira, as altas taxas de desemprego nos países de origem, a facilitação de vistos e o incentivo das entradas, bem como a emergência do próprio Estado brasileiro como consumidor direto do trabalho imigrante, em particular de médicos, professores e pesquisadores. Como as lacunas de pesquisa sobre o trabalho desse perfil da imigração são muito acentuadas, há certamente uma agenda vasta de investigações a serem empreendidas para se aprofundar dimensões do tema.

A despeito das modalidades de imigração dentro desse polo terem entrada facilitada e serem consideradas estratégicas ao "desenvolvimento", há contrastes impeditivos de qualquer generalização no que se refere à inserção no mercado de trabalho brasileiro. Nele, estão implicadas categorias que já se manifestavam nas décadas anteriores, por estarem diretamente relacionadas com o funcionamento de empresas transnacionais e investimentos de capitais no país, bem como elementos de novidade que ganham peso no período analisado, como é o caso das expressivas contratações nos serviços públicos de saúde e educação ou ainda a categoria completamente silenciada de trabalhadores marítimos de proveniência asiática, objeto que reforça a necessidade urgente de pesquisas.

Procurou-se trazer elementos objetivos que comprovam como, também para essas categorias, a mobilidade se coloca como um imperativo do funcionamento internacionalizado do mercado de trabalho, embora, em geral, a relação entre imigração e trabalho não seja mediada por necessidades básicas de uma condição socioeconômica vulnerável. Uma parte numericamente restrita consegue empregos bastante privilegiados em relação a salários, bônus e garantias contratuais. Todavia, abaixo, encontram-se os médicos recrutados em regime flexível e uma camada de remuneração intermediária, na qual se pode identificar uma distância bastante aproximada da fronteira entre melhores condições de trabalho e a desproteção/precarização, e que atrai principalmente jovens recém-formados, bem como adultos em idade avançada, que fogem do desemprego ou da flexibilidade.

Há também o caso extremo da exploração e do regime despótico de trabalho nas embarcações ou plataformas marítimas estrangeiras, que explica a base do funcionamento da indústria carro-chefe da promessa do "desenvolvimento nacional" e suas conexões mais profundas com a extração e a comercialização, mundialmente organizadas, de um dos recursos mais estratégicos do capitalismo: o petróleo. Há evidências bastante convincentes de que os *forçados do mar*[2] também compõem a base dessa indústria, ou seja, de que o *trabalho forçado* (em particular no caso dos filipinos impedidos de se sindicalizarem) está presente mesmo no polo da qualificação-especialização produtiva.

Logo, há inúmeros fatores elucidativos de que, mesmo com traços muito diferenciados em relação ao passado, ser eleito como "agente importado da modernização dependente" continua a exigir uma contrapartida a ser paga pelo próprio imigrante, mais especificamente, pelo seu trabalho. Em particular dentro do regime temporário de visto do chamado "mercado global de recursos humanos qualificados", suas características não deixam de refletir um sistema de fornecimento rápido e temporário de trabalho flexível, o rebaixamento de salários e condições de trabalho, a insegurança no trabalho e o desemprego estrutural.

Além disso, mesmo dentro desse polo com entrada facilitada, em particular os imigrantes provenientes de países periféricos também são alvo de racismo. A polêmica suscitada com relação à contratação dos médicos cubanos envolvendo argumentos de diversos tipos, bem

2 Zanin, 2007.

como casos de agressão e de bombardeamento de juízos depreciativos – principalmente logo depois da chegada desses médicos no país – evidenciam como o racismo também se manifesta pela imigração, inclusive nos estratos mais altos do mercado de trabalho brasileiro.

Procurou-se mostrar o traço chamativo do desequilíbrio de autorizações de trabalho para mulheres nesse polo, que se verifica em todas as categorias, com a exceção da médica. Isso indica que a imigração de mulheres no Brasil, como no mundo, é principalmente destinada a empregos marcados pela precarização, sendo aqui, até o momento, direcionada mais à indústria que ao trabalho doméstico – ao contrário do que ocorre nos países centrais durante o período analisado.

Além disso, procurou-se fornecer elementos elucidativos de como o universo mais representativo da imigração, o polo dos periféricos emergenciais, se depara com barreiras ainda mais perversas para conseguir imigrar e estruturar a vida no Brasil. A eles se apresenta restritivamente outra porta de entrada, que se abre emergencialmente, muitas vezes de forma subterrânea, e é direcionada a setores altamente marcados pela precarização do trabalho, como a indústria têxtil, de abate de carnes, construção civil, trabalho doméstico, entre outros. Embora haja uma expressiva demanda desses setores pelo trabalho imigrante, formalmente não representam um canal de entrada pelo circuito legalizado da imigração por motivo de trabalho.

Logo, para a parte mais representativa dos imigrantes e refugiados no Brasil, geralmente com um perfil socioeconômico vulnerável – portanto aqueles que mais precisam trabalhar – o circuito indocumentado, o pedido de refúgio e o visto humanitário, hoje, representam as únicas vias de entrada. Essa via de entrada produz a regularização provisória ou a situação indocumentada (eventualmente transformada *a posteriori* via regularização emergencial ou extraordinária), com efeitos diretos para o imigrante, no que se refere ao exercício de uma atividade laboral e à estruturação de vida no país.

Essa questão está diretamente relacionada com a manifestação dos circuitos documentado e indocumentado das migrações internacionais, objeto que já foi investigado em diversos países centrais (e.g. Ryazantsev, 2014; Chomsky, 2014; Domenech, 2011; Sassen, 2011; Lopez, 2012; Basso, 2010; Silva, 2008; Dreher, 2007; Schierup, 2007; Unal, 2004), mas ainda não havia sido estudado de forma mais sistemática e nos seus efeitos histórico-sociais de ocorrência no Brasil. Trata-se de um padrão de imigração com significado mais extenso em escala internacional, enquanto modelo político e econômico balizador da liberdade de movimento, da organização do trabalho dos imigrantes, bem como da permanência no território de destino.

Dentre outras questões, essa perspectiva revela o quão abrangente é a situação indocumentada. Ao contrário do que usualmente aparece na representação midiática e institucional do fenômeno – pela associação automática da chamada "clandestinidade" com imigrantes em condição socioeconômica vulnerável, provenientes de países periféricos –, a indocumentação está presente mesmo nos nichos empregatícios considerados "altamente qualificados", por envolverem cargos de direção, gerência ou técnicos especializados, inclusive de grandes empresas transnacionais. Em particular, como demostrado nesse livro, a indocumentação produzida também se coloca como uma ameaça para muitos casos de imigrantes com perfil qualificado-especializado, (mesmo os provenientes dos países ricos do Norte Global), que fogem da crise ou da flexibilidade, em busca de emprego ou de formas mais estáveis de contratação.

De fato, a passagem entre os circuitos (da situação indocumentada para a situação "documentada" e vice-versa) é uma realidade constitutiva da imigração nos dias atuais, que espelha, antes de tudo, a *desproteção no trabalho*, portanto também sua *exploração*. É claro que, quanto mais se aproxima dos empregos precários, as saídas para a regularização são mais estreitas e incertas, às vezes inalcançáveis.

A indocumentação deve ser considerada, portanto, uma situação, já que pode ser transformada (como no caso, por exemplo, do pedido de anistia e do vencimento do visto), abrangendo também os que estão "à espera da regularização". No entanto, para a passagem do estado de indocumentado ao regularizado, essa espera pode se revelar de caráter transitório, mas também perene, em função das possibilidades, bastante factíveis ou remotas, de regularização. Por exemplo, os recursos que os executivos possuem conseguir a regularização são maiores – como o pagamento de empresas privadas para a regularização do visto ou de uma passagem para voltar ao país de origem ou terceiro para poder reentrar no território de imigração. Já para o restante dos imigrantes, as vias de regularização são restritas e geralmente acontecem pela anistia, casamento com brasileiros, paternidade no território brasileiro ou com cônjuge brasileiro ou mudança da legislação – como é o caso do acordo que concedeu o direito de residência aos cidadãos do Mercosul e de países associados.

Por razões aqui evidenciadas, a indocumentação atinge mais justamente aqueles que precisam trabalhar de forma imediata para responder a necessidades básicas, ou seja, os *periféricos na periferia*. Estes imigrantes e refugiados espelham o universo social mais representativo da imigração atualmente, onde a situação indocumentada é muito presente e mais difícil de ser modificada.

É também no polo dos periféricos emergenciais que a problemática do racismo se manifesta em sua nudez. Essas modalidades de imigração revelam elementos de continuidade dos movimentos imigratórios que Florestan Fernandes chamava de "grandes levas anônimas", mas com a diferença de serem compostas atualmente por imigrantes e refugiados da periferia do capitalismo.

Em razão das modalidades de imigração dentro desse polo, além de terem sido por anos silenciadas e inviabilizadas, estarem plenamente vivas e em crescimento, colocam uma agenda ampla de estudos, em particular no que se refere ao trabalho. Nelas estão implicados fluxos com corpo sociológico datado de mais de quarenta anos, ou seja, nada recentes, e outros talvez mais característicos do período privilegiado neste livro, por ganharem densidade ou despontarem no período após a eclosão da crise, dentro de um contexto de aquecimento do mercado de trabalho interno, de crise e recrudescimento das políticas imigratórias nos países do Norte Global.

Por razões explicadas neste livro, considera-se que a condição de *periféricos na periferia* ajuda a refletir sobre como esses imigrantes e refugiados deixam seus países, como entram no Brasil e o choque de se sentirem, de novo, trabalhando e vivendo numa periferia do capitalismo. São os traços da condição socioeconômica vulnerável de um imigrante proveniente de países periféricos, muitas vezes indocumentado, que explicam sua particularidade, traduzida na *necessidade imediata* e *ininterrupta* de trabalhar, portanto também em uma maior *exposição* à exploração no trabalho e na vida social.

Esse grupo social apresenta características específicas, em termos sociológicos, ao modo pelo qual a realidade histórica da inserção laboral dos imigrantes, em sua maioria brancos europeus, se colocava no passado, sendo problematizada no primeiro capítulo deste livro. Isso porque, conforme evidenciado, a partir das décadas de 1970, o movimento de rebaixamento no mercado de trabalho brasileiro começa a se manifestar em desfavor da parcela mais significativa da imigração, embora continuasse a favor da modernização dependente e subordinada. Da mesma forma, a despeito de a precariedade ser um traço constitutivo dos trabalhos aos quais são destinados, não é propriamente seu diferencial, tendo em vista que também afeta, em larga medida, as condições de trabalho de grande parte da população brasileira.

Contudo, não há dúvida de que esse perfil sociológico da imigração rediscute os "paradoxos da alteridade" – tratados por Sayad para explicar "a colonização que se projeta na imigração", referindo-se a dinâmicas da imigração periférica nos países centrais –, agora no seio daqueles periféricos. De fato, ao longo do funcionamento do sistema de colonização, com suas novas formas de atuação no presente, essas periferias foram ensinadas a não enxergar sua realidade social, a negar sua própria história, suas culturas e identidades dela derivadas. No Brasil, essa cegueira se aplica em relação à própria sociedade e se projeta, por consequência, a todas as outras periféricas, para as quais literalmente "dá as costas".

Nenhuma inocência deve prevalecer diante desse "passado" colonial e de seus reflexos imanentes à história da imigração no país, em particular dentro do atual contexto de "agudização"[3] do racismo – expressão utilizada por Basso para descrever o clima enfrentado atualmente pelos imigrantes nos países centrais – e, é claro, face ao nosso próprio jardim, aquele da "democracia racial" que, conforme explica Florestan Fernandes, germina de forma dissimulada antigos problemas sociais. Todavia, mesmo esse autor tão essencial para se refletir sobre as questões sociológicas implicadas no desenvolvimento histórico da imigração no Brasil, que também se dedicou à compreensão e ao combate do difuso racismo aqui imperante, dizia que "a experiência direta, se não muda o comportamento e o caráter das pessoas, altera suas opiniões e as leva a representar a realidade racial com mais realismo"[4].

De fato, conforme nos lembra Basso, as "instâncias de mudança" inerentes ao fenômeno imigratório são de enorme significado para se perceber as "mútuas transformações" presentes no contato entre nacionais e imigrantes em diferentes "âmbitos organizativos" da sociedade e de sua "vida cotidiana"[5]. E nada impede que essa experiência direta, como antes, também possa se transformar num rico laboratório de enfrentamentos que se comunicam com esfera do trabalho ou,

3 Basso, 2010.

4 Fernandes, 2008b, p. 466.

5 Basso, 2003, p. 111-113.

ainda, no que Basso chama de *antirracismo de classe*[6], para se referir a um horizonte transformador e emancipador da classe trabalhadora (a imigrante e a nacional em seu conjunto), que faz as contas com a histórica divisão internacional do trabalho e seus efeitos no presente (em diferentes dimensões, econômica, social, política, cultural) e, por consequência, se comunica à totalidade das sociedades.

Se as lutas com a marca da imigração, hoje, se colocam de forma diferente do passado, essa identidade imigratória periférica obviamente não se explica por nenhum pretenso imobilismo, tampouco se define por uma "abordagem dualista"[7], em oposição à reminiscência da mentalidade politicamente organizada do trabalhador imigrante europeu e de sua atuação política na história das lutas operárias no país. Embora não tenha sido o escopo deste livro entender as diferentes práticas políticas de luta desses imigrantes – objeto que, sem dúvida, se coloca como um grande desafio de pesquisa –, de forma alguma se secundariza a importância desse estudo.

Além disso, como Sayad nos ensina, é nos momentos de crise – aliás, plenamente ativa no país – que a verdade da imigração se revela[8]. Embora muitas vezes negada, procurou-se mostrar como essa verdade é uma dimensão transversal às diferentes modalidades de imigração, com tipologias de vistos diversificados ou em situação de indocumentação (abrangendo também aqueles que estão à espera de documentação). Essa constatação leva a considerar o tema da imigração, ao contrário de marginal, como abrangente de um universo complexo de

6 Basso, 2015.

7 Braga, 2012.

8 A análise das dinâmicas da imigração no Brasil após 2014 não é objeto deste livro. Os efeitos da crise mundial – que começam a se manifestar com mais intensidade a partir de 2015 no Brasil – tiveram reflexo também na diminuição dos fluxos de entrada no país e, concomitantemente, no aumento daqueles de saída, de imigrantes e também de brasileiros. Mas, como se procurou demonstrar ao longo deste livro, é importante não perder de vista o caráter estrutural – portanto, permanente, mesmo se com oscilações dos fluxos de entrada – do fenômeno imigratório para o funcionamento do mercado de trabalho brasileiro.

diferentes categorias ocupacionais e condições de trabalho, atuantes nos mais variados setores de produção da indústria, serviços e finanças, no âmbito privado e público.

Por meio do ângulo investigativo do polo da qualificação-especialização produtiva e dos periféricos emergenciais, espera-se contribuir com um instrumento de análise que busca mais clareza sobre essa realidade social da imigração tratada em seu conjunto. Nesse sentido, a configuração polarizada deve ser considerada como um campo de visão que reposiciona a perspectiva para enxergar a história da imigração em sua relação com o trabalho.

Referências bibliográficas

ALARCÓN, Rafael. "Skilled Immigrants and *cerebreros*: Foreign-born engineers and scientists in the high-technology industry of Silicon Valley". *In*: FONER, Nancy; RUMBAUT; Ruben & GOLD, Steven. *Immigration research for a new century: Multidicisplinary perspectives*. New York, Russell Sage Foundation, 2000.

ALFONSO, Daniel & MATOS, Daniel (Orgs.). *Questão negra, marxismo e classe operária no Brasil*. São Paulo, Iskra, 2013.

ALTO COMISSARIADO DAS NAÇÕES UNIDAS PARA REFUGIADOS, *Refúgio no Brasil: uma análise estatística (janeiro de 2010 a outubro de 2014)*. Brasília, ACNUR, 2014.

ANTUNES, Ricardo. "As rebeliões de junho de 2013". *In*: SAMPAIO JR., Plínio A. (Org.). *Jornadas de Junho: A revolta popular em debate*. São Paulo, ICP, 2014a

______. "A nova morfologia do trabalho e suas principais tendências". *Riqueza e miséria do trabalho no Brasil II*. São Paulo, Boitempo, 2013.

______. *Os sentidos do trabalho: Ensaio sobre a afirmação e a negação do trabalho*. São Paulo, Boitempo, 2009.

______. *Adeus ao trabalho? Ensaio sobre as metamorfoses e a centralidade no mundo do trabalho.* São Paulo, Cortez, 2008.

______. "A era da informatização e a época da informalização: riqueza e miséria do trabalho do Brasil". *Riqueza e Miséria do Trabalho no Brasil.* São Paulo, Boitempo, 2006.

______. *O caracol e sua concha: ensaios sobre a nova morfologia do trabalho.* São Paulo, Boitempo, 2005.

______. *A dialética do trabalho: escritos de Marx e Engels*. São Paulo, Expressão Popular, 2004a.

______. *A desertificação neoliberal no Brasil (Collor, FHC, Lula)*. Campinas, Autores Associados, 2004b.

______. *A rebeldia do trabalho: O confronto operário no ABC paulista, as greves de 1978-80*. Campinas, Unicamp, 1992.

______. *Classe operária, sindicatos e partido no Brasil: Um estudo sobre a consciência de classe, da revolução de 30 até a Aliança Nacional Libertadora.* São Paulo, Cortez, 1982.

ANTUNES, Ricardo & BRAGA, Ruy. *Infoproletários: Degradação real do trabalho virtual.* São Paulo, Boitempo, 2009.

ANTUNES, Ricardo & DRUCK, Graça. A epidemia da terceirização. *In*: ANTUNES, Ricardo (Org.). *Riqueza e miséria do trabalho no Brasil III.* São Paulo, Boitempo, 2014a.

ANTUNES, Ricardo & SANTANA, Marco A. "The dilemas of the New Unionism in Brazil: Breakes and continuities", *Latin American perspectives*, vol. 1, 2014b, p. 10-21.

ARAGONÉS, Ana M. & SALGADO, Uberto. Mercados de trabajo en la economía del conocimiento y el fenómeno migratorio: El caso de Estados Unidos (1990-2006). *In*: ARAGONÉS, Ana M.

(Org.). *Mercados de Trabajo y Migración Internacional.* México D.F., UNAM, Instituto de Investigaciones Económicas, 2011.

ARAÚJO, Angela & AMORIM, Elaine. "Redes de subcontratação e trabalho a domicílio na indústria de confecção: Um estudo na região de Campinas". *Cad. Pagu.* Campinas, n. 17-18, 2002, p. 267-310.

ARAUJO, Kathya; LEGUA, Marta C. & OSSANDÓN, Loreto. *Migrantes andinas en Chile: el caso de la migración peruana.* Santiago de Chile, Fundación Instituto de la Mujer, 2002.

AYRES, Ronald & BARDER, Tamsin. "Statistical analysis of female migration and labour market integration in the EU", Working Paper, Oxford, Oxford Brookes University, 2006, p. 1-58.

AZEVEDO, Célia. M. M. *Dois estudos sobre Imigração e Racismo.* São Paulo, Annablume, 2012.

______. *Onda Negra, Medo Branco: O negro no imaginário das elites - Século XIX.* Rio de Janeiro, Paz e Terra, 1987.

BAENINGER, Rosana (Org.). *Altas Temático: Observatório das Migrações em São Paulo.* Campinas, Nepo/Unicamp, 2013.

______. (Org.). *Imigração boliviana no Brasil.* Campinas, NEPO/UNICAMP, 2012.

______. *Migração, Migrações.* Ideias, Ano 2, 1° semestre, 2011, p. 31-41.

______. "Estrangeiros autorizados a trabalhar no Brasil". *In*: CENTRO DE GESTÃO E ESTUDOS ESTRATÉGICOS, *Doutores 2010: Estudos da demografia da base técnico-científica brasileira.* Brasília, CGEE, 2010.

BAENINGER, Rosana & ANTICO, Claudia. "Questões decorrentes da emergência da migração internacional no Brasil". *In*: PROGRAMA INSTITUCIONAL DE AVALIAÇÃO E ACOMPANHAMENTO DAS MIGRAÇÕES INTERNACIONAIS NO

BRASIL CONTEMPORÂNEO, *Migrações internacionais: Herança XX, agenda XXI*, Campinas, FNUAP, vol. 2, 1996.

BAENINGER, Rosana & LEONCY, Carla. "Perfil dos estrangeiros no Brasil segundo autorizações de trabalho (Ministério do Trabalho e Emprego) e registros de entradas e saídas da Polícia Federal (Ministério da Justiça)". *In*: COMISSÃO NACIONAL DE POPULAÇÃO E DESENVOLVIMENTO. *Migrações Internacionais: contribuições para políticas*, Brasília, CNPD, 2001.

BAENINGER, Rosana & SIMAI, Sylvia. "Racismo e sua negação: o caso dos imigrantes bolivianos em São Paulo". *Travessia*, São Paulo, XXIV, n. 68, 2011.

BASSO, Pietro. "Racismo de Estado e antirracismo de classe". *Margem Esquerda*. São Paulo, 24, 2015.

______. "O retorno a campo do racismo, uma questão de fervorosa atualidade". *Lutas Sociais*. São Paulo, vol. 18, n.33, jun./dez. de 2014.

______. "Imigração na Europa". *In*: ANTUNES, Ricardo (Org). *Riqueza e miséria do trabalho no Brasil II*. São Paulo, Boitempo, 2013a.

______. "Imigração, racismo e antirracismo na Europa de hoje". *In*: TAVARES; Maria. A.; GOMES, C & GOMES, Cláudia M. C *Intermitências da crise e questão social: Uma interpretação marxista*. João Pessoa, UFPB, 2013b.

______. "L'ascesa del razzismo nella crisi globale". *Razzismo di stato: Stati Uniti, Europa, Italia*. Milano, Franco Angeli, 2010a.

______. "Tre temi-chiave del razzismo di stato". *Razzismo di stato: Stati Uniti, Europa, Italia*. Milano, FrancoAngeli, 2010b.

______. "Sul rapporto tra immigrati e sindacati". *In*: MAURI, Luigi & VISCONTI, Luca. *Diversity management e società multiculturale: teorie e prassi*. Milano, Franco Angeli, 2004.

______. Sviluppo diseguale, migrazioni, politiche migratorie. *In:* BASSO, Pietro & PEROCCO, Fabio (Orgs.). *Gli immigrati in Europa: Diseguaglianze, razzismo, lotte.* Milano, FrancoAngeli, 2003.

______. Microcriminalità, macrocriminalità, immigrazione. *Gli argomenti umani*, n. 4, 2000a.

______. *Razze schiave e razze signore: I. Vecchi e nuovi razzismi*, Milano, Franco Angeli, 2000b.

BASSO, Pietro & PEROCCO, Fabio. "Gli immigrati in Europa". *Gli immigrati in Europa: Diseguaglianze, razzismo, lotte.* Milano, Franco Angeli, 2003.

BASTOS, Elide R. *As criaturas do Prometeu: Gilberto Freyre e a formação da sociedade brasielira.* São Paulo, Global, 2006.

BASTOS, José T. *Naturalização.* São Paulo, Livraria Acadêmica, 1926.

BENENCIA, Roberto & QUARANTA, Germán. "Mercados de trabajo y economías de enclave: La 'escalera boliviana' en la actualidad". *Estudios Migratorios Latinoamericanos*, vol. 20, n. 60, 2006, p. 413-432.

BERGGREN, Erik; LIKIC-BRBORIC; Branka; TOKSOZ, Gulay & TRIMIKLINIOTIS, Nicos. *Irregular Migration, Informal Labour and Community: A Challenge for Europe.* Maastricht, Sharker Publishing, 2007.

BERNARDO, João. *Capital, sindicatos, gestores.* Vertice, São Paulo, 1987.

BIELER, Andreas, CICCAGLIONE, Bruno & HILARY, John. *Free trade and transnational labour.* London, Routledge, 2014.

BIONDI, Luigi. Imigração italiana e movimento operário em São Paulo: um balanço historiográfico. *In*: CARNEIRO, Maria T.

C.; FRANZINA, Emílio & CROCI, Federico (Orgs.). *História do Trabalho e Histórias da Imigração*. São Paulo, Edusp, 2010.

______. *Classe e nação: Trabalhadores socialistas italianos em São Paulo (1890-1920)*. Campinas, Editora Unicamp, 2009.

BRAGA, Ruy. As jornadas de junho no Brasil: crônica de um mês inesquecível. In: SAMPAIO JR., Plínio A (Org.). *Jornadas de Junho: A revolta popular em debate*. São Paulo, ICP, 2014a.

______. Precariado e sindicalismo no Brazil: Um olhar a partir da indústria do *call center*. Revista Crítica de Ciências Sociais, vol. 103, 2014b, p. 25-52.

______. *A política do precariado: Do populismo à hegemonia lulista*. São Paulo, Boitempo, 2012.

BRASIL Jr., Antônio. "O imigrante e seus irmãos: As pesquisas empíricas de Florestan Fernandes e Gino Germani". *Lua Nova*. São Paulo, n.81, 2010, p. 175-213.

BRAVERMAN, Harry. *Trabalho e capital monopolista: A degradação do trabalho no século XX*. Rio de Janeiro, Guanabara, 1987 [1974].

BRUSCHINI, Cristina. "A bipolaridade do trabalho feminino no Brasil contemporâneo". *Cadernos de Pesquisa*, n. 110, jul., 2000, p. 67-104.

CACCIAMALI, Maria C. & TATEI, Fabio. "Género y salarios de la fuerza de trabajo calificada en Brasil y México". *Problemas del desarollo*, 172 (44), ene./mar., 2013, p.53-79.

CAMPANI, Giovanna. "Les femmes immigrées dans une société bloquée: parcours individuels et organisations collectives en Italie". *Cahiers du Genre*. Paris, n. 51, 2011, p. 49-67.

______. *Genere, etnia e classe: Migrazioni al femminile, tra esclusione e identità*. Pisa, ETS, 2002.

CARNEIRO, Maria. T. C., "Tutti Buona Gente! Subversivos de origem italiana no Arquivo da Deops-SP". *In*: CARNEIRO, Maria T. C.; FRANZINA, Emílio & CROCI, Federico (Orgs.). *História do Trabalho e Histórias da Imigração.* São Paulo, Edusp, 2010.

CARONE, Edgard. *Movimento operário no Brasil: 1877-1944.* São Paulo/Rio de Janeiro, Difel, 1979.

CARVALHO, José A. M. O saldo dos fluxos migratórios internacionais do Brasil na década de 80: uma tentativa de estimação". *In*: PROGRAMA INSTITUCIONAL DE AVALIAÇÃO E ACOMPANHAMENTO DAS MIGRAÇÕES INTERNACIONAIS NO BRASIL CONTEMPORÂNEO, *Migrações internacionais: herança XX, agenda XXI*, Campinas, FNUAP, vol. 2, 1996.

CASAS, Laura O. Prostituition et immigration des femmes latino-américaines en Espagne, *Cahiers du Genre.* Paris, n. 40, 2006, p. 91-114.

CASTLES, Stephen & KOSACK, Godula. *Los trabajadores inmigrantes y la estructura de clases en la Europa Occidental.* Cidade do México, Fondo de Cultura Económica, 1984.

CASTLES, Stephen & MILLER, Mark J. *The age of migration: international population movements in the modern world.* London/New York, MacMillan Press, 1993.

CAVALCANTI, Leonardo. "Imigração e mercado de trabalho no Brasil: características e tendências". *In*: CAVALCANTI, Leonardo; OLIVEIRA, Antonio Tadeu & TONHATI, Tânia (Orgs.) *A inserção dos Imigrantes no Mercado de Trabalho Brasileiro.* Brasília, Cadernos do Observatório das Migrações Internacionais, 2014.

CHESNAIS, François. *A finança mundializada: Raízes sociais e políticas, configuração, consequências.* São Paulo, Boitempo, 2005.

CHIARETTI, Giuliana. "Badanti: mal da lavoro, mal da rapporti sociali, fronteggiamenti". *C'è posto per la salute nel nuovo mercato del lavoro? Medici e sociologi a confronto.* Milano, FrancoAngeli, 2005.

CHOMSKY, Aviva. *Undocumented: How immigration became illegal.* Boston, Beacon Press, 2014.

COMITÊ NACIONAL PARA OS REFUGIADOS. *Sistema de refúgio brasileiro. Desafios e perspectivas.* s. n., Ministério da Justiça, 2016.

DAVATZ, Thomas. *Memórias de um colono no Brasil: 1850.* São Paulo, Martins, 1972 [1858].

DEPARTAMENTO INTERSINDICAL DE ESTATÍSTICA E ESTUDOS SOCIOECONÔMICOS. Os negros no trabalho. São Paulo, n. 1, nov. 2013.

______. *Qualificação e mercado de trabalho: Apontamentos para política pública em regiões metropolitanas.* São Paulo, Dieese, 2011.

DIAS, E. *História das lutas sociais no Brasil.* São Paulo, Edaglit, 1962.

______. *Memórias de um exilado: Episódio de uma deportação.* São Paulo, s.n, 1920.

DOMENECH, Eduardo. "Crónica de uma 'ameaza' anunciada". Inmigración e "ilegalidad": visiones de Estado en la Argentina contemporánea. *In*: FELDMAN-BIANCO, Bela; SÁNCHES, Liliana R.; STEFONI, Carolina & MARTÍNEZ, Marta. *La construcción social del sujeto migrante en América Latina: Prácticas, representaciones y categorías.* Quito, FLACSO, 2011.

______. *Migración y política: El Estado interrogado, processos actuales en Argentina y Sudamérica.* Córdoba, UNC, 2009.

DREHER, Sabine. *Neoliberalism and Migration: An Inquiry into the politics of globalization.* Hamburg, LIT Verlag, 2007.

DRUCK, Maria G. *Terceirização: (Des) fordizando a fábrica: um estudo do complexo petroquímico da Bahia*. São Paulo, Boitempo, 1995.

DUBAR, Claude. "A sociologia do trabalho frente à qualificação e à competência". *Educ. Soc.*, vol. 19, n. 64, 1999, p. 87-103.

EHRENREICH, Barbara & HOCHSCHILD, Arlie R., *Global Woman. Nannies, Maids and Sex Workers in the New Economy.* New York, Metropolitan Books, 2003.

EUROPEAN AGENCY FOR THE MANAGEMENT OF OPERATIONAL COOPERATION AT THE EXTERNAL BORDERS OF MEMBER STATES OF EUROPEAN UNION, *Annual Risk Analysis.* Frontex, Warsaw, 2014.

EVANS, Peter. "National Labor Movements and Transnacional Connections: Global Labor's Evolving Architecture under Neoliberalism", *Global Labour Journal*, vol. 5, n.3, 2014.

FALQUET, Jules. *De gré ou de force. Les femmes dans la mondialisation.* Paris, La Dispute, 2008.

______. Hommes en armes et femmes "de service": Tendances néolibérales dans l'évolution de la division sexuelle et internationale du travail. *Cahiers du Genre*, Paris, n. 40, 2006, p. 15-37.

FEDERICI, Silvia. *Calibán y la bruja: mujeres, cuerpo y acumulación originaria*. Madrid, Traficantes de Sueños, 2010.

FERNANDES, Duval; CASTRO, Maria. C. G. *Estudo sobre a migração haitiana ao Brasil e diálogo bilateral.* Belo Horizonte, Pontifícia Universidade Católica, 2014.

FERNANDES, Florestan. *A integração do negro na sociedade de classes: O legado da "raça branca"* (Vol. 1). São Paulo, Globo, 2008a [1964].

______. *A integração do negro na sociedade de classes: No limiar de uma nova era (Vol. 2)*. São Paulo, Globo, 2008b [1964].

______. *A revolução burguesa no Brasil.* São Paulo, Globo, 2008c [1975].

______. *Capitalismo dependente e classes sociais na América Latina.* Rio de Janeiro, Zahar, 1973.

FERRO, Marc. *Le livre noir du colonialisme XVI-XXI: De l'extermination a la repetence.* Paris, Robert Laffont, 2003.

FIGUEIRA, Ricardo. R. *Pisando fora da própria sombra: Escravidão por dívida no Brasil contemporâneo.* Rio de Janeiro, Civilização Brasileira, 2004.

FIGUEIRA. Ricardo R. & Prado, Adonia A. *Olhares sobre a escravidão contemporânea: Novas contribuições críticas.* Rio de Janeiro, Mauad X, 2011.

FONTES, Paulo. *Um nordeste em São Paulo: trabalhadores migrantes em São Miguel Paulista (1945-1966).* Rio de Janeiro, FGV, 2008.

FURTADO, Celso. *Formação Econômica do Brasil.* São Paulo, Publifolha, [1959] 2000.

GALEANO, Eduardo. *As veias abertas da América Latina.* São Paulo, Paz e Terra, [1976] 2005.

GALETTI, Roseli. "Migração de Estrangeiros no Centro de São Paulo". *In*: Programa Institucional de Avaliação e Acompanhamento das Migrações Internacionais no Brasil contemporâneo, *Emigração e imigração internacionais no Brasil contemporâneo.* Campinas, FNUAP, vol. 1, 1996.

GALLINO, Luciano. *Il lavoro non è uma merce: Contro la flessibilità.* Bari, Laterza, 2011.

GAUDEMAR, Jean Paul. *Mobilidade do trabalho e acumulação do capital.* Lisboa, Estampa, 1977.

GONÇALVES, Renata. "Apresentação". *In*: SAFFIOTI, Heleieth. *A mulher na sociedade de classes: Mito e realidade.* São Paulo, Expressão Popular, 2013.

GRAMSCI, Antonio. *Americanismo e fordismo.* São Paulo, Hedra, 2008 [1949].

GUANAIS, Juliana B. "Vida e trabalho dos cortadores de cana: migração, assalariamento temporário e labor nos canaviais paulistas: XXI". *Revista Ciências Sociais*, vol. 4, 2014, p. 260-290.

HALL, Michael M. "Entre etnicidade e a classe em São Paulo". *In*: CARNEIRO, Maria T. C.; FRANZINA, Emílio & CROCI, Federico (Orgs.). *História do Trabalho e Histórias da Imigração.* São Paulo: Edusp, 2010.

HAKIM, Catherine. *Key issues in women's work: Female Heterogeneity and the Polarisation of Women's Employment.* London-Atlantic Highlands-New York, Athlone, 1996.

HARVEY, David. *A condição pós-moderna.* São Paulo, Loyola, 1992.

HAYDU, Marcelo. "Refugiados angolanos em São Paulo: entre a integração e a segregação". *Ponto-e-Vírgula*, 5, 2009, p. 157-184.

HEAD, Simon. *The New Ruthless Economy: Work and Power in the digital age.* New York, Oxford, 2005.

HIRATA, Helena. "A precarização e a divisão internacional e sexual do trabalho", *Sociologias*. Porto Alegre, ano 11, n. 21, jan./jun., 2009, p. 24-41.

______. "Da polarização das qualificações ao modelo de competência". *In*: FERRETTI, Celso J. *et al.* (Org.). *Novas tecnologias, trabalho e educação: um debate multidisciplinar.* Petrópolis, Vozes, 2002a.

______. *Nova divisão sexual do trabalho?: Um olhar voltado para a empresa e a sociedade.* São Paulo, Boitempo, 2002b.

HIRATA, Helena & GUIMARÃE, Nadya A. *Cuidado e cuidadoras. As várias faces do trabalho do care.* São Paulo, Atlas, 2012.

HIRATA, Helena & KERGOAT, Danièle. "Novas configurações da divisão sexual do trabalho", *Cadernos de Pesquisa*, vol. 37, n. 32, set./dez., 2007, p.595-609.

HOLANDA, Sérgio B. "Prefácio do tradutor". *In*: DAVATZ, T. *Memórias de um colono no Brasil:* 1850. São Paulo, Martins, 1972.

HUWS, Ursula. *A construção de um cybertariado? Trabalho virtual num mundo real.* São Paulo, Boitempo, 2009.

IANNI, Octávio. *A ideia de Brasil Moderno.* São Paulo, Brasiliense, 2004.

INTERNATIONAL CENTER FOR MIGRATION POLICY DEVELOPMENT, *Migração Brasil-Europa: A situação dos migrantes brasileiros na Espanha e Portugal e de portugueses e espanhóis no Brasil, aspectos legais e vivencias.* Viena, ICMPD, 2013.

KAMMERER, Peter. *Sviluppo del capitale ed emigrazione in Europa: La Germania Federale.* Milano, Mazzotta, 1976.

KREIN, José. D. *As relações de trabalho na era do neoliberalismo no Brasil.* São Paulo, LTR, 2013a.

______. "As transformações no mundo do trabalho e as tendências das relações de trabalho na primeira década do século XXI", *Vecat*, vol. 2, 2013b, p. 6-65.

LESSELIER, Claude. "Femmes migrantes en France: Le genre et la loi". *Les Cahiers du Cedref*, 12, 2004, p. 45-59.

LIMA, Jacob (Org.). *Outras sociologias do trabalho: Flexibilidade, emoções, mobilidade.* São Carlos, Edufscar, 2013.

______. "Novas formas, velhos conteúdos: Diversidade produtiva e emprego precário na indústria do vestuário", *Política e Trabalho*, vol. 15, 1999, p. 121-140.

LOPEZ, Ana. A. P. *Migración internacional y superexplotación del trabajo.* Ciudad del Mexico, Itaca, 2012.

LOPRENO, Dario. "L'immigrazione italiana in Svizzera nel XXI secolo". *In*: GJERGJI, Iside. *La nuova emigrazione italiana: Cause, mete e figure social.* Ca' Foscari, Venezia, 2015.

LOURENÇO, Fernando A. *Agricultura ilustrada: Liberalismo e escravismo nas origens da questão agrária brasileira.* Campinas, Editora da Unicamp, 2001.

LÖWY, Michael. *Franz Kafka: Sonhador insubmisso*. Rio de Janeiro, Azougue, 2005.

LUTZ, Helma. "The 'intimate others': Migrant Domestic Workers in Europe". *In*: BERGGREN, Erik; LIKIC-BRBORIC; Branka; TOKSOZ, Gulay & TRIMIKLINIOTIS, Nicos. *Irregular Migration, Informal Labour and Community: A Challenge for Europe.* Maastricht, Sharker Publishing: 2007.

MACKAY, Sonia. "The commanalities of experience: Refugees and recent migrants". *Refugees, Recent Migrants and Employment: Challenging Barriers and Exploring Pathways.* New York&London, Routeledge, 2008.

MAGUID, Alicia & CACOPARDO, Maria C. "Migrantes limitrofes y desigualdad de genero en el mercado laboral del area metropolitana de Buenos Aires". *Desarrollo Económico,* vol. 43, n. 170, jul./set., 2003.

MANETTA, Alex. "Bolivianos no Brasil e o discurso da mídia jornalística". *In*: BAENINGER, R. (Org.). *Imigração boliviana no Brasil.* Campinas/São Paulo/Brasília, NEPO/ FAPESP/CNPq/ UNFPA, 2012.

MARTIN, Philip; MANOLO, Abella & KUPTDCH, Christiane. *Managing Labor Migration in the Twenty-first Century.* New Haven, Yale University, 2006.

MARTINS, José. S. *A imigração e a crise do Brasil agrário.* São Paulo, Pioneira Editora, 1973.

MARX, Karl. *O capital.* Rio de Janeiro, Civilização Brasileira, vol. II, (1890) 1968.

MATOS, Maria. I. *Trama e poder.* Rio de Janeiro, 7Letras, 2002.

MATTEWMAN, Jim. *Os novos nômades globais.* São Paulo, Clio, 2012.

MEILLASSOUX, Claude. *Femmes, greniers et capitaux.* Paris, Maspero, 1975.

MENEZES, Lená. M. "Imigração e Comércio: Silêncios sobre as mulheres". In: SARGES, Maria N.; SOUSA, Fernando; MATOS, Maria I. & VIEIRA JR., Antônio. *Entre Mares: O Brasil dos Portugueses*. Belém, Pakatatu, 2010.

______. "Os Estrangeiros e o comércio do prazer nas ruas do Rio (1890-1930)", Arquivo Nacional. Rio de Janeiro, 1992.

MENEZES, Marilda A. & GODOI, Emília D. (Orgs.) *Mobilidade, redes sociais e trabalho.* São Paulo, Annablume, 2011.

MINISTÉRIO DO TRABALHO E EMPREGO. *Base estatística geral das autorizações de trabalho concedidas a estrangeiros.*

MORICE, Alain. "Selezione, razzismo e assimilazione in Francia". BASSO, Pietro & PEROCCO, Fabio (Orgs.). *Gli immigrati in Europa: Diseguaglianze, razzismo, lotte.* Milano, Franco Angeli, 2003.

MOROKVASIC, Mirjana. "L'(In)visibilité continue". *Cahiers du Genre.* Paris, n. 51, 2011, p. 25-47.

______. Birds of passage are also women. *International Migration Review*, vol. 18, n. 4, 1984, p. 886-907.

MOURA, Clóvis. *Rebeliões da senzala*: *Quilombos, insurreições, guerrilhas*. São Paulo, Anita Garibaldi, 2014.

MUNDELL, Robert. The theory of optimum currency areas. *American Economic Review*, vol. 51, n. 4, 1961, p. 509-517.

NABUCO, Joaquim. *O abolicionismo.* Brasília: Universidade de Brasília, 2003 [1875].

______. *Discursos Parlamentares.* Rio de Janeiro: *Departamento de Imprensa Nacional,* 1950 [1879].

NEDELCU, Michaela (Org.). *La mobilité internationale des compétences: Situations récents, approches nouvelles.* Paris, L' Harmattan, 2004.

NOGUEIRA, Marco A. *As desventuras do liberalismo: Joaquim Nabuco, a Monarquia e a República.* Rio de Janeiro, Paz e Terra, 1984.

NOVICK, Susana. (Org.). *Migraciones y mercosur: Una relación inconclusa.* Buenos Aires, Catálogos, 2010.

NUCCI, Priscila. *Os intelectuais diante do racismo antinipônico no Brasil: Textos e silêncios.* São Paulo, Annablume, 2010.

OLIVEIRA, Antônio. T. R. "O perfil geral dos imigrantes no Brasil a partir dos censos demográficos 2000 e 2010". *In*: CAVALCANTI, Leonardo; OLIVEIRA, Antônio T. R. & TONHATI, Tânia. *A inserção dos imigrantes no mercado de trabalho.* Brasília, Cadernos do Observatório das Migrações Internacionais, 2014.

OLIVEIRA, Francisco, *Crítica à razão dualista: o ornitorrinco.* São Paulo, Boitempo, 2003.

OLIVER, Elizabeth. "Promoting Women? Lessons Learned from a Study of Mobility and Fixed-Term Work in Early Career Researchers". *In*: HELEN, Stalford; CURRIE, Samantha & VELLUTI, Samantha. *Gender and Migration in 21st Century Europe.* Farnham, Ashgate, 2009.

ORGANIZAÇÃO INTERNACIONAL PARA MIGRAÇÕES, *Perfil Migratório do Brasil 2009*, Geneva, OIM, 2010.

ORTIZ, Renato. *Cultura brasileira & identidade nacional.* São Paulo, Brasiliense, 2006.

PATARRA, Neide; "Apresentação". *In*: PATARRA, Neide; BAENINGER, Rosana; BOGUS, Lúcia & JANNUZZI, Paulo. *Migração, condições de vida e dinâmica Urbana: São Paulo 1980-1993*, Campinas, IE-UNICAMP, 1997.

PELIANO, José C. *Acumulação de trabalho e mobilidade do capital.* Brasília, UNB, 1990.

PELLEGRINO, A. "Tendencias de la migración internacional en América Latina y el de Caribe en la segunda mitad del siglo XX". In: OTEIZA, E. (Org.) *Patrones migratorios internacionales en América Latina.* Buenos Aires, Eudeba, 2010.

ORGANIZAÇÃO INTERNACIONAL PARA AS MIGRAÇÕES, Perfil migratório do BRASL 2009. Geneva, OIM, 2010.

PEROCCO, Fabio. "Le discriminazioni razziali nel lavoro: un fenomeno sistematico e multidimensionale". *In*: FERRERO, Marco & PEROCCO, Fabio (Orgs.). *Razzismo al lavoro: Il sistema della discriminazione sul lavoro, la cornice giuridica e gli strumenti di tutela.* Milano, Franco Angeli, 2011.

PINTO, Geraldo. A. "Gestão global e flexível: trabalho local e adoecido". *In*: ANTUNES, Ricardo (Org). *Riqueza e miséria do trabalho no Brasil II.* São Paulo, Boitempo, 2013.

PIZZARRO, Jorge M. *Globalizados, pero restringidos*: *Una visión latino-americana del mercado mundial de recursos humanos calificados.* Santiago, Celade, 2005.

POCHMANN, Márcio. *Nova classe média? O trabalho na base da pirâmide social brasielira.* São Paulo, Boitempo, 2012.

______. *O emprego no desenvolvimento da nação.* São Paulo, Boitempo, 2008.

______. *O emprego na globalização: a nova divisão internacional do trabalho e os caminhos que o Brasil escolheu.* São Paulo, Boitempo, 2001.

______. "Economia global e os direitos trabalhistas na periferia do capitalismo". *In*: PROGRAMA INSTITUCIONAL DE AVALIAÇÃO E ACOMPANHAMENTO DAS MIGRAÇÕES INTERNACIONAIS NO BRASIL CONTEMPORÂNEO, *Migrações internacionais: herança XX, agenda XXI*. Campinas, FNUAP, vol. 2, 1996.

POCHMANN, M., AMORIN, R. L. C.; GUERRA, A. & ALDRIN, R. *Proprietários:* concentração e continuidade. São Paulo, Cortez, 2009.

POTTS, Lydia. *The World Labour Market: a history of migration*. London, Zed Books, 1990.

PRADELLA, Lucia. *Globalisation and the Critique of Political Economy. New insights from Marx's writings*. Oxon/New York, Routledge, 2015.

____. *L'attualità del Capitale. Accumulazione e impoverimento nel capitalismo globale*. Padova, Il Poligrafo, 2010.

PRADO JR., Caio. *História Econômica do Brasil*. São Paulo, Brasiliense, 1976.

PRESTON, Valerie & D'ADDARIO, Silvia. "Recent Migrants in the Canadian Labour Market: Exploring the Impacts of Gender and Racialisation". *In*: MACKAY, Sonia (Org.) *Refugees, Recent Migrants and Employment: Challenging Barriers and Exploring Pathways*. New York/London, Routeledge, 2008.

PRICEWATERHOUSECOOPERS BRASIL Ltda. Sondagem com executivos estrangeiros: interior de São Paulo, 2013.

RAGO, Margareth. *Os prazeres da noite: Prostituição e códigos da sexualidade feminina em São Paulo (1890-1930)*. São Paulo, Paz e Terra, 1991.

RAMOS, Jair S., *O poder de domar do fraco: Construção de autoridade e poder tutelar na política de povoamento do solo nacional*. Niterói, Eduff, 2006.

RANIERI, Jesus. *Trabalho e dialética: Hegel, Marx e a teoria social do devir*. São Paulo, Boitempo, 2011.

REYES, Andrea A. & ÁLVAREZ, Carolina. "Juventud, migración y discriminación en el Chile contemporâneo". *Ultima Decada*, ano 20, n. 36, jul. 2012.

ROBINSON, Carlos A. "Livre circulação de trabalhadores: condição necessária ao processo de integração econômica". In: ILHA, Adayr S.; VENTURA, Deisy F. L. *O Mercosul em movimento II*, Porto Alegre, Livraria do Advogado, 1999.

ROULLEAU-BERGER, Laurence. *Migrer au féminin*. Paris, Puf, 2010.

RUIZ, Benjamin. J. *Foreign and guest workers: Immigration and Admissions Issues*. New York, Nova Science Publishers, 2011.

RYAZANTSEV, S. Trafficking in human beings for labour exploitation and irregular labour migration in the Russian Federation: forms, trends and contermeasures, Moscow/Stockholm, Council Baltic Sea States Secretariat, 2014.

SAES, Décio. *A formação do estado burguês no Brasil (1888-1891)*. Rio de Janeiro, Paz e Terra, 1985.

SAID, Edward. *Cultura e imperialismo*. São Paulo, Companhia das Letras, 1993.

SALLES, Maria R. R.; PAIVA, Odair & BASTOS, Sênia. "Imigração e política imigratória no pós-segunda guerra mundial: Perfil das entradas e trajetórias". *In*: SALLES, Maria R. R.; BASTOS, Sênia; PAIVA, Odair; PERES, Roberta & BAENINGER, Rosana. *Imigrantes internacionais no pós-segunda guerra mundial*. São Paulo, NEPO/Faculdade Anhembi Morumbi/UNIFESP, 2013.

SAMPAIO JR., Plínio A. (Org.). *Jornadas de Junho: A revolta popular em debate*. São Paulo, ICP, 2014.

SANTANA, Marco A. *Bravos Companheiros: Comunistas e metalúrgicos no Rio de Janeiro (1945-1964)*. Rio de Janeiro, 7letras, 2012.

SANTANA, Marco A.; RAMALHO, José R. *Trabalhadores, sindicatos e a nova questão social.* São Paulo, Boitempo, 2003.

SANT'ANA, Marcílio R. "Livre circulação de trabalhadores no mercosul?" *In*: COMISSÃO NACIONAL DE POPULAÇÃO E DESENVOLVIMENTO. *Migrações Internacionais: contribuições para políticas*. Brasília, Cnpd, 2001.

SANTOS, Vinícius O. *Trabalho Imaterial e teoria do valor em Marx.* São Paulo, Expressão Popular, 2013.

SASSEN, Saskia. *Brutality and Complexity in the Global Economy.* Cambridge, Massachusetts, Harvard College, 2014.

______. "Dos enclaves en las geografías globales contemporáneas del trabajo". In: ARAGONÉS, Ana M (Org.). *Mercados de Trabajo y migración internacional.* México D.F., UNAM, Instituto de Investigaciones Económicas, 2011.

______. "Vers une analyse alternative de la mondialisation: les circuits de survic et leurs acteurs". *Cahiers du Genre.* Paris, n. 40, 2006, p. 67-89.

______. *Guests and Aliens.* New York, The New Press, 1999.

______. *The mobility of labor and capital.* New York, Cambrige University Press, 1988.

SAYAD, Addelmalek. *La double absence: Des ilusions de l'émigré aux souffrances de l'immigré.* Paris, Seul, 1999.

______. *A imigração ou os paradoxos da alteridade.* São Paulo, Edusp, 1998.

SCHIERUP, Carl-Ulrik. "'Bloody Subcontracting' in the Network Society: Migration and Post-Fordist Restructuring across European Union". *In*: BERGGREN, Erik; LIKIC-BRBORIC; Branka; TOKSOZ, Gulay & TRIMIKLINIOTIS, Nicos. *Irregular Migration, Informal Labour and Community: A Challenge for Europe.* Maastricht, Sharker Publishing, 2007.

SEYFERTH, Giralda. A assimilação dos imigrantes como questão nacional. Mana, vol. 3, n. 1, 1997, p. 95-131.

SHOUCHAUD, Sylvain. "A confecção: nicho étnico ou nicho econômico para a imigração latino-americana em São Paulo?" *In*: BAENINGER, Rosana (Org.). *Imigração boliviana no Brasil*. Campinas, São Paulo/Brasília, NEPO/ FAPESP/CNPq/UNFPA, 2012.

SILVA, Maria A. M.; ALVES, Francisco & PEREIRA, José C. *Agrocombustíveis, solução? A vida por um fio no eito dos canaviais*. São Paulo, Pastoral do Migrante, 2008.

SINGER, Paul. I. *Economia política da urbanização*. São Paulo, Brasiliense, 1973.

STANNARD, David. *American holocaust: The conquest of the new world*. New York, Oxford, Oxford University Press, 1993.

SUAREZ, Maria T. M. *Cassacos e Corumbas*. São Paulo, Editora Ática, 1977.

UNAL, Bayram. "The New Patterns and the State: Construction of illegality for immigrants in Istanbul". In: ENTZINGER, Han; MARTINIELLO, Marco & WENDEN, Catherine W. *Migration Between States and Markets*. Aldershot, Ashgate, 2004.

UN (United Nations, Department of Economic and Social Affairs, Population Division, *International Migration Report* 2015, ST/ESA/SER.A/384, 2016.

______. *Population facts. The number of international migrants worldwide reaches 232 million*. New York, United Nations, 2013.

UNHCR (United Nations High Commissioner for Refugees). *Global trends. Forced displacement in 2016*, Geneva, 2017.

______. *Refúgio no Brasil: uma análise estatística (janeiro de 2010 a outubro de 2014)*, Brasília, 2014.

VAINER, Carlos. B. "Deslocados, reassentados, clandestinos, exilados, refugiados, indocumentados...: As novas categorias de uma sociologia dos deslocamentos compulsórios e das restrições migratórias". *In*: COMISSÃO NACIONAL DE POPULAÇÃO E DESENVOLVIMENTO. *Migrações Internacionais: contribuições para políticas*. Brasília, CNPD, 2001.

______. "Estado e migração no Brasil: da imigração à emigração". In: Programa Institucional de Avaliação e Acompanhamento das Migrações Internacionais no Brasil contemporâneo, *Emigração e imigração internacionais no Brasil contemporâneo.* Campinas, Fnuap, vol. 1, 1996.

VERGÈS, Françoise. *Abolir l'esclavage: Une utopie coloniale. Les ambiguïtés d'une politique humanitaire.* Paris, Albin Michel, 2001.

VIANNA, Luiz Werneck. *Liberalismo e sindicato no Brasil.* Rio de Janeiro, Paz e Terra, 1976.

VILLEN, Patricia. "A nova configuração da imigração no Brasil sob a ótica do trabalho". *In*: ANTUNES, Ricardo (Org.). *Riqueza e miséria do trabalho no Brasil III,* São Paulo, Boitempo, 2014.

______. Amílcar Cabral e a crítica ao colonialismo. São Paulo, Expressão Popular, 2013a.

______. "Qualificação da imigração no Brasil: Um novo capítulo das políticas imigratórias?" *Ruris.* Campinas, vol. 6, 2012, p. 107-126.

VOGELSKAMP, Dirk. "La gestione dell'immigrazione in Germania: Monitoraggio, controllo ed esclusione repressiva". *In*: BASSO, Pietro (Org.). *Razzismo di stato: Stati Uniti, Europa, Italia.* Milano, Franco Angeli, 2010.

WALLERSTEIN, Immanuel. *The capitalist world-economy.* Cambridge/Paris, Cambridge University Press, 1979.

WEBSTER, Edward; LAMBERT, Rob & BEZIUDENHOUT, Andries. *Grounding Globalization: Labour in the age of insecurity*. Oxford, Blackwell, 2008.

WEIL, Patrick. *La république et sa diversité. Immigration, intégration, discrimination*. Paris, Seul, 2005.

WORLD DEVELOPMENT INDICATORS, Banco Mundial, 2013.

ZANIN, Valter. *I forzati del mare*. Roma, Carocci, 2007.

Teses e dissertações:

AZEVEDO, Flávio A. G. *A presença de trabalho forçado urbano na cidade de São Paulo: Brasil/Bolívia*. São Paulo, Universidade de São Paulo, 2005 (Dissertação de Mestrado).

BUENO, Alexandre M. *Representações discursivas do imigrante no Brasil a partir de 1945*. São Paulo, Universidade de São Paulo, 2011 (Tese de Doutorado).

CAMPOS, Fábio. *A arte da conquista: O capital internacional no desenvolvimento capitalista brasileiro*. Campinas, Universidade Estadual de Campinas, 2009 (Tese de Doutorado).

CATAIA, Márcio A. *Território e fronteiras internas: A fragmentação do território brasileiro*. São Paulo, Universidade de São Paulo, 2001 (Tese de Doutorado).

COENTRO, Luciana U. *Políticas públicas e gestão das migrações internacionais no Brasil: Uma reflexão sobre os migrantes qualificados*. São Paulo, Fundação Getúlio Vargas, 2011 (Dissertação de Mestrado).

DE CONTI, Bruno M., *Políticas cambial e monetária: Os dilemas enfrentados por países emissores de moedas periféricas*. Campinas/Paris, Universidade Estadual de Campinas e Université Paris 13, 2011 (Tese de Doutorado).

DUTRA, Délia. *Mulheres migrantes peruanas em Brasília. O trabalho doméstico e a produção do espaço na cidade*. Brasília, Universidade de Brasília, 2012 (Tese de Doutorado).

FREITAS, Patrícia T. *Imigração e experiência social: O circuito de subcontrataçãoo transnacional de força de trabalho boliviana para o abastecimento de oficinas de costura na cidade de São* Paulo. Campinas, Universidade Estadual de Campinas, 2009 (Dissertação de Mestrado).

FREIRE DA SILVA, Carlos. *Trabalho informal e redes de subcontratação: Dinâmicas urbanas da indústria de confecções em São Paulo*. São Paulo, Universidade de São Paulo, 2008 (Dissertação de Mestrado).

GARCIA, Fernanda D. F. *Sobre os centros de permanência temporária na Itália e a construção social da não pessoa*. Campinas, Universidade Estadual de Campinas, 2011 (Dissertação de Mestrado).

GERALDO, Endrica. *O "perigo alienígena": Política imigratória e pensamento racial no governo Vargas (1930-1945)*. Campinas, Universidade Estadual de Campinas, 2007 (Tese de doutorado).

HALL, Michael M. *The origins of mass immigration in Brazil, 1871-1914. Columbia University*. New York, 1969 (Tese de Doutorado).

LAMOUNIER, Maria. L. *Formas da transição da escravidão ao trabalho livre: Lei de locação de serviços 1879*. Campinas, Universidade Estadual de Campinas, 1986 (Tese de Doutorado).

MOMO, Gilda A. C. *Estrangeiros qualificados: A nova face da imigração no Brasil*. São Paulo, Pontifícia Universidade Católica de São Paulo, 2014 (Dissertação de Mestrado).

MOREIRA, Julia B. *Política em relação aos refugiados no Brasil (1947-2010)*. Campinas,Universidade de Campinas, 2012 (Tese de Doutorado).

______. *A questão dos refugiados no contexto internacional (de 1943 aos dias atuais)*. Campinas, Universidade Estadual de Campinas, 2006 (Dissertação de Mestrado).

PERES, Roberta. G. *Mulheres na Fronteira: A migração de bolivianas para Corumbá- MS*. Campinas, Universidade Estadual de Campinas, 2009 (Tese de Doutorado).

QUEIROZ, Pedro H. S. *Trabalhadores de Suape: Estudo sobre a diversidade de experiência operária*. Campinas, Universidade Estadual de Campinas, 2014 (Dissertação de Mestrado).

REZERA, Danielle N. *Gênero e trabalho: Mulheres bolivianas na cidade de São Paulo 1980 a 2010*. São Paulo, Dissertação de Mestrado, 2012 (Universidade de São Paulo).

RONCATO, Mariana. S. *Dekassegui, cyber-refugiados e working poor: O trabalho imigrante e o lugar do outro na sociedade de classes*. Campinas, Universidade Estadual de Campinas, 2013 (Dissertação de Mestrado).

SANTOS, Fagner. *(Des) sociabilidade & fragmentação: Um estudo sobre o refluxo das lutas operárias na região de Campinas (1990-2000)*. Campinas, Universidade Estadual de Campinas, 2015 (Tese de Doutorado).

SEGUY, Franck. *A catástrofe de janeiro de 2010, a "Internacional Comunitária" e a recolonização do Haiti*. Campinas, Universidade Estadual de Campinas, 2014 (Tese de Doutorado).

SILVA, Allan R. C. *Imigrantes afro-islâmicos na indústria avícola halal brasileira*. São Paulo, Universidade de São Paulo, 2013 (Dissertação de Mestrado).

SILVA, Silvana C. *Circuito espacial produtivo das confecções e exploração do trabalho na metrópole de São Paulo. Os dois circuitos da economia urbana nos bairros do Brás e Bom Retiro (SP)*. Campinas, Universidade Estadual de Campinas, 2012 (Tese de Doutorado).

TOSTA, Tânia L. D. *Antigas e Novas Formas de precarização do trabalho: O avanço da flexibilização entre profissionais de alta escolaridade*. Brasília, Universidade de Brasília, 2008 (Tese de Doutorado).

Anais de congressos:

MAMED, Letícia. Trabalho e migração: O recrutamento de haitianos na Amazônia pela agroindústria da carne do centro-sul brasileiro. IX Seminário do Trabalho, Marília, maio, 2014.

RODRÍGUEZ, Olga. A. Importando Temporeros. El caso del sistema catalán (Espanha) de reclutamiento, importación y suministro de trabajadores agrícolas em origen. In: VII Congresso latino-americano de Estudos do trabalho, São Paulo, 2 a 5 julho, 2013.

SANTOS, Willians. A Luta pelo reconhecimento: Organização política de imigrantes bolivianos em São Paulo, 2014. In: II Jornadas de estudios de América Latina y el Caribe, Buenos Aires, 24, 25 e 26 de setembro de 2014.

VILLEN, Patricia. Imigração e divisão sexual do trabalho no Brasil. IX Seminário do Trabalho no Brasil, Marília, 2014.

______. Polarização da demanda atual de trabalho imigrante no Brasil. 1° Forum da Pós Graduação em Sociologia do Instituto de Filosofia e Ciências Humanas da Unicamp, Campinas, 2014.

______. Mulheres na imigração qualificada e de baixa-qualificação: uma modalidade da divisão sexual do trabalho no Brasil. In: VII Congresso latino-americano de Estudos do trabalho, São Paulo, 2 a 5 julho, 2013a.

______. Migração internacional e trabalho no Brasil. Encontro Nacional da Associação Brasileira de Estudos do Trabalho (ABET), Curitiba, 2013.

______. Polarização do mercado de trabalho e a nova imigração internacional no Brasil. In: VIII Seminário do Trabalho, Marília, 25 a 28 de julho, 2012.

Notícias de jornais e homepages:

ARRAES, Jarid. Home staff anuncia empregadas filipinas e causa indignação. Disponível em: http://www.revistaforum.com.br/questaodegenero/2015/04/28/home-staff-anuncia-empregadas-filipinas-e-causa-indignacao/, 28 abr. 2015.

COSTA, Camilla. Indústria de Petróleo leva 50 mil estrangeiros para o Brasil em 3 anos. BBC Brasil. Disponível em: http://www.bbc.co.uk/portuguese/noticias/2013/04/130416_imigracao_petroleo.shtm

COUNTRY-FACTS, Republica Dominicana: a imigração ilegal haitiana, acessado em 05 dez. 2014, Disponível em: http://country-facts.com/pt/country/north-america/228-dominican-republic/2350-dominican-republic-illegal-haitian-immigration.html.

FOREQUE, Flávia & NUBLAT, Johanna. Governo planeja importar médico para rede pública, Folha de São Paulo, 01 mar. 2013

FORTRESS EUROPE, disponível em http://fortresseurope.blogspot.com.br

FUSCO, Camila. Qualificação profissional atrai brasileiras, Folha de São Paulo, 16. out. 2011.

HAYS RECRUITING EXPERTS WORLDWIDE. Um olhar para o futuro (2012). Acessado em 02 mar. 2013. Disponível em: http://hays.com.br/ind/ex.htm

MIGREROUP, Observatoire des fronteires. Disponível em: http://www.migreurop.org/?lang=fr

RESENDE, Thiago. Comissão estuda mudanças nas regras do visto de trabalho para estrangeiros, Valor Econômico, 13 fev. 2013.

RESENDE, Thiago & MARCHESINI, Lucas. Baixa qualidade de mão-de-obra afeta 68% da grande indústria, Valor Econômico, 29 out. 2013.

UNICEF, Children Migration and Displacement, disponível em https://data.unicef.org/topic/child-migration-and-displacement/migration/#

Unicef Data: Monitoring the situation of children and Women.

VALOR ECONÔMICO. Especial Pré-Sal. 23, 24 e 25 ago. 2014.

VILLEN, Patricia. Mediterrâneo: o cemitério geral de imigrantes e refugiados periféricos. Esquerda Diário, 9 maio. 2015: http://www.esquerdadiario.com.br/Mediterraneo-o-cemiterio-geral-de-imigrantes-e-refugiados-perifericos.

Lista de tabelas

Lista de gráficos

Lista de abreviaturas e siglas

ACNUR: Alto Comissariado das Nações Unidas para Refugiados

BRICS: Brasil, Rússia, Índia, China e África do Sul

CNPD: Comissão Nacional de População e Desenvolvimento

CONARE: Comitê Nacional para Refugiados

FMI: Fundo Monetário Internacional

IED: Investimento Direto Estrangeiro

MERCOSUL: Mercado Comum do Sul

MINUSTAH: Missão das Nações Unidas para Estabilização no Haiti

MTE: Ministério do Trabalho e Emprego

OIM: Organização Internacional para Migrações

OIT: Organização Internacional do Trabalho

ONU: Organização das Nações Unidas

PNUD: Programa das Nações Unidas para o Desenvolvimento

RAIS: Relação Anual de Informações do Ministério do Trabalho e Emprego

UNODC: Escritório das Nações Unidas sobre Drogas e Crime

Alameda nas redes sociais:

Site: www.alamedaeditorial.com.br
Facebook.com/alamedaeditorial/
Twitter.com/editoraalameda
Instagram.com/editora_alameda/

Esta obra foi impressa em São Paulo no inverno de 2018. No texto foi utilizada a fonte Minion Pro em corpo 10,25 e entrelinha de 15,5 pontos.